합격을 위한 기적 같은 선물
또기적 합격자료집

 혼자 공부하기 외롭다면?
온라인 스터디 참여

 모든 궁금증 바로 해결!
전문가와 1:1 질문답변

 1년 내내 진행되는
이기적 365 이벤트

 도서 증정 & 상품까지!
우수 서평단 도전

 간편하게 한눈에
시험 일정 확인

합격까지 모든 순간 이기적과 함께!
이기적 365 EVENT

QR코드를 찍어 이벤트에 참여하고 푸짐한 선물 받아가세요!

1 **기출문제 복원하기**

이기적 책으로 공부하고 시험을 봤다면 7일 내로
문제를 제보해 주세요!

2 **합격 후기 작성하기**

당신만의 특별한 합격 스토리와 노하우를 전해
주세요!

3 **온라인 서점 리뷰 남기기**

온라인 서점에서 책을 구매하고 평점과 리뷰를
남겨 주세요!

4 **정오표 이벤트 참여하기**

더 완벽한 이기적이 될 수 있게 수험서의 오류를
제보해 주세요!

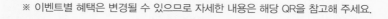

※ 이벤트별 혜택은 변경될 수 있으므로 자세한 내용은 해당 QR을 참고해 주세요.

이기적 크루를 찾습니다!

WANTED

저자 · 강사 · 감수자 · 베타테스터 상시 모집

저자 · 강사

- **분야** 수험서 전 분야
  수험서 집필 혹은 동영상 강의 촬영
- **요건** 관련 강사, 유튜버, 블로거 우대
- **혜택** 이기적 수험서 저자 · 강사 자격
  집필 경력 증명서 발급

감수자

- **분야** 수험서 전 분야
- **요건** 관련 전문 지식 보유자
- **혜택** 소정의 감수료
  도서 내 감수자 이름 기재
  저자 모집 시 우대(우수 감수자)

베타테스터

- **분야** 수험서 전 분야
- **요건** 관련 수험생, 전공자, 교사/강사
- **혜택** 활동 인증서 & 참여 도서 1권
  영진닷컴 쇼핑몰 30,000원 적립
  스타벅스 기프티콘(우수 활동자)
  백화점 상품권 100,000원(우수 테스터)

◀ 모집 공고 자세히 보기

이메일 문의하기 ✉ book2@youngjin.com

기억나는 문제 제보하고 N페이 포인트 받자!

기출 복원 EVENT

성명	이기적	수험번호	ㄴ 0 ㄴ 4 1 1 1 3

Q. 응시한 시험 문제를 기억나는 대로 적어주세요!

① 365일 진행되는 이벤트   ② 참여자 100% 당첨   ③ 우수 참여자는 N페이 포인트까지

영진닷컴 쇼핑몰
30,000원

N Pay

네이버페이
포인트 쿠폰   **20,000원**

적중률 100% 도서를 만들어주신 여러분을 위한 감사의 선물을 준비했어요.

신청자격 이기적 수험서로 공부하고 시험에 응시한 모든 독자님

참여방법 이기적 스터디 카페의 이벤트 페이지를 통해 문제를 제보해 주세요.

※ 응시일로부터 7일 이내의 시험 복원만 인정됩니다.

유의사항 중복, 누락, 허위 문제를 제보한 경우 이벤트 대상에서 제외됩니다.

참여혜택 영진닷컴 쇼핑몰 30,000원 적립

정성껏 제보해 주신 분께 N페이 포인트 5,000~20,000원 차등 지급

이벤트 페이지 확인하기 ▶

한 번에 합격, 자격증은 이기적

이렇게 기막힌 적중률

 함께 공부하고 특별한 혜택까지!

이기적 스터디 카페   🔍

 구독자 약 15만 명, 전강 무료!

이기적 유튜브   🔍

오직 스터디 카페 멤버에게만
주어지는 특별 혜택!

이기적 스터디 카페

이기적 스터디 카페 🔍

이기적이
다 드립니다

여러분은 합격만 하세요! 이기적 **합격 성공세트** BIG 4

 저자가 직접 알려주는, **무료 동영상 강의**

시험 문항별 필요한 기능에 대한 설명부터 기출 유형 문제까지!
이기적이 떠먹여 주는 무료 동영상 강의를 참고해 보세요.

 책과 함께 실제 문제를 풀어볼 수 있는, **부록 자료**

이 책의 문제에 사용되는 이미지 및 완성(정답) 파일을 받으실 수 있습니다.
파일을 바탕으로 실제 문제를 풀어보고 답을 맞혀 보세요.

 무엇이든 물어보세요, **1:1 질문답변**

포토샵 2급에 대한 궁금증, 모두 풀어드려요.
이기적 스터디 카페를 통해 어떤 질문이든 올려주세요.

 시험 방식을 연습할 수 있는, **답안 전송 프로그램**

시험장 환경을 체험해 볼 수 있다면?
연습용 답안 전송 프로그램으로 미리 체험해 보세요.

〈이기적 GTQ 포토샵 2급(ver.CC 2024)〉를 구매하고 인증한 독자에게만 드리는 자료입니다.

이 모든 혜택 한 번에 보기 ▶

누구나 작성만 하면 100% 포인트 지급

합격 후기 EVENT

이기적과 함께 합격했다면,
합격썰 풀고 네이버페이 포인트 받아가자!

합격 후기
작성 시
**100%
지급**

네이버페이
포인트 쿠폰

25,000원

 카페 합격 후기 이벤트

이기적 스터디 카페에
합격 후기 작성하고 5,000원 받기!

5,000원
네이버 포인트 지급

▲ 자세히 보기

 블로그 합격 후기 이벤트

개인 블로그에
합격 후기 작성하고 20,000원 받기!

20,000원
네이버 포인트 지급

▲ 자세히 보기

- 자세한 참여 방법은 QR코드 또는 이기적 스터디 카페 '합격 후기 이벤트' 게시판을 확인해 주세요.
- 이벤트에 참여한 후기는 추후 마케팅 용도로 활용될 수 있습니다.
- 이벤트 혜택은 추후 변동될 수 있습니다.

이기적 스터디 카페 🔍

이렇게 기막힌 적중률

GTQ 포토샵
2급 기본서
ver. CC 2024

"이" 한 권으로 합격의 "기적"을 경험하세요!

▶ 표시된 부분은 동영상 강의가 제공됩니다.
이기적 홈페이지(license.youngjin.com)에 접속하여 시청하세요.

▶ 제공하는 동영상은 1판 1쇄 기준 2년간 유효합니다.
단, 출제기준안에 따라 동영상 내용은 변경될 수 있습니다.

GTQ 부록 자료

GTQ 실습용 압축 파일
+핵심 단축키 PDF

답안 전송
프로그램

※ **부록 자료 다운로드 방법**
이기적 홈페이지(license.youngjin.com) 접속 → [자료실]–[GTQ] 클릭
→ 도서 이름으로 게시물 찾기 → 첨부파일 다운로드 후 압축 해제

실습 파일 사용 방법

01 실습 파일 다운로드하기

① 이기적 영진닷컴 홈페이지(license.youngjin.com)에 접속하세요.

② [자료실]-[GTQ] 게시판으로 들어가세요.

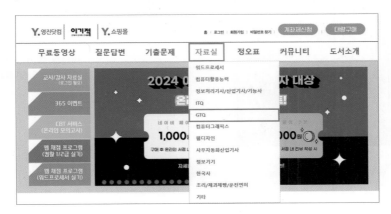

③ '[7663] 이기적 GTQ 포토샵 2급(ver.CC 2024)_부록 자료' 게시글을 클릭하여 첨부파일을 다운로드
하세요.

02 실습 파일 사용하기

① 다운로드받은 '7663' 압축 파일에서 마우스 오른쪽 버튼을 눌러 압축을 풀어주세요.

② 압축이 완전히 풀린 후에 '7663' 폴더를 더블 클릭하세요.

③ 압축이 제대로 풀렸는지 확인하세요. 아래의 그림대로 파일이 들어있어야 합니다. 그림의 파일과
다르다면 압축 프로그램이 제대로 설치되어 있는지 확인해 주세요.

④ 연습에 필요한 사용소스와 파일을 이용하여 실제로 문제를 풀이해 보세요.

STEP 01 포토샵 핵심 기능 학습

05 [File(파일)]-[Open(열기)]([Ctrl]+[O])를 선택하고 지갑.jpg를 불러옵니다. 이미지의 크기를
비슷하게 맞추기 위하여 [Image(이미지)]-[Image Size(이미지 크기)]를 누르고 'Width
(폭) : 600Pixel(픽셀)'을 입력합니다. 지갑을 선택하기 위하여 Quick Selection Tool(빠른
선택 도구, ☑)을 선택하여 상단 [Options Bar(옵션 바)]에서 'Add to Selection(선택 영역
에 추가,)'을 추가합니다.

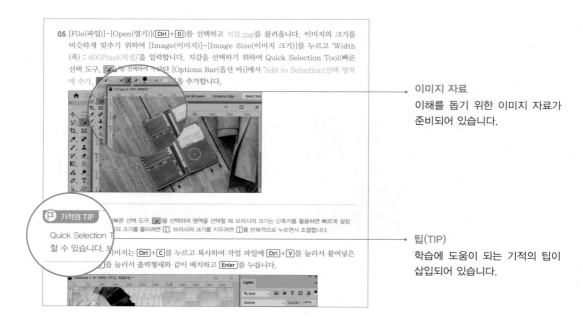

이미지 자료
이해를 돕기 위한 이미지 자료가
준비되어 있습니다.

기적의 TIP
빠른 선택 도구, ☑을 선택하여 영역을 선택할 때 브러시의 크기는 단축키를 활용하면 빠르게 설정
Quick Selection T... 의 크기를 줄이려면 [], 브러시의 크기를 키우려면 []를 반복적으로 누르면서 조절합니다.
할 수 있습니다. ...미지는 [Ctrl]+[C]를 누르고 복사하여 작업 파일에 [Ctrl]+[V]를 눌러서 붙여넣은
...를 눌러서 출력형태와 같이 배치하고 [Enter]를 누릅니다.

팁(TIP)
학습에 도움이 되는 기적의 팁이
삽입되어 있습니다.

STEP 02 시험 문항별 기능을 확인하고 유형 파악

문제 1 [기능평가] Tool(도구) 활용

작업순서 ① 새 작업 파일 만들기 ▶ ② 이미지 선택 후 복제 및 변형 ▶ ③ 사용자 정의 모양 배치 ▶ ④ 문자 입력
▶ ⑤ 파일 저장

기능별 구성
출제 순서대로 구성된 내용을 따
라 유형을 파악할 수 있도록 하였
습니다.

01 새 작업 파일 만들기

〈조건〉
· Width(폭) : 400Pixels(픽셀)
· Height(높이) : 500Pixels(픽셀)
· Resolution(해상도) : 72Pixels/Inch(픽셀/인치)
· Color Mode(색상 모드) : RGB Color(RGB 색상), 8bit(비트)

조건 표기
작업 파일을 만들기 전, 어떤 조건
을 진행해야 하는지 놓치지 않도
록 추가로 표기하였습니다.

01 새 작업 파일을 만들기 위하여 [File(파일)]-[New(새로 만들기)]([Ctrl]+[N])를 선택하고 문제
지의 조건과 같이 설정하여 새 작업 파일을 만듭니다.

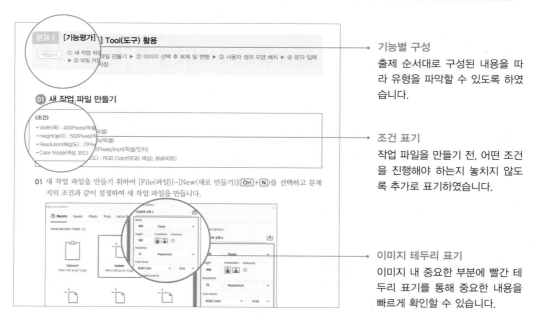

이미지 테두리 표기
이미지 내 중요한 부분에 빨간 테
두리 표기를 통해 중요한 내용을
빠르게 확인할 수 있습니다.

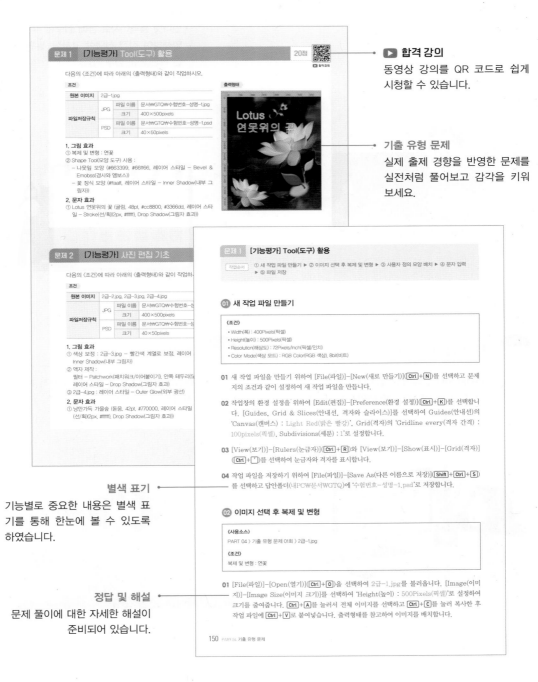

STEP 03 대표 기출 유형 따라하기 및 문제 풀이로 마무리 학습

▶ 합격 강의
동영상 강의를 QR 코드로 쉽게
시청할 수 있습니다.

기출 유형 문제
실제 출제 경향을 반영한 문제를
실전처럼 풀어보고 감각을 키워
보세요.

별색 표기
기능별로 중요한 내용은 별색 표
기를 통해 한눈에 볼 수 있도록
하였습니다.

정답 및 해설
문제 풀이에 대한 자세한 해설이
준비되어 있습니다.

STEP 01 GTQ 응시 자격 조건

제한 없음

 STEP 02 원서 접수하기

- http://license.kpc.or.kr에서 접수
- 인터넷 홈페이지를 통해 접수한 후 수험표를 인쇄하여 직접 선택한 고사장, 날짜, 시험시간 확인(방문 접수 가능)

 STEP 03 시험 응시

- 90분 안에 컴퓨터로 답안 파일 작성
- 네트워크로 연결된 감독위원 PC로 답안 전송

 STEP 04 합격자 발표

https://license.kpc.or.kr에서 성적 확인 후 자격증 발급 신청

01 GTQid 시험 과목

자격 종목	등급	S/W Version	접수 방법
포토샵 (GTQ)	1급	Adobe Photoshop CS6, CC (한글, 영문)	온라인/ 전화
	2급		
	3급(민간)		

- 시험 접수 기간에 시행처를 통해 고사장별로 응시 가능한 S/W 버전을 확인하실 수 있습니다.
- GTQ(그래픽기술자격) 3급과 GTQid(인디자인) 2급은 동시에 신청이 불가합니다.
- 그 외 최신 공지사항은 KPC자격 홈페이지를 자주 확인하시기 바랍니다.

02 시험 방법 및 시험 시간

등급	시험 방법	시험 시간
1급	4문항 실무작업형 실기시험	90분
2급		
3급	3문항 실무작업형 실기시험	60분

03 합격 기준

등급	합격 기준
1급	100점 만점 70점 이상
2급	100점 만점 60점 이상
3급	

04 응시료(2급 기준)

- 일반접수 : 32,000원(수수료 포함)
- 군장병접수 : 26,000원(수수료 포함)

05 그래픽 Master 소개

한국 생산성 본부는 그래픽 디자인 업계의 주요 프로그램인 포토샵, 일러스트레이터, 인디자인 활용 능력을 인증하는 GTQ, GTQi, GTQid 자격 제도를 운영하고 있습니다. 그래픽과 디자인 분야의 전문가로 성장하기를 원하는 분들이라면 해당 산업에서 필요한 융복합적 역량을 인증할 수 있습니다.

- 그래픽 Master 신청 요건
  - 신청 요건 : GTQ, GTQi, GTQid 3과목 모두 취득해야 함
  - 급수 기준 : 과목에 관계없이 1급 2과목, 2급 1과목 이상이면 신청 가능

- 그래픽 Master 신청 방법
[https://license.kpc.or.kr]-[합격확인/자격증 확인]-[그래픽 Master] 게시판에서 맨 아래 '신청하기' 버튼을 눌러 신청합니다.

- 그래픽 Master 처리 기간
그래픽 마스터 신청 후 2주가 소요됩니다.

- 그래픽 Master 발급 비용
발급 비용 : 11,000원(수수료 포함)

답안 전송 프로그램 설치법

답안 전송 프로그램이란?

GTQ 시험은 답안 작성을 마친 후 저장한 답안 파일을 감독위원 PC로 전송하여 제출해야 합니다.
시험장에서 당황하는 일이 없도록 답안 전송 프로그램으로 미리 연습해 보세요.

※ 도서의 답안 작성 후 실제 감독 PC로 저장되지 않고 채점이 되지 않는 연습 프로그램입니다.

다운로드 및 설치법

01 이기적 홈페이지(license.youngjin.com)에 접속한 후 상단에 있는 [자료실]–[GTQ]를 클릭한다. '[7663] 이기적 GTQ 포토샵 2급(ver.CC 2024)'를 클릭하고 첨부 파일을 다운로드 받아 압축을 해제한다.

02 다음과 같은 폴더가 열리면 '답안 전송 프로그램.setup'을 더블 클릭하여 프로그램을 실행시킨다.

※ 운영체제가 Windows 7 이상인 경우는 마우스 오른쪽 버튼을 클릭해 '관리자 권한으로 실행'을 선택하여 실행시킨다.

03 다음과 같이 설치 화면이 나오면 [다음]을 클릭하고 설치를 진행한다.

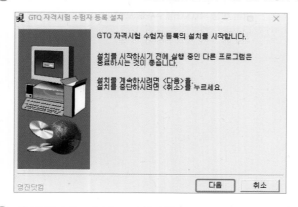

04 설치 진행이 완료되면 'GTQ 수험자용' 아이콘을 더블 클릭하여 프로그램을 실행한다.

시험 진행 순서

본인 좌석 확인 후 착석 ➡ 수험자 정보 확인 ➡ 화면 안내에 따라 진행 ➡ 검토 후 최종 답안 제출 ➡ 퇴실

---

01 수험자 수험번호 등록

① 바탕화면에서 'GTQ 수험자용' 아이콘을 실행한다. [수험자 등록] 화면에 수험번호를 입력한 후 [확인]을 클릭한다.

　※ 실제 시험장에서는 본인의 수험번호를 찾아 입력합니다.

② 수험번호가 화면과 같으면 [예]를 클릭한다. 다음 화면에서 수험번호, 성명, 수험과목, 좌석번호를 확인한다.

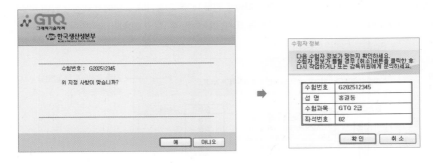

③ 다음과 같은 출력화면 확인 후 감독위원의 지시를 기다린다.

02 시험 시작(답안 파일 작성)

① 포토샵 프로그램을 실행한 후 답안 파일을 작성한다.

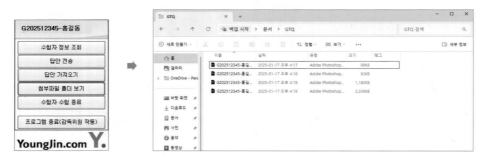

03 답안 파일 저장(수험자 PC저장)

① 답안 파일은 '내 PC₩문서₩GTQ' 폴더에 저장한다.

② 답안 파일명은 '수험번호-성명'으로 저장해야 한다.

04 답안 파일 전송(감독 PC로 전송)

① 바탕화면의 실행 화면에서 [답안 전송]을 클릭한 후, 작성한 답안 파일을 감독 PC로 전송한다. 화면에서 작성한 답안 파일의 존재유무(파일이 '내 PC₩문서₩GTQ' 폴더에 있을 경우 '있음'으로 표시됨)를 확인 후 [답안 전송]을 클릭한다.

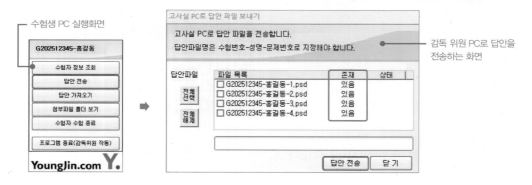

② 전송이 성공적으로 끝나면 상태 부분에 '성공'이라 표시된다.

※ 연습 채점 프로그램이므로 실제 감독 PC에는 전송되지 않습니다.

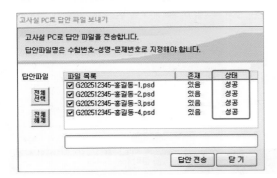

---

05 시험 종료

① 수험자 PC화면에서 [수험자 수험 종료]를 클릭한 후 감독위원의 지시를 기다린다.

② 감독위원의 퇴실 지시에 따라 퇴실한다.

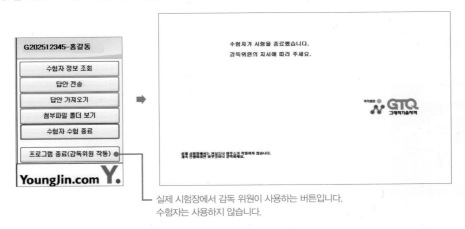

실제 시험장에서 감독 위원이 사용하는 버튼입니다.
수험자는 사용하지 않습니다.

답안 전송 프로그램 안내

프로그램을 설치했는데 '339 런타임 오류가 발생하였습니다.'라는 오류 메시지가 나타나는 경우

프로그램 설치 시 마우스 오른쪽 버튼을 클릭하여 '관리자 권한으로 실행'을 선택하여 설치하고, 설치 후 실행 시에도 '관리자 권한으로 실행'을 선택해 주세요.

포토샵 무료 체험판 설치하기

포토샵이란?

'포토샵'의 경우 어도비 홈페이지(http://www.adobe.com/kr/)에 접속하여 구매하셔야 하는 디자인 소프트웨어로, CC 정품이 없다면 7일 무료 체험판을 받아 설치하실 수 있습니다. 무료 체험판은 설치 후 7일 이내에 구독을 취소하지 않을 시, 자동으로 결제가 진행되므로 유의하시기 바랍니다.

어도비 회원가입 이후 구독 신청하는 방법(7일 무료 체험)

01 어도비 홈페이지에 또는 어도비 클라우드 메뉴의 [무료 체험하기]를 클릭합니다.

※ 홈페이지 메인에 [무료 체험하기]가 보이지 않는다면, 오른쪽 상단 [도움말 및 지원]–[다운로드 및 설치]를 클릭하여 [Creative Cloud 모든 앱]–[무료 체험판]을 선택합니다.

02 '플랜 선택 – 7일 무료 체험판'이라는 제목의 팝업이 나타납니다.
① 사용 목적에 맞는 플랜 및 구독 단계 선택
② [계속] 버튼 클릭

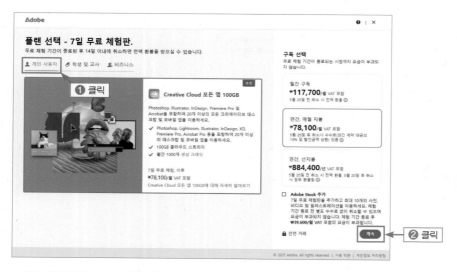

※ 일반 취미용으로 프로그램을 이용하고자 하신다면, [개인 사용자용]을 선택합니다. 각 목적에 따라 구독료가 달라지기 때문에, 선택 시 유의 바랍니다.

03 이메일 주소를 추가하는 입력란이 나타납니다.

① 이메일 주소 입력

② 약관을 확인하여 동의 절차를 거침

③ [계속] 버튼 클릭

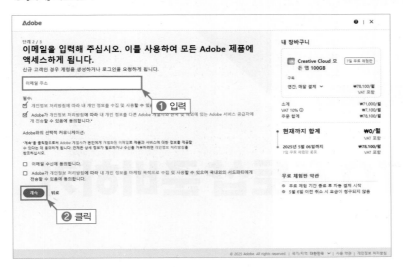

04 결제 정보를 업데이트합니다.

① 결제할 카드 정보 입력

② [무료 체험기간 시작] 클릭

③ 무료 사용 기간은 7일이며, 이후 자동으로 설정된 결제 수단으로 결제됨

④ 만약 결제를 원하지 않으면, 기간 내에 결제 취소 필수

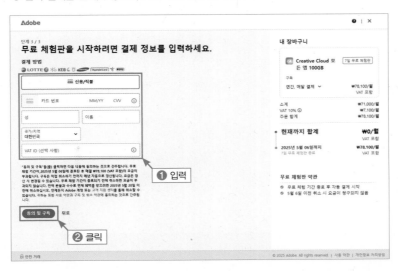

※ 카드 하나의 정보당 무료 체험판 한 번의 기회를 얻을 수 있습니다. 플랜 취소 및 구독과 관련된 문의는 어도비 홈페이지
(http://www.adobe.com/kr/)를 참고해 주시기 바랍니다.

PART

01

GTQ 포토샵 준비하기

시험 안내

01 시험 소개

GTQ(Graphic Technology Qualification)는 컴퓨터그래픽 디자인 능력을 평가하는 국가공인자격 시험입니다. 사진 및 각종 이미지 편집, 웹디자인 등 디자인에 있어 가장 기본이 되는 역량을 추출하고 조합하여 포토샵 프로그램의 활용능력을 평가합니다. 포토샵은 기초 디자인 역량강화에 특화된 자격으로 누구나 취득이 가능하며 국내 디자인 자격 중 가장 많은 사람들이 응시하는 자격입니다.

시험 등급은 1~3급으로 구성되어 있어 등급을 선택할 수 있습니다. 단, 국가공인자격의 경우 1~2급만 해당되며, 3급은 민간자격이기 때문에 표에서는 제외되었습니다. 시험 방식의 경우, 실무의 활용성을 높이기 위해 실기시험 방식을 채택하였기 때문에 이론 없이 실기 방식으로만 진행됩니다.

등급	프로그램 버전	평가범위	시험시간	합격기준	응시료
1급	Adobe Photoshop CS6, CC (한글, 영문)	1문항 : 20점 2문항 : 20점 3문항 : 25점 4문항 : 35점	90분	100점 만점 70점 이상	일반 : 31,000원 군장병 : 25,000원
2급				100점 만점 60점 이상	일반 : 22,000원 군장병 : 18,000원

시험장에서는 시험을 시작하기 전에 시험지를 먼저 나누어 주고 수험자 유의사항과 답안 작성요령을 안내합니다. 감독관의 안내에 따라 수험자가 내용을 읽고 숙지하고 있어야 문제 발생을 줄일 수 있습니다.

02 수험자 유의사항 및 답안 작성요령

수험자 유의사항

- 수험자는 문제지를 받는 즉시 응시하고자 하는 과목 및 급수가 맞는지 확인한 후 수험번호와 성명을 작성합니다.
- 파일명은 본인의 '수험번호-성명-문제번호'로 공백 없이 정확히 입력하고 답안폴더(내 PC₩문서₩GTQ)에 jpg 파일과 psd 파일의 2가지 포맷으로 저장해야 하며, jpg 파일과 psd 파일의 내용이 상이할 경우 0점 처리됩니다.
- 답안문서 파일명이 '수험번호-성명-문제번호'와 일치하지 않거나, 답안 파일을 '전송'하지 않는 경우 답안 파일 미제출로 불합격 처리됩니다.
- 문제의 세부 조건은 '영문(한글)' 형식으로 표기되어 있으니 유의하시길 바랍니다.
- 수험자 정보와 저장한 파일 이름, 저장 위치가 다를 경우 전송이 되지 않으므로, 주의하시길 바랍니다.
- 답안 작성 중에도 주기적으로 '저장'과 '답안 전송'을 이용하여 감독위원 PC로 답안을 전송하셔야 합니다. (작업한 내용을 저장하지 않고 답안을 전송할 경우 이전의 저장 내용이 전송되오니 이점 반드시 유념하시기 바랍니다.)
- 모든 수험자는 동일한 환경에서 시험이 시작되며 '작업환경 설정'은 시험 시간 내에 진행합니다. (시험 시작 전 '작업환경 설정' 불가, 소프트웨어 이상 유무만 확인)
- 답안문서는 지정된 경로 외의 다른 보조기억장치에 저장하는 행위, 지정된 시험 시간 외에 작성된 파일을 활용한 행위, 기타 허용되지 않은 프로그램(이메일, 메신저, 게임, 네트워크, 윈도우계산기, 스톱워치 등) 이용 시 부정행위로 간주 되어 자격기본법 제32조에 의거 본 시험 및 국가공인 자격시험을 2년간 응시할 수 없습니다.

- 시험 중 부주의 또는 고의로 시스템을 파손한 경우와 〈수험자 유의사항〉에 기재된 방법대로 이행하지 않아 생기는 불이익은 수험자의 책임임을 알려 드립니다.
- 시험을 완료한 수험자는 최종적으로 저장한 답안파일이 전송되었는지 확인한 후 감독위원의 지시에 따라 문제지를 제출하고 퇴실합니다.

❶ 파일을 저장하는 규칙에 따라 jpg와 psd의 두 가지 포맷으로 정확하게 저장해야 합니다. 두 파일의 내용이 상이할 경우 0점 처리되니 파일 저장 이후 내용을 수정했다면 반드시 두 가지 포맷 모두를 수정하여 저장합니다.

문제번호	jpg 파일	psd 파일	저장 위치
1번, 2번	400*500px	40*50px	내PC₩문서₩GTQ
3번, 4번	600*400px	60*40px	

❷ 답안파일은 감독위원 PC에 수시로 전송이 가능하고 여러 번 전송했다면 가장 마지막에 전송한 파일이 최종파일이 됩니다.

답안 작성요령

- 온라인 답안 작성 절차
  수험자 등록 ⇒ 시험 시작 ⇒ 답안파일 저장 ⇒ 답안 전송 ⇒ 시험 종료
- 내 PC₩문서₩GTQ₩image폴더에 있는 그림 원본파일을 사용하여 답안을 작성하고 최종답안을 답안폴더(내 PC₩문서₩GTQ)에 저장하여 답안을 전송하시고, 이미지의 크기가 다른 경우 감점 처리됩니다.
- 배점은 총 100점으로 이루어지며, 점수는 각 문제별로 차등 배분됩니다.
- 각 문제는 주어진 〈조건〉에 따라 작성하고, 언급하지 않은 〈조건〉은 〈출력형태〉와 같이 작성합니다.
- 문제 〈조건〉과 〈출력형태〉에서 차이가 발생할 경우 문제에서 지정한 〈조건〉에 따라 작업해 주시기 바랍니다.
- 배치 등의 편의를 위해 주어진 눈금자의 단위는 '픽셀'입니다.
  그 외는 출력형태(효과, 이미지, 문자, 색상, 레이아웃, 규격 등)와 같이 작업하십시오.
- 문제 〈조건〉에 서체의 지정이 없을 경우 한글은 굴림이나 돋움, 영문은 Arial로 작업하십시오.
  (단, 그 외에 제시되지 않은 문자 속성을 기본값으로 작성하지 않은 경우는 감점 처리됩니다.)
- Image Mode(이미지 모드)는 별도의 처리조건이 없을 시 RGB(8비트)로 작업하십시오.
- 모든 답안 파일은 해상도 72 pixels/inch로 작업하십시오.
- Layer(레이어)는 각 기능별로 분할해야 하며, 임의로 합칠 경우나 각 기능에 대한 속성을 해지할 경우 해당 요소는 0점 처리됩니다.

한 국 생 산 성 본 부

❸ 답안파일을 만들 때 용지의 크기를 입력하고 Pixel(픽셀) 단위를 설정합니다. 해상도 72Pixel/Inch, 이미지 모드는 RGB(8비트)로 작업해야 하며 이미지의 크기가 다른 경우 감점 처리됩니다.
❹ 문제의 조건과 출력형태에서 차이가 발생할 경우 문제에서 지정한 조건에 따라 작업하는 것이 우선입니다.
❺ 레이어는 이미지, 문자, 모양 레이어 및 레이어 스타일 등의 기능별로 레이어가 분리되어 있어야 하며 임의로 레이어를 합치거나 속성이 해지되어 있으면 0점 처리됩니다.

02 답안 작성 기준

01 이미지 배치

제공하는 소스 파일을 활용하여 이미지의 전체 또는 일부분을 선택하고 복사하여 붙여넣을 때 출력형태를 참고하여 이미지를 배치하여야 합니다. 작업 파일에서 격자를 표시하면 기준선을 보면서 비교할 수 있어 출력형태와 비슷한 범위에서 크게 벗어나지 않도록 작업할 수 있습니다.

02 필터 적용

문제에서 필터의 이름을 명시하기 때문에 이미지에 정확한 필터를 적용하여야 합니다. 필터는 전경색/배경색에 영향을 받는 필터도 있으므로 출력형태를 보고 색감이 다른 경우 전경색/배경색을 수정한 후 다시 적용해봅니다. 필터갤러리의 경로까지는 제시되지 않으므로 필터의 경로를 모르는 경우에는 목록에서 필터 이름으로 찾을 수 있습니다.

03 레이어 스타일

이미지, 도형 및 문자를 배치하는 문제에서 항상 레이어 스타일을 적용하도록 지시하고 있습니다. 그림자, 광선. 그라디언트 등의 레이어 스타일을 하나 또는 두 가지 이상 중첩하여 적용하도록 지시하고 있다면 빠뜨리는 항목 없이 모두 적용해야 감점이 없습니다. 다만 레이어 스타일의 옵션에 해당하는 그림자의 방향이나 농도, 거리값 등은 지시사항에 없으므로 출력 형태를 보고 비슷하게 임의로 지정하면 됩니다.

04 문자 입력

문자를 입력할 때 문제에서는 글꼴과 크기, 색상, 레이어 스타일과 같은 지시사항이 명시되어 있기 때문에 정확하게 적용해야 합니다. 영문자의 경우라면 대소문자를 구분하고 띄어쓰기와 같은 사소한 부분도 놓치면 안됩니다. 문자에서 지시사항에 없는 텍스트 변형은 출력형태를 보고 적절한 변형 모양을 선택하고 구부리기의 정도를 임의로 지정합니다.

05 사용자 정의 모양 도형

사용자 정의 모양 도형을 제작할 때 지시사항에서 제시하는 도형의 이름은 정확하지 않을 수 있으므로 출력형태를 보고 사용자가 직접 찾아서 제작하여야 합니다. 도형에 대한 색상이 지시되어 있다면 채우기 색상에 정확한 값을 입력해야 하고 획에는 색상이 없어야 합니다.

06 색상 보정

이미지의 일부분이나 전체에 색상을 보정하는 문제에서는 색상의 번호가 주어지지 않습니다. 빨간색 계열, 파란색 계열과 같이 색상의 범위만 언급하므로 출력형태와 비슷한 색상으로 조절하면 되는데 무채색의 이미지에는 색상값이 없기 때문에 강제로 색상화를 하고 색상을 지정하여야 합니다.

07 마스크 적용

이미지에서 일부분을 안보이도록 가려주는 작업을 마스크라고 합니다. 레이어 마스크는 지시사항에서 명시하기 때문에 레이어 마스크의 그라디언트 방향을 지시사항에 맞도록 적용하여야 합니다. 클리핑 마스크는 문제에서 명시하지 않으므로 출력형태를 보고 어떤 도형과 이미지를 활용하여 제작할 것인지를 사용자가 선택하여 작업하여야 합니다.

08 레이어 관리

이미지와 문자, 도형을 배치하고 레이어 스타일을 적용하는 등의 편집작업은 지시사항에 따라 빠짐없이 작업해야 합니다. 편집작업을 하다 보면 레이어가 많이 쌓이게 되어 관리가 어려울 수 있기 때문에 레이어의 이름을 바꾸거나 그룹으로 묶는 등 작업의 편의상 지시사항에는 없는 작업을 할 수도 있습니다. 이와 같이 편집작업 중에 레이어를 관리하는 방식은 수험자가 임의로 선택하여 진행할 수 있지만 레이어를 임의로 합치는 작업만은 하지 말아야 합니다. 예를 들어 강아지 이미지 레이어에 레이어 스타일로 그림자를 적용하고 고양이 이미지 레이어에 레이어 스타일로 선을 적용했다면 두 개의 레이어는 레이어 패널에서 따로따로 보여야 합니다. 레이어 합치기 기능을 이용하여 강아지 레이어와 고양이 레이어가 하나로 합쳐졌다면 둘 다 0점 처리되므로 주의해야 합니다.

09 시간 분배

GTQ 2급 자격시험은 90분 이내에 4문제를 완성하고 60점 이상의 점수를 얻어야 자격을 취득할 수 있습니다. 시험장의 컴퓨터는 수험자가 사용하는 컴퓨터와 다르기 때문에 모든 문제를 90분 안에 완성할 수 있도록 충분히 연습한 후에 시험에 임하는 것이 좋습니다. 1번은 10분, 2번은 15분, 3번은 20분, 4번은 25분과 같이 문제마다 제한시간을 두고 연습하면 도움이 됩니다. 다만 시험장에서는 익숙하지 않은 키보드나 마우스의 감도 때문에 시간이 부족할 경우를 대비하여 큰 점수에 해당하는 4번부터 거꾸로 작업 순서를 정하는 것도 하나의 방법이 될 수 있습니다.

다음의 〈조건〉에 따라 아래의 〈출력형태〉와 같이 작업하시오.

조건

원본 이미지		2급-1.jpg	
파일저장규칙	JPG	파일 이름	문서₩GTQ₩수험번호-성명-1.jpg
		크기	400×500pixels
	PSD	파일 이름	문서₩GTQ₩수험번호-성명-1.psd
		크기	40×50pixels

출력형태

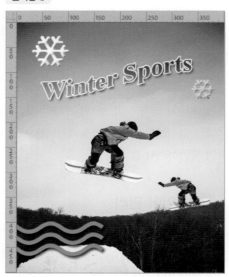

1. 그림 효과

① 복제 및 변형 : 스키타는 사람
② Shape Tool(모양 도구) 사용 :
   - 눈송이 모양(#ffffff, #77ffff, 레이어 스타일 – Bevel & Emboss
     (경사와 엠보스))
   - 파형 모양(#8888ff, 레이어 스타일 – Drop Shadow(그림자 효
     과))

2. 문자 효과

① Winter Sports(Time New Roman, Bold, 48pt, 레이어 스타일
   – 그라디언트 오버레이(#ff9900, #000099), Stroke(선/획)(2px,
   #ffffff), Drop Shadow(그림자 효과))

주요 내용 확인하기

문자 입력

사용자 정의 모양

이미지 선택 / 복제

★ 자세한 지시사항은 **대표 기출 유형 따라하기**를 참고하세요.

다음의 〈조건〉에 따라 아래의 〈출력형태〉와 같이 작업하시오.

조건

원본 이미지		2급-2.jpg, 2급-3.jpg, 2급-4.jpg	
파일저장규칙	JPG	파일 이름	문서₩GTQ₩수험번호-성명-2.jpg
		크기	400×500pixels
	PSD	파일 이름	문서₩GTQ₩수험번호-성명-2.psd
		크기	40×50pixels

출력형태

1. 그림 효과
① 색상 보정 : 2급-3.jpg – 빨간색 계열로 보정, 레이어 스타일 –
   Inner Shadow(내부 그림자)
② 액자 제작 :
   필터 – Stained Glass(스테인드 글라스), 안쪽 테두리(5px, #ff7744),
   레이어 스타일 – Drop Shadow(그림자 효과)
③ 2급-4.jpg : 레이어 스타일 – Outer Glow(외부 광선)

2. 문자 효과
① Surpass Your Limits!(Arial, Bold, 48pt, #006600, 레이어 스타일
   – Stroke(선/획)(2px, #cccc00), Drop Shadow(그림자 효과))

주요 내용 확인하기

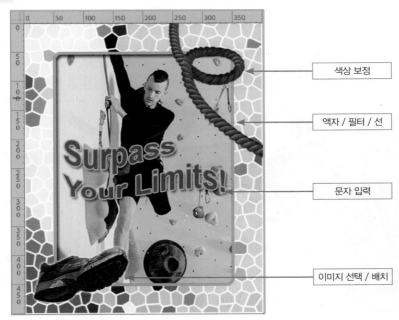

색상 보정

액자 / 필터 / 선

문자 입력

이미지 선택 / 배치

★ 자세한 지시사항은 **대표 기출 유형 따라하기**를 참고하세요.

다음의 〈조건〉에 따라 아래의 〈출력형태〉와 같이 작업하시오.

조건

원본 이미지		2급-5.jpg, 2급-6.jpg, 2급-7.jpg, 2급-8.jpg	
파일저장규칙	JPG	파일 이름	문서₩GTQ₩수험번호-성명-3.jpg
		크기	600×400pixels
	PSD	파일 이름	문서₩GTQ₩수험번호-성명-3.psd
		크기	60×40pixels

1. 그림 효과

① 배경 : #ffffbb
② 2급-5.jpg : 필터 - Poster Edges(포스터 가장자리), 레이어 마스크 - 대각선 방향으로 흐릿하게
③ 2급-6.jpg : 레이어 스타일 - Outer Glow(외부 광선)
④ 2급-7.jpg : 레이어 스타일 - Drop Shadow(그림자 효과)
⑤ 2급-8.jpg : 레이어 스타일 - Inner Shadow(내부 그림자)
⑥ 그 외 〈출력형태〉 참조

2. 문자 효과

① 두 바퀴로 세상을 탐험하세요!(굴림, 20pt, 레이어 스타일 - 그라디언트 오버레이(#00bbcc, #ffffff), Stroke(선/획)(2px, #000000))
② Enjoy the Scenery as You Ride!(Time New Roman, Bold, 20pt, 28pt, #bb6600, #006600, 레이어 스타일 - Stroke(선/획)(2px, #ffffff), Drop Shadow(그림자 효과))

출력형태

주요 내용 확인하기

전경색 채우기

이미지 선택 / 배치

문자 입력

필터 / 레이어 마스크

사용자 정의 모양

★ 자세한 지시사항은 **대표 기출 유형 따라하기**를 참고하세요.

다음의 〈조건〉에 따라 아래의 〈출력형태〉와 같이 작업하시오.

조건

원본 이미지			2급-9.jpg, 2급-10.jpg, 2급-11.jpg, 2급-12.jpg, 2급-13.jpg
파일저장규칙	JPG	파일 이름	문서₩GTQ₩수험번호-성명-4.jpg
		크기	600×400pixels
	PSD	파일 이름	문서₩GTQ₩수험번호-성명-4.psd
		크기	60×40pixels

1. 그림 효과

① 2급-9.jpg : 필터 – Cutout(오려내기)
② 2급-10.jpg : 레이어 스타일 – Outer Glow(외부 광선)
③ 2급-11.jpg : 레이어 스타일 – Drop Shadow(그림자 효과),
　Opacity(불투명도)(80%)
④ 2급-12.jpg : 필터 – Wind(바람)
⑤ 2급-13.jpg : 레이어 스타일 – Drop Shadow(그림자 효과)
⑥ 그 외 〈출력형태〉 참조

2. 문자 효과

① Feel the Thrill of Basketball(Arial, Regular, 36pt, 레이
　어 스타일 – 그라디언트 오버레이(#cc4400, #2266ff),
　Stroke(선/획)(2px, #ffffff), Drop Shadow(그림자 효과))
② Dunk Shot(Arial, Regular, 18pt, #bbbb00, 레이어 스타일 – Stroke(선/획)(2px, #555500))
③ 코트를 지배하라 승리를 향해 덩크!(돋움, 16pt, #ffff00, #ff6600, 레이어 스타일 – Stroke(선/획)(2px, #000000), Drop
　Shadow(그림자 효과))

출력형태

주요 내용 확인하기

사용자 정의 모양

문자 입력

사용자 정의 모양 /
클리핑 마스크

이미지 배치 / 필터

★ 자세한 지시사항은 **대표 기출 유형 따라하기**를 참고하세요.

포토샵 준비하기

01 화면 기본 구성

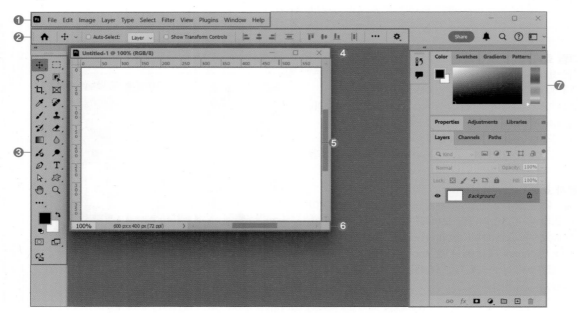

★ 이 책은 Adobe Photoshop CC 2024 버전으로 작성되었으며, Adobe 버전은 해마다 업데이트 될 수 있음을 안내드립니다.

❶ **메뉴 표시줄** : 포토샵에서 사용하는 다양한 기능을 모아 놓은 곳입니다.

❷ **옵션 바** : 도구 상자에서 선택한 도구에 대한 세부적인 기능을 설정하는 곳입니다.

❸ **도구 상자** : 이미지 편집 작업에 사용되는 다양한 기능들을 아이콘 형태로 모아 놓은 곳입니다. 도구에 따라 아이콘의 우측 하단에 삼각형이 있는 아이콘은 숨은 메뉴가 함께 있습니다. 아이콘을 꾸욱 누르고 기다리면 숨은 메뉴가 보이고 선택할 수 있습니다.

❹ **파일 이름 탭** : 작업중인 파일의 이름과 화면 확대 비율, 색상 모드가 표시됩니다. 여러 개의 이미지 파일이 열려있다면 원하는 이름탭을 눌러 이미지를 볼 수 있고 이름 탭을 드래그하면 창을 분리할 수 있습니다.

❺ **캔버스** : 실제로 이미지를 편집하는 작업 공간입니다.

❻ **상태 표시줄** : 화면 비율을 직접 입력하여 확대/축소할 수 있고 작업중인 파일에 대한 정보가 표시됩니다.

❼ **패널** : 다양한 기능을 팔레트 형식으로 구성하여 보여줍니다. 패널들을 합치거나 분리하여 재구성할 수 있습니다. 패널의 위치를 변경하거나 삭제한 것을 [Window(창)]-[Workspace(작업 영역)]-[Reset Essentials(필수 재설정)]을 선택하여 다시 원상복구할 수 있습니다.

02 도구 상자

도구 상자는 좌측 상단의 작은 화살표를 눌러서 한 줄 또는 두 줄로 선택할 수 있습니다.

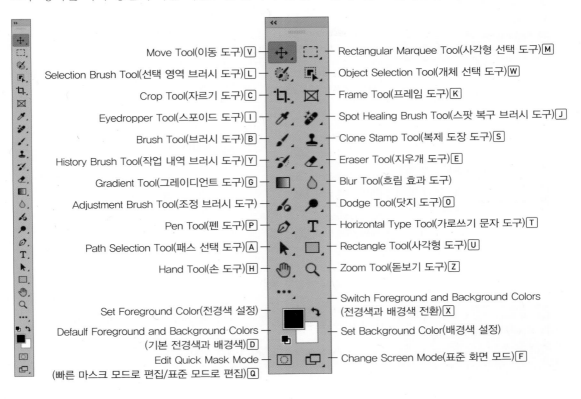

Move Tool(이동 도구)[V] — Rectangular Marquee Tool(사각형 선택 도구)[M]

Selection Brush Tool(선택 영역 브러시 도구)[L] — Object Selection Tool(개체 선택 도구)[W]

Crop Tool(자르기 도구)[C] — Frame Tool(프레임 도구)[K]

Eyedropper Tool(스포이드 도구)[I] — Spot Healing Brush Tool(스팟 복구 브러시 도구)[J]

Brush Tool(브러시 도구)[B] — Clone Stamp Tool(복제 도장 도구)[S]

History Brush Tool(작업 내역 브러시 도구)[Y] — Eraser Tool(지우개 도구)[E]

Gradient Tool(그레이디언트 도구)[G] — Blur Tool(흐림 효과 도구)

Adjustment Brush Tool(조정 브러시 도구) — Dodge Tool(닷지 도구)[O]

Pen Tool(펜 도구)[P] — Horizontal Type Tool(가로쓰기 문자 도구)[T]

Path Selection Tool(패스 선택 도구)[A] — Rectangle Tool(사각형 도구)[U]

Hand Tool(손 도구)[H] — Zoom Tool(돋보기 도구)[Z]

Set Foreground Color(전경색 설정) — Switch Foreground and Background Colors (전경색과 배경색 전환)[X]

Defaulf Foreground and Background Colors (기본 전경색과 배경색)[D] — Set Background Color(배경색 설정)

Edit Quick Mask Mode (빠른 마스크 모드로 편집/표준 모드로 편집)[Q] — Change Screen Mode(표준 화면 모드)[F]

Move Tool　V Artboard Tool　V	Move Tool(이동 도구,)	선택한 이미지를 드래그하여 이동시킴 [Alt]를 누르고 드래그하면 복사됨
	Artboard Tool(아트보드 도구,)	새로운 아트보드를 생성

	Ractangular Marquee Tool (사각형 선택 윤곽 도구,)	드래그하여 사각형 형태로 영역 선택([Shift]를 누르면 정사각형, [Alt]를 누르면 중앙에서부터 선택)
Rectangular Marquee Tool　M Elliptical Marquee Tool　M Single Row Marquee Tool Single Column Marquee Tool	Eillptical Marquee Tool (원형 선택 윤곽 도구,)	드래그하여 원형 형태로 영역 선택([Shift]를 누르면 정사각형, [Alt]를 누르면 중앙에서부터 선택)
	Single Row Marquee Tool (단일 행 선택 윤곽 도구,)	클릭하여 1픽셀 굵기의 가로 영역 선택
	Single Column Marquee Tool (단일 열 선택 윤곽 도구,)	클릭하여 1픽셀 굵기의 세로 영역 선택

Selection Brush Tool L Lasso Tool L Polygonal Lasso Tool L Magnetic Lasso Tool L	Selection Brush Tool (선택 영역 브러시 도구, 🖌)	브러시로 드래그하여 그리면서 영역 선택
	Lasso Tool(올가미 도구, ◯)	드래그하여 자유로운 형태로 영역 선택
	Polygonal Lasso Tool (다각형 올가미 도구, ◰)	클릭하여 다각형 형태로 영역 선택
	Magnetic Lasso Tool (자석 올가미 도구, ◰)	경계선이 뚜렷할 때 경계선을 드래그하여 영역 선택
Object Selection Tool W Quick Selection Tool W Magic Wand Tool W	Object Selection Tool (개체 선택 도구, ▣)	복잡한 영역을 드래그하여 선택
	Quick Selection Tool (빠른 선택 도구, ◪)	드래그하여 비슷한 영역 선택([와] 로 브러 시의 크기를 조절)
	Magic Wand Tool (자동 선택 도구, ◪)	클릭하여 유사한 색상 영역 선택
Crop Tool C Perspective Crop Tool C Slice Tool C Slice Select Tool C	Crop Tool(자르기 도구, ◱)	불필요한 이미지의 영역 자르기
	Perspective Crop Tool (원근 자르기 도구, ◰)	원근감이 표현되도록 이미지 자르기
	Slice Tool(분할 영역 도구, ◪)	웹용으로 사용할 이미지 분할
	Slice Select Tool (분할 영역 선택 도구, ◪)	분할 도구로 분할한 이미지 선택
Frame Tool K	Frame Tool(프레임 도구, ⊠)	사각형과 원형의 프레임을 만들어 클리핑 마 스크가 적용된 듯 이미지 배치
Eyedropper Tool I Color Sampler Tool I Ruler Tool I Note Tool I Count Tool I	Eyedropper Tool(스포이드 도구, ◪)	클릭하여 색상 추출
	Color sampler Tool (색상 샘플러 도구, ◪)	선택한 색상의 정보를 속성 패널에 표시
	Ruler Tool(눈금자 도구, ▭)	드래그하여 이미지의 길이와 각도 측정
	Note Tool(메모 도구, ▣)	이미지에 메모 표시
	Count Tool(카운트 도구, 1_2^3)	클릭하여 수 세기

Spot Healing Brush Tool J Remove Tool J Healing Brush Tool J Patch Tool J Content-Aware Move Tool J Red Eye Tool J	Spot Healing Brush Tool (스팟 복구 브러시 도구,)	클릭하여 작은 범위 수정
	Remove Tool(제거 도구,)	드래그하여 넓은 범위 수정
	Healing Brush Tool (복구 브러시 도구,)	Alt 를 누른채 특정 영역을 클릭한 후 수정하 고자 하는 영역으로 드래그 함
	Patch Tool(패치 도구,)	드래그하여 수정하려는 영역 선택 후 특정 영역으로 드래그 함
	Content-Aware Move Tool (내용 인식 이동 도구,)	드래그하여 영역을 선택한 후 특정 영역으로 드래그 함
	Red Eye Tool(적목 현상 도구,)	드래그하여 눈동자의 빨간색 반사 수정
Brush Tool B Pencil Tool B Color Replacement Tool B Mixer Brush Tool B	Brush Tool(브러시 도구,)	붓으로 그린 듯한 다양한 페인팅 표현
	Pencil Tool(연필 도구,)	연필로 그린 듯 선명하게 표현
	Color Replacement Tool (색상 대체 도구,)	드래그하여 전경색으로 이미지의 색상 대체
	Mixer Brush Tool (혼합 브러시 도구,)	색상을 혼합하여 칠하기
Clone Stamp Tool S Pattern Stamp Tool S	Clone Stamp Tool (복제 도장 도구,)	Alt 를 누른 채 클릭하여 특정 영역을 선택한 후 드래그하여 도장 찍듯 복제
	Pattern Stamp Tool (패턴 도장 도구,)	옵션 바에서 지정한 패턴을 클릭하고 이미지 에 드래그하면 패턴 복제됨
History Brush Tool Y Art History Brush Tool Y	History Brush Tool (작업 내역 브러시 도구,)	이미지의 일부분을 원본 이미지로 복구
	Art History Brush Tool (미술 작업 내역 브러시 도구,)	이미지를 회화적인 느낌으로 표현
Eraser Tool E Background Eraser Tool E Magic Eraser Tool E	Eraser Tool(지우개 도구,)	클릭 또는 드래그하여 이미지 삭제
	BackGround Eraser Tool (배경 지우개 도구,)	Background 레이어의 이미지 클릭 또는 드 래그하여 투명하게 삭제
	Magic Eraser Tool (자동 지우개 도구,)	클릭한 부분을 기준으로 비슷한 색상 영역 삭제

Gradient Tool (그라디언트 도구, ▣)	두 가지 이상의 색상을 점층적으로 표현
Paint Bucket Tool (페인트 통 도구, ⬧)	특정 영역을 색이나 패턴으로 채우기

Blur Tool (흐림 효과 도구, ⬧)	드래그한 지점을 흐리게 표현
Sharpen Tool (선명 효과 도구, △)	드래그한 지점을 선명하게 표현
Smudge Tool (손가락 도구, ⬧)	드래그하여 손가락으로 문지른 듯하게 표현

Adjustment Brush Tool (조정 브러시 도구, ⬧)	조정 항목을 선택하고 브러시로 이미지를 드래그하면 조정 효과 적용

Dodge Tool (닷지 도구, ⬧)	클릭 또는 드래그하여 이미지 밝게 표현
Burn Tool (번 도구, ⬧)	클릭 또는 드래그하여 이미지 어둡게 표현
Sponge Tool (스폰지 도구, ⬧)	클릭 또는 드래그하여 채도 조정

Pen Tool (펜 도구, ⬧)	클릭 또는 드래그하여 직선과 곡선으로 구성된 패스 또는 모양 그리기
Freeform Pen Tool (자유 형태 펜 도구, ⬧)	드래그하는 방향대로 패스를 그리기
Curvature Pen Tool (곡률 펜 도구, ⬧)	클릭만으로 곡선 패스를 그리기
Add Anchor Point Tool (기준점 추가 도구, ⬧)	패스에 기준점 추가
Delete Anchor Point Tool (기준점 삭제 도구, ⬧)	패스에 기준점 삭제
Convert Point Tool (기준점 변환 도구, ⬧)	직선 패스를 드래그하여 곡선 패스로, 곡선 패스를 클릭하여 직선 패스로 변환

Horizontal Type Tool (가로쓰기 문자 도구, T)	가로 방향으로 문자 입력
Vertical Type Tool (세로쓰기 문자 도구, ⬧T)	세로 방향으로 문자 입력
vertical Type Mask Tool (세로쓰기 마스크 도구, ⬧)	세로 방향으로 문자의 선택 영역 제작
Horizontal Type Mask Tool (가로쓰기 마스크 도구, ⬧)	가로 방향으로 문자의 선택 영역 제작

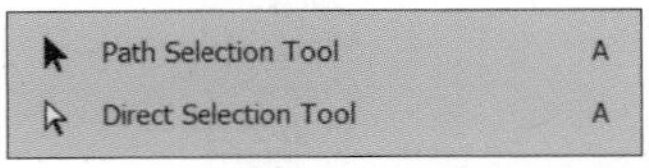

Path Selection Tool (패스 선택 도구, ▶.)		패스 전체를 선택하여 수정
Direct Selection Tool (직접 선택 도구, ▷.)		패스의 일부 기준점 또는 방향점을 선택하여 수정

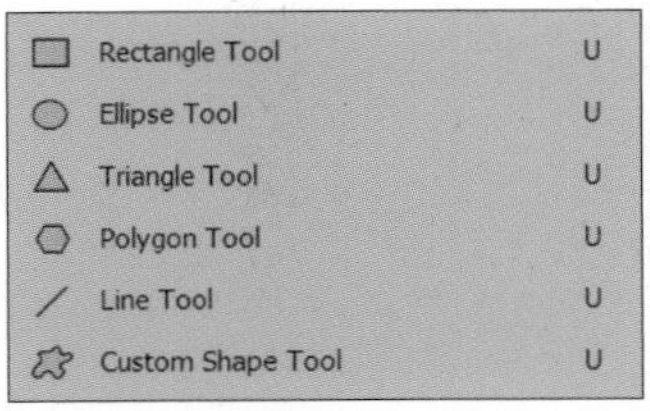

Rectangle Tool(사각형 도구, □.)		드래그하여 사각형 모양 및 패스 제작
Ellipse Tool(타원 도구, ○.)		드래그하여 타원 모양 및 패스 제작
Triangle Tool(삼각형 도구, △.)		드래그하여 삼각형 모양 및 패스 제작
Polygon Tool(다각형 도구, ○.)		드래그하여 다각형 모양 및 패스 제작
Line Tool(선 도구, /.)		드래그하여 선 제작
Custom Shape Tool (사용자 정의 모양 도구, ☆.)		도형 라이브러리의 모양이나 사용자가 등록한 모양 제작

Hand Tool(손바닥 도구, ✋.)		이미지가 한 화면에 표시되지 않을 경우 드래그하여 영역 이동
Rotate View Tool (회전 보기 도구, ☞.)		작업 이미지를 드래그하여 캔버스 회전

Zoom Tool (돋보기 도구, 🔍.)		이미지 확대 또는 축소

Default Foreground and Background Colors (기본 전경색과 배경색, ▣.)		전경색은 검은색(#000000), 배경색은 흰색(#ffffff)으로 초기화
Switch Foreground and Background Colors (전경색과 배경색 전환, �.)		현재 설정된 전경색과 배경색 전환
Set Foreground Color(전경색 설정)		더블 클릭하여 Color Picker(색상 피커)에서 전경색 지정
Set Background Color (배경색 설정)		더블 클릭하여 Color Picker(색상 피커)에서 배경색 지정
Edit Quick Mask Mode (빠른 마스크 모드로 편집/표준 모드로 편집, ▣.)		클릭하여 빠른 마스크 모드와 표준 모드로 전환

03 도구별 옵션 바

01 Move Tool(이동 도구, ⊕) 옵션

❶ Auto-Select(자동 선택) : 체크하면 선택하는 이미지의 레이어가 바로 선택됩니다.

❷ Show Transform Controls(변형 컨트롤 표시) : 체크하면 개체의 주변에 조절상자가 활성화됩니다.

❸ 두 개 이상의 레이어를 선택하여 정렬합니다.

❹ 세 개 이상의 레이어를 선택하여 같은 간격으로 배분합니다.

02 Ractangular Marquee Tool(사각형 선택 윤곽 도구, ▭) 옵션

❶ New Selection(새 선택 영역) : 새로운 영역을 선택합니다.

❷ Add to selection(선택 영역에 추가) : 이미 선택한 영역에 추가로 영역을 선택합니다.

❸ Subtract from selection(선택 영역에서 빼기) : 이미 선택한 영역에서 일정 영역을 뺍니다.

❹ Intersect with selection(선택 영역과 교차) : 이미 선택한 영역과 겹치는 부분만 남깁니다.

❺ Feather(페더) : 선택한 이미지의 경계선을 부드럽게 지정합니다.

03 Object Selection Tool(개체 선택 도구, ▦) 옵션

❶ New Selection(새 선택 영역) : 새로운 영역을 선택합니다.

❷ Add to selection(선택 영역에 추가) : 이미 선택한 영역에 추가로 영역을 선택합니다.

❸ Subtract from selection(선택 영역에서 빼기) : 이미 선택한 영역에서 일정 영역을 뺍니다.

❹ Intersect with selection(선택 영역과 교차) : 이미 선택한 영역과 겹치는 부분만 남깁니다.

❺ Mode(모드) : 사각형 형태나 올가미 형태로 이미지를 선택합니다.

04 Quick Selection Tool(빠른 선택 도구, ✎) 옵션

❶ New Selection(새 선택 영역) : 새로운 영역을 선택합니다.

❷ Add to selection(선택 영역에 추가) : 이미 선택한 영역에 추가로 영역을 선택합니다.

❸ Subtract from selection(선택 영역에서 빼기) : 이미 선택한 영역에서 일정 영역을 뺍니다.

❹ Brush Options(브러시 옵션) : 브러시의 크기, 경도, 각도 등의 세부 옵션을 지정합니다.

05 Magic Wand Tool(자동 선택 도구, 🪄) 옵션

❶ New Selection(새 선택 영역) : 매번 새로운 영역을 선택합니다.

❷ Add to selection(선택 영역에 추가) : 이미 선택한 영역에 추가로 영역을 선택합니다.

❸ Subtract from selection(선택 영역에서 빼기) : 이미 선택한 영역에서 일정 영역을 뺍니다.

❹ Intersect with selection(선택 영역과 교차) : 이미 선택한 영역과 겹치는 부분만 남깁니다.

❺ Tolerance(허용치) : 선택한 색상과 비슷한 정도를 0~255 사이 값으로 지정합니다.

❻ Contiguous(인접) : 체크하면 선택한 색상의 영역이 서로 인접하고 있는 범위만 선택합니다.

06 Gradient Tool(그라디언트 도구, ▮) 옵션

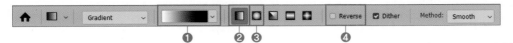

❶ Gradient Preset(그레이디언트 사전 설정) : 사전 설정된 그레이디언트를 선택하거나 다양하게 편집하고 저장할 수 있습니다.

❷ Linear Gradient(선형 그라디언트) : 그레이디언트를 직선 방향으로 적용합니다.

❸ Radial Gradient(방사형 그라디언트) : 그레이디언트를 원형으로 적용합니다.

❹ Reverse(반전) : 그레이디언트의 색상을 반전하여 표현합니다.

07 Horizontal Type Tool(가로쓰기 문자 도구, T.) 옵션

❶ Search and Select Fonts(글꼴 검색 및 선택) : 글꼴을 검색하고 선택합니다.

❷ Set font style(글꼴 스타일 설정) : 글꼴의 스타일을 선택합니다.

❸ Set font size(글꼴 크기 설정) : 글꼴의 크기를 선택합니다.

❹ Set anti-aliasing method(안티 앨리어싱 방법 설정) : 문자가 깨져보이지 않도록 Sharp(선명하게)를 선택합니다.

❺ Create warped text(텍스트 뒤틀기 만들기) : 뒤틀어진 텍스트로 변형하며 Bend(구부리기)로 휘어지는 정도를 조절할 수 있습니다.

문자를 두 줄 이상 입력할 때 줄 간격이 너무 넓거나 좁을 경우 [Window(창)]–[Character(문자)]를 선택하면 우측 패널에서 [Charecter(문자)] 패널이 열리며 글꼴, 크기뿐 아니라 행간, 자간 등의 속성을 설정할 수 있습니다.
'Set leading(행간 설정) : Auto(자동)'이 가장 기본이지만 줄 간격을 글자 크기보다 큰 값을 주면 줄 간격이 넓어지고 글자 크기보다 작은 값을 주면 줄 간격이 좁아집니다.

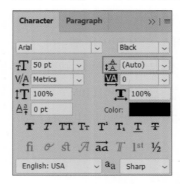

Warp Text(텍스트 뒤틀기)로 문자를 왜곡시킬 때 Style(스타일)뿐 아니라 Horizontal(가로)과 Vertical(세로) 선택 방향에 따라 모양이 달라지며 Bend(구부리기) 값에 따라 왜곡되는 정도가 달라집니다.

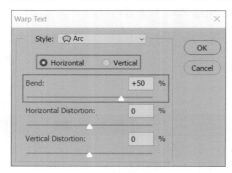

• Warp Text(텍스트 뒤틀기)의 종류

▲ Arc(부채꼴)

▲ Arc Upper(위 부채꼴)

▲ Arc Lower(아래 부채꼴)

▲ Arch(아치))

▲ Bulge(돌출)

▲ Shell Upper
(위가 넓은 조개)

▲ Shell Lower
(아래가 넓은 조개)

▲ Flag(깃발)

▲ Wave(파형)

▲ Fish(물고기)

▲ Rise(상승)

▲ Fisheye(어안)

▲ Inflate(부풀리기)

▲ Squeeze(양쪽 누르기)

▲ Twist(비틀기)

08 Custom Shape Tool(사용자 정의 모양 도구, ⬚) 옵션

❶ Shape(모양) : 모양, 패스, 픽셀중에서 선택하여 도형을 제작합니다.

❷ Set shape fill type(모양 칠 유형 설정) : 모양의 채우기를 투명, 단색, 그라디언트, 패턴 중에서 선택합니다.

❸ Set shape stroke type(모양 획 유형 설정) : 모양의 선을 투명, 단색, 그라디언트, 패턴 중에서 선택합니다.

❹ Path operation(패스 작업) : 새 레이어로 생성하거나 모양을 합치고 빼는 작업을 선택합니다.

❺ Shape(모양) : 다양한 도형 라이브러리에서 모양을 선택합니다.

기적의 TIP

Custom Shape(사용자 정의 모양)중에서 시험에 출제되는 모양은 Legacy Shapes and More(레거시 모양 및 기타)에 모여 있습니다. Legacy Shapes and More(레거시 모양 및 기타)가 보이지 않을 경우 [Window(창)]-[Shapes(모양)]를 선택하여 우측 패널에 Shapes(모양) 패널이 열리면 우측 상단의 버튼을 눌러 Legacy Shapes and More(레거시 모양 및 기타)를 추가합니다.

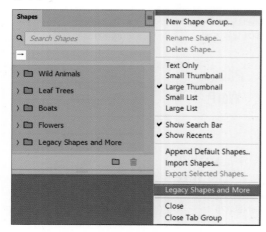

• Custom Shape(사용자 정의 모양)의 종류

▲ Animals(동물)

▲ Arrow(화살표)

▲ Artistic Textures(예술 텍스처)

▲ Banners and Awards(배너 및 상장)

▲ Flim(필름)

▲ Frames(프레임)

▲ Grime Vector Pack(지저분한 벡터 팩)

▲ LightBulb(백열 전구)

▲ Music(음악)

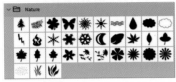

▲ Nature(자연)

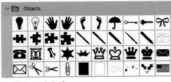

▲ Objects(개체)

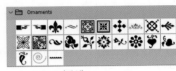

▲ Ornaments(장식)

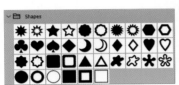

▲ Shapes(모양)

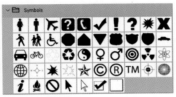

▲ Symbols(기호)

▲ Talk Bubbles(말 풍선)

▲ Tiles(타일)

▲ Web(웹)

04 주요 메뉴

01 File(파일)

❶ New(새로 만들기)(`Ctrl`+`N`) : 단위와 크기를 지정하여 새로운 문서를 만듭니다.

❷ Open(열기)(`Ctrl`+`O`) : 저장된 문서를 열어줍니다.

❸ Close(닫기)(`Ctrl`+`W`) : 현재 선택한 문서를 닫습니다.

❹ Save(저장)(`Ctrl`+`S`) : 현재 선택한 문서를 저장합니다.

❺ Save As(다른 이름으로 저장)(`Shift`+`Ctrl`+`S`) : 현재 선택한 문서를 다른 이름이나 경로에 저장합니다.

❻ Save a Copy(사본 저장)(`Alt`+`Ctrl`+`S`) : 현재 선택한 문서를 다른 포맷으로 저장합니다.

02 Image(이미지)

❶ Mode(모드) : Grayscale, RGB, CMYK 등 다양한 색상 모드를 선택합니다.

❷ Adjustment(조정) : 선택한 이미지를 밝기, 대비, 색상 등 다양하게 조정합니다.

❸ Image Size(이미지 크기) : 이미지의 폭, 높이, 해상도를 조정합니다.

❹ Canvas Size(캔버스 크기) : 캔버스의 폭, 높이, 방향을 지정하여 확장하거나 자릅니다.

❺ Image Rotation(회전) : 현재의 캠버스를 180°, 시계 방향 90°, 반시계 방향 90° 등으로 회전합니다.

03 Select(선택)

❶ All(모두)(`Ctrl`+`A`) : 작업 이미지의 전체 범위를 선택합니다.

❷ Deselect(선택 해제)(`Ctrl`+`D`) : 선택한 이미지의 영역을 선택 해제합니다.

❸ Inverse(반전)(`Shift`+`Ctrl`+`I`) : 선택한 이미지의 영역을 반전하여 선택합니다.

❹ Modify(수정) : 선택한 영역을 부드럽게, 확장, 축소 등으로 수정합니다.

04 Edit(편집)

❶ Undo(명령 취소)(`Ctrl`+`Z`) : 작업 과정을 순차적으로 취소합니다.

❷ Redo(다시 실행)(`Shift`+`Ctrl`+`Z`) : 취소했던 작업 과정을 복구합니다.

❸ Copy(복사)(`Ctrl`+`C`) : 선택한 이미지를 복사하여 클립보드에 임시로 저장합니다.

❹ Paste(붙여넣기)(`Ctrl`+`V`) : 클립보드에 임시 저장한 이미지를 현재 작업문서에 붙여넣습니다.

❺ Fill(칠)(`Shift`+`F5`) : 전경색, 배경색, 내용 인식 등으로 면을 채웁니다.

❻ Stroke(획) : 선택한 이미지의 가장자리에 선의 두께, 색상, 위치 등을 지정하여 테두리를 그립니다.

❼ Free Transform(자유 변형)(`Ctrl`+`T`) : 선택한 이미지의 크기, 회전, 원근 등 다양하게 변형합니다.

▲ 원본

▲ Scale(비율)

▲ Rotate(회전)

▲ Skew(기울이기)

▲ Distort(왜곡)

▲ Perspective(원근)

▲ Warp(뒤틀기)

▲ Rotate 180˚(180도 회전)

▲ Rotate 90˚ Clockwise
　(시계 방향으로 90도 회전)

▲ Rotate 90˚ Counter Clockwise
　(시계 반대 방향으로 90도 회전)

▲ Flip Horizontal
　(가로로 뒤집기)

▲ Flip Vertical
　(세로로 뒤집기)

❽ **Define Pattern(패턴 정의)** : 선택한 이미지를 패턴으로 정의하여 등록합니다.

❾ **Define Custom Shape(사용자 정의 모양 정의)** : 선택한 모양을 사용자 지정 모양으로 정의하여 등록합니다.

❿ **Preferences(환경 설정)(Ctrl + K)** : 사용자의 편의대로 작업 환경을 설정합니다.

05 Filter(필터)

[Filter(필터)]-[Filter Gallary(필터 갤러리)] 메뉴는 그림에 효과를 적용하는 기능으로 필터의 종류를 알고 있어야 합니다.

❶ Artistic(예술 효과)

▲ Colored Pencil(색연필)　　▲ Cutout(오려내기)　　▲ Dry Brush(드라이 브러시)

▲ Flim Grain(필름 그레인)　　▲ Fresco(프레스코)　　▲ Neon Glow(네온광)

▲ Paint Daubs(페인트 바르기)　　▲ Palette Knife(팔레트 나이프)　　▲ Plastic Warp(비닐랩)

▲ Poster Edges(포스터 가장자리)　　▲ Rough Pastels(거친 파스텔)　　▲ Smudge Stick(문지르기 효과)

▲ Sponge(스폰지)　　▲ Underpainting(언더페인팅 효과)　　▲ Watercolor(수채화)

❷ Brushes Strokes(브러시 획)

▲ Accented Edges(강조된 가장자리)

▲ Angled Strokes(각진 선)

▲ Crosshatch(그물 눈)

▲ Dark Strokes(어두운 선)

▲ Ink Outlines(잉크 윤곽선)

▲ Spatter(뿌리기)

▲ Sprayed Strokes(스프레이 선)

▲ Sumi-e(수묵화)

❸ Distort(왜곡)

▲ Diffuse Glow(광선 확산)

▲ Glass(유리)

▲ Ocean Ripple(바다 물결)

❹ Sketch(스케치 효과)

▲ Bas Relief(저부조)

▲ Chalk & Charcoal(분필과 목탄)

▲ Charcoal(목탄)

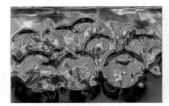

▲ Chrome(크롬)

▲ Conte Crayon(크래용)

▲ Graphic Pen(그래픽 펜)

▲ Halftone Pattern(하프톤 패턴)

▲ Note Paper(메모지)

▲ Photocopy(복사)

▲ Plaster(석고)

▲ Reticulation(망사 효과)

▲ Stemp(도장)

▲ Torn Edges(가장자리 찾기)

▲ Water Paper(물 종이)

❺ Stylize(스타일화)

▲ Glowing Edges(가장자리 광선 효과)

❻ Texture(텍스처)

▲ Craquelure(균열)

▲ Grain(그레인)

▲ Mosaic Tiles(모자이크 타일)

▲ Patchwork(이어붙이기)

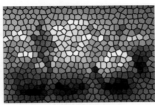

▲ Stained Glass(채색 유리)

▲ Texturizer(텍스처화)

❼ 기타 필터

▲ Gaussian Blur(가우시안 흐림 효과)

▲ Add Noise(노이즈 추가)

▲ Crystallize(수정화)

▲ Pacet(단면화)

▲ Wind(바람)

▲ Lens Flare(렌즈 플레어)

05 레이어 패널

포토샵에서는 이미지, 모양, 문자 등을 투명한 필름에 따로 만들어서 위, 아래로 여러 겹을 겹쳐 하나의 이미지로 보이도록 합성합니다. 레이어들은 각각의 분리된 층을 이루며 서로 간섭하지 않기 때문에 이미지의 편집이 수월해집니다.

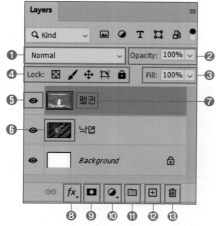

❶ Blanding Mode(혼합 모드) : 선택한 레이어와 아래 레이어를 합성합니다.

❷ Opacity(불투명도) : 선택한 레이어의 불투명도를 조절합니다. 레이어와 레이어 스타일에 모두 적용됩니다.

❸ Fill(채우기) : 선택한 레이어의 채우기 농도를 조절합니다. 레이어 스타일은 영향을 받지 않습니다.

❹ Lock(잠그기) : 레이어의 특정 부분을 잠금 설정합니다.

❺ Layer Visibility(레이어 가시성) : 눈 아이콘을 클릭하여 레이어를 보이거나 보이지 않게 설정합니다.

❻ Layer thumbnail(레이어 축소판) : 레이어의 미리보기 화면입니다.

❼ Layer Name(레이어 이름) : 더블 클릭해서 이름을 변경할 수 있습니다.

❽ Add a layer style(레이어 스타일 추가) : 선택한 레이어에 스타일을 적용합니다.

❾ Add a layer mask(레이어 마스크 추가) : 레이어 마스크를 추가합니다.

❿ Create New fill or adjustment layer(새 칠 또는 조정 레이어 만들기) : 보정 필터 레이어를 추가합니다.

⓫ Create a new group(새 그룹 만들기) : 그룹 폴더를 만듭니다.

⓬ Create a new layer(새 레이어 만들기) : 새 레이어를 만듭니다.

⓭ Delete layer(레이어 삭제) : 선택한 레이어를 삭제합니다.

레이어 패널에서 보이는 Layer thumbnail(레이어 축소판)의 크기와 미리보기 내용을 Layer Panel Options(레이어 패널 옵션)에서 선택할 수 있습니다. Layer thumbnail Contents(축소판 내용)를 Layer Bounds(레이어 테두리)로 선택하면 레이어의 이미지만 크게 보이고, Entire Document(문서 전체)로 선택하면 문서 전체에서의 레이어 이미지 위치가 보입니다.

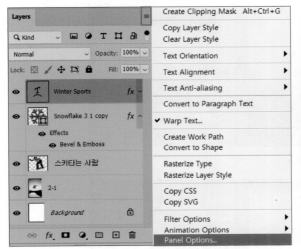
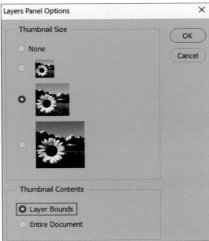

01 Opacity(불투명도)와 Fill(채우기)의 비교

▲ 원본 이미지

▲ Opacity(불투명도) 30% : 레이어와 레이어 스타일 모두 투명해짐

▲ Fill(채우기) 30% : 레이어만 투명해지고 레이어 스타일은 변하지 않음

02 Blanding Mode(혼합 모드)의 종류

| ▲ Normal(표준) | ▲ Dissolve(디졸브) | ▲ Darken(어둡게) | ▲ Multiply(곱하기) |
| ▲ Color Burn(색상 번) | ▲ Linear Burn(선형 번) | ▲ Darker Color(어두운 색상) | ▲ Lighten(밝게) |

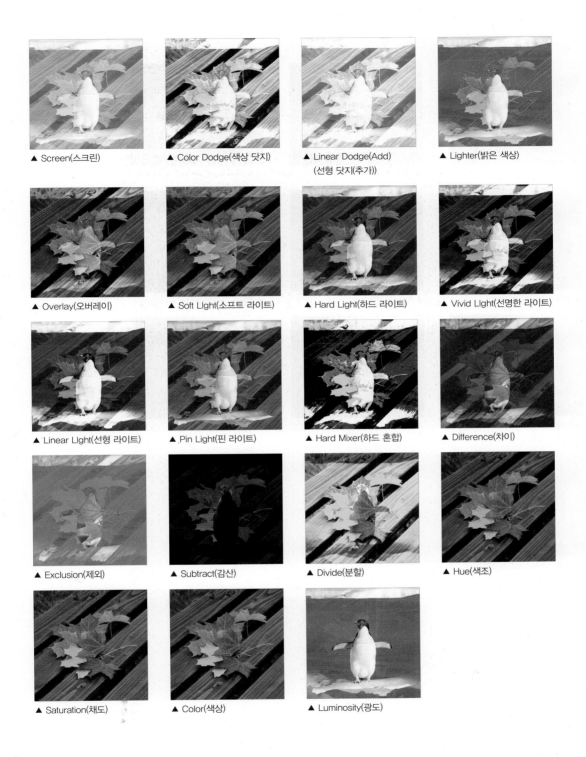

▲ Screen(스크린) ▲ Color Dodge(색상 닷지) ▲ Linear Dodge(Add) (선형 닷지(추가)) ▲ Lighter(밝은 색상)

▲ Overlay(오버레이) ▲ Soft Light(소프트 라이트) ▲ Hard Light(하드 라이트) ▲ Vivid Light(선명한 라이트)

▲ Linear Light(선형 라이트) ▲ Pin Light(핀 라이트) ▲ Hard Mixer(하드 혼합) ▲ Difference(차이)

▲ Exclusion(제외) ▲ Subtract(감산) ▲ Divide(분할) ▲ Hue(색조)

▲ Saturation(채도) ▲ Color(색상) ▲ Luminosity(광도)

03 Layer Style(레이어 스타일)의 종류

▲ Bevel & Emboss(경사와 엠보스)

▲ Stroke(획)

▲ Inner Shadow(내부 그림자)

▲ Inner Glow(내부 광선)

▲ Satin(새틴)

▲ Color Overlay(색상 오버레이)

▲ Gradient Overlay
(그레이디언트 오버레이)

▲ Pattern Overlay(패턴 오버레이)

▲ Outer Glow(외부 광선)

▲ Drop Shadow(드롭 섀도)

Layer Style(레이어 스타일)은 기본적으로 같은 기능은 하나씩 준비되어 있지만 Stroke(획), Inner Shadow(내부 그림자), Color Overlay(색상 오버레이), Gradient Overlay(그레이디언트 오버레이), Drop Shadow(드롭 섀도)는 필요에 따라 추가할 수 있습니다. 우측 추가 단추를 눌러 추가하거나 하단 휴지통을 눌러 삭제할 수 있습니다. 좌측 하단(fx.) 아이콘을 누르면 레이어 스타일의 목록을 초기화할 수 있습니다. 또한 각각의 레이어 스타일에 설정한 값을 초기값으로 설정하려면 Make Default(기본값 설정), 설정했던 값을 초기화하고 다시 설정하려면 Reset to Default(기본값으로 재설정)을 선택합니다.

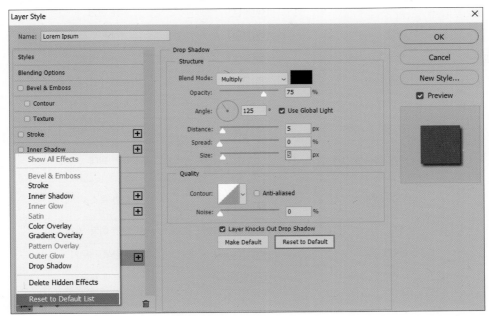

06 자주 출제되는 유형

01 자주 사용하는 단축키

단축키	기능	단축키	기능
Ctrl + N	새로 만들기	Ctrl + J	레이어 복제
Ctrl + O	열기	Ctrl + T	자유 변형
Ctrl + S	저장	Ctrl + D	선택영역 해제
Ctrl + Alt + S	사본으로 저장	Ctrl + E	레이어 병합
Ctrl + K	환경 설정	[/]	브러시 크기 조절
Ctrl + R	눈금자 표시/숨기기	Shift + 클릭, 드래그	선택영역 추가
Ctrl + ;	안내선 표시/숨기기	Alt + 클릭, 드래그	선택영역 제거
Ctrl + ,	격자 표시/숨기기	Ctrl + + / Alt + 마우스휠 위로	화면 확대
Ctrl + A	모두 선택	Ctrl + − / Alt + 마우스휠 아래로	화면 축소
Ctrl + C	복사	Space Bar + 클릭, 드래그	화면 이동
Ctrl + V	붙여넣기	Alt + Delete	전경색 채우기
Ctrl + Z	이전작업 취소	Ctrl + Delete	배경색 채우기

02 자주 출제되는 사용자 정의 모양

▲ Animals(동물)

▲ Music(음악)

▲ Tiles(타일)

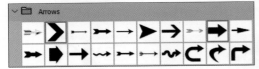

▲ Arrows(화살표)

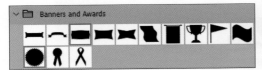

▲ Banners and Awards(배너 및 상장)

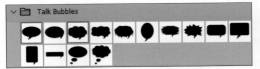

▲ Talk Bubbles(말풍선)

▲ Ornaments(장식)

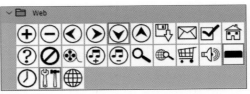

▲ Web(웹)

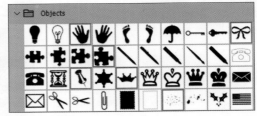

▲ Objects(개체)

▲ Shapes(모양)

▲ Nature(자연)

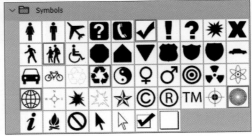

▲ Symbols(기호)

03 자주 출제되는 필터

▲ Artistic(예술 효과)

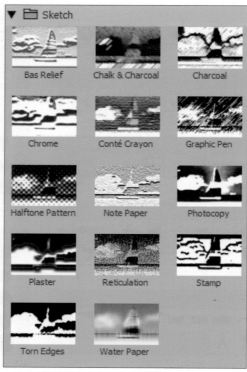

▲ Sketch(스케치)

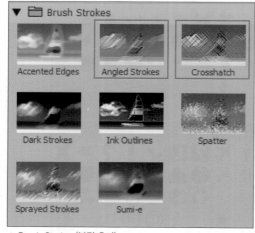

▲ Brush Strokes(붓질 효과)

▲ Distort(왜곡 효과)

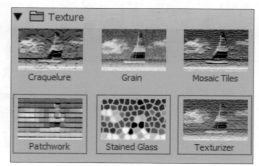

▲ Texture(텍스처)

04 자주 출제되는 텍스트 뒤틀기

▲ Arc(부채꼴)

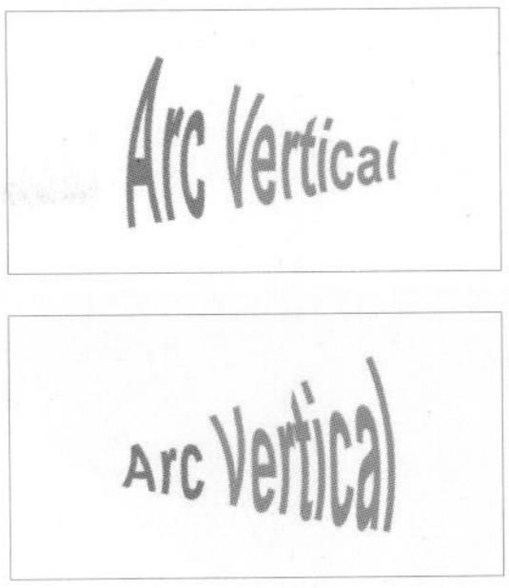

▲ Arc Vertical

▲ Arc Upper(위 부채꼴)

▲ Arc Lower(아래 부채꼴)

▲ Arch(아치)

▲ Bulge(돌출)

▲ Shell Upper
(위가 넓은 조개)

▲ Shell Lower
(아래가 넓은 조개)

▲ Flag(깃발)

▲ Wave(파형)

▲ Fish(물고기)

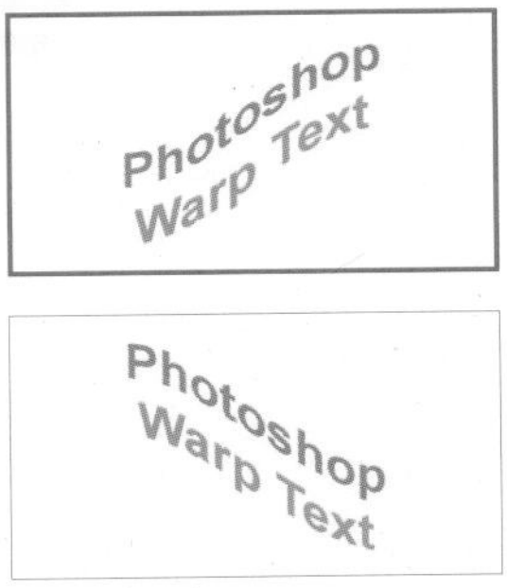

▲ Rise(상승)

▲ Fisheye(어안)

▲ Inflate(부풀리기)

▲ Squeeze(양쪽 누르기)

▲ Twist(비틀기)

포토샵
핵심 기능 익히기

환경 설정

포토샵의 작업환경은 사용자가 편리하게 사용하기 위하여 선택이 가능합니다. 시험장에 설정되어 있는 작업환경이 평소에 사용자가 작업하던 환경과 다르게 설정되어 있을 수 있기 때문에 사용자에게 익숙한 작업환경으로 설정하는 방법을 아는 것이 중요합니다.

01 [Edit(편집)]-[Preferences(환경 설정)]-[Interface(인터페이스)]-[Color Theme(색상 테마)]

작업창의 색상을 선택할 때 밝은 색상의 경우 가독성이 좋기 때문에 선호하는 사용자가 많지만 오랜 시간동안 그래픽 작업을 하다보면 눈이 많이 피로하게 됩니다. 사용자의 작업형태에 따라 적절한 색상으로 선택합니다.

02 [Edit(편집)]-[Preferences(환경 설정)]-[Workspace(작업 영역)]-[Open Documents as Tabs(탭으로 문서 열기)]

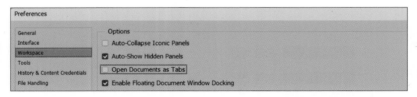

포토샵에서 문서를 새로 만들거나 불러올 때, 문서마다 하나의 탭에 각각 열어놓고 탭을 눌러가며 문서를 하나씩 볼 수 있도록 기본 설정되어 있습니다. 그러나 여러 이미지를 동시에 한 화면으로 보면서 필요한 부분을 선택하고 복사나 이동 등의 편집 작업을 할 수도 있는데 Open Documents as Tabs(탭으로 문서 열기)를 체크 해제하고 이미지를 불러오면 각각의 문서별로 창을 띄울 수 있습니다.

03 [Edit(편집)]−[Preferences(환경 설정)]−[Tools(도구)]−[Show Rich Tooltips(풍부한 도구 설명 표시)]

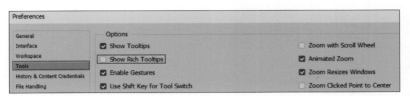

편집을 위해 도구를 사용할 때 도구에 대한 설명을 보여주는 것을 Tooltips(도구 설명)이라고 합니다. 어떤 도구를 사용하고 있는지 간략하게 이름으로 알려주고 사용하는 방법까지도 이미지화해서 알려주는 편리한 기능이지만 이미 사용방법을 알고 있는 경우라면 Tooltips(도구 설명)의 간섭은 오히려 빠른 작업에 방해가 될 수도 있습니다. Tooltips(도구 설명) 중에서 이미지화하여 알려주는 Show Rich Tooltips(풍부한 도구 설명 표시)는 꺼두는 것이 좋습니다.

04 [Edit(편집)]−[Preferences(환경 설정)]−[Cursor(커서)]−[Normal Brush Tip(표준 브러시 끝)]

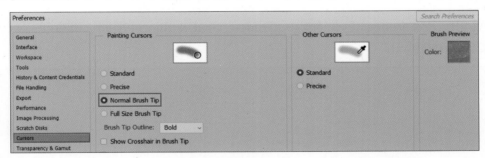

이미지의 선택을 위하여 Quick Selection Tool(빠른 선택 도구, ✎)을 사용할 때 브러시의 크기를 선택하려는 개체에 맞게 조절하여야 합니다. 이때 브러시의 크기가 직관적으로 눈에 보여야 단축키를 활용하면서 브러시의 크기를 조절하기가 수월한데 Nomal Brush Tip(표준 브러시 끝)으로 설정이 되어 있어야 브러시의 크기가 원형으로 보입니다. 만일 Nomal Brush Tip(표준 브러시 끝)으로 선택되어 있는데도 십자 형태로 보인다면 브러시의 크기가 너무 크거나 작기 때문일 수 있으므로 크기를 10~100px로 설정합니다. 브러시의 크기가 적절한데도 십자 형태로 보인다면 키보드의 [Caps Lock]이 켜져 있는지 확인하고 꺼줍니다.

05 [Edit(편집)]–[Preferences(환경 설정)]–[Units & Rulers(단위와 눈금자)]–[Rulers(눈금자)]

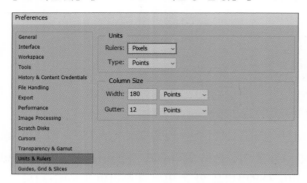

GTQ 시험에서는 항상 문서의 단위를 Pixel(픽셀)로 제시하기 때문에 출력형태에서 보이는 눈금자에 표시되는 단위도 Pixel(픽셀)입니다. 그러므로 사용자가 편집 작업을 위해 눈금자를 켰을 때 같은 단위로 설정되어 있어야 정확한 크기를 비교하면서 작업할 수 있습니다. 문자의 경우는 단위가 Pixel(픽셀)이 아닌 Point(포인트)이므로 단위 설정에 주의하여야 합니다.

06 [Edit(편집)]–[Preferences(환경 설정)]–[Guides, Grid & Slices(안내선, 격자 및 분할 영역)]–[Canvas(캔버스)]

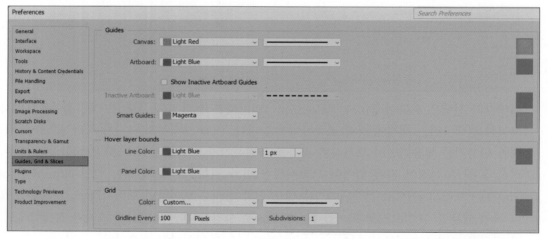

개체를 배치할 때 출력형태와 비슷한 위치에 배치하는 것이 중요하기 때문에 안내선이나 격자를 표시하여 위치를 비교하면서 작업하는 것이 좋습니다. 격자의 경우 이미지의 크기가 400*500px 또는 600*400px이므로 너무 촘촘하지 않도록 100px 간격으로 설정하여 개체들이 큰 틀에서만 벗어나지 않도록 배치합니다.

07 [Edit(편집)]–[Preferences(환경 설정)]–[Type(문자)]–[Show Font Names in English(글꼴 이름을 영어로 표시)]

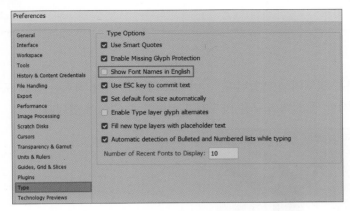

포토샵 시험은 영문판과 한글판으로 선택이 가능하므로 시험을 접수할 때 언어를 선택할 수 있습니다. 다만 대부분의 시험장에는 포토샵 영문판이 설치되어 있습니다. 영문판에서 문자를 입력할 때 한글을 입력하는 문제에서 한글 글꼴을 지정할 때 궁서, 돋움 등과 같이 한글 글꼴을 한글로 표시하도록 Show Font Names in English(글꼴 이름을 영어로 표시)를 체크 해제하여 빠르게 한글 글꼴을 찾을 수 있도록 합니다.

02 영역 선택

▶합격 강의

포토샵에서 가장 기본이 되는 작업은 영역의 선택입니다. 이미지의 특징에 따라 적절한 선택 도구를 사용하고 영역을 추가하거나 삭제할 때 선택 도구를 바꿔가며 선택할 수 있어야 합니다.

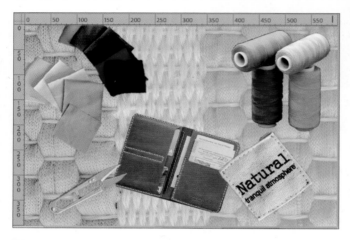

《사용소스》

PART 02 〉 CHAPTER 02 〉 니트.jpg/원단견본.jpg/지갑.jpg/라벨.jpg/색실.jpg

★ 도서에 사용되는 이미지(사용소스)의 경우 부록 자료를 다운받아 이용하실 수 있습니다.

01 새 작업 파일을 만들기 위하여 [File(파일)]−[New(새로 만들기)]([Ctrl]+[N])를 선택하고 'Width(폭) : 600Pixels(픽셀), Height(높이) : 400Pixels(픽셀), Resolution(해상도) : 72Pixels/Inch(픽셀/인치), Color Mode(색상 모드) : RGB Color(RGB 색상), Background Contents(배경 내용) : White(흰색)'로 설정하여 새 작업 파일을 만듭니다.

02 [File(파일)]−[Open(열기)]([Ctrl]+[O])를 선택하고 니트.jpg를 불러옵니다. 이미지의 크기를 비슷하게 맞추기 위하여 [Image(이미지)]−[Image Size(이미지 크기)]를 누르고 'Width(폭) : 600Pixel(픽셀)'을 입력합니다. [Ctrl]+[A]를 눌러서 모두 선택하고 [Ctrl]+[C]를 눌러 복사한 다음 작업 파일에 [Ctrl]+[V]를 눌러서 붙여넣습니다.

03 [File(파일)]−[Open(열기)]([Ctrl]+[O])를 선택하고 원단견본.jpg를 불러옵니다. 이미지의 크
기를 비슷하게 맞추기 위하여 [Image(이미지)]−[Image Size(이미지 크기)]를 누르고
'Width(폭) : 600Pixel(픽셀)'을 입력합니다. 견본을 선택하기 위하여 Object Selection
Tool(개체 선택 도구, 🔳)을 선택하고 상단 [Options Bar(옵션 바)]에서 'Add to Selection
(선택 영역에 추가, 🔳)'을 지정하여 원단 이미지를 선택합니다.

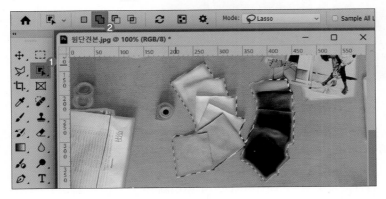

04 선택한 원단 이미지는 [Ctrl]+[C]를 누르고 복사하여 작업 파일에 [Ctrl]+[V]를 눌러서 붙여넣은
후 [Edit(편집)]−[Free Transform(자유 변형)]([Ctrl]+[T])을 눌러서 출력형태와 같이 배치하
고 [Enter]를 누릅니다.

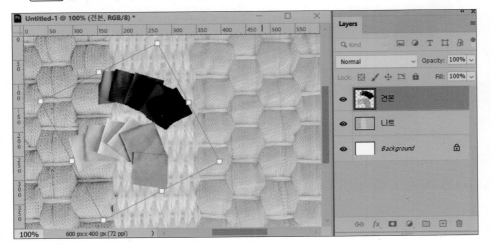

05 [File(파일)]−[Open(열기)]([Ctrl]+[O])를 선택하고 지갑.jpg를 불러옵니다. 이미지의 크기를 비슷하게 맞추기 위하여 [Image(이미지)]−[Image Size(이미지 크기)]를 누르고 'Width (폭) : 600Pixel(픽셀)'을 입력합니다. 지갑을 선택하기 위하여 Quick Selection Tool(빠른 선택 도구, ✎)을 선택하고 상단 [Options Bar(옵션 바)]에서 'Add to Selection(선택 영역에 추가, ✎)'을 선택하여 지갑 영역을 추가합니다.

🅱 기적의 TIP

Quick Selection Tool(빠른 선택 도구, ✎)을 선택하여 영역을 선택할 때 브러시의 크기는 단축키를 활용하면 빠르게 설정할 수 있습니다. 브러시의 크기를 줄이려면 [[ ]. 브러시의 크기를 키우려면 [ ]]를 반복적으로 누르면서 조절합니다.

06 선택한 지갑 이미지는 [Ctrl]+[C]를 누르고 복사하여 작업 파일에 [Ctrl]+[V]를 눌러서 붙여넣은 후 [Ctrl]+[T]를 눌러서 출력형태와 같이 배치하고 [Enter]를 누릅니다.

07 족집게를 선택하기 위하여 Polygonal Lasso Tool(다각형 올가미 도구, )을 선택하고 상단 [Options Bar(옵션 바)]에서 'Add to Selection(선택 영역에 추가,)'을 선택하여 영역을 추가하거나 'Subtract from Selection(선택 영역에서 빼기,)'을 선택하여 영역에서 불필요한 부분을 제거합니다.

08 선택한 족집게 이미지는 Ctrl + C 를 누르고 복사하여 작업 파일에 Ctrl + V 를 눌러서 붙여넣은 후 Ctrl + T 를 눌러서 출력형태와 같이 배치하고 Enter 를 누릅니다.

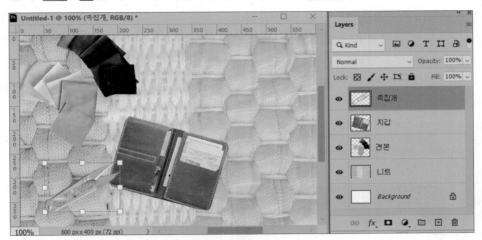

09 [File(파일)]-[Open(열기)](Ctrl + O)를 선택하고 라벨.jpg를 불러옵니다. Magnetic Lasso Tool(자석 올가미 도구,)을 선택하고 상단 [Options Bar(옵션 바)]에서 'Add to Selection(선택 영역에 추가,)'을 선택하여 영역을 추가하거나 'Subtract from Selection(선택 영역에서 빼기,)'을 선택하여 영역에서 불필요한 부분을 제거합니다.

10 선택한 라벨 이미지는 Ctrl + C 를 누르고 복사하여 작업 파일에 Ctrl + V 를 눌러서 붙여넣은 후 Ctrl + T 를 눌러서 출력형태와 같이 배치하고 Enter 를 누릅니다.

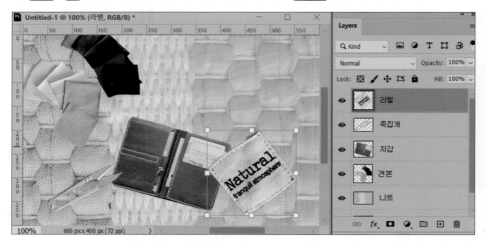

11 [File(파일)]-[Open(열기)](Ctrl + O)를 선택하고 색실.jpg를 불러옵니다. 이미지의 크기를 비슷하게 맞추기 위하여 [Image(이미지)]-[Image Size(이미지 크기)]를 누르고 'Height(높이) : 400Pixel(픽셀)'을 입력합니다. Magic Wand Tool(자동 선택 도구, ✨)을 선택하고 상단 [Options Bar(옵션 바)]에서 'New Selection(새 선택 영역, ■), Tolerance (허용치) : 32, Contiguous(인접) : 체크'합니다.

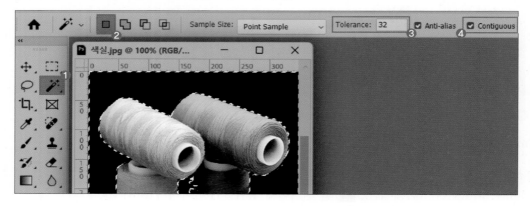

12 단일한 검정색 부분을 클릭하여 선택하고 영역을 반전하기 위하여 [Select(선택)]-[Inverse (반전)]([Shift]+[Ctrl]+[I])를 선택합니다.

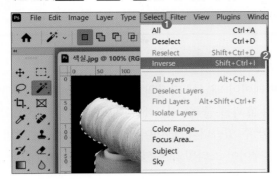

🅑 기적의 TIP

Magic Wand Tool(자동 선택 도구, 🪄)의 옵션 중 Tolerance(허용치)는 큰 값을 입력할수록 비슷한 색상의 허용 범위가 넓어지면서 선택 영역도 넓어지게 됩니다. 같은 색상을 선택할 때 이미지에서 같은 색상이 서로 연결되어 있는 범위만 선택하려면 Contiguous(인접)를 체크해야 합니다. 같은 색상이 다른 이미지에 의해 떨어져 있을 때에도 한꺼번에 선택하고 싶다면 Contiguous(인접)를 체크 해제합니다.

13 색실 이미지의 영역에 추가 작업을 위하여 Quick Selection Tool(빠른 선택 도구, 🖌)을 선택하고 영역을 추가하거나 빼는 작업을 합니다. 선택한 색실 이미지는 [Ctrl]+[C]를 누르고 복사하여 작업 파일에 [Ctrl]+[V]를 눌러서 붙여넣은 후 좌우반전하고 [Ctrl]+[T]를 눌러서 출력형태와 같이 배치하고 [Enter]를 누릅니다.

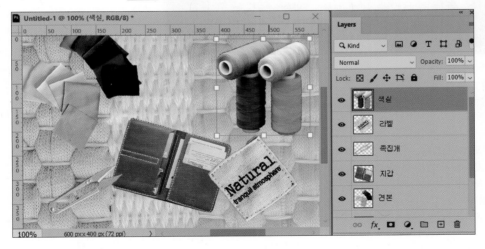

CHAPTER 03 레이어 스타일

이미지를 불러오거나 도형 및 텍스트를 입력하면 레이어 패널에 각각의 레이어가 생성됩니다. 레이어에 그림자나 선 등의 다양한 스타일을 설정하여 효과를 줄 수 있는데 레이어 스타일은 단독으로 설정하거나 여러 가지의 효과를 복합적으로 적용할 수 있습니다. 레이어 스타일을 적용하는 방법은 어렵지 않으나 CC 버전에서 기본 설정되어 있는 레이어 스타일의 옵션을 편집하거나 기본값을 설정하는 방법도 알고 있어야 합니다.

《사용소스》

PART 02 〉 CHAPTER 03 〉 초원.jpg/호랑이.jpg/코끼리.jpg/원숭이.jpg/나비.jpg

《조건》

- 호랑이 : 레이어 스타일 – Outer Glow(외부 광선)
- 코끼리 : 레이어 스타일 – Inner Shadow(내부 그림자), Drop Shadow(그림자 효과)
- 원숭이 : 레이어 스타일 – Inner Glow(내부 광선), Stroke(선/획)(5px, #ffcc00)
- 나비 : 레이어 스타일 – Bevel & Emboss(경사와 엠보스), 그라디언트 오버레이(#9955cc, #ff88ee)

01 새 작업 파일을 만들기 위하여 [File(파일)]–[New(새로 만들기)]([Ctrl]+[N])를 선택하고 'Width(폭) : 600Pixels(픽셀), Height(높이) : 400Pixels(픽셀), Resolution(해상도) : 72Pixels/Inch(픽셀/인치), Color Mode(색상 모드) : RGB Color(RGB 색상), Background Contents(배경 내용) : White(흰색)'으로 설정하여 새 작업 파일을 만듭니다.

02 [File(파일)]−[Open(열기)]([Ctrl]+[O])를 선택하고 초원.jpg를 불러옵니다. 이미지의 크기를 비슷하게 맞추기 위하여 [Image(이미지)]−[Image Size(이미지 크기)]를 누르고 'Width(폭) : 600Pixel(픽셀)'을 입력합니다. [Ctrl]+[A]를 눌러서 모두 선택하고 [Ctrl]+[C]를 눌러 복사한 다음 작업 파일에 [Ctrl]+[V]를 눌러서 붙여넣습니다.

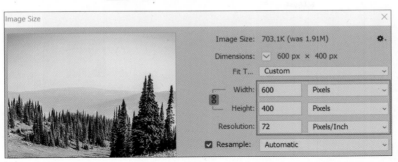

03 [File(파일)]−[Open(열기)]([Ctrl]+[O])를 선택하고 호랑이.jpg를 불러옵니다. 호랑이를 선택하기 위하여 Object Selection Tool(개체 선택 도구, ▣)를 선택하고 호랑이 이미지를 선택한 후 [Ctrl]+[C]를 눌러 복사한 다음 작업 파일에 [Ctrl]+[V]를 눌러서 붙여넣습니다. [Ctrl]+[T]를 눌러서 출력형태와 같이 배치하고 [Enter]를 누릅니다.

04 호랑이 레이어를 선택하고 Layer(레이어) 패널 하단 Add a layer style(레이어 스타일 추가, fx.)을 클릭하여 [Outer Glow(외부 광선)]를 선택합니다. 계속해서 'Opacity(불투명도) : 75%, Spread(스프레드) : 0%, Size(크기) : 5px'를 입력한 후 Make Default(기본값 설정)을 눌러 설정합니다. 마지막으로 [OK(확인)]를 클릭합니다.

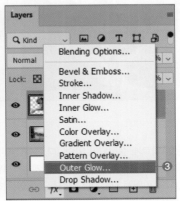

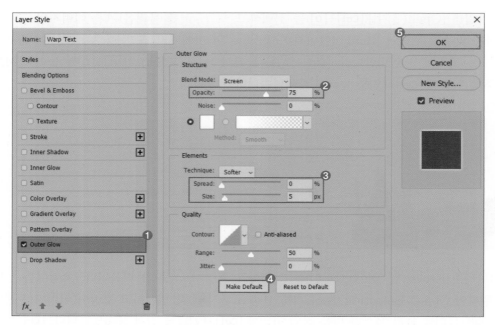

각 레이어 스타일은 종류에 따라 옵션이 다르게 설정되어 있습니다. 구버전인 CS 버전에서는 레이어 스타일의 Opacity(불투명도)가 75%로 설정되어 있어서 그림자나 광선효과 등이 뚜렷하게 잘 보입니다. 하지만 최신 버전인 CC 버전에서는 Opacity(불투명도)가 35%로 낮게 설정되어 있어서 그림자나 광선효과 등이 약하게 보이기 때문에 Opacity(불투명도)를 75%로 수정하는 것이 좋습니다. 매번 설정하기는 번거로우므로 원하는 옵션으로 수정했다면 Layer style(레이어 스타일) 창의 하단에서 Make Default(기본값 설정)를 눌러서 수정한 값을 기본값으로 지정합니다.

05 [File(파일)]–[Open(열기)]($\boxed{Ctrl}$+$\boxed{O}$)를 선택하고 코끼리.jpg를 불러옵니다. 이미지의 크기를 비슷하게 맞추기 위하여 [Image(이미지)]–[Image Size(이미지 크기)]를 누르고 'Width(폭) : 600Pixel(픽셀)'을 입력합니다. 코끼리를 선택하기 위하여 Object Selection Tool(개체 선택 도구, $\boxed{}$)을 선택하고 코끼리 이미지를 선택한 후 $\boxed{Ctrl}$+$\boxed{C}$를 눌러 복사한 다음 작업 파일에 $\boxed{Ctrl}$+$\boxed{V}$를 눌러서 붙여넣습니다. $\boxed{Ctrl}$+$\boxed{T}$를 눌러서 출력형태와 같이 배치하고 $\boxed{Enter}$를 누릅니다.

06 코끼리 레이어를 선택하고 Layer(레이어) 패널 하단 Add a layer style(레이어 스타일 추가, $\boxed{fx.}$)을 클릭하여 [Inner Shadow(내부 그림자)]를 선택하고 'Opacity(불투명도) : 75%, Angle(각도) : 125°, Use Global Light(전체 조명 사용) : 체크, Distance(거리) : 5px, Size(크기) : 5px'로 입력한 후 Make Default(기본값 설정)을 눌러 설정합니다. 계속해서 [Drop Shadow(드롭 섀도)]를 선택하고 'Opacity(불투명도) : 75%, Angle(각도) : 125°, Use Global Light(전체 조명 사용) : 체크, Distance(거리) : 5px, Size(크기) : 5px'로 입력한 후 Make Default(기본값 설정)을 눌러 설정하고 [OK(확인)]를 클릭합니다.

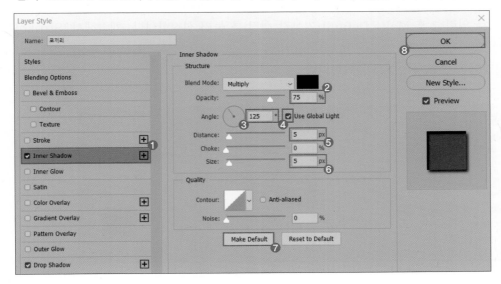

07 [File(파일)]-[Open(열기)]([Ctrl]+[O])를 선택하고 원숭이.jpg를 불러옵니다. 이미지의 크기를 비슷하게 맞추기 위하여 [Image(이미지)]-[Image Size(이미지 크기)]를 누르고 'Height(높이) : 400Pixel(픽셀)'을 입력합니다. 원숭이를 선택하기 위하여 Object Selection Tool(개체 선택 도구, ▣)을 선택하고 호랑이 이미지를 선택한 후 [Ctrl]+[C]를 눌러 복사한 다음 작업 파일에 [Ctrl]+[V]를 눌러서 붙여넣습니다. 이후 [Ctrl]+[T]를 눌러서 출력형태와 같이 배치하고 [Enter]를 누릅니다.

08 원숭이 레이어를 선택하고 Layer(레이어) 패널 하단 Add a layer style(레이어 스타일 추가, ▣.)을 클릭하여 [Inner Glow(내부 광선)]를 선택하고 'Opacity(불투명도) : 75%, Size(크기) : 5px'로 입력한 후 Make Default(기본값 설정)를 눌러 설정합니다. 계속해서 [Stroke(획)] 선택하고, 'Size(크기) : 5px, Position(위치) : Outside(바깥쪽), Color(색상) : #ffcc00'으로 설정한 후 [OK(확인)]를 클릭합니다.

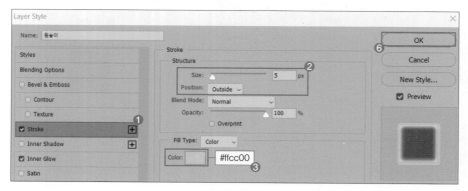

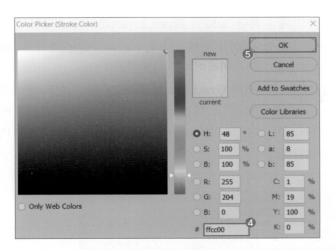

Stroke(선/획)의 옵션에서 Position(위치)이 Inside(안쪽)로 설정되어 있으면 영역의 안쪽으로 선이 만들어지기 때문에 이미지 안쪽으로 침범하게 되어 이미지가 작아 보입니다. 특히 텍스트에 Stroke(선/획)를 설정하는 경우 Position(위치)이 Inside(안쪽)로 선택되어 있으면 텍스트의 색상이 보이지 않고 선의 색상만 보이게 되므로 Position(위치)은 필히 Outside(바깥쪽)로 선택하여야 합니다.

09 [File(파일)]–[Open(열기)]([Ctrl]+[O])를 선택하고 나비.jpg를 불러옵니다. 나비를 선택하기 위하여 Object Selection Tool(개체 선택 도구, 🔲)를 선택하고 호랑이 이미지를 선택한 후 [Ctrl]+[C]를 눌러 복사한 다음 작업 파일에 [Ctrl]+[V]를 눌러서 붙여넣습니다. 이후 [Ctrl]+[T]를 눌러서 출력형태와 같이 배치하고 [Enter]를 누릅니다.

10 나비 레이어를 선택하고 Layer(레이어) 패널 하단 Add a layer style(레이어 스타일 추가, fx.)을 클릭하여 [Bevel & Emboss(경사와 엠보스)]를 선택합니다. Layer Style(레이어 스타일) 창에서 [Gradient Overlay(그레이디언트 오버레이)]를 선택하고 Click to edit the gradient(클릭하여 그레이디언트 편집)를 선택하면 Gradient Editor(그레이디언트 편집기)가 열립니다. 좌측 하단 [Color Stop(색상 정지점)]을 더블 클릭하여 '#9955cc', 우측 하단 [Color Stop(색상 정지점)]을 더블 클릭하여 '#ff88ee'를 입력하고 'Angle(각도) : 0°'로 설정합니다. 마지막으로 [OK(확인)]를 클릭합니다.

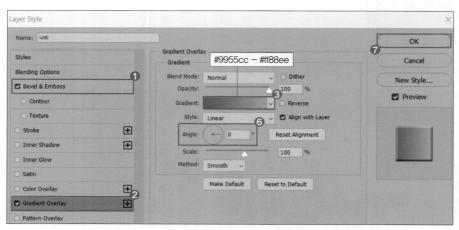

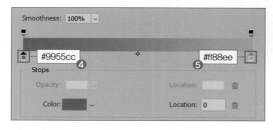

기적의 TIP

그라디언트를 설정할 때 출력형태를 보고 Style(스타일)이 Linear(선형)인지 Radial(방사형)인지 파악하여 선택합니다.
Linear(선형)의 경우 그라디언트의 방향도 출력형태와 같이 Angle(각도) 값으로 맞춰 주어야 합니다.

텍스트와 도형은 문제의 지시사항에서 옵션이 쓰여 있기 때문에 상단 [Options Bar(옵션 바)]에서 정확한 옵션을 선택하고 설정해야 합니다. 특히 텍스트의 경우 하나의 문장에 두 가지 이상의 글꼴이나 크기, 색상을 지시하는 경우도 있기 때문에 어느 문구에 해당하는 지시사항인지 출력형태를 보고 해당하는 내용을 파악하여 적용해야 합니다.

《사용소스》

PART 02 〉 CHAPTER 04 〉 사막.jpg

《조건》

① Photoshop CC(Time New Roman, Bold, 48pt, #440000, #bb0000)
② Warp Text(Arial, Bold, 36pt, #bb00bb)
③ Character 패널에서 줄 간격 조절가능(궁서, 24pt, #ee7700)
· 동물 발자국 모양 : #00cccc
· 고양이 모양 : #00aa00
· 새 모양 : #ffcc00

01 **텍스트 입력**

01 새 작업 파일을 만들기 위하여 [File(파일)]-[New(새로 만들기)]([Ctrl]+[N])를 선택하고 'Width(폭) : 600Pixels(픽셀), Height(높이) : 400Pixels(픽셀), Resolution(해상도) : 72Pixels/Inch(픽셀/인치), Color Mode(색상 모드) : RGB Color(RGB 색상), Back-ground Contents(배경 내용) : White(흰색)'으로 설정하여 새 작업 파일을 만듭니다.

02 [File(파일)]-[Open(열기)]([Ctrl]+[O])를 선택하고 사막.jpg를 불러옵니다. 이미지의 크기를 비슷하게 맞추기 위하여 [Image(이미지)]-[Image Size(이미지 크기)]를 누르고 'Width(폭) : 600Pixel(픽셀)'을 입력합니다. [Ctrl]+[A]를 눌러서 모두 선택하고 [Ctrl]+[C]를 눌러 복사한 다음 작업 파일에 [Ctrl]+[V]를 눌러서 붙여넣습니다.

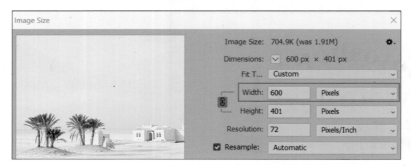

03 Horizontal Type Tool(수평 문자 도구, [T])를 선택하고 상단 [Options Bar(옵션 바)]에서 'Font(글꼴) : Time New Roman, Font Style(폰트 스타일) : Bold, Size(크기) : 48pt, Set anti-aliasing method(안티 앨리어싱 방법 설정) : Sharp(선명하게), Set text color (텍스트 색상 설정) : #440000'으로 설정합니다.

04 작업 이미지를 클릭하고 'Photoshop CC'를 입력한 후 출력형태와 같이 배치합니다. 입력한 텍스트 중에서 'CC' 부분만 블록 선택하여 'Set text color(텍스트 색상 설정) : #bb0000'으로 설정합니다.

05 상단 [Options Bar(옵션 바)]에서 Create Warp Text(뒤틀어진 텍스트 만들기, ⊺)를 선택하고 [Warp Text(텍스트 뒤틀기)] 창에서 'Style(스타일) : Arc(부채꼴), Bend(구부리기) : +50%'로 설정한 후 [OK(확인)]를 클릭합니다.

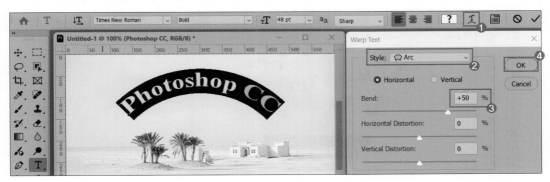

06 Horizontal Type Tool(수평 문자 도구, T)를 선택하고 작업 이미지를 클릭하여 'Warp Text'를 입력한 후 출력형태와 같이 배치합니다. [Options Bar(옵션 바)]에서 'Font(글꼴) : Arial, Font Style(폰트 스타일) : Bold, Size(크기) : 36pt, Set text color(텍스트 색상 설정) : #bb00bb'로 설정합니다.

07 상단 [Options Bar(옵션 바)]에서 Create Warp Text(뒤틀어진 텍스트 만들기, ⊺)를 선택하고 [Warp Text(텍스트 뒤틀기)] 창에서 'Style(스타일) : Flag(깃발), Bend(구부리기) : +50%'로 설정한 후 [OK(확인)]를 클릭합니다.

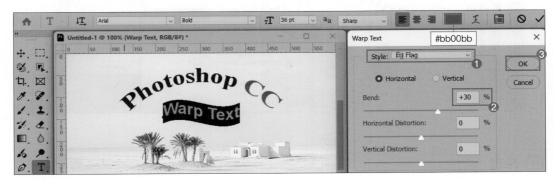

08 Horizontal Type Tool(수평 문자 도구, T)를 선택하고 작업 이미지를 클릭하여 'Character 패널에서 줄 간격 조절가능'을 입력한 후 출력형태와 같이 배치합니다. [Options Bar(옵션 바)]에서 'Font(글꼴) : 궁서, Size(크기) : 24pt, Center Text(텍스트 중앙 정렬), Set text color(텍스트 색상 설정) : #ee7700'으로 설정합니다.

09 상단 [Options Bar(옵션 바)]에서 Create Warp Text(뒤틀어진 텍스트 만들기, **T**)를 선택하고 [Warp Text(텍스트 뒤틀기)] 창에서 'Style(스타일) : Wave(파형), Bend(구부리기) : +50%'로 설정하고 [OK(확인)]를 클릭합니다.

10 2줄로 입력할 때 텍스트의 줄 간격이 적절하지 않을 경우 [Window(창)]-[Character(문자)]를 선택하면 우측 패널에서 Character(문자) 패널이 나타납니다. 텍스트의 크기에 따라 자동으로 줄 간격이 조절될 수 있도록 'Set leading(행간 설정) : Auto(자동)'를 선택합니다.

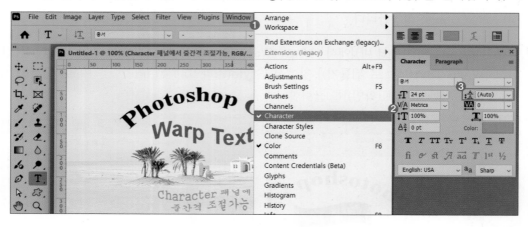

02 도형 삽입

01 Custom Shape Tool(사용자 정의 모양 도구, **♣**)를 클릭하고 상단 [Options Bar(옵션 바)]에서 'Shape(모양), Fill(칠) : #00cccc, Stroke(획) : No Color(색상 없음)'로 설정합니다.

02 동물 발자국 모양 도형을 선택하기 위하여 목록 단추를 클릭하고 [Legacy Shapes and More(레거시 모양 및 기타)]-[All Legacy Default Shapes(모든 레거시 기본 모양)]-[Tiles(타일)-Paw Print(동물 발자국)]를 선택하여 출력형태와 같이 도형을 그립니다.

CC2020 버전 이전에는 Custom Shape(사용자 정의 모양)의 Legacy Shapes and More(레거시 모양 및 기타)가 특별한 설정을 하지 않아도 모두 보였지만 최신 버전의 경우 Legacy Shapes and More(레거시 모양 및 기타)가 바로 보이지 않습니다. Legacy Shapes and More(레거시 모양 및 기타)를 불러오기 위하여 [Window(창)]-[Shape(도형)]을 선택하면 우측 패널에 Shape(도형) 패널이 나타납니다. Shape(도형) 패널 우측 상단에서 설정을 누르고 Legacy Shapes and More(레거시 모양 및 기타)를 선택하여 도형 그룹을 추가하면 상단 Options Bar(옵션 바)에도 도형 그룹이 추가됩니다.

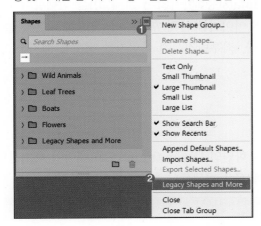

03 Ctrl + T 를 누른 후 도형을 출력형태와 같이 위치를 변경합니다. 계속해서 동물 발자국 도형을 2개 더 복제하기 위하여 Ctrl + J 를 두 번 눌러서 도형 레이어를 복제하고 Move Tool(이동 도구, ⊕)을 클릭하여 적당한 위치로 이동 배치합니다.

04 Custom Shape Tool(사용자 정의 모양 도구, ☆)를 클릭하고 고양이 모양 도형을 선택하기 위하여 목록 단추를 클릭하여 [Legacy Shapes and More(레거시 모양 및 기타)]-[All Legacy Default Shapes(모든 레거시 기본 모양)]-[Animals(동물)]-[Cat(고양이)]를 선택 후 출력형태와 같이 도형을 그립니다.

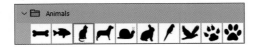

05 Layer(레이어) 패널에서 도형 레이어의 미리보기 화면인 Layer thumbnail(레이어 축소판)을 더블 클릭하여 [Color Picker(색상 피커)] 창에 'Color(색상) : #00aa00'으로 설정합니다.

06 Custom Shape Tool(사용자 정의 모양 도구, )를 클릭하고 새 모양 도형을 선택하기 위하여 목록 단추를 클릭하고 [Legacy Shapes and More(레거시 모양 및 기타)]–[All Legacy Default Shapes(모든 레거시 기본 모양)]–[Animals(동물)]–[Bird 2(새 2)]를 선택합니다. 출력형태와 같이 도형을 그린 후 Ctrl+T를 눌러 이미지를 클릭 후 마우스 오른쪽 버튼을 눌러 Flip Horizontal(가로로 뒤집기)을 선택합니다. 좌우반전시킨 이미지를 적절히 배치하고 Enter를 누릅니다.

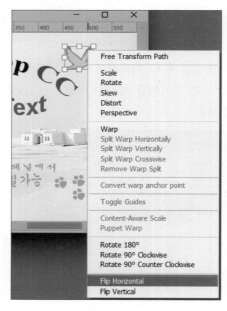

07 Layer(레이어) 패널에서 도형 레이어의 미리보기 화면인 Layer thumbnail(레이어 축소판)을 더블 클릭하여 [Color Picker(색상 피커)] 창에 'Color(색상) : #ffcc00'으로 설정합니다.

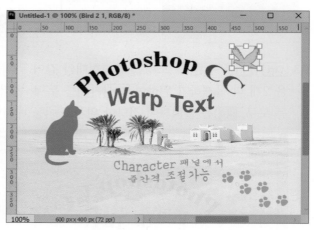

B 기적의 TIP

도형을 제작할 때 정비율로 그리려면 Shift를 누르면서 드래그합니다. 여러 개의 도형을 연속적으로 제작할 때 각각의 도형마다 레이어가 생성될 수 있도록 도형을 클릭하여 작업창에 먼저 그린 후 정비율로 적용하려 할 때 Shift를 누릅니다. Shift를 먼저 누르고 도형을 그리면 도형 레이어가 합쳐집니다.

CHAPTER 05 필터 & 색 보정

이미지에 필터를 적용하면 독특한 분위기를 연출할 수 있습니다. 시험에서는 특정한 필터를 지시하기 때문에 수정을 고려하여 스마트 필터를 사용할 필요가 없지만 수정을 대비하고자 한다면 이미지를 스마트 오브젝트로 변경한 후 필터를 적용합니다. 색 보정을 지시하는 문제는 이미지 중에서 색 보정이 필요한 범위를 선택하여 간단하게 색상을 변경할 수 있는데 색상값이 없는 무채색의 이미지라면 강제로 색상화하여 적용하여야 합니다.

《사용소스》

PART 02 〉 CHAPTER 05 〉 베이킹.jpg/원목.jpg/케이크.jpg/컵.jpg/마카롱.jpg

《조건》

- 베이킹 : 필터 – Diffuse Glow(광선 확산)
- 원목 : 필터 – Cutout(오려내기)
- 케이크 : 필터 – Lens Flare(렌즈 플레어)
- 컵 : 녹색 계열로 보정
- 마카롱 : 파란색 계열로 보정

01 필터

01 새 작업 파일을 만들기 위하여 [File(파일)]–[New(새로 만들기)]([Ctrl]+[N])를 선택하고 'Width(폭) : 600Pixels(픽셀), Height(높이) : 400Pixels(픽셀), Resolution(해상도) : 72Pixels/Inch(픽셀/인치), Color Mode(색상 모드) : RGB Color(RGB 색상), Background Contents(배경 내용) : White(흰색)'으로 설정하여 새 작업 파일을 만듭니다.

02 [File(파일)]–[Open(열기)]([Ctrl]+[O])를 선택하고 베이킹.jpg를 불러옵니다. 이미지의 크기를 비슷하게 맞추기 위하여 [Image(이미지)]–[Image Size(이미지 크기)]를 누르고 'Width(폭) : 600Pixel(픽셀)'을 입력합니다. [Ctrl]+[A]를 눌러서 모두 선택하고 [Ctrl]+[C]를 눌러 복사한 다음 작업 파일에 [Ctrl]+[V]를 눌러서 붙여넣습니다.

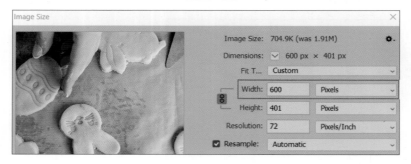

03 필터를 적용하기 위하여 [Filter(필터)]–[Filter Gallery(필터 갤러리)]–[Distort(왜곡 효과)]–[Diffuse Glow(광선 확산)]를 선택하고 [OK(확인)]를 클릭합니다.

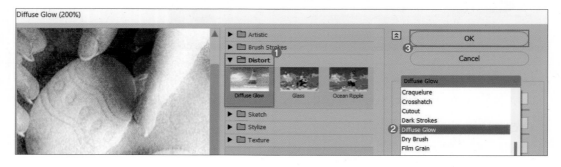

필터를 나중에 수정하려면 [Filter(필터)]–[Convert for Smart Filters(스마트 필터용으로 변환)]을 선택한 후 필터를 적용합니다. 레이어 패널에서 이미지가 스마트 오브젝트로 변환된 것을 볼 수 있습니다.

04 [File(파일)]–[Open(열기)]([Ctrl]+[O])를 선택하고 원목.jpg를 불러옵니다. 이미지의 크기를 비슷하게 맞추기 위하여 [Image(이미지)]–[Image Size(이미지 크기)]를 누르고 'Width(폭) : 600Pixel(픽셀)'을 입력합니다. Object Selection Tool(개체 선택 도구, [📷])를 활용하여 원목을 선택하고 [Ctrl]+[C]를 눌러 복사한 다음 작업 파일에 [Ctrl]+[V]를 눌러서 붙여넣습니다. [Ctrl]+[T]를 눌러서 출력형태와 같이 배치하고 [Enter]를 누릅니다.

05 필터를 적용하기 위하여 [Filter(필터)]–[Filter Gallery(필터 갤러리)]–[Artistic(예술 효과)]–[Cutout(오려내기)]를 선택하고 [OK(확인)]를 클릭합니다.

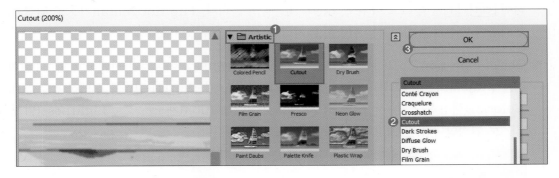

06 [File(파일)]–[Open(열기)]([Ctrl]+[O])를 선택하고 케이크.jpg를 불러옵니다. Object Selection Tool(개체 선택 도구, [📷])를 활용하여 케이크를 선택하고 [Ctrl]+[C]를 눌러 복사한 다음 작업 파일에 [Ctrl]+[V]를 눌러서 붙여넣습니다. [Ctrl]+[T]를 눌러서 출력형태와 같이 배치하고 [Enter]를 누릅니다.

07 필터를 적용하기 위하여 [Filter(필터)]-[Render(렌더)]-[Lens Flare(렌즈 플레어)]를 선택합니다. 출력형태와 같이 빛이 반짝이는 위치를 클릭한 후 [OK(확인)]를 클릭합니다.

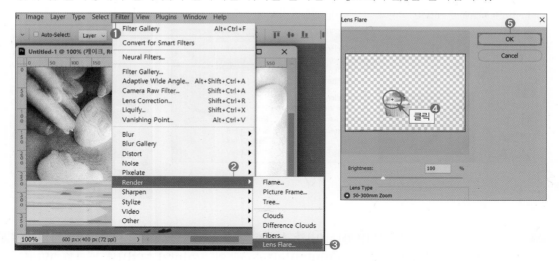

02 색 보정

01 [File(파일)]-[Open(열기)]([Ctrl]+[O])를 선택하고 컵.jpg를 불러옵니다. Object Selection Tool(개체 선택 도구, ▣)를 활용하여 컵을 든 손 이미지를 선택하고 [Ctrl]+[C]를 눌러 복사한 다음 작업 파일에 [Ctrl]+[V]를 눌러서 붙여넣습니다. 출력형태와 같이 방향을 좌우반전하기 위하여 [Ctrl]+[T]를 누르고 마우스 오른쪽 버튼을 누릅니다. Flip Horizontal(가로로 뒤집기)을 선택하여 반전시킨 이미지를 적절히 배치하고 [Enter]를 누릅니다.

02 Object Selection Tool(개체 선택 도구, ▣)를 활용하여 컵 이미지만 선택하고 [Image(이미지)]-[Adjustments(조정)]-[Hue/Saturation(색조/채도)]([Ctrl]+[U])를 선택하여 우측 하단 'Colorize(색상화) : 체크, Hue(색상) : 133, Saturation(채도) : 71, Lightness(밝기) : -17'로 설정합니다. 마지막으로 [OK(확인)]를 클릭합니다.

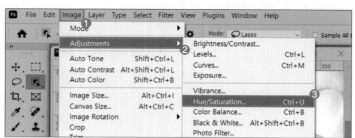

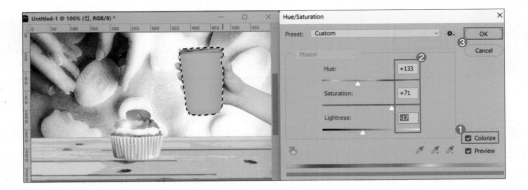

(B) 기적의 TIP

색상을 나중에 수정하려면 Layer(레이어) 패널 하단에서 Adjustment Layer(조정 레이어, ◑)를 클릭한 후 Hue/Saturation (색조/채도)를 선택합니다. Properties(속성) 패널에서 색상값을 입력하면 Layer(레이어) 패널에 Adjustment Layer(조정 레이어)가 생성된 것을 볼 수 있습니다.

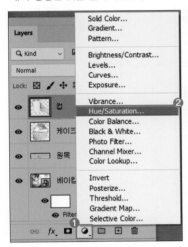
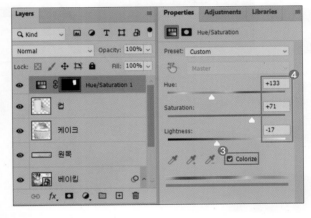

03 [File(파일)]-[Open(열기)]($\boxed{\text{Ctrl}}$+$\boxed{\text{O}}$)를 선택하고 마카롱.jpg를 불러옵니다. Object Selection Tool(개체 선택 도구, ▦)을 활용하여 마카롱을 선택하고 $\boxed{\text{Ctrl}}$+$\boxed{\text{C}}$를 눌러 복사한 다음 작업 파일에 $\boxed{\text{Ctrl}}$+$\boxed{\text{V}}$를 눌러서 붙여넣습니다. 출력형태와 같이 방향을 좌우반전하기 위하여 $\boxed{\text{Ctrl}}$+$\boxed{\text{T}}$를 누르고 마우스 오른쪽 버튼을 누릅니다. Flip Horizontal(가로로 뒤집기)을 선택하여 반전시킨 이미지를 적절히 배치하고 $\boxed{\text{Enter}}$를 누릅니다.

04 Object Selection Tool(개체 선택 도구, ▦)를 활용하여 중간에 위치한 마카롱만 선택하고 [Image(이미지)]-[Adjustments(조정)]-[Hue/Saturation(색조/채도)]($\boxed{\text{Ctrl}}$+$\boxed{\text{U}}$)를 선택하여 'Hue(색상) : −143'로 설정합니다.

마스크

▶ 합격 강의

이미지를 부분적으로 가려주는 기능을 마스크라고 하는데 마스크는 흰색과 검정색으로 표현합니다. 흰색으로 표현하는 부분은 이미지가 그대로 보이게 되고 검정색으로 표현하는 부분은 이미지가 가려져서 보이지 않게 됩니다. 레이어 패널에서 레이어 마스크를 적용하여 가리고 싶은 부분을 그라디언트나 브러시를 활용하여 검정색으로 칠합니다. 도형이나 텍스트와 같은 개체만큼만 이미지를 잘라서 보여주는 클리핑 마스크 기능도 항상 시험 문제로 출제되고 있습니다.

《사용소스》

PART 02 〉 CHAPTER 06 〉 보드게임.jpg/체스.jpg/숫자게임jpg/축구게임.jpg

《조건》

• 보드게임 – 레이어 마스크 – 세로 방향으로 흐릿하게
• 체스 – 레이어 마스크 – 가로 방향으로 흐릿하게

---

01 레이어 마스크

01 새 작업 파일을 만들기 위하여 [File(파일)]–[New(새로 만들기)]($\boxed{\text{Ctrl}}$+$\boxed{\text{N}}$)를 선택하고 'Width(폭) : 600Pixels(픽셀), Height(높이) : 400Pixels(픽셀), Resolution(해상도) : 72Pixels/Inch(픽셀/인치), Color Mode(색상 모드) : RGB Color(RGB 색상), Background Contents(배경 내용) : White(흰색)'으로 설정하여 새 작업 파일을 만듭니다. 배경색을 채우기 위하여 Background Color(배경색)을 '#ffffbb'로 설정하고 $\boxed{\text{Ctrl}}$+$\boxed{\text{Delete}}$를 클릭합니다.

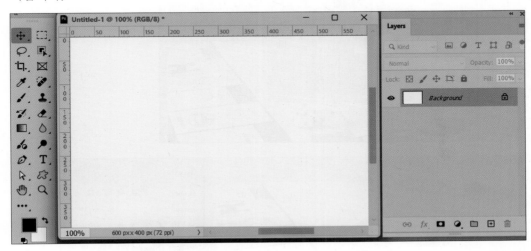

02 [File(파일)]–[Open(열기)]($\boxed{\text{Ctrl}}$+$\boxed{\text{O}}$)를 선택하고 보드게임.jpg를 불러옵니다. 이미지의 크기를 비슷하게 맞추기 위하여 [Image(이미지)]–[Image Size(이미지 크기)]를 누르고 'Width(폭) : 600Pixel(픽셀)'을 입력합니다. $\boxed{\text{Ctrl}}$+$\boxed{\text{A}}$를 눌러서 모두 선택하고 $\boxed{\text{Ctrl}}$+$\boxed{\text{C}}$를 눌러 복사한 다음 작업 파일에 $\boxed{\text{Ctrl}}$+$\boxed{\text{V}}$를 눌러서 붙여넣습니다.

03 마스크를 적용하기 위하여 Layer(레이어) 패널 하단 [Add layer mask(레이어 마스크 추가, ▣)]를 클릭합니다.

04 레이어 마스크를 부드럽게 적용하기 위하여 Gradient Tool(그레이디언트 도구, )를 선택하고 [Options Bar(옵션 바)]에서 Select and manage Gradient preset(그레이디언트 사전 설정 선택 및 관리)를 클릭하여 [Basics(기본 사항)]에서 Foreground to Background(전경색에서 배경색으로)를 선택합니다. 'Type(유형) : Linear Gradient(선형 그레이디언트), Mode(모드) : Normal(표준), Opacity(불투명도) : 100%'를 설정합니다. 작업 파일에서 상단부터 클릭하여 하단까지 드래그합니다.

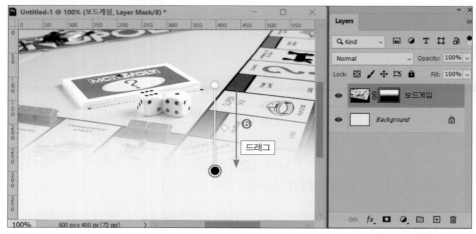

🅑 기적의 TIP

레이어 마스크를 그라디언트로 칠할 때 흰색과 검정색으로 대비되기만 하면 되기 때문에 Foreground to Backgound(전경색에서 배경색으로)이 아닌 Black, White(검정, 흰색)를 선택하여 그라디언트를 적용할 수도 있습니다. 이때 그라디언트를 적용하는 방향은 반대 방향으로 드래그해야 합니다.

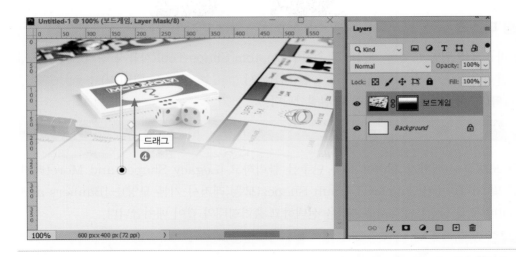

05 File(파일)]–[Open(열기)]([Ctrl]+[O])를 선택하고 체스.jpg를 불러옵니다. 이미지의 크기를 비슷하게 맞추기 위하여 [Image(이미지)]–[Image Size(이미지 크기)]를 누르고 'Width(폭) : 600Pixel(픽셀)'을 입력합니다. [Ctrl]+[A]를 눌러서 모두 선택하고 [Ctrl]+[C]를 눌러 복사한 다음 작업 파일에 [Ctrl]+[V]를 눌러서 붙여넣습니다.

06 마스크를 적용하기 위하여 Layer(레이어) 패널 하단 [Add layer mask(레이어 마스크 추가, ▣)]를 클릭합니다.

07 레이어 마스크를 부드럽게 적용하기 위하여 Gradient Tool(그레이디언트 도구, ▣)를 선택하고 [Options Bar(옵션 바)]에서 Select and manage Gradient preset(그레이디언트 사전 설정 선택 및 관리)를 클릭하여 [Basics(기본 사항)]에서 Foreground to Backgound(전경색에서 배경색으로)를 선택합니다. 'Type(유형) : Linear Gradient(선형 그레이디언트), Mode(모드) : Normal(표준), Opacity(불투명도) : 100%'를 확인합니다. 작업 파일에서 좌측부터 클릭하여 우측까지 드래그합니다.

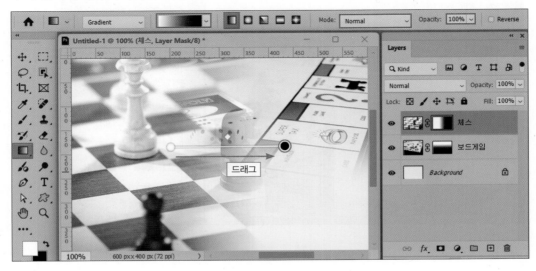

02 클리핑 마스크

01 클리핑 마스크를 위한 도형을 제작하기 위하여 Custom Shape Tool(사용자 정의 모양 도구, 🎨)를 클릭하고 상단 [Options Bar(옵션 바)]에서 'Shape(모양), Fill(칠) : #000000, Stroke(획) : No Color(색상 없음)'로 설정합니다.

02 씰 모양 도형을 선택하기 위하여 목록 단추를 클릭하고 [Legacy Shapes and More(레거시 모양 및 기타)]-[All Legacy Default Shapes(모든 레거시 기본 모양)]-[Banners and Awards(배너 및 상장)]-[Seal(도장)]을 선택하고 출력형태와 같이 배치합니다.

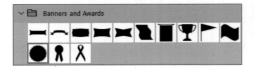

03 [File(파일)]-[Open(열기)]([Ctrl]+[O])을 선택하여 숫자게임.jpg를 불러옵니다. [Image(이미지)]-[Image Size(이미지 크기)]를 선택하여 'Height(높이) : 400Pixels(픽셀)'로 설정하여 크기를 줄여줍니다. [Ctrl]+[A]를 눌러서 전체 이미지를 선택하고 [Ctrl]+[C]를 눌러 복사한 후 작업 파일에 [Ctrl]+[V]로 붙여넣습니다.

04 클리핑 마스크를 적용하기 위하여 이미지 레이어를 선택한 후 마우스 오른쪽 버튼을 눌러
Create Clipping Mask(클리핑 마스크 만들기)를 선택합니다. Ctrl+T를 눌러서 이미지 크
기를 출력형태와 같이 적절히 배치하고 Enter를 클릭합니다.

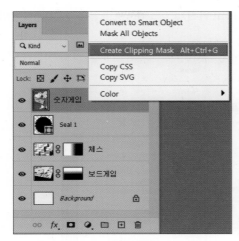

📭 기적의 TIP

클리핑 마스크를 적용하는 단축키인 Alt를 눌러서 적용할 수도 있습니다. 클리핑 마스크에 사용될 이미지와 도형 레이어
사이에 보이는 구분선에 마우스 커서를 정확히 위치시키고 Alt를 누르면 클리핑 마스크를 의미하는 화살표가 생깁니다. 화
살표가 보일 때 클릭하면 클리핑 마스크가 적용됩니다. 적용된 클리핑 마스크를 해제하려면 대각선이 포함된 화살표가 보일
때 클릭하여 클리핑 마스크를 해제합니다.

05 도장 모양 레이어를 선택하고 Layer(레이어) 패널 하단에서 Add a layer style(레이어 스타일 추가, [fx])을 클릭하여 [Drop Shadow(그림자)]를 선택하고, 'Opacity(불투명도) : 75%, Angle(각도) : 125°, Distance(거리) : 5px, Size(크기) : 5px'을 설정합니다. 계속해서 [Stroke(획)]를 선택하고 'Size(크기) : 3px, Position(위치) : Outside(바깥쪽), Color(색상) : #ffffff'로 설정합니다.

06 레이어 패널에서 가장 상단에 위치한 레이어를 선택합니다. 클리핑 마스크를 위한 도형을 제작하기 위하여 Custom Shape Tool(사용자 정의 모양 도구, [모양])를 클릭하고 상단 [Options Bar(옵션 바)]에서 탭버튼 모양 도형을 선택하기 위하여 목록 단추를 누릅니다. [Legacy Shapes and More(레거시 모양 및 기타)]−[All Legacy Default Shapes(모든 레거시 기본 모양)]−[Web(웹)]−[Tabbed Button(탭이 지정된 단추)]을 선택하고 출력형태와 같이 배치합니다.

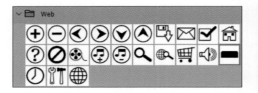

ⓕ 기적의 TIP

레이어 스타일 '그림자 효과(Drop Shadow)'의 경우 ver.CC 2024부터 표기되는 곳에 따라 한글판의 용어가 다릅니다.
- Layers(레이어) 패널 하단의 'Add a layer style(레이어 스타일 추가)'을 클릭할 경우, [Drop Shadow(그림자)]로 표기됩니다.
- 'layer style(레이어 스타일 추가)'을 클릭하여 패널 내에서 확인할 경우, [Drop Shadow(드롭 섀도)]로 표기됩니다.

---

07 [File(파일)]-[Open(열기)]([Ctrl]+[O])을 선택하여 축구게임.jpg를 불러옵니다. [Ctrl]+[A]를
눌러서 전체 이미지를 선택하고 [Ctrl]+[C]를 눌러 복사한 후 작업 파일에 [Ctrl]+[V]로 붙여넣습
니다. 이미지에 클리핑 마스크를 적용하기 위하여 이미지 레이어를 선택한 후 마우스 오른쪽
버튼을 누르고 Create Clipping Mask(클리핑 마스크 만들기)를 선택합니다. [Ctrl]+[T]를 눌
러서 이미지 크기를 출력형태와 같이 적절히 배치하고 [Enter]를 누릅니다.

08 탭 단추 모양 레이어를 선택하고 Layer(레이어) 패널 하단에서 Add a layer style(레이어 스
타일 추가, [fx.])을 클릭하여 [Inner Shadow(내부 그림자)]를 선택합니다. 계속해서 'Opacity
(불투명도) : 75%, Angle(각도) : 125°, Distance(거리) : 5px, Size(크기) : 5px'로 설정합니다.

대표 기출 유형 따라하기

급수	문제유형	시험시간	수험번호	성명
2급	A	90분		

수험자 유의사항

- 수험자는 문제지를 받는 즉시 응시하고자 하는 **과목 및 급수가 맞는지 확인**한 후 수험번호와 성명을 작성합니다.
- 파일명은 본인의 '수험번호–성명–문제번호'로 공백 없이 정확히 입력하고 답안폴더(내 PC\문서\GTQ)에 jpg 파일과 psd 파일의 2가지 포맷으로 저장해야 하며, jpg 파일과 psd 파일의 내용이 상이할 경우 0점 처리됩니다.
- 답안문서 파일명이 '수험번호–성명–문제번호'와 일치하지 않거나, 답안 파일을 '전송'하지 않는 경우 **답안 파일 미제출**로 불합격 처리됩니다.
- 문제의 세부 조건은 '영문(한글)' 형식으로 표기되어 있으니 유의하시길 바랍니다.
- 수험자 정보와 저장한 파일명, 저장 위치가 다를 경우 전송이 되지 않으므로, 주의하시길 바랍니다.
- 답안 작성 중에도 **주기적으로 '저장'과 '답안 전송'**을 이용하여 감독위원 PC로 답안을 전송하셔야 합니다.
  (작업한 내용을 **저장하지 않고 답안을 전송할 경우** 이전의 저장 내용이 전송되오니 이점 반드시 유념하시기 바랍니다.)
- 모든 수험자는 동일한 환경에서 시험이 시작되며 **'작업환경 설정'은 시험 시간 내에 진행**합니다.
  (시험 시작 전 '작업환경 설정' 불가, 소프트웨어 이상 유무만 확인)
- 답안문서는 지정된 경로 외의 다른 보조기억장치에 저장하는 행위, 지정된 시험 시간 외에 작성된 파일을 활용한 행위, 기타 허용되지 않은 프로그램(이메일, 메신저, 게임, 네트워크, 윈도우계산기, 스톱워치 등) 이용 시 부정행위로 간주 되어 자격기본법 제32조에 의거 본 시험 및 국가공인 자격시험을 2년간 응시할 수 없습니다.
- 시험 중 부주의 또는 고의로 시스템을 파손한 경우와 (수험자 유의사항)에 기재된 방법대로 이행하지 않아 생기는 불이익은 수험자의 책임임을 알려 드립니다.
- 시험을 완료한 수험자는 최종적으로 저장한 답안파일이 전송되었는지 확인한 후 감독위원의 지시에 따라 문제지를 제출하고 퇴실합니다.

답안 작성요령

- 온라인 답안 작성 절차
  수험자 등록 ⇒ 시험 시작 ⇒ 답안파일 저장 ⇒ 답안 전송 ⇒ 시험 종료
- 내 PC\문서\GTQ\image폴더에 있는 그림 원본파일을 사용하여 답안을 작성하시고 최종답안을 답안폴더(내 PC\문서\GTQ)에 저장하여 답안을 전송하시고, 이미지의 크기가 다른 경우 감점 처리됩니다.
- 배점은 총 100점으로 이루어지며, 점수는 각 문제별로 차등 배분됩니다.
- 각 문제는 주어진 〈조건〉에 따라 작성하고, 언급하지 않은 〈조건〉은 〈출력형태〉와 같이 작성합니다.
- 문제 〈조건〉과 〈출력형태〉에서 차이가 발생할 경우 **문제에서 지정한 〈조건〉에 따라 작업**해 주시기 바랍니다.
- 배치 등의 편의를 위해 주어진 눈금자의 단위는 '픽셀'입니다.
  그 외는 출력형태(효과, 이미지, 문자, 색상, 레이아웃, 규격 등)와 같게 작업하십시오.
- 문제 〈조건〉에 서체의 지정이 없을 경우 한글은 굴림이나 돋움, 영문은 Arial로 작업하십시오.
  (단, 그 외에 제시되지 않은 문자 속성을 기본값으로 작성하지 않은 경우는 감점 처리됩니다.)
- Image Mode(이미지 모드)는 별도의 처리조건이 없을 시 RGB(8비트)로 작업하십시오.
- 모든 답안 파일은 해상도 72 pixels/inch로 작업하십시오.
- Layer(레이어)는 각 기능별로 분할해야 하며, 임의로 합칠 경우나 각 기능에 대한 속성을 해지할 경우 해당 요소는 0점 처리됩니다.

한 국 생 산 성 본 부

문제 1   [기능평가] Tool(도구) 활용   20점

▶합격강의

다음의 〈조건〉에 따라 아래의 〈출력형태〉와 같이 작업하시오.

조건

원본 이미지		2급-1.jpg	
파일저장규칙	JPG	파일 이름	문서₩GTQ₩수험번호-성명-1.jpg
		크기	400×500pixels
	PSD	파일 이름	문서₩GTQ₩수험번호-성명-1.psd
		크기	40×50pixels

출력형태

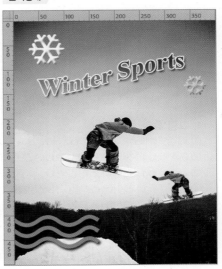

1. 그림 효과
① 복제 및 변형 : 스키타는 사람
② Shape Tool(모양 도구) 사용 :
   – 눈송이 모양 (#ffffff, #77ffff, 레이어 스타일 – Bevel & Emboss(경사와 엠보스))
   – 파형 모양 (#8888ff, 레이어 스타일 – Drop Shadow(그림자 효과))

2. 문자 효과
① Winter Sports (Time New Roman, Bold, 48pt, 레이어 스타일 – 그라디언트 오버레이(#ff9900, #000099), Stroke(선/획)(2px, #ffffff), Drop Shadow(그림자 효과))

문제 2   [기능평가] 사진 편집 기초   20점

▶합격강의

다음의 〈조건〉에 따라 아래의 〈출력형태〉와 같이 작업하시오.

조건

원본 이미지		2급-2.jpg, 2급-3.jpg, 2급-4.jpg	
파일저장규칙	JPG	파일 이름	문서₩GTQ₩수험번호-성명-2.jpg
		크기	400×500pixels
	PSD	파일 이름	문서₩GTQ₩수험번호-성명-2.psd
		크기	40×50pixels

출력형태

1. 그림 효과
① 색상 보정 : 2급-3.jpg – 빨간색 계열로 보정, 레이어 스타일 – Inner Shadow(내부 그림자)
② 액자 제작 : 필터 – Stained Glass(스테인드 글라스), 안쪽 테두리 (5px, #ff7744), 레이어 스타일 – Drop Shadow(그림자 효과)
③ 2급-4.jpg : 레이어 스타일 – Outer Glow(외부 광선)

2. 문자 효과
① Surpass Your Limits! (Arial, Bold, 48pt, #006600, 레이어 스타일 – Stroke(선/획)(2px, #cccc00), Drop Shadow(그림자 효과))

▶ 합격 강의

다음의 〈조건〉에 따라 아래의 〈출력형태〉와 같이 작업하시오.

조건

원본 이미지	2급-5.jpg, 2급-6.jpg, 2급-7.jpg, 2급-8.jpg		
파일저장규칙	JPG	파일 이름	문서₩GTQ₩수험번호-성명-3.jpg
		크기	600×400pixels
	PSD	파일 이름	문서₩GTQ₩수험번호-성명-3.psd
		크기	60×40pixels

1. 그림 효과

① 배경 : #ffffbb
② 2급-5.jpg : 필터 – Poster Edges(포스터 가장자리), 레이어 마스크 – 대각선 방향으로 흐릿하게
③ 2급-6.jpg : 레이어 스타일 – Outer Glow(외부 광선)
④ 2급-7.jpg : 레이어 스타일 – Drop Shadow(그림자 효과)
⑤ 2급-8.jpg : 레이어 스타일 – Inner Shadow(내부 그림자)
⑥ 그 외 〈출력형태〉 참조

2. 문자 효과

① 두 바퀴로 세상을 탐험하세요! (굴림, 20pt, 레이어 스타일 – 그라디언트 오버레이(#00bbcc, #ffffff), Stroke(선/획)(2px, #000000))
② Enjoy the Scenery as You Ride! (Time New Roman, Bold, 20pt, 28pt, #bb6600, #006600, 레이어 스타일 – Stroke(선/획)(2px, #ffffff), Drop Shadow(그림자 효과))

출력형태

Shape Tool(모양 도구) 사용
#ff9900
Bevel & Emboss
(경사와 엠보스)

Shape Tool(모양 도구) 사용
그라디언트 오버레이(#33cc00, #ffff00)
Drop Shadow(드롭 섀도)

문제 4 [실무응용] 이벤트 페이지 제작 35점

다음의 〈조건〉에 따라 아래의 〈출력형태〉와 같이 작업하시오.

조건

원본 이미지	2급-9.jpg, 2급-10.jpg, 2급-11.jpg, 2급-12.jpg, 2급-13.jpg		
파일저장규칙	JPG	파일 이름	문서₩GTQ₩수험번호-성명-4.jpg
		크기	600×400pixels
	PSD	파일 이름	문서₩GTQ₩수험번호-성명-4.psd
		크기	60×40pixels

1. 그림 효과
① 2급-9.jpg : 필터 – Cutout(오려내기)
② 2급-10.jpg : 레이어 스타일 – Outer Glow(외부 광선)
③ 2급-11.jpg : 레이어 스타일 – Drop Shadow(그림자 효과), Opacity(불투명도)(80%)
④ 2급-12.jpg : 필터 – Wind(바람)
⑤ 2급-13.jpg : 레이어 스타일 – Drop Shadow(그림자 효과)
⑥ 그 외 〈출력형태〉 참조

2. 문자 효과
① Feel the Thrill of Basketball (Arial, Regular, 36pt, 레이어 스타일 – 그라디언트 오버레이(#cc4400, #2266ff), Stroke(선/획)(2px, #ffffff), Drop Shadow(그림자 효과))
② Dunk Shot (Arial, Regular, 18pt, #bbbb00, 레이어 스타일 – Stroke(선/획)(2px, #555500))
③ 코트를 지배하라 승리를 향해 덩크! (돋움, 16pt, #ffff00, #ff6600, 레이어 스타일 – Stroke(선/획)(2px, #000000), Drop Shadow(그림자 효과))

출력형태

Shape Tool(모양 도구) 사용
#cc6600
Inner Glow(내부 광선)

Shape Tool(모양 도구) 사용
Inner Shadow(내부 그림자)
Stroke(선/획)(2px, #666666)

Shape Tool(모양 도구) 사용
그라디언트 오버레이(#aa00cc, #ffffaa)
Drop Shadow(드롭 섀도)

[기능평가] Tool(도구) 활용

작업순서 ① 새 작업 파일 만들기 ▶ ② 이미지 선택 후 복제 및 변형 ▶ ③ 사용자 정의 모양 배치 ▶ ④ 문자 입력
▶ ⑤ 파일 저장

01 새 작업 파일 만들기

《조건》
- Width(폭) : 400Pixels(픽셀)
- Height(높이) : 500Pixels(픽셀)
- Resolution(해상도) : 72Pixels/Inch(픽셀/인치)
- Color Mode(색상 모드) : RGB Color(RGB 색상), 8bit(비트)

01 새 작업 파일을 만들기 위하여 [File(파일)]−[New(새로 만들기)]([Ctrl]+[N])를 선택하고 문제
지의 조건과 같이 설정하여 새 작업 파일을 만듭니다.

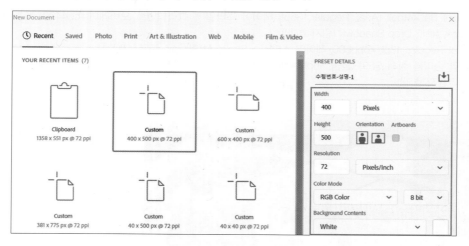

02 작업창의 환경 설정을 위하여 [Edit(편집)]−[Preference(환경 설정)]([Ctrl]+[K])를 선택합니
다. [Guides, Grid & Slices(안내선, 격자와 슬라이스)]를 선택하여 Guides(안내선)의
'Canvas(캔버스) : Light Red(밝은 빨강), Grid(격자)의 Gridline every(격자 간격) :
100pixels(픽셀), Subdivisions(세분) : 1'로 설정합니다.

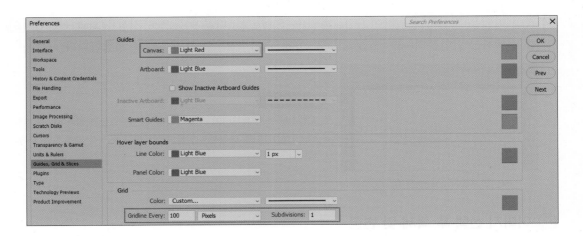

![기적의 TIP] **기적의 TIP**

Guide Color(안내선 색상)와 Grid Color(격자 색상)는 이미지와 구별되는 임의의 색상으로 변경할 수 있습니다. 안내선과 격자는 채점대상이 아니므로 파일을 저장할 때 남겨두어도 상관없지만 최종적으로 저장할 때에는 안보이게 하는 것이 좋습니다.

03 [View(보기)]–[Rulers(눈금자)]([Ctrl]+[R])와 [View(보기)]–[Show(표시)]–[Grid(격자)] ([Ctrl]+[']])를 선택하여 눈금자와 격자를 표시합니다.

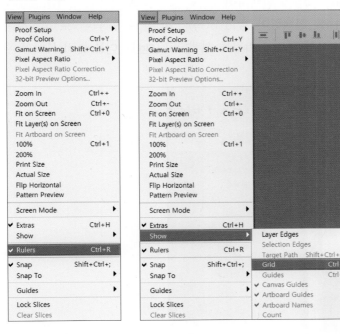

04 작업 파일을 저장하기 위하여 [File(파일)]-[Save As(다른 이름으로 저장)](Shift + Ctrl + S)를 선택하고 답안폴더(내PC₩문서₩GTQ)에 '수험번호-성명-1.psd'로 저장합니다.

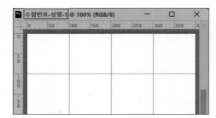

기적의 TIP

시험장에 따라 컴퓨터의 상태가 다를 수 있으므로 작업중에도 주기적으로 Ctrl + S 를 눌러서 파일을 저장하여야 문제 발생을 줄일 수 있습니다.

02 이미지 선택 후 복제 및 변형

《사용소스》

PART 03 〉 대표 기출 유형 따라하기 〉 2급-1.jpg

《조건》

복제 및 변형 : 스키타는 사람

01 [File(파일)]-[Open(열기)](Ctrl + O)을 선택하여 2급-1.jpg를 불러옵니다. [Image(이미지)]-[Image Size(이미지 크기)]를 선택하여 'Width(폭) : 400Pixels(픽셀)'로 설정하여 크기를 줄여줍니다. Ctrl + A 를 눌러서 전체 이미지를 선택하고 Ctrl + C 를 눌러 복사한 후 작업 파일에 Ctrl + V 로 붙여넣습니다.

기적의 TIP

소스 이미지의 크기가 작업 파일에 비해 클 경우에는 [Image(이미지)]-[Image Size(이미지 크기)]를 선택하여 이미지의 크기를 확인하고 작업 파일과 비슷한 크기로 변경하여 복사하는 것이 좋습니다. (Width(폭) : 400Pixels(픽셀) 또는 Height(높이) : 500Pixels(픽셀))

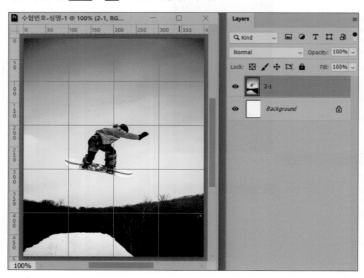

🎬 기적의 TIP

복사하여 붙여넣은 이미지는 새 레이어로 생성되는데 레이어의 이름을 더블 클릭하여 '2-1'과 같이 변경해 두면 최종 점검할 때 문제의 지시내용과 비교하기가 쉽습니다.

02 Object Selection Tool(개체 선택 도구, 🔲)을 클릭하고 상단 [Options Bar(옵션 바)]에서 'New Selection(새 선택 영역), Mode(모드) : Lasso(올가미)'를 선택하여 스키타는 사람 형태를 따라 드래그합니다.

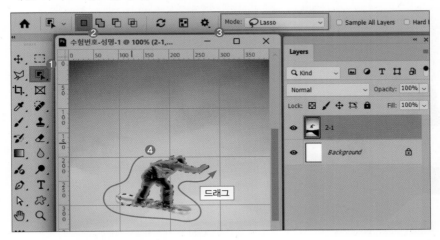

03 Quick Selection Tool(빠른 선택 도구, 🖌️)과 Polygonal Lasso Tool(다각형 올가미 도구, 🔽)로 영역 추가 및 영역 삭제 작업을 추가합니다.

🎬 기적의 TIP

Object Selection Tool(개체 선택 도구, 🔲)는 경계가 뚜렷한 이미지를 선택할 때 매우 쉽게 사용할 수 있는 도구이지만 최신 버전에서 추가된 기능이기 때문에 시험장의 포토샵이 최신 버전이 아닌 경우 Object Selection Tool(개체 선택 도구, 🔲)이 없을 수 있습니다. 이를 대비하여 Quick Selection Tool(빠른 선택 도구, 🖌️)과 Polygonal Lasso Tool(다각형 올가미 도구, 🔽)로 이미지 선택하는 연습을 충분히 하여야 합니다.

04 [Layer(레이어)]–[New(새로 만들기)]–[Layer Via Copy(복사한 레이어)]([Ctrl]+[J])를 눌러서 스키타는 사람을 복사합니다. [Edit(편집)]–[Free Transform(자유변형)]([Ctrl]+[T])을 선택하여 이미지 크기를 출력형태와 같이 조절한 후 마우스 오른쪽 버튼을 눌러 Flip Horizontal (가로로 뒤집기)을 선택하여 반전시킨 이미지를 적절히 배치하고 [Enter]를 누릅니다.

🟢 사용자 정의 모양 배치

《조건》

- 눈송이 모양 (#ffffff, #77ffff, 레이어 스타일 – Bevel & Emboss(경사와 엠보스))
- 물결 모양 (#8888ff, 레이어 스타일 – Drop Shadow(그림자 효과))

01 Custom Shape Tool(사용자 정의 모양 도구, 🔊)를 클릭하고 상단 [Options Bar(옵션 바)]에서 'Shape(모양), Fill(칠) : #ffffff, Stroke(획) : No Color(색상 없음)'로 설정합니다.

ℱ 기적의 TIP

색상값을 입력할 때 #99ff33과 같이 같은 글자가 두 개씩 연속되는 경우 #9f3과 같이 두 개의 글자를 한개씩 줄여서 입력할 수 있습니다. 📵 #ffffff = #fff, #8888ff = #88f

02 눈송이 모양 도형을 선택하기 위하여 목록 단추를 클릭하고 [Legacy Shapes and More(레거시 모양 및 기타)]−[All Legacy Default Shapes(모든 레거시 기본 모양)]−[Nature(자연)]−[Snow 3(눈송이 3)]을 선택합니다.

03 출력형태에 맞추어 도형을 그린 후 Layer(레이어) 패널 하단에서 Add a layer style(레이어 스타일 추가, fx.)을 클릭하여 [Bevel & Emboss(경사와 엠보스)]를 선택하고 [OK(확인)]를 클릭합니다.

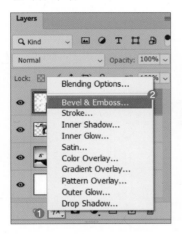

🅑 기적의 TIP

도형을 그릴 때 정비율로 그리려면 Shift를 누르면서 드래그합니다. 크기나 위치를 변형하기 위해 Ctrl+T를 눌러 조절할 때에 CC 버전부터 Shift를 누르지 않아도 정비율로 변형할 수 있도록 환경 설정되어 있습니다. 만약 크기를 조절할 때 정비율이 유지되지 않는다면 Shift를 누르면서 크기를 조절하면 됩니다.

04 완성한 눈송이 모양을 선택하고 Ctrl+J를 눌러서 복사한 다음 Ctrl+T를 눌러 크기와 방향, 위치를 출력형태와 같이 배치합니다. Layer(레이어) 패널에서 복제한 눈송이 모양 레이어의 Layer thumbnail(레이어 축소판)을 더블 클릭하여 [Color Picker(색상 피커)] 창에 'Color(색상) : #77ffff'를 입력한 후 [OK(확인)]를 클릭합니다.

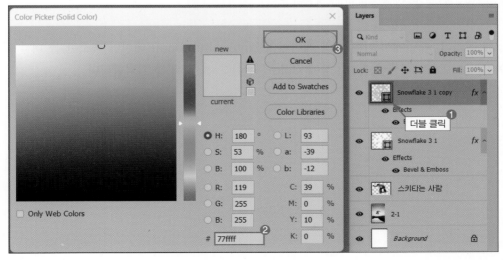

05 Custom Shape Tool(사용자 정의 모양 도구, )를 클릭하고 상단 [Options Bar(옵션 바)] 에서 목록 단추를 클릭하여 [Legacy Shapes and More(레거시 모양 및 기타)]–[All Legacy Default Shapes(모든 레거시 기본 모양)]–[Nature(자연)]–[Waves(파형)]을 선택합니다.

06 출력형태에 맞추어 도형을 그린 후 Layer(레이어) 패널 하단에서 Add a layer style(레이어 스타일 추가, *fx.*)을 클릭하여 [Drop Shadow(그림자)]를 선택합니다. 계속해서 'Opacity (불투명도) : 75%, Angle(각도) : 125°, Distance(거리) : 5px, Size(크기) : 5px'로 설정하고 [OK(확인)]를 클릭합니다.

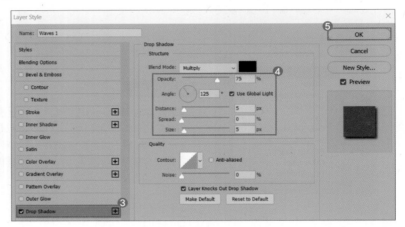

기적의 TIP

CC 버전으로 업그레이드 되면서 레이어 스타일의 옵션 중 Opacity(불투명도) 기본값이 35%로 낮아져서 그림자와 광선효과 가 잘 보이지 않습니다. Drop Shadow(드롭 섀도)를 출력형태와 같이 잘 보이도록 Opacity(불투명도)를 75%로 수정한 후 하 단의 Make Default((기본값 설정)를 눌러 바꿔주면 매번 수정할 필요가 없습니다.

07 Layer(레이어) 패널에서 파형 모양 레이어의 Layer thumbnail(레이어 축소판)을 더블 클릭 하여 [Color Picker(색상 피커)] 창에 'Color(색상) : #8888ff'를 입력합니다.

04 문자 입력

《조건》

① Winter Sports (Time New Roman, Bold, 48pt, 레이어 스타일 – 그라디언트 오버레이(#ff9900, #000099), Stroke(선/획)
(2px, #ffffff), Drop Shadow(그림자 효과))

01 Horizontal Type Tool(수평 문자 도구, T.)를 선택하고 상단 [Options Bar(옵션 바)]에서
'Font(글꼴) : Time New Roman, Font Style(폰트 스타일) : Bold, Size(크기) : 48pt,
Set anti-aliasing method(안티 앨리어싱 방법 설정) : Sharp(선명하게)'로 설정합니다.

> **기적의 TIP**
>
> Set anti-aliasing method(안티 앨리어싱 방법 설정)을 None(없음)으로 설정하면 입력한 문자가 깨져 보이므로 Sharp(선명
> 하게)로 설정하여 선명하게 보일 수 있도록 합니다.

02 작업 이미지를 클릭하고 'Winter Sports'를 입력한 후 출력형태와 같이 배치합니다. 상단
[Options Bar(옵션 바)]에서 Create Warp Text(뒤틀어진 텍스트 만들기, I.)를 선택하고
[Warp Text(텍스트 뒤틀기)] 창에서 'Style(스타일) : Rise(상승)'을 선택합니다.

03 텍스트 레이어를 선택하고 Layer(레이어) 패널 하단 Add a layer style(레이어 스타일 추가, fx.)을 클릭하여 [Gradient Overlay(그레이디언트 오버레이)]를 선택하고 Click to edit the gradient(클릭하여 그레이디언트 편집)를 선택하면 Gradient Editor(그레이디언트 편집기)가 열립니다. 좌측 하단 [Color Stop(색상 정지점)]을 더블 클릭하여 '#ff9900', 우측 하단 [Color Stop(색상 정지점)]을 더블 클릭하여 '#000099'를 입력하고 'Angle(각도) : 0˚'로 설정한 후 [OK(확인)]를 클릭합니다.

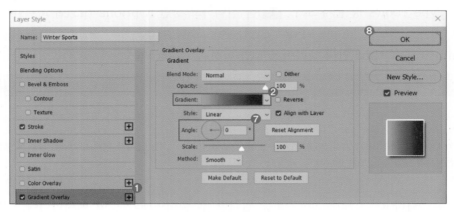

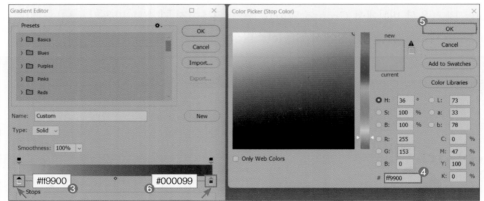

04 Layer Style(레이어 스타일) 창에서 [Stroke(획)]를 선택하고 'Size(크기) : 2, Position(위치) : Outside(바깥쪽), Color(색상) : #ffffff'로 설정한 후 [OK(확인)]를 클릭합니다.

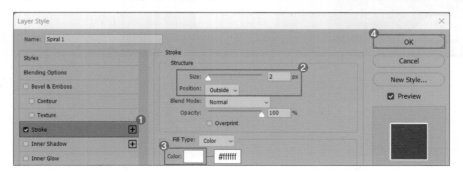

05 [Drop Shadow(드롭 섀도)]를 선택하고 'Opacity(불투명도) : 75%, Angle(각도) : 125˚, Distance(거리) : 5px, Size(크기) : 5px'로 설정합니다.

05 **파일 저장**

《조건》
- JPG 파일 : 문서₩GTQ₩수험번호-성명-1.jpg / 크기 : 400*500pixels
- PSD 파일 : 문서₩GTQ₩수험번호-성명-1.psd / 크기 : 40*50pixels

01 최종적으로 작업 파일의 이미지 위치, 레이어 순서, 레이어 스타일을 점검하고 [View(보기)]-
[Show(표시)]-[Grid(격자)]([Ctrl]+['])를 선택하여 격자를 끕니다.

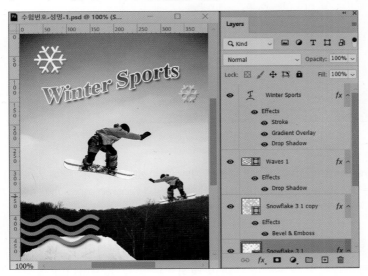

02 [File(파일)]-[Save As a Copy(다른 이름으로 저장)]([Alt]+[Ctrl]+[S])를 선택하여 '저장 위치
: 내PC₩문서₩GTQ, 파일 이름 : 수험번호-성명-1, 파일 형식 : JPEG'로 저장합니다.
[JPEG Options(JPEG 옵션)] 창에서 'Quality(품질) : 12'를 설정합니다.

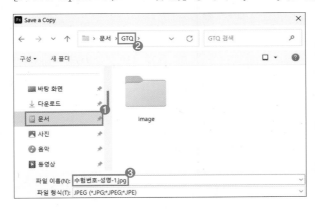 

🅑 기적의 TIP

같은 CC 버전일지라도 CC 2020이전 버전의 경우 [File(파일)]-[Save As(다른 이름으로 저장)]([Shift]+[Ctrl]+[S])로 저장할
때 파일 형식에서 JPEG 형식을 찾을 수 있습니다. Save As a Copy(다른 이름으로 저장)로 저장하든 Save As(다른 이름으
로 저장)로 저장하든 파일 확장명이 jpg가 맞다면 저장 방법은 문제되지 않습니다.

03 [Image(이미지)]-[Image Size(이미지 크기)]([Alt]+[Ctrl]+[I])를 선택하여 [Image Size(이미지 크기)] 창에서 'Width(폭) : 40Pixels(픽셀), Height(높이) : 50Pixels(픽셀)'을 입력하여 이미지 크기를 1/10로 축소합니다.

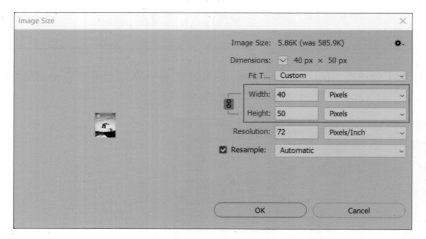

04 [File(파일)]-[Save As(다른 이름으로 저장)]([Shift]+[Ctrl]+[S])을 선택하여 '저장 위치 : 내 PCW문서WGTQ, 파일 이름 : 수험번호-성명-1, 파일 형식 : PSD'로 저장합니다. 답안 전송 프로그램에서 [답안 전송]을 선택하여 jpg, psd 파일을 감독관 컴퓨터로 전송합니다.

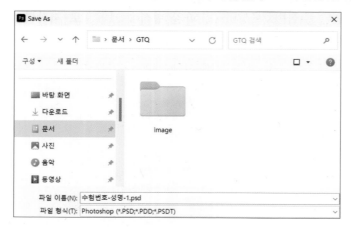

작업순서 ① 새 작업 파일 만들기 ▶ ② 필터 적용 및 액자 제작 ▶ ③ 색상 보정 ▶ ④ 이미지 합성 ▶ ⑤ 문자 입력 ▶ ⑥ 파일 저장

01 새 작업 파일 만들기

《조건》
- Width(폭) : 400Pixels(픽셀)
- Height(높이) : 500Pixels(픽셀)
- Resolution(해상도) : 72Pixels/Inch(픽셀/인치)
- Color Mode(색상 모드) : RGB Color(RGB 색상), 8bit(비트)

01 새 작업 파일을 만들기 위하여 [File(파일)]−[New(새로 만들기)]([Ctrl]+[N])를 선택하고 문제 지의 조건과 같이 설정하여 새 작업 파일을 만듭니다.

02 [View(보기)]−[Rulers(눈금자)]([Ctrl]+[J])와 [View(보기)]−[Show(표시)]−[Grid(격자)] ([Ctrl]+['])를 선택하여 눈금자와 격자를 표시합니다.

03 작업 파일을 저장하기 위하여 [File(파일)]−[Save As(다른 이름으로 저장)]([Shift]+[Ctrl]+[S]) 를 선택하고 답안폴더(내PC₩문서₩GTQ)에 '수험번호−성명−2.psd'로 저장합니다.

02 필터 적용 및 액자 제작

《사용소스》
PART 03 〉 대표 기출 유형 따라하기 〉 2급−2.jpg

《조건》
- 필터 − Stained Glass(스테인드 글라스)
- 안쪽 테두리(5px, #ff7744)
- 레이어 스타일 − Drop Shadow(그림자 효과)

01 [File(파일)]−[Open(열기)]([Ctrl]+[O])을 선택하여 2급−2.jpg를 불러옵니다. [Image(이미 지)]−[Image Size(이미지 크기)]를 선택 후 'Width(폭) : 400Pixels(픽셀)'로 설정하여 크기 를 줄여줍니다. [Ctrl]+[A]를 눌러서 전체 이미지를 선택하고 [Ctrl]+[C]를 눌러 복사한 후 작업 파일에 [Ctrl]+[V]로 붙여넣습니다. 출력형태와 비슷하게 배치하고 액자를 제작하기 위하여 [Ctrl]+[J]를 눌러서 이미지 레이어를 복제합니다.

02 복제한 액자 레이어에 하얀 선이 지나가는 Stained Glass(스테인드 글라스) 필터를 적용하기 위하여 Tool Box(도구 상자) 하단의 [Set Foreground Color(전경색 설정)]를 클릭하고 '#ffffff'로 설정합니다.

기적의 TIP

필터에 따라 전경색과 배경색에 영향을 받는 필터가 있습니다. 출력형태를 확인하고 필터를 적용했을 때 전반적인 색상이 다르게 보인다면 전경색이나 배경색을 출력형태에서 반영된 색상으로 설정한 다음 필터를 적용합니다.

03 필터를 적용하기 위하여 [Filter(필터)]-[Filter Gallery(필터 갤러리)]-[Texture(텍스처)]-[Stained Glass(스테인드 글라스)]를 선택하고 [OK(확인)]를 클릭합니다.

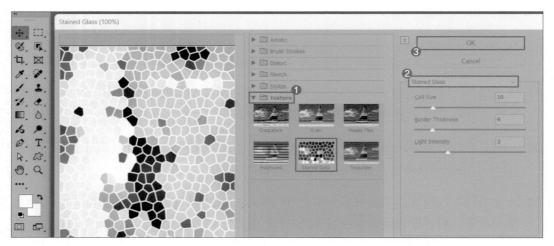

기적의 TIP

[Filter(필터)]-[Filter Gallery(필터 갤러리)]가 비활성화되어 선택되지 않는다면 작업 파일을 새로 만들 때 Color Mode(색상 모드)를 RGB로 선택하지 않았기 때문입니다. 이미 작업이 진행중이더라도 [Image(이미지)]-[Mode(모드)]-[RGB Color(RGB 컬러)]로 선택하여 색상 모드를 변경하면 Filter Gallery(필터 갤러리)를 다시 활용할 수 있습니다.

04 액자 프레임을 사각형으로 그려서 안쪽을 삭제하기 위하여 Rectangular Marquee Tool(사각형 선택 윤곽 도구, [::])을 선택하여 사각형을 그립니다. 사각형을 그릴 때 눈금자에서 상하좌우 50px 간격을 확인하면서 그립니다.

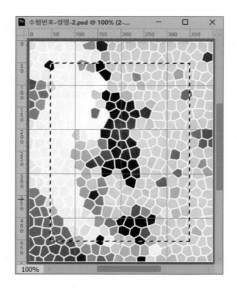

05 액자 프레임의 모서리를 둥글게 수정하기 위하여 [Select(선택)]-[Modify(수정)]-[Smooth (매끄럽게)]를 선택하고 'Sample Radius(샘플 반경) : 10pixels(픽셀)'을 설정합니다. 모서리가 둥글게 수정된 사각 선택 영역을 Delete 을 눌러서 삭제합니다.

🎬 **기적의 TIP**

Sample Radius(샘플 반경)은 문제에서 제시되지 않으므로 출력형태를 참고하여 임의로 제작합니다. 대체로 모서리가 약간 둥글면 5pixels(픽셀), 크게 둥글면 10pixels(픽셀)로 설정합니다.

06 액자 프레임 안쪽에 테두리를 그리기 위하여 [Edit(편집)]-[Stroke(획)]를 선택하고 'Width(폭) : 5px, Color(색상) : #ff7744, Location(위치) : Center(중앙)'로 설정합니다.

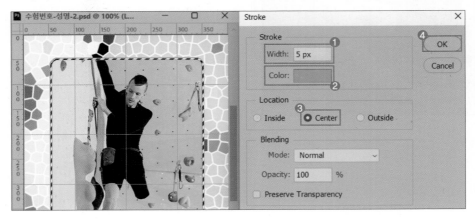

🎬 **기적의 TIP**

액자 프레임 안쪽에 테두리를 그리기 위하여 선택한 사각 선택영역은 액자 프레임의 안쪽에 위치해 있기 때문에 Stroke(획) 창에서 Location(위치)은 Inside(안쪽), Center(중앙), Outside(바깥쪽) 어떤 것을 선택해도 됩니다.

07 액자 레이어를 선택하고 Layer(레이어) 패널 하단 Add a layer style(레이어 스타일 추가, fx.)을 클릭하여 [Drop Shadow(그림자)]를 선택하고 'Opacity(불투명도) : 75%, Angle(각도) : 125°, Distance(거리) : 5px, Size(크기) : 5px'로 설정한 후 선택 영역을 해제하기 위하여 [Select(선택)]−[Deselect(선택 해제)]([Ctrl]+[D])를 선택합니다.

③ 색상 보정

《사용소스》

PART 03 〉 대표 기출 유형 따라하기 〉 2급−3.jpg

《조건》

2급−3.jpg : 빨간색 계열로 보정, 레이어 스타일 − Inner Shadow(내부 그림자)

---

01 [File(파일)]−[Open(열기)]([Ctrl]+[O])을 선택하여 2급−3.jpg를 불러옵니다. [Image(이미지)]−[Image Size(이미지 크기)]를 선택하여 'Width(폭) : 400Pixels(픽셀)'로 설정하여 크기를 줄여 줍니다.

02 Object Selection Tool(개체 선택 도구, ⬚)을 클릭하고 상단 [Options Bar(옵션 바)]에서 'New Selection(새 선택 영역), Mode(모드) : Lasso(올가미)'를 선택하여 밧줄 형태를 따라 드래그합니다.

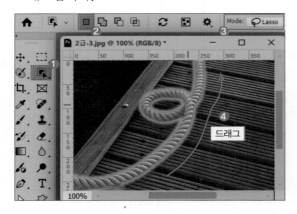

03 선택한 밧줄 이미지는 Ctrl + C를 눌러서 복사하고 작업 파일에 Ctrl + V를 눌러 붙여 넣습니다. Ctrl + T를 눌러서 이미지 크기를 출력형태와 같이 조절한 후 마우스 오른쪽 버튼을 눌러 Flip Horizontal(가로로 뒤집기)을 선택하여 반전시킨 이미지를 적절히 배치하고 Enter를 누릅니다.

04 이미지를 빨간색으로 보정하기 위하여 [Image(이미지)]-[Adjustment(조정)]-[Hue/Saturation(색조/채도)](Ctrl + U) 창에서 'Colorize(색상화) : 선택, Hue(색조) : 0, Saturation(채도) : +80, Lightness(밝기) : -20'으로 설정하여 빨간색 계열로 보정하고 [OK(확인)]를 클릭합니다.

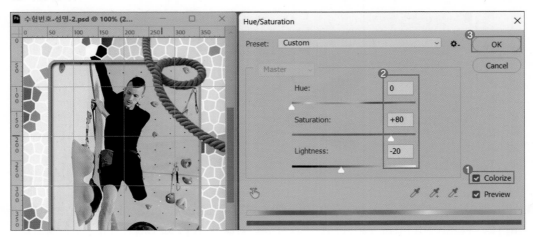

🅑 기적의 TIP

색상을 보정하려면 색상이 있어야 합니다. 흰색, 회색, 검정색과 같은 무채색은 색상이 없기 때문에 Colorize(색상화)를 체크하여 강제로 색상화하고 색조와 채도, 밝기를 슬라이드 단추로 드래그하면서 출력형태와 비슷한 값을 찾아 조절합니다.

05 빗줄 레이어를 선택하고 Layer(레이어) 패널 하단 Add a layer style(레이어 스타일 추가, fx.)을 클릭하여 [Inner Shadow(내부 그림자)]를 선택합니다. 계속해서 'Opacity(불투명도) : 75%, Angle(각도) : 125°, Distance(거리) : 5px, Size(크기) : 5px'로 설정하고 [OK(확인)]를 클릭합니다.

04 이미지 합성

《사용소스》

PART 03 〉 대표 기출 유형 따라하기 〉 2급-4.jpg

《조건》

2급-4.jpg : 레이어 스타일 – Outer Glow(외부 광선)

01 [File(파일)]-[Open(열기)]([Ctrl]+[O])을 선택하여 2급-4.jpg를 불러옵니다. [Image(이미지)]-[Image Size(이미지 크기)]를 선택하여 'Width(폭) : 400Pixels(픽셀)'로 설정 후 크기를 줄여줍니다.

02 Object Selection Tool(개체 선택 도구, ⬚)을 클릭하고 상단 [Options Bar(옵션 바)]에서 'New Selection(새 선택 영역), Mode(모드) : Lasso(올가미)'를 선택하여 신발 형태를 따라 드래그합니다.

03 선택한 신발 이미지는 [Ctrl]+[C]를 눌러서 복사하고 작업 파일에 [Ctrl]+[V]를 눌러 붙여 넣습니다. [Ctrl]+[T]를 눌러서 이미지 크기를 출력형태와 같이 적절히 배치하고 [Enter]를 누릅니다.

04 신발 레이어를 선택하고 Layer(레이어) 패널 하단 Add a layer style(레이어 스타일 추가, fx.)을 클릭하여 [Outer Glow(외부 광선)]를 선택합니다. 계속해서 'Opacity(불투명도) : 75%, Size(크기) : 5px'로 설정합니다.

05 문자 입력

《조건》

① Surpass Your Limits! (Arial, Bold, 48pt, #006600, 레이어 스타일 – Stroke(선/획)(2px, #cccc00), Drop Shadow(그림 자 효과))

01 Horizontal Type Tool(수평 문자 도구, )를 선택하고 상단 [Options Bar(옵션 바)]에서 'Font(글꼴) : Arial, Font Style(폰트 스타일) : Bold, Size(크기) : 48pt, Set anti-alias-ing method(안티 앨리어싱 방법 설정) : Sharp(선명하게), Set text color(텍스트 색상 설정) : #006600'으로 설정합니다.

02 작업 이미지를 클릭하고 'Surpass Your Limits!'를 입력한 후 출력형태와 같이 배치합니다. 상단 [Options Bar(옵션 바)]에서 Create Warp Text(뒤틀어진 텍스트 만들기,)를 선택하고 [Warp Text(텍스트 뒤틀기)] 창에서 'Style(스타일) : Wave(파형)'를 선택합니다.

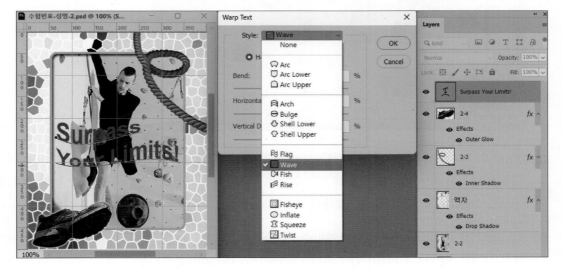

03 텍스트 레이어를 선택하고 Layer(레이어) 패널 하단 Add a layer style(레이어 스타일 추가, fx.)을 클릭하여 [Stroke(획)]를 선택하고 'Size(크기) : 2px, Position(위치) : Outside(바깥쪽), Color(색상) : #cccc00'으로 설정합니다.

04 Layer Style(레이어 스타일) 창에서 [Drop Shadow(드롭 섀도)]를 선택하고 'Opacity(불투명도) : 75%, Angle(각도) : 125°, Distance(거리) : 5px, Size(크기) : 5px'를 확인합니다.

06 파일 저장

01 최종적으로 작업 파일의 이미지 위치, 레이어 순서, 레이어 스타일을 점검하고 [View(보기)]−
[Show(표시)]−[Grid(격자)]([Ctrl]+[']])를 선택하여 격자를 끕니다.

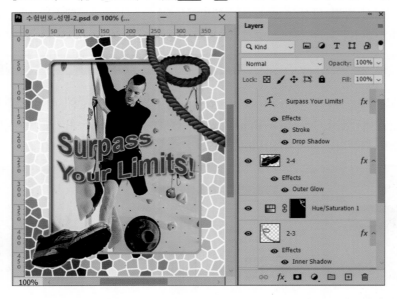

02 [File(파일)]−[Save As a Copy(다른 이름으로 저장)]([Alt]+[Ctrl]+[S])를 선택하여 '저장 위치
: 내PC₩문서₩GTQ, 파일 이름 : 수험번호−성명−2, 파일 형식 : JPEG'로 저장합니다.
[JPEG Options(JPEG 옵션)] 창에서 'Quality(품질) : 12'를 확인합니다.

03 [Image(이미지)]−[Image Size(이미지 크기)]([Alt]+[Ctrl]+[I])를 선택하여 [Image Size(이
미지 크기)] 창에서 'Width(폭) : 40Pixels(픽셀), Height(높이) : 50Pixels(픽셀)'을 입력하
여 이미지 크기를 1/10로 축소합니다.

04 [File(파일)]−[Save As(다른 이름으로 저장)]([Shift]+[Ctrl]+[S])을 선택하여 '저장 위치 : 내
PC₩문서₩GTQ, 파일 이름 : 수험번호−성명−2, 파일 형식 : PSD'로 저장합니다. 답안 전송
프로그램에서 [답안 전송]을 선택하여 jpg, psd 파일을 감독관 컴퓨터로 전송합니다.

작업순서 ① 새 작업 파일 만들기 ▶ ② 배경색 적용 ▶ ③ 필터 적용 및 레이어 마스크 합성 ▶ ④ 이미지 합성
▶ ⑤ 사용자 정의 모양 배치 ▶ ⑥ 문자 입력 ▶ ⑦ 파일 저장

01 새 작업 파일 만들기

《조건》
• Width(폭) : 600Pixels(픽셀)
• Height(높이) : 400Pixels(픽셀)
• Resolution(해상도) : 72Pixels/Inch(픽셀/인치)
• Color Mode(색상 모드) : RGB Color(RGB 색상), 8bit(비트)

01 새 작업 파일을 만들기 위하여 [File(파일)]-[New(새로 만들기)]([Ctrl]+[N])를 선택하고 문제
지의 조건과 같이 설정하여 새 작업 파일을 만듭니다.

02 [View(보기)]-[Rulers(눈금자)]([Ctrl]+[R])와 [View(보기)]-[Show(표시)]-[Grid(격자)]
([Ctrl]+['])를 선택하여 눈금자와 격자를 표시합니다.

03 작업 파일을 저장하기 위하여 [File(파일)]-[Save As(다른 이름으로 저장)]([Shift]+[Ctrl]+[S])
를 선택하고 답안폴더(내PC₩문서₩GTQ)에 '수험번호-성명-3.psd'로 저장합니다.

02 배경색 적용

《조건》
배경색 : #ffffbb

01 배경을 채울 색상을 선택하기 위하여 Tool Box(도구 상자) 하단의 [Background Color(배경
색)]을 클릭하고 '#ffffbb'로 설정합니다.

02 설정한 색으로 채우기 위하여 [Ctrl]+[Delete]를 눌러 배경색을 채웁니다.

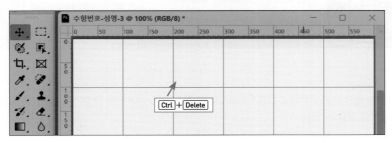

배경색을 채울 때 Tool Box(도구 상자)에서 Foreground Color(전경색)를 설정하여 Alt + Delete 로 채울 수도 있습니다. 문제에서 지시하고 있는 배경색은 작업 파일 전체를 채운다는 의미이므로 Tool Box(도구 상자)에서 Foreground Color(전경색)을 활용하든 Backgound Color(배경색)을 활용하든 상관이 없습니다.

03 필터 적용 및 레이어 마스크 합성

《사용소스》

PART 03 〉 대표 기출 유형 따라하기 〉 2급-5.jpg

《조건》

2급-5.jpg : 필터 – Poster Edges(포스터 가장자리), 레이어 마스크 – 대각선 방향으로 흐릿하게

01 [File(파일)]-[Open(열기)](Ctrl + O)을 선택하여 2급-5.jpg를 불러옵니다. [Image(이미지)]-[Image Size(이미지 크기)]를 선택하여 'Width(폭) : 600Pixels(픽셀)'로 설정하여 크기를 줄여줍니다. Ctrl + A 를 눌러서 전체 이미지를 선택하고 Ctrl + C 를 눌러 복사한 후 작업 파일에 Ctrl + V 로 붙여넣습니다.

02 필터를 적용하기 위하여 [Filter(필터)]-[Filter Gallery(필터 갤러리)]-[Artistic(예술 효과)]-[Poster Edges(포스터 가장자리)]를 선택한 후 [OK(확인)]를 클릭합니다.

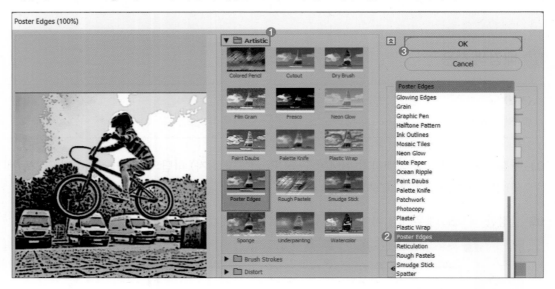

Filter Gallery(필터 갤러리) 창에서 Filter들은 Folder 형태로 그룹화되어 있는데 어느 그룹 안에 있는지 찾기가 어렵다면 오른쪽에 있는 목록 단추를 눌러서 이름으로 찾을 수 있습니다.

03 마스크를 적용하기 위하여 Layer(레이어) 패널 하단 Add layer mask(레이어 마스크 추가, ▣)를 클릭합니다.

04 레이어 마스크를 부드럽게 적용하기 위하여 Gradient Tool(그레이디언트 도구, ▣)를 선택 하고 [Options Bar(옵션 바)]에서 'Select and manage Gradient preset(그레이디언트 사 전 설정 선택 및 관리)'를 클릭하여 [Basics(기본 사항)]에서 'Black, White(검정, 흰색), Type(유형) : Linear Gradient(선형 그레이디언트), Mode(모드) : Normal(표준), Opacity(불투명도) : 100%'를 확인합니다. 작업 파일에서 우측 하단부터 클릭하여 좌측 상단 까지 드래그합니다.

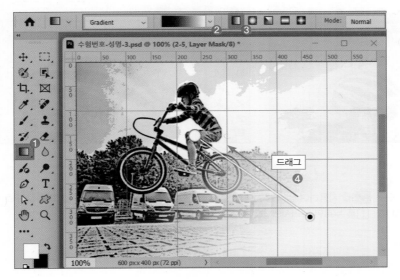

🅑 기적의 TIP

그라디언트를 채울 때 이미지 전체에 그라디언트 적용이 되었다면 Layer(레이어) 패널에서 선택한 이미지 레이어의 Layer Mask Layer thumbnail(레이어 마스크 축소판)이 아닌 Layer Thumbnail(레이어 축소판)을 선택하고 있기 때문입니다. 이미 지 레이어의 Layer Mask Thumbnail(레이어 마스크 축소판)을 선택하고 그라디언트를 적용해야 합니다.

④ 이미지 합성

01 [File(파일)]–[Open(열기)]([Ctrl]+[O])을 선택하여 2급-6.jpg를 불러옵니다. [Image(이미지)]–[Image Size(이미지 크기)]를 선택하여 'Width(폭) : 600Pixels(픽셀)'로 설정하여 크기를 줄여줍니다.

02 Object Selection Tool(개체 선택 도구, 🔲)을 클릭하고 상단 [Options Bar(옵션 바)]에서 'New Selection(새 선택 영역), Mode(모드) : Lasso(올가미)'를 선택하여 헬멧 형태를 따라 드래그합니다. Quick Selection Tool(빠른 선택 도구, 🖌️)과 Polygonal Lasso Tool(다각형 올가미 도구, ⧗)로 영역 추가 및 영역 삭제 작업을 추가합니다.

🅑 기적의 TIP

Quick Selection Tool(빠른 선택 도구, 🖌️)를 사용하여 영역을 선택할 때 브러시의 크기는 단축키 [[]과 []]를 이용하여 조절하면 더 빠르게 작업할 수 있습니다. [[]를 누르면 브러시의 크기가 작아지고 []]를 누르면 브러시의 크기가 커집니다.

03 선택한 헬멧 이미지는 [Ctrl]+[C]를 눌러서 복사하고 작업 파일에 [Ctrl]+[V]를 눌러 붙여 넣습니다. [Ctrl]+[T]를 눌러서 이미지 크기를 출력형태와 같이 조절한 후 마우스 오른쪽 버튼을 눌러 Flip Horizontal(가로로 뒤집기)을 선택하여 반전시킨 이미지를 적절히 배치하고 [Enter]를 누릅니다.

04 헬멧 레이어를 클릭하고 Layer(레이어) 패널 하단 Add a layer style(레이어 스타일 추가, *fx.*)을 눌러 [Outer Glow(외부 광선)]를 선택한 후, 'Opacity(불투명도) : 75%, Size(크기) : 5px'을 확인합니다.

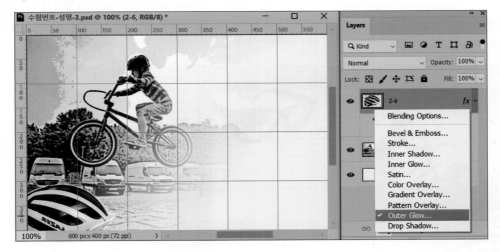

05 [File(파일)]-[Open(열기)]([Ctrl]+[O])을 선택하여 2급-7.jpg를 불러옵니다. [Image(이미지)]-[Image Size(이미지 크기)]를 선택하여 'Width(폭) : 600Pixels(픽셀)'로 설정하여 크기를 줄여줍니다.

06 Object Selection Tool(개체 선택 도구, ▣)을 클릭하고 상단 [Options Bar(옵션 바)]에서 'New Selection(새 선택 영역), Mode(모드) : Lasso(올가미)'를 선택하여 안경 형태를 따라 드래그합니다.

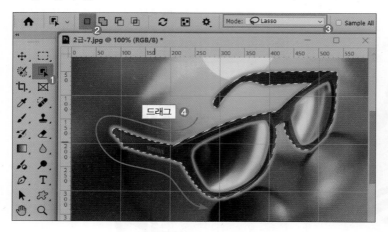

07 선택한 안경 이미지는 [Ctrl]+[C]를 눌러서 복사하고 작업 파일에 [Ctrl]+[V]를 눌러 붙여 넣습니다. [Ctrl]+[T]를 누르고 이미지 크기를 출력형태와 같이 조절한 후 방향을 좌우반전하기 위하여 마우스 오른쪽 버튼을 누릅니다. Flip Horizontal(가로로 뒤집기)을 선택하여 반전시킨 이미지를 적절히 배치하고 [Enter]를 누릅니다.

08 안경 레이어를 누르고 Layer(레이어) 패널 하단 Add a layer style(레이어 스타일 추가, ✧) 을 클릭하고 [Drop Shadow(그림자)]를 선택한 후, 'Opacity(불투명도) : 75%, Angle(각도) : 125°, Distance(거리) : 5px, Size(크기) : 5px'을 확인하여 [OK(확인)]를 클릭합니다.

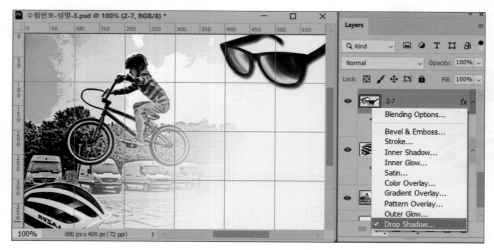

09 [File(파일)]-[Open(열기)]([Ctrl]+[O])을 선택하여 2급-8.jpg를 불러옵니다. [Image(이미지)]-[Image Size(이미지 크기)]를 선택하여 'Width(폭) : 600Pixels(픽셀)'로 설정하여 크기를 줄여줍니다.

10 Magic Wand Tool(자동 선택 도구, [🪄])을 클릭하고 상단 [Options Bar(옵션 바)]에서 'New Selection(새 선택 영역), Tolerance(허용치) : 32, Contiguous(인접) : 해제'로 설정하여 자전거의 노란색 부분을 클릭합니다.

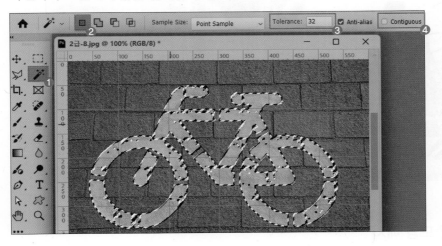

🅱 기적의 TIP

Magic Wand Tool(자동 선택 도구, [🪄])을 이용하여 비슷한 색을 선택할 때 연결되어 있지 않은 영역도 비슷한 색을 한꺼번에 선택하려면 상단 Options Bar(옵션 바)에서 'Contiguous(인접) : 체크 해제'합니다. 반대로 연결되어 있는 영역만 선택하려면 'Contiguous(인접) : 체크'합니다. 비슷한 색을 선택할 때 선택하려는 색상의 범위를 넓히거나 좁히려면 Tolerance(허용치) 값을 조절합니다.

11 선택한 자전거 이미지는 [Ctrl]+[C]를 눌러서 복사하고 작업 파일에 [Ctrl]+[V]를 눌러 붙여 넣습니다. [Ctrl]+[T]를 눌러서 이미지 크기를 출력형태와 같이 적절히 배치하고 [Enter]를 누릅니다.

12 자전거 레이어를 누르고 Layer(레이어) 패널 하단 Add a layer style(레이어 스타일 추가, |*fx.*|)을 클릭하여 [Inner Shadow(내부 그림자)]를 선택한 후, 'Opacity(불투명도) : 75%, Angle(각도) : 125°, Distance(거리) : 5px, Size(크기) : 5px'을 확인하여 [OK(확인)]를 클릭합니다.

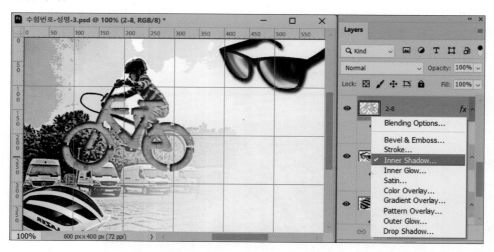

05 사용자 정의 모양 배치

《조건》
• 나선형 모양 : #ff9900, 레이어 스타일 – Bevel & Emboss(경사와 엠보스)
• 퍼즐 모양 : 레이어 스타일 – 그라디언트 오버레이(#33cc00, #ffff00), Drop Shadow(그림자 효과)

01 Custom Shape Tool(사용자 정의 모양 도구, |🔲|)를 클릭하고 상단 [Options Bar(옵션 바)]에서 'Shape(모양), Fill(칠) : #ff9900, Stroke(획) : No Color(색상 없음)'로 설정합니다.

02 나선형 모양 도형을 선택하기 위하여 목록 단추를 클릭하고 [Legacy Shapes and More(레거시 모양 및 기타)]–[All Legacy Default Shapes(모든 레거시 기본 모양)]–[Ornament(장식)]–[Spiral(나선형)]을 선택합니다.

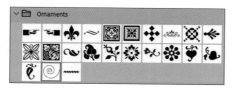

03 출력형태에 맞추어 도형을 그린 후 Layer(레이어) 패널 하단에서 [Add a layer style(레이어 스타일 추가, |*fx.*|)]을 클릭하여 [Bevel & Emboss(경사와 엠보스)]를 선택합니다.

04 Custom Shape Tool(사용자 정의 모양 도구, 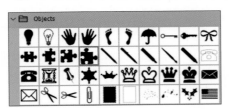)를 클릭하고 상단 [Options Bar(옵션 바)]
에서 'Shape(모양), Fill(칠) : #ff9900, Stroke(획) : No Color(색상 없음)'를 확인합니다.

05 퍼즐 모양 도형을 선택하기 위하여 목록 단추를 클릭하고 [Legacy Shapes and More(레
거시 모양 및 기타)]−[All Legacy Default Shapes(모든 레거시 기본 모양)]−[Objects(개
체)]−[Puzzle 4(퍼즐 4)]를 선택합니다.

06 출력형태에 맞추어 도형을 그린 후 Layer(레이어) 패널 하단에서 Add a layer style(레이어
스타일 추가, *fx.*)을 클릭하여 [Drop Shadow(그림자)]를 선택하고 'Opacity(불투명도) :
75%, Angle(각도) : 125°, Distance(거리) : 5px, Size(크기) : 5px'을 설정합니다.

07 Layer Style(레이어 스타일) 창에서 [Gradient Overlay(그레이디언트 오버레이)]를 선
택하고 Click to edit the gradient(클릭하여 그레이디언트 편집)를 선택하면 Gradient
Editor(그레이디언트 편집기)가 열립니다. 좌측 하단 [Color Stop(색상 정지점)]을 더블 클릭
하여 '#33cc00', 우측 하단 [Color Stop(색상 정지점)]을 더블 클릭하여 '#ffff00'을 입력하고
'Angle(각도) : 90°로 설정한 후 [OK(확인)]를 클릭합니다.

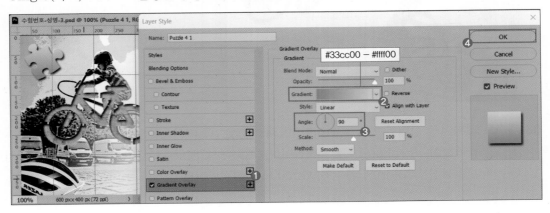

06 문자 입력

01 Horizontal Type Tool(수평 문자 도구, T.)를 선택하고 상단 [Options Bar(옵션 바)]에서 'Font(글꼴) : 굴림, Size(크기) : 20pt, Set anti-aliasing method(안티 앨리어싱 방법 설정) : Sharp(선명하게)'로 설정합니다.

02 작업 이미지를 클릭하고 '두 바퀴로 세상을 탐험하세요!'를 입력한 후 출력형태와 같이 배치합니다. 상단 Options Bar(옵션 바)에서 Create Warp Text(뒤틀어진 텍스트 만들기, T.)를 선택하고 [Warp Text(텍스트 뒤틀기)] 창에서 'Style(스타일) : Bulge(돌출), Bend(구부리기) : +20%'로 설정합니다.

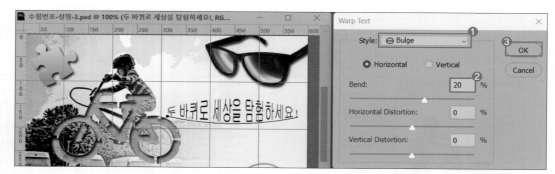

03 텍스트 레이어를 선택하고 Layer(레이어) 패널 하단 Add a layer style(레이어 스타일 추가, fx.)을 클릭하여 [Stroke(획)]를 선택합니다. 계속해서 'Size(크기) : 2px, Position(위치) : Outside(바깥쪽), Color(색상) : #000000'으로 설정합니다.

04 Layer Style(레이어 스타일) 창에서 [Gradient Overlay(그레이디언트 오버레이)]를 선택하고 Click to edit the gradient(클릭하여 그레이디언트 편집)를 선택하면 Gradient Editor(그레이디언트 편집기)가 열립니다. 좌측 하단 Color Stop(색상 정지점)을 더블 클릭하여 '#00bbcc', 우측 하단 Color Stop(색상 정지점)을 더블 클릭하여 '#ffffff'로 입력하고 'Angle(각도) : −90°'로 설정한 후 [OK(확인)]를 클릭합니다.

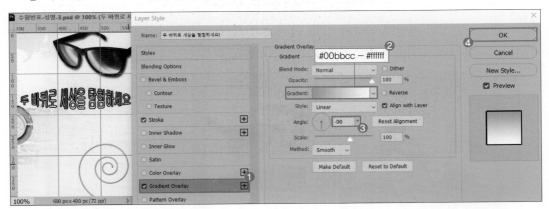

05 Horizontal Type Tool(수평 문자 도구, T.)를 선택하고 작업 이미지를 클릭하여 'Enjoy the Scenery as You Ride!'를 입력한 후 출력형태와 같이 배치합니다. [Options Bar(옵션 바)]에서 'Font(글꼴) : Time New Roman, Font Style(폰트 스타일) : Bold, Size(크기) : 20pt, Set text color(텍스트 색상 설정) : #bb6600'으로 설정합니다.

06 입력한 텍스트 중에서 'Scenery as You Ride!' 부분만 블록 선택하여 'Size(크기) : 28pt, Set text color(텍스트 색상 설정) : #006600'으로 설정합니다.

07 텍스트 레이어를 선택하고 Layer(레이어) 패널 하단 Add a layer style(레이어 스타일 추가, fx.)을 클릭하여 [Stroke(획)]를 선택하고 'Size(크기) : 2px, Position(위치) : Outside(바깥쪽), Color(색상) : #ffffff'로 설정합니다.

08 Layer Style(레이어 스타일) 창에서 [Drop Shadow(드롭 섀도)]를 선택하고 'Opacity(불투명도) : 75%, Angle(각도) : 125°, Distance(거리) : 5px, Size(크기) : 5px'을 설정합니다.

《조건》
• JPG 파일 : 문서₩GTQ₩수험번호–성명–3.jpg / 크기 : 600*400pixels
• PSD 파일 : 문서₩GTQ₩수험번호–성명–3.psd / 크기 : 60*40pixels

01 최종적으로 작업 파일의 이미지 위치, 레이어 순서, 레이어 스타일을 점검하고 [View(보기)]–
[Show(표시)]–[Grid(격자)]([Ctrl]+[']])를 선택하여 격자를 끕니다.

02 [File(파일)]–[Save As a Copy(다른 이름으로 저장)]([Alt]+[Ctrl]+[S])를 선택하여 '저장 위치
: 내PC₩문서₩GTQ, 파일 이름 : 수험번호–성명–3, 파일 형식 : JPEG'로 저장합니다.
[JPEG Options(JPEG 옵션)] 창에서 'Quality(품질) : 12'를 확인합니다.

03 [Image(이미지)]–[Image Size(이미지 크기)]([Alt]+[Ctrl]+[I])를 선택하여 [Image Size(이
미지 크기)] 창에서 'Width(폭) : 60Pixels(픽셀), Height(높이) : 40Pixels(픽셀)'을 입력하
여 이미지 크기를 1/10로 축소합니다.

04 [File(파일)]–[Save As(다른 이름으로 저장)]([Shift]+[Ctrl]+[S])을 선택하여 '저장 위치 : 내
PC₩문서₩GTQ, 파일 이름 : 수험번호–성명–3, 파일 형식 : PSD'로 저장합니다. 답안 전송
프로그램에서 [답안 전송]을 선택하여 jpg, psd 파일을 감독관 컴퓨터로 전송합니다.

[실무응용] 이벤트 페이지 제작

① 새 작업 파일 만들기 ▶ ② 필터 적용 ▶ ③ 이미지 합성 및 불투명도 ▶ ④ 클리핑 마스크 ▶ ⑤ 사용자 정의 모양 배치 ▶ ⑥ 문자 입력 ▶ ⑦ 파일 저장

01 새 작업 파일 만들기

《사용소스》

PART 03 〉 대표 기출 유형 따라하기 〉 2급-9.jpg

《조건》

- Width(폭) : 600Pixels(픽셀)
- Height(높이) : 400Pixels(픽셀)
- Resolution(해상도) : 72Pixels/Inch(픽셀/인치)
- Color Mode(색상 모드) : RGB Color(RGB 색상), 8bit(비트)

01 새 작업 파일을 만들기 위하여 [File(파일)]-[New(새로 만들기)]([Ctrl]+[N])를 선택하고 문제 지의 조건과 같이 설정하여 새 작업 파일을 만듭니다.

02 [View(보기)]-[Rulers(눈금자)]([Ctrl]+[R])와 [View(보기)]-[Show(표시)]-[Grid(격자)] ([Ctrl]+['])를 선택하여 눈금자와 격자를 표시합니다.

03 작업 파일을 저장하기 위하여 [File(파일)]-[Save As(다른 이름으로 저장)]([Shift]+[Ctrl]+[S]) 를 선택하고 답안폴더(내PCW문서WGTQ)에 '수험번호-성명-4.psd'로 저장합니다.

02 필터 적용

《조건》

2급-9.jpg : 필터 - Cutout(오려내기)

01 [File(파일)]-[Open(열기)]([Ctrl]+[O])을 선택하여 2급-9.jpg를 불러옵니다. [Image(이미 지)]-[Image Size(이미지 크기)]를 선택하여 'Width(폭) : 600Pixels(픽셀)'로 설정하여 크 기를 줄여줍니다. [Ctrl]+[A]를 눌러서 전체 이미지를 선택하고 [Ctrl]+[C]를 눌러 복사한 후 작 업 파일에 [Ctrl]+[V]로 붙여넣습니다.

02 필터를 적용하기 위하여 [Filter(필터)]−[Filter Gallery(필터 갤러리)]−[Artistic(예술 효과)]−[Cutout(오려내기)]를 선택하고 [OK(확인)]를 클릭합니다.

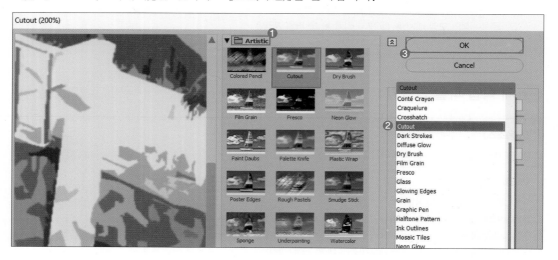

03 이미지 합성 및 불투명도

《사용소스》

PART 03 〉 대표 기출 유형 따라하기 〉 2급−10.jpg/2급−11.jpg/2급−13.jpg

《조건》

• 2급−10.jpg : 레이어 스타일 − Outer Glow(외부 광선)
• 2급−11.jpg : 레이어 스타일 − Drop Shadow(그림자 효과), Opacity(불투명도)(80%)
• 2급−13.jpg : 레이어 스타일 − Drop Shadow(그림자 효과)

01 [File(파일)]−[Open(열기)]([Ctrl]+[O])을 선택하여 2급−10.jpg를 불러옵니다. [Image(이미지)]−[Image Size(이미지 크기)]를 선택하여 'Height(높이) : 400Pixels(픽셀)'로 설정하여 크기를 줄여줍니다.

02 Object Selection Tool(개체 선택 도구, ▣)을 클릭하고 상단 [Options Bar(옵션 바)]에서 'New Selection(새 선택 영역), Mode(모드) : Lasso(올가미)'를 선택하여 농구선수 형태를 따라 드래그합니다. Quick Selection Tool(빠른 선택 도구, ✎)과 Polygonal Lasso Tool(다각형 올가미 도구, ☑)로 영역 추가 및 영역 삭제 작업을 추가합니다.

03 선택한 농구선수 이미지는 [Ctrl]+[C]를 눌러서 복사하고 작업 파일에 [Ctrl]+[V]를 눌러 붙여 넣습니다. [Ctrl]+[T]를 눌러서 이미지 크기를 출력형태와 같이 적절히 배치하고 [Enter]를 누릅니다.

04 농구선수 레이어를 선택하고 Layer(레이어) 패널 하단 Add a layer style(레이어 스타일 추가, [fx.])을 클릭하여 [Outer Glow(외부 광선)]를 선택합니다. 계속해서 'Opacity(불투명도) : 75%, Size(크기) : 5px'을 확인합니다.

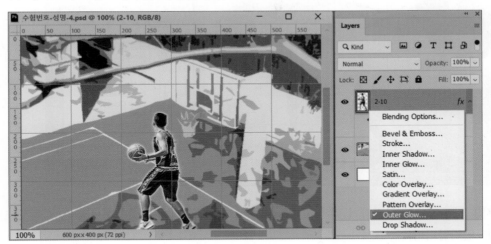

05 [File(파일)]−[Open(열기)]([Ctrl]+[O])을 선택하여 2급−11.jpg를 불러옵니다. [Image(이미지)]−[Image Size(이미지 크기)]를 선택하여 'Width(폭) : 600Pixels(픽셀)'로 설정하여 크기를 줄여줍니다.

06 Object Selection Tool(개체 선택 도구, [▣])을 클릭하고 상단 [Options Bar(옵션 바)]에서 'New Selection(새 선택 영역), Mode(모드) : Lasso(올가미)'를 선택하여 농구공 형태를 따라 드래그합니다. Quick Selection Tool(빠른 선택 도구, [◢])과 Polygonal Lasso Tool(다각형 올가미 도구, [◹])로 영역 추가 및 영역 삭제 작업을 추가합니다.

07 선택한 농구공 이미지는 [Ctrl]+[C]를 눌러서 복사하고 작업 파일에 [Ctrl]+[V]를 눌러 붙여 넣습니다. [Ctrl]+[T]를 눌러서 이미지 크기를 출력형태와 같이 적절히 배치하고 [Enter]를 누릅니다.

08 농구공 레이어를 선택하고 Layer(레이어) 패널 하단 Add a layer style(레이어 스타일 추가, *fx.*)을 클릭하여 [Drop Shadow(그림자)]를 선택합니다. 계속해서 'Opacity(불투명도) : 75%, Angle(각도) : 125°, Distance(거리) : 5px, Size(크기) : 5px'로 설정합니다.

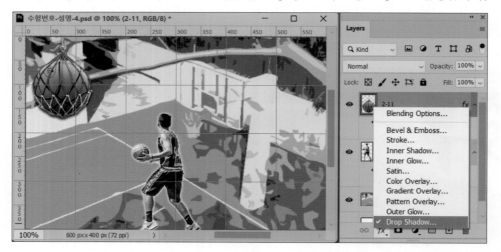

09 이미지의 불투명도를 설정하기 위하여 Layer(레이어) 패널의 우측 상단 'Opacity(불투명도) : 80%'로 입력합니다.

10 File(파일)]–[Open(열기)]((Ctrl)+(O))을 선택하여 2급–13.jpg를 불러옵니다. [Image(이미지)]–[Image Size(이미지 크기)]를 선택하여 'Width(폭) : 600Pixels(픽셀)'로 설정하여 크기를 줄여줍니다.

11 Object Selection Tool(개체 선택 도구, 🔲)을 클릭하고 상단 [Options Bar(옵션 바)]에서 'New Selection(새 선택 영역), Mode(모드) : Lasso(올가미)'를 선택하여 농구골대 형태를 따라 드래그합니다. Quick Selection Tool(빠른 선택 도구, 🖌)과 Polygonal Lasso Tool(다각형 올가미 도구, 🔗)로 영역 추가 및 영역 삭제 작업을 추가합니다.

12 선택한 농구골대 이미지는 Ctrl+C를 눌러서 복사하고 작업 파일에 Ctrl+V를 눌러 붙여 넣습니다. Ctrl+T를 눌러서 이미지 크기를 출력형태와 같이 적절히 배치하고 Enter를 누릅니다.

13 농구골대 레이어를 선택하고 Layer(레이어) 패널 하단 Add a layer style(레이어 스타일 추가, *fx.*)을 클릭하여 [Drop Shadow(그림자)]를 선택하고 'Opacity(불투명도) : 75%, Angle(각도) : 125°, Distance(거리) : 5px, Size(크기) : 5px'로 설정합니다.

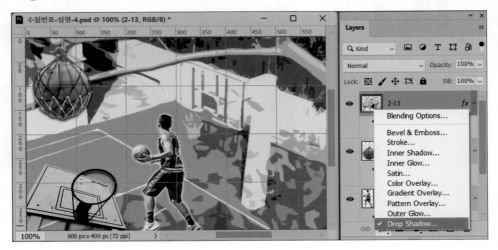

04 클리핑 마스크

《사용소스》

PART 03 〉 대표 기출 유형 따라하기 〉 2급-12.jpg

《조건》

- 2급-12.jpg : 필터 – Wind(바람)
- 기호 모양 : 레이어 스타일 – Inner Shadow(내부 그림자), Stroke(선/획)(2px, #666666)

01 클리핑 마스크를 위한 도형을 제작하기 위하여 Custom Shape Tool(사용자 정의 모양 도구, *)를 클릭하고 상단 [Options Bar(옵션 바)]에서 'Shape(모양), Fill(칠) : #000000, Stroke(획) : No Color(색상 없음)'로 설정합니다.

기적의 TIP

클리핑 마스크 작업을 위한 도형을 제작할 때 Fill(칠)에 채우는 색은 클리핑 마스크를 적용하고 나면 도형색이 아닌 이미지가 보이게 되므로 어떤 색이든 상관이 없습니다.

02 기호 모양 도형을 선택하기 위하여 목록 단추를 클릭하고 [Legacy Shapes and More(레 거시 모양 및 기타)]-[All Legacy Default Shapes(모든 레거시 기본 모양)]-[Symbol(기 호)]-[Sign 4(기호 4)]을 선택하고 출력형태와 같이 배치합니다.

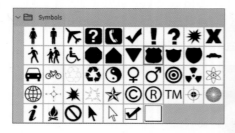 

03 [File(파일)]-[Open(열기)]($Ctrl$+O)을 선택하여 2급-12.jpg를 불러옵니다. [Image(이미 지)]-[Image Size(이미지 크기)]를 선택하여 'Width(폭) : 300Pixels(픽셀)'로 설정하여 크 기를 줄여줍니다. $Ctrl$+A를 눌러서 전체 이미지를 선택하고 $Ctrl$+C를 눌러 복사한 후 작 업 파일에 $Ctrl$+V로 붙여넣습니다.

04 클리핑 마스크를 적용하기 위하여 이미지 레이어를 선택한 후 마우스 오른쪽 버튼을 누르고 Create Clipping Mask(클리핑 마스크 만들기)를 선택합니다. **Ctrl**+**T**를 눌러서 이미지 크기를 출력형태와 같이 적절히 배치하고 **Enter**를 누릅니다.

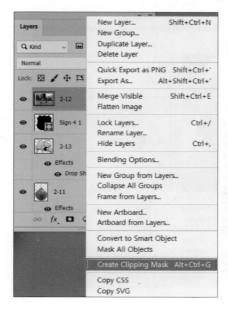

기적의 TIP

클리핑 마스크를 적용하는 다른 방법으로 클리핑 마스크에 사용된 이미지와 도형 레이어 사이에 보이는 구분선에 마우스 커서를 정확히 위치시키고 **Alt**를 누르면 클리핑 마스크가 적용될 수 있는 화살표가 생깁니다. 화살표가 보일 때 클릭하면 클리핑 마스크가 적용됩니다. 적용된 클리핑 마스크를 해제하려면 대각선이 포함된 화살표가 보일 때 클릭하여 클리핑 마스크를 해제합니다.

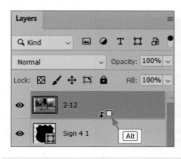
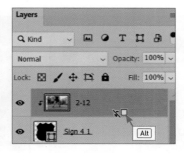

05 이미지에 필터를 적용하기 위하여 [Filter(필터)]-[Stylize(스타일화)]-[Wind(바람)]를 선택 합니다.

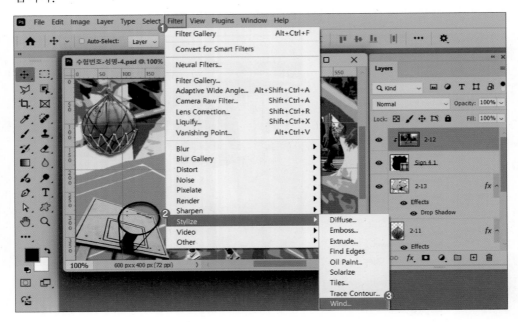

06 기호 모양 도형 레이어를 선택하고 Layer(레이어) 패널 하단에서 Add a layer style(레이어 스타일 추가, fx.)을 클릭하여 [Inner Shadow(내부 그림자)]를 선택하고 'Opacity(불투명도) : 75%, Angle(각도) : 125°, Distance(거리) : 5px, Size(크기) : 5px'을 설정합니다. 계속해 서 [Stroke(획)]를 선택하고 'Size(크기) : 2px, Position(위치) : Outside(바깥쪽), Color(색 상) : #666666'으로 설정합니다.

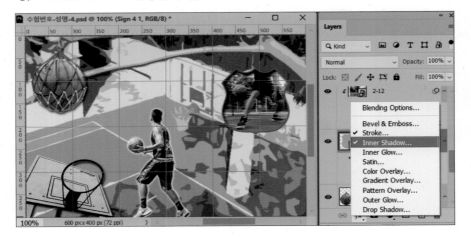

> **🅑 기적의 TIP**
>
> 클리핑 마스크 작업이 끝나고 다음 작업을 시작할 때 Layer(레이어) 패널에서 가장 위쪽에 배치된 레이어를 선택한 후 도형 이나 텍스트 입력을 하여야 클리핑 마스크에 영향을 받지 않습니다.

05 **사용자 정의 모양 배치**

《조건》
- 왕관 모양 : #cc6600, 레이어 스타일 – Inner Glow(내부 광선)
- 색종이 모양 : 레이어 스타일 – 그라디언트 오버레이(#aa00cc, #ffffaa), Drop Shadow(그림자 효과)

01 Custom Shape Tool(사용자 정의 모양 도구, )를 클릭하고 상단 [Options Bar(옵션 바)]
에서 'Shape(모양), Fill(칠) : #cc6600, Stroke(획) : No Color(색상 없음)'로 설정합니다.

02 왕관 모양 도형을 선택하기 위하여 목록 단추를 클릭하고 [Legacy Shapes and More(레
거시 모양 및 기타)]–[All Legacy Default Shapes(모든 레거시 기본 모양)]–[Objects(개
체)]–[Crown 1(왕관 1)]을 선택합니다.

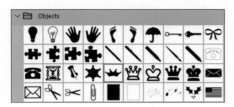

🅱 **기적의 TIP**

Custom Shape Tool(사용자 정의 모양 도구, )로 도형을 제작할 때 색상을 미리 설정하지 못했다면 Layer(레이어) 패널
에서 도형 레이어의 Layer thumbnail(레이어 축소판)을 더블 클릭하여 색상을 설정할 수 있습니다.

03 출력형태에 맞추어 도형을 그린 후 Layer(레이어) 패널 하단에서 Add a layer style(레이어
스타일 추가, )을 클릭하여 [Inner Glow(내부 광선)]를 선택합니다. 계속해서 'Opacity(불
투명도) : 75%, Size(크기) : 5px'로 설정합니다.

04 Custom Shape Tool(사용자 정의 모양 도구, )를 클릭하고 색종이 모양 도형을 선택하기
위하여 목록 단추를 클릭하고 [Legacy Shapes and More(레거시 모양 및 기타)]–[All
Legacy Default Shapes(모든 레거시 기본 모양)]–[Objects(개체)]–[Confetti 1(색종이 1)]
을 선택합니다.

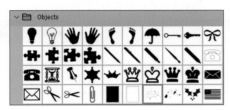

05 출력형태에 맞추어 도형을 그린 후 Layer(레이어) 패널 하단에서 Add a layer style(레이어 스타일 추가, ▨)을 클릭하여 [Drop Shadow(그림자)]를 선택합니다. 계속해서 'Opacity (불투명도) : 75%, Angle(각도) : 125°, Distance(거리) : 5px, Size(크기) : 5px'로 설정합니다.

06 Layer Style(레이어 스타일) 창에서 [Gradient Overlay(그레이디언트 오버레이)]를 선택하고 Click to edit the gradient(클릭하여 그레이디언트 편집)를 선택하면 Gradient Editor(그레이디언트 편집기)가 열립니다. 좌측 하단 Color Stop(색상 정지점)을 더블 클릭하여 '#aa00cc', 우측 하단 Color Stop(색상 정지점)을 더블 클릭하여 '#ffffaa'로 입력하고 'Angle(각도) : 0°'로 설정한 후 [OK(확인)]를 클릭합니다.

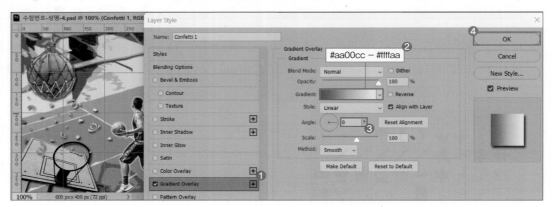

⑥ 문자 입력

《조건》

① Feel the Thrill of Basketball (Arial, Regular, 36pt, 레이어 스타일 – 그라디언트 오버레이(#cc4400, #2266ff), Stroke(선/획)(2px, #ffffff), Drop Shadow(그림자 효과))
② Dunk Shot (Arial, Regular, 18pt, #bbbb00, 레이어 스타일 – Stroke(선/획)(2px, #555500))
③ 코트를 지배하라 승리를 향해 덩크! (돋움, 16pt, #ffff00, #ff6600, 레이어 스타일 – Stroke(선/획)(2px, #000000), Drop Shadow(그림자 효과))

01 Horizontal Type Tool(수평 문자 도구, T.)를 선택하고 상단 [Options Bar(옵션 바)]에서 'Font(글꼴) : Arial, Font Style(폰트 스타일) : Regular, Size(크기) : 36pt, Set anti-aliasing method(안티 앨리어싱 방법 설정) : Sharp(선명하게)'로 설정합니다.

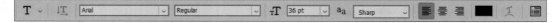

02 작업 이미지를 클릭하고 'Feel the Thrill of Basketball'을 입력한 후 출력형태와 같이 배치합니다. 상단 [Options Bar(옵션 바)]에서 Create Warp Text(뒤틀어진 텍스트 만들기, ⬛)를 선택하고 [Warp Text(텍스트 뒤틀기)] 창에서 'Style(스타일) : Flag(깃발), Bend(구부리기) : -50%'로 설정합니다.

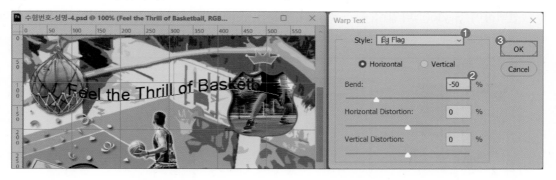

03 텍스트 레이어를 선택하고 Layer(레이어) 패널 하단에서 Add a layer style(레이어 스타일 추가, fx.)을 클릭하여 [Drop Shadow(그림자)]를 선택하고 'Opacity(불투명도) : 75%, Angle(각도) : 125˚, Distance(거리) : 5px, Size(크기) : 5px'을 설정합니다. 계속해서 [Stroke(획)]를 선택하고 'Size(크기) : 2px, Position(위치) : Outside(바깥쪽), Color(색상) : #ffffff'로 설정합니다.

04 Layer Style(레이어 스타일) 창에서 [Gradient Overlay(그레이디언트 오버레이)]를 선택하고 Click to edit the gradient(클릭하여 그레이디언트 편집)를 선택하면 Gradient Editor(그레이디언트 편집기)가 열립니다. 좌측 하단 [Color Stop(색상 정지점)]을 더블 클릭하여 '#cc4400', 우측 하단 [Color Stop(색상 정지점)]을 더블 클릭하여 '#2266ff'로 입력하고 'Angle(각도) : 0˚'로 설정한 후 [OK(확인)]를 클릭합니다.

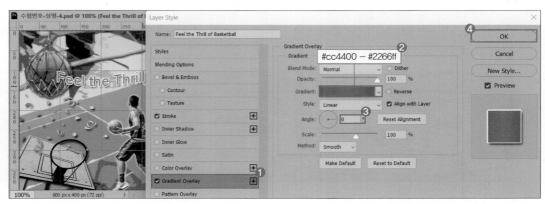

05 Horizontal Type Tool(수평 문자 도구, T.)를 선택하고 작업 이미지를 클릭하여 'Dunk Shot'을 입력한 후 출력형태와 같이 배치합니다. 상단 [Options Bar(옵션 바)]에서 'Font(글꼴) : Arial, Font Style(폰트 스타일) : Regular, Size(크기) : 18pt, Set text color(텍스트 색상 설정) : #bbbb00'으로 설정합니다. Create Warp Text(뒤틀어진 텍스트 만들기, I.)를 선택하여 'Style(스타일) : Arc(부채꼴), Bend(구부리기) : +30%'으로 설정한 후 [OK(확인)] 를 클릭합니다.

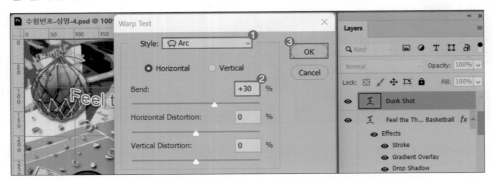

06 텍스트 레이어를 선택하고 Layer(레이어) 패널 하단에서 Add a layer style(레이어 스타일 추가, fx.)을 클릭하여 [Stroke(획)]를 선택합니다. 계속해서 'Size(크기) : 2px, Position(위 치) : Outside(바깥쪽), Color(색상) : #555500'으로 설정합니다.

07 Horizontal Type Tool(수평 문자 도구, T.)를 선택하고 작업 이미지를 클릭하여 '코트를 지 배하라 승리를 향해 덩크!'을 입력한 후 출력형태와 같이 배치합니다. 상단 [Options Bar(옵 션 바)]에서 'Font(글꼴) : 돋움, Size(크기) : 16pt, Set anti-aliasing method(안티 앨리어 싱 방법 설정) : Sharp(선명하게), Set text color(텍스트 색상 설정) : #ffff00'으로 설정합 니다.

08 입력한 텍스트 중에서 '승리를 향해 덩크!' 부분만 블록 선택하여 'Set text color(텍스트 색상 설정) : #ff6600'으로 설정합니다.

09 텍스트 레이어를 선택하고 Layer(레이어) 패널 하단에서 Add a layer style(레이어 스타일 추가, fx.)을 클릭하여 [Drop Shadow(그림자)]를 선택하고 'Opacity(불투명도) : 75%, Angle(각도) : 125˚, Distance(거리) : 5px, Size(크기) : 5px'을 확인합니다. 계속해서 [Stroke(획)]를 선택하고 'Size(크기) : 2px, Position(위치) : Outside(바깥쪽), Color(색상) : #000000'으로 설정합니다.

07 파일 저장

《조건》
- JPG 파일 : 문서₩GTQ₩수험번호−성명−4.jpg / 크기 : 600*400pixels
- PSD 파일 : 문서₩GTQ₩수험번호−성명−4.psd / 크기 : 60*40pixels

01 최종적으로 작업 파일의 이미지 위치, 레이어 순서, 레이어 스타일을 점검하고 [View(보기)]−[Show(표시)]−[Grid(격자)](Ctrl+')를 선택하여 격자를 끕니다.

02 [File(파일)]−[Save As a Copy(다른 이름으로 저장)](Alt+Ctrl+S)를 선택하여 '저장 위치 : 내PC₩문서₩GTQ, 파일 이름 : 수험번호−성명−4, 파일 형식 : JPEG'로 저장합니다. [JPEG Options(JPEG 옵션)] 창에서 'Quality(품질) : 12'를 확인합니다.

03 [Image(이미지)]−[Image Size(이미지 크기)](Alt+Ctrl+I)를 선택하여 [Image Size(이미지 크기)] 창에서 'Width(폭) : 60Pixels(픽셀), Height(높이) : 40Pixels(픽셀)'을 입력하여 이미지 크기를 1/10로 축소합니다.

04 [File(파일)]−[Save As(다른 이름으로 저장)](Shift+Ctrl+S)을 선택하여 '저장 위치 : 내 PC₩문서₩GTQ, 파일 이름 : 수험번호−성명−4, 파일 형식 : PSD'로 저장합니다. 답안 전송 프로그램에서 [답안 전송]을 선택하여 jpg, psd 파일을 감독관 컴퓨터로 전송합니다.

PART
04

기출 유형 문제

급수	문제유형	시험시간	수험번호	성명
2급	A	90분	G220250001	

수험자 유의사항

- 수험자는 문제지를 받는 즉시 응시하고자 하는 **과목 및 급수가 맞는지 확인**한 후 수험번호와 성명을 작성합니다.
- 파일명은 본인의 '수험번호-성명-문제번호'로 공백 없이 정확히 입력하고 답안폴더(내 PC₩문서₩GTQ)에 jpg 파일과 psd 파일의 2가지 포맷으로 저장해야 하며, jpg 파일과 psd 파일의 내용이 상이할 경우 0점 처리됩니다.
- 답안문서 파일명이 '수험번호-성명-문제번호'와 일치하지 않거나, 답안 파일을 '전송'하지 않는 경우 **답안 파일 미제출**로 불합격 처리됩니다.
- 문제의 세부 조건은 '영문(한글)' 형식으로 표기되어 있으니 유의하시길 바랍니다.
- 수험자 정보와 저장한 파일명, 저장 위치가 다를 경우 전송이 되지 않으므로, 주의하시길 바랍니다.
- 답안 작성 중에도 **주기적으로 '저장'과 '답안 전송'**을 이용하여 감독위원 PC로 답안을 전송하셔야 합니다.
  (작업한 내용을 **저장하지 않고 답안을 전송할 경우** 이전의 저장 내용이 전송되오니 이점 반드시 유념하시기 바랍니다.)
- 모든 수험자는 동일한 환경에서 시험이 시작되며 **'작업환경 설정'은 시험 시간 내에 진행**합니다.
  (시험 시작 전 '작업환경 설정' 불가, 소프트웨어 이상 유무만 확인)
- 답안문서는 지정된 경로 외의 다른 보조기억장치에 저장하는 행위, 지정된 시험 시간 외에 작성된 파일을 활용한 행위, 기타 허용되지 않은 프로그램(이메일, 메신저, 게임, 네트워크, 윈도우계산기, 스톱워치 등) 이용 시 부정행위로 간주 되어 자격기본법 제32조에 의거 본 시험 및 국가공인 자격시험을 2년간 응시할 수 없습니다.
- 시험 중 부주의 또는 고의로 시스템을 파손한 경우와 (수험자 유의사항)에 기재된 방법대로 이행하지 않아 생기는 불이익은 수험자의 책임임을 알려 드립니다.
- 시험을 완료한 수험자는 최종적으로 저장한 답안파일이 전송되었는지 확인한 후 감독위원의 지시에 따라 문제지를 제출하고 퇴실합니다.

답안 작성요령

- 온라인 답안 작성 절차
  수험자 등록 ⇒ 시험 시작 ⇒ 답안파일 저장 ⇒ 답안 전송 ⇒ 시험 종료
- 내 PC₩문서₩GTQ₩image폴더에 있는 그림 원본파일을 사용하여 답안을 작성하시고 최종답안을 답안폴더(내 PC₩문서₩GTQ)에 저장하여 답안을 전송하시고, 이미지의 크기가 다른 경우 감점 처리됩니다.
- 배점은 총 100점으로 이루어지며, 점수는 각 문제별로 차등 배분됩니다.
- 각 문제는 주어진 〈조건〉에 따라 작성하고, 언급하지 않은 〈조건〉은 〈출력형태〉와 같이 작성합니다.
- 문제 〈조건〉과 〈출력형태〉에서 차이가 발생할 경우 **문제에서 지정한 〈조건〉에 따라 작업**해 주시기 바랍니다.
- 배치 등의 편의를 위해 주어진 눈금자의 단위는 '픽셀'입니다.
  그 외는 출력형태(효과, 이미지, 문자, 색상, 레이아웃, 규격 등)와 같게 작업하십시오.
- 문제 〈조건〉에 서체의 지정이 없을 경우 한글은 굴림이나 돋움, 영문은 Arial로 작업하십시오.
  (단, 그 외에 제시되지 않은 문자 속성을 기본값으로 작성하지 않은 경우는 감점 처리됩니다.)
- Image Mode(이미지 모드)는 별도의 처리조건이 없을 시 RGB(8비트)로 작업하십시오.
- 모든 답안 파일은 해상도 72 pixels/inch로 작업하십시오.
- Layer(레이어)는 각 기능별로 분할해야 하며, 임의로 합칠 경우나 각 기능에 대한 속성을 해지할 경우 해당 요소는 0점 처리됩니다.

한 국 생 산 성 본 부

다음의 〈조건〉에 따라 아래의 〈출력형태〉와 같이 작업하시오.

조건   출력형태

원본 이미지		2급-1.jpg	
파일저장규칙	JPG	파일 이름	문서₩GTQ₩수험번호-성명-1.jpg
		크기	400×500pixels
	PSD	파일 이름	문서₩GTQ₩수험번호-성명-1.psd
		크기	40×50pixels

1. 그림 효과
① 복제 및 변형 : 연꽃
② Shape Tool(모양 도구) 사용 :
- 나뭇잎 모양 (#663399, #66ff66, 레이어 스타일 – Bevel & Emboss(경사와 엠보스))
- 꽃 장식 모양 (#ffaaff, 레이어 스타일 – Inner Shadow(내부 그림자))

2. 문자 효과
① Lotus 연못위의 꽃 (굴림, 48pt, #cc8800, #3366dd, 레이어 스타일 – Stroke(선/획)(2px, #ffffff), Drop Shadow(그림자 효과))

다음의 〈조건〉에 따라 아래의 〈출력형태〉와 같이 작업하시오.

조건   출력형태

원본 이미지		2급-2.jpg, 2급-3.jpg, 2급-4.jpg	
파일저장규칙	JPG	파일 이름	문서₩GTQ₩수험번호-성명-2.jpg
		크기	400×500pixels
	PSD	파일 이름	문서₩GTQ₩수험번호-성명-2.psd
		크기	40×50pixels

1. 그림 효과
① 색상 보정 : 2급-3.jpg – 빨간색 계열로 보정, 레이어 스타일 – Inner Shadow(내부 그림자)
② 액자 제작 :
필터 – Patchwork(패치워크/이어붙이기), 안쪽 테두리(5px, #ffffff), 레이어 스타일 – Drop Shadow(그림자 효과)
③ 2급-4.jpg : 레이어 스타일 – Outer Glow(외부 광선)

2. 문자 효과
① 낭만가득 가을숲 (돋움, 42pt, #770000, 레이어 스타일 – Stroke(선/획)(2px, #ffffff), Drop Shadow(그림자 효과))

다음의 〈조건〉에 따라 아래의 〈출력형태〉와 같이 작업하시오.

조건

원본 이미지	2급-5.jpg, 2급-6.jpg, 2급-7.jpg, 2급-8.jpg		
파일저장규칙	JPG	파일 이름	문서₩GTQ₩수험번호-성명-3.jpg
		크기	600×400pixels
	PSD	파일 이름	문서₩GTQ₩수험번호-성명-3.psd
		크기	60×40pixels

1. 그림 효과
① 배경 : #66aa00
② 2급-5.jpg : 필터 – Texturizer(텍스처화), 레이어 마스크 – 대각선 방향으로 흐릿하게
③ 2급-6.jpg : 레이어 스타일 – Inner Shadow(내부 그림자), Drop Shadow(그림자 효과)
④ 2급-7.jpg : 레이어 스타일 – Inner Shadow(내부 그림자)
⑤ 2급-8.jpg : 레이어 스타일 – Drop Shadow(그림자 효과)
⑥ 그 외 〈출력형태〉 참조

2. 문자 효과
① 자연의 아름다움을 담아가세요 (궁서, 30pt, 레이어 스타일 – 그라디언트 오버레이(#333399, #00dd00), Stroke(선/획)(2px, #ffffff),Drop Shadow(그림자 효과))
② In To The Wood (Time New Roman, Bold, 48pt, 36pt, #770000, 레이어 스타일 – Stroke(선/획)(2px, #ffdddd))

출력형태

Shape Tool(모양 도구) 사용
#777700
Outer Glow(외부 광선)

Shape Tool(모양 도구) 사용 #ffff55
Inner Shadow(내부 그림자)

다음의 〈조건〉에 따라 아래의 〈출력형태〉와 같이 작업하시오.

조건

원본 이미지	2급-9.jpg, 2급-10.jpg, 2급-11.jpg, 2급-12.jpg, 2급-13.jpg		
파일저장규칙	JPG	파일 이름	문서₩GTQ₩수험번호-성명-4.jpg
		크기	600×400pixels
	PSD	파일 이름	문서₩GTQ₩수험번호-성명-4.psd
		크기	60×40pixels

1. 그림 효과

① 2급-9.jpg : 필터 – Dry Brush(드라이 브러시)
② 2급-10.jpg : 레이어 스타일 – Bevel & Emboss(경사와 엠보스), Drop Shadow(그림자 효과)
③ 2급-11.jpg : 필터 – Crosshatch(그물 눈)
④ 2급-12.jpg : 레이어 스타일 – Drop Shadow(그림자 효과), Opacity(불투명도)(80%)
⑤ 2급-13.jpg : 레이어 스타일 – Inner Glow(내부 광선)
⑥ 그 외 〈출력형태〉 참조

2. 문자 효과

① 제9회 장미정원 꽃축제 (굴림, 36pt, 48pt, #00aaaa, #aa0099, 레이어 스타일 – Stroke(선/획)(2px, #ffffff), Drop Shadow(그림자 효과))
② Welcome to the Rose Garden (Arial, Bold, 24pt, 레이어 스타일 – 그라디언트 오버레이(#ffff00, #008800), Stroke(선/획)(2px, #000000))
③ 일시 : 05. 17 ~ 05. 27. (돋움, 18pt, #cc4400, 레이어 스타일 – Stroke(선/획)(2px, #ffffff), Drop Shadow(그림자 효과))

출력형태

Shape Tool(모양 도구) 사용
그라디언트 오버레이
(#0033cc, #00ffff)
Outer Glow(외부 광선)

Shape Tool(모양 도구) 사용,
#ff9999
Drop Shadow(그림자 효과)
Opacity(불투명도)(80%)

Shape Tool(모양 도구) 사용
Inner Shadow(내부 그림자)
Stroke(선/획)(3px, #bb0077)

[기능평가] Tool(도구) 활용

① 새 작업 파일 만들기 ▶ ② 이미지 선택 후 복제 및 변형 ▶ ③ 사용자 정의 모양 배치 ▶ ④ 문자 입력
▶ ⑤ 파일 저장

01 새 작업 파일 만들기

《조건》
- Width(폭) : 400Pixels(픽셀)
- Height(높이) : 500Pixels(픽셀)
- Resolution(해상도) : 72Pixels/Inch(픽셀/인치)
- Color Mode(색상 모드) : RGB Color(RGB 색상), 8bit(비트)

01 새 작업 파일을 만들기 위하여 [File(파일)]-[New(새로 만들기)]([Ctrl]+[N])를 선택하고 문제
지의 조건과 같이 설정하여 새 작업 파일을 만듭니다.

02 작업창의 환경 설정을 위하여 [Edit(편집)]-[Preference(환경 설정)]([Ctrl]+[K])를 선택합니
다. [Guides, Grid & Slices(안내선, 격자와 슬라이스)]를 선택하여 Guides(안내선)의
'Canvas(캔버스) : Light Red(밝은 빨강)', Grid(격자)의 'Gridline every(격자 간격) :
100pixels(픽셀), Subdivisions(세분) : 1'로 설정합니다.

03 [View(보기)]-[Rulers(눈금자)]([Ctrl]+[R])와 [View(보기)]-[Show(표시)]-[Grid(격자)]
([Ctrl]+[')를 선택하여 눈금자와 격자를 표시합니다.

04 작업 파일을 저장하기 위하여 [File(파일)]-[Save As(다른 이름으로 저장)]([Shift]+[Ctrl]+[S])
를 선택하고 답안폴더(내PC₩문서₩GTQ)에 '수험번호-성명-1.psd'로 저장합니다.

02 이미지 선택 후 복제 및 변형

《사용소스》
PART 04 〉 기출 유형 문제 01회 〉 2급-1.jpg

《조건》
복제 및 변형 : 연꽃

01 [File(파일)]-[Open(열기)]([Ctrl]+[O])을 선택하여 2급-1.jpg를 불러옵니다. [Image(이미
지)]-[Image Size(이미지 크기)]를 선택하여 'Height(높이) : 500Pixels(픽셀)'로 설정하여
크기를 줄여줍니다. [Ctrl]+[A]를 눌러서 전체 이미지를 선택하고 [Ctrl]+[C]를 눌러 복사한 후
작업 파일에 [Ctrl]+[V]로 붙여넣습니다. 출력형태를 참고하여 이미지를 배치합니다.

02 Object Selection Tool(개체 선택 도구, ▣)을 클릭하고 상단 [Options Bar(옵션 바)]에서 'New Selection(새 선택 영역), Mode(모드) : Lasso(올가미)'를 선택하여 연꽃 형태를 따라 드래그합니다.

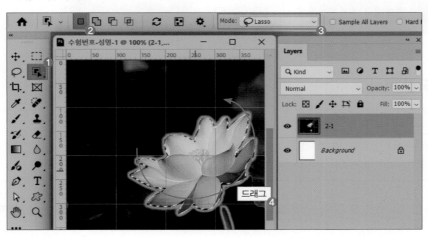

03 선택한 연꽃을 복사하기 위하여 [Layer(레이어)]–[New(새로 만들기)]–[Layer Via Copy(복사한 레이어)]([Ctrl]+[J])를 눌러서 복사합니다. [Edit(편집)]–[Free Transform(자유변형)]([Ctrl]+[T])을 선택하여 이미지 크기를 출력형태와 같이 조절합니다. 계속해서 마우스 오른쪽 버튼을 눌러 Flip Horizontal(가로로 뒤집기)을 선택하여 반전시킨 이미지를 적절히 배치하고 [Enter]를 누릅니다.

03 사용자 정의 모양 배치

《조건》
- 나뭇잎 모양 (#663399, #66ff66, 레이어 스타일 – Bevel & Emboss(경사와 엠보스))
- 꽃 장식 모양 (#ffaaff, 레이어 스타일 – Inner Shadow(내부 그림자))

01 Custom Shape Tool(사용자 정의 모양 도구, 🐾)를 클릭하고 상단 [Options Bar(옵션 바)]에서 'Shape(모양), Fill(칠) : #663399, Stroke(획) : No Color(색상 없음)'로 설정합니다.

02 나뭇잎 모양 도형을 선택하기 위하여 목록 단추를 클릭하고 [Legacy Shapes and More(레거시 모양 및 기타)]–[All Legacy Default Shapes(모든 레거시 기본 모양)]–[Nature(자연)]–[Leaf 3(나뭇잎 3)]을 선택합니다.

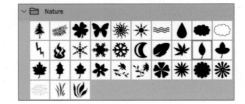

03 출력형태에 맞추어 도형을 그린 후 Layer(레이어) 패널 하단에서 [Add a layer style(레이어 스타일 추가, fx.)]을 클릭하여 [Bevel & Emboss(경사와 엠보스)]를 선택합니다.

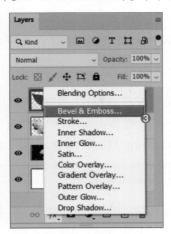

04 완성한 나뭇잎 모양을 선택하고 Ctrl + J 를 눌러서 복사한 다음 Ctrl + T 를 눌러 크기와 위치를 출력형태와 같이 배치한 후 마우스 오른쪽 버튼을 눌러 Flip Horizontal(가로로 뒤집기)을 선택하여 반전시킨 도형을 적절히 배치하고 Enter 를 누릅니다. Layer(레이어) 패널에서 복제한 나뭇잎 모양 레이어의 Layer thumbnail(레이어 축소판)을 더블 클릭하여 [Color Picker(색상 피커)] 창에 'Color(색상) : #66ff66'을 입력합니다.

05 Custom Shape Tool(사용자 정의 모양 도구, ✿)를 클릭하고 상단 Options Bar(옵션 바)에서 목록 단추를 클릭하여 [Legacy Shapes and More(레거시 모양 및 기타)]–[All Legacy Default Shapes(모든 레거시 기본 모양)]–[Ornament(장식)]–[Floral Ornament 3(꽃 장식 3)]을 선택합니다.

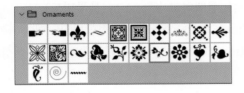

06 출력형태에 맞추어 도형을 그린 후 Ctrl + T 를 눌러서 크기와 위치를 출력형태와 같이 배치한 후 마우스 오른쪽 버튼을 눌러 Flip Horizontal(가로로 뒤집기)을 선택하여 반전시킨 도형을 적절히 배치하고 Enter 를 누릅니다. Layer(레이어) 패널에서 복제한 나뭇잎 모양 레이어의 Layer thumbnail(레이어 축소판)을 더블 클릭하여 [Color Picker(색상 피커)] 창에 'Color(색상) : #ffaaff'을 입력합니다.

07 Layer(레이어) 패널 하단에서 Add a layer style(레이어 스타일 추가, fx.)을 클릭하여 [Inner Shadow(내부 그림자)]를 선택합니다. 계속해서 'Opacity(불투명도) : 75%, Angle(각도) : 125°, Distance(거리) : 5px, Size(크기) : 5px'로 설정합니다.

04 문자 입력

01 Horizontal Type Tool(수평 문자 도구, **T.**)를 선택하고 상단 [Options Bar(옵션 바)]에서 'Font(글꼴) : 굴림, Size(크기) : 48pt, Set anti-aliasing method(안티 앨리어싱 방법 설정) : Sharp(선명하게), Set text color(텍스트 색상 설정) : #cc8800'으로 설정합니다.

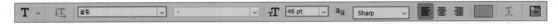

02 작업 이미지를 클릭하고 'Lotus 연못위의 꽃'를 입력한 후 출력형태와 같이 배치합니다. 입력한 텍스트 중에서 '연못위의 꽃' 부분만 블록 선택하여 'Set text color(텍스트 색상 설정) : #3366dd'로 설정합니다.

03 텍스트 레이어를 선택하고 Layer(레이어) 패널 하단에서 Add a layer style(레이어 스타일 추가, **fx.**)을 클릭하여 [Drop Shadow(그림자)]를 선택하고 'Opacity(불투명도) : 75%, Angle(각도) : 125°, Distance(거리) : 5px, Size(크기) : 5px'을 설정합니다. 계속해서 [Stroke(획)]를 선택하고 'Size(크기) : 2px, Position(위치) : Outside(바깥쪽), Color(색상) : #ffffff'로 설정합니다.

05 **파일 저장**

《조건》
- JPG 파일 : 문서₩GTQ₩수험번호-성명-1.jpg / 크기 : 400*500pixels
- PSD 파일 : 문서₩GTQ₩수험번호-성명-1.psd / 크기 : 40*50pixels

01 최종적으로 작업 파일의 이미지 위치, 레이어 순서, 레이어 스타일을 점검하고 [View(보기)]-[Show(표시)]-[Grid(격자)]([Ctrl]+[']])를 선택하여 격자를 끕니다.

02 [File(파일)]-[Save As a Copy(다른 이름으로 저장)]([Alt]+[Ctrl]+[S])를 선택하여 '저장 위치 : 내PC₩문서₩GTQ, 파일 이름 : 수험번호-성명-1, 파일 형식 : JPEG'로 저장합니다. [JPEG Options(JPEG 옵션)] 창에서 'Quality(품질) : 12'를 설정합니다.

03 [Image(이미지)]-[Image Size(이미지 크기)]([Alt]+[Ctrl]+[I])를 선택하여 [Image Size(이미지 크기)] 창에서 'Width(폭) : 40Pixels(픽셀), Height(높이) : 50Pixels(픽셀)'을 입력하여 이미지 크기를 1/10로 축소합니다.

04 [File(파일)]-[Save As(다른 이름으로 저장)]([Shift]+[Ctrl]+[S])을 선택하여 '저장 위치 : 내PC₩문서₩GTQ, 파일 이름 : 수험번호-성명-1, 파일 형식 : PSD'로 저장합니다. 답안 전송 프로그램에서 [답안 전송]을 선택하여 jpg, psd 파일을 감독관 컴퓨터로 전송합니다.

[기능평가] 사진 편집 기초

① 새 작업 파일 만들기 ▶ ② 필터 적용 및 액자 제작 ▶ ③ 색상 보정 ▶ ④ 이미지 합성 ▶ ⑤ 문자 입력 ▶ ⑥ 파일 저장

01 새 작업 파일 만들기

《조건》

• Width(폭) : 400Pixels(픽셀)
• Height(높이) : 500Pixels(픽셀)
• Resolution(해상도) : 72Pixels/Inch(픽셀/인치)
• Color Mode(색상 모드) : RGB Color(RGB 색상), 8bit(비트)

01 새 작업 파일을 만들기 위하여 [File(파일)]-[New(새로 만들기)]([Ctrl]+[N])를 선택하고 문제 지의 조건과 같이 설정하여 새 작업 파일을 만듭니다.

02 [View(보기)]-[Rulers(눈금자)]([Ctrl]+[R])와 [View(보기)]-[Show(표시)]-[Grid(격자)] ([Ctrl]+[']')를 선택하여 눈금자와 격자를 표시합니다.

03 작업 파일을 저장하기 위하여 [File(파일)]-[Save As(다른 이름으로 저장)]([Shift]+[Ctrl]+[S]) 를 선택하고 답안폴더(내PC₩문서₩GTQ)에 '수험번호-성명-2.psd'로 저장합니다.

02 필터 적용 및 액자 제작

《사용소스》

PART 04 〉 기출 유형 문제 01회 〉 2급-2.jpg

《조건》

• 필터 – Patchwork(패치워크/이어붙이기)
• 안쪽 테두리(5px, #ffffff)
• 레이어 스타일 – Drop Shadow(그림자 효과)

01 [File(파일)]-[Open(열기)]([Ctrl]+[O])을 선택하여 2급-2.jpg를 불러옵니다. [Image(이미 지)]-[Image Size(이미지 크기)]를 선택하여 'Width(폭) : 400Pixels(픽셀)'로 설정하여 크 기를 줄여줍니다. [Ctrl]+[A]를 눌러서 전체 이미지를 선택하고 [Ctrl]+[C]를 눌러 복사한 후 작 업 파일에 [Ctrl]+[V]로 붙여넣습니다. 출력형태와 같이 배치하고 액자를 제작하기 위하여 [Ctrl] +[J]를 눌러서 이미지 레이어를 복제합니다.

02 필터를 적용하기 위하여 [Filter(필터)]–[Filter Gallery(필터 갤러리)]–[Texture(텍스처)]–[Patchwork(이어붙이기)]를 선택합니다.

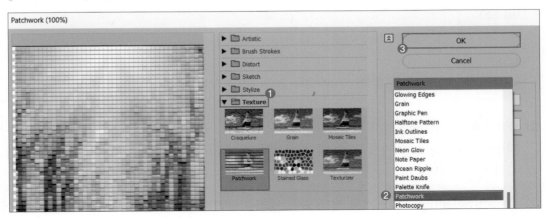

03 액자 프레임을 사각형으로 그려서 안쪽을 삭제하기 위하여 Rectangular Marquee Tool(사각형 선택 윤곽 도구, ⬚)을 선택하여 사각형을 그립니다. 사각형을 그릴 때 눈금자에서 상하좌우 50px 간격을 확인하면서 그립니다. 액자 프레임의 모서리를 둥글게 수정하기 위하여 [Select(선택)]–[Modify(수정)]–[Smooth(매끄럽게)]를 선택하고 'Sample Radius(샘플 반경) : 10pixels(픽셀)'을 설정합니다. 모서리가 둥글게 수정된 사각 선택 영역을 Delete 를 눌러서 삭제합니다.

04 액자 프레임 안쪽에 테두리를 그리기 위하여 [Edit(편집)]–[Stroke(획)]를 선택하고 'Width(폭) : 5px, Color(색상) : #ffffff, Location(위치) : Center(중앙)'로 설정합니다.

05 액자 레이어를 선택하고 Layer(레이어) 패널 하단 Add a layer style(레이어 스타일 추가, fx.)을 클릭하여 [Drop Shadow(그림자)]를 선택합니다. 계속해서 'Opacity(불투명도) : 75%, Angle(각도) : 125°, Distance(거리) : 5px, Size(크기) : 5px'을 설정한 후 선택 영역을 해제하기 위하여 [Select(선택)]–[Deselect(선택 해제)](Ctrl+D)를 선택합니다.

03 색상 보정

《사용소스》

PART 04 〉 기출 유형 문제 01회 〉 2급-3.jpg

《조건》

2급-3.jpg : 빨간색 계열로 보정, 레이어 스타일 – Inner Shadow(내부 그림자)

01 [File(파일)]-[Open(열기)]([Ctrl]+[O])을 선택하여 2급-3.jpg를 불러옵니다. [Image(이미지)]-[Image Size(이미지 크기)]를 선택하여 'Width(폭) : 400Pixels(픽셀)'로 설정하여 크기를 줄여줍니다.

02 Object Selection Tool(개체 선택 도구, █)을 클릭하고 상단 [Options Bar(옵션 바)]에서 'New Selection(새 선택 영역), Mode(모드) : Lasso(올가미)'를 선택하여 나뭇잎 형태를 따라 드래그합니다.

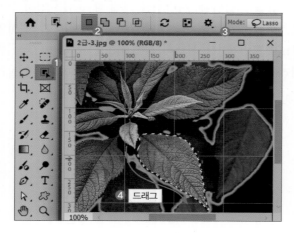

03 선택한 나뭇잎 이미지는 [Ctrl]+[C]를 눌러서 복사하고 작업 파일에 [Ctrl]+[V]를 눌러 붙여 넣습니다. [Ctrl]+[T]를 눌러서 이미지 크기를 출력형태와 같이 조절한 후, 마우스 오른쪽 버튼을 눌러 Flip Horizontal(가로로 뒤집기)을 선택하여 반전시킨 이미지를 적절히 배치하고 [Enter]를 누릅니다.

04 이미지를 빨간색으로 보정하기 위하여 [Image(이미지)]–[Adjustment(조정)]–[Hue/Saturation (색조/채도)]([Ctrl]+[U])를 선택하고 'Hue(색조) : −100, Saturation(채도) : 0, Lightness (밝기) : 0'으로 설정하여 빨간색 계열로 보정한 후 [OK(확인)]를 클릭합니다.

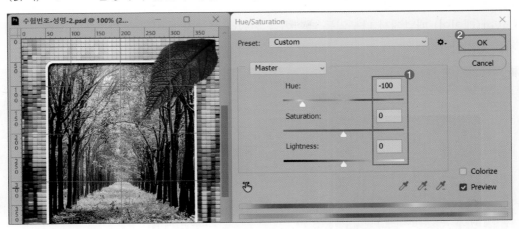

05 나뭇잎 레이어를 선택하고 Layer(레이어) 패널 하단 Add a layer style(레이어 스타일 추가, [fx.])을 클릭하여 [Inner Shadow(내부 그림자)]를 선택하고 'Opacity(불투명도) : 75%, Angle(각도) : 125°, Distance(거리) : 5px, Size(크기) : 5px'로 설정합니다.

04 이미지 합성

《사용소스》
PART 04 〉 기출 유형 문제 01회 〉 2급−4.jpg

《조건》
2급−4.jpg : 레이어 스타일 − Outer Glow(외부 광선)

01 [File(파일)]–[Open(열기)]([Ctrl]+[O])을 선택하여 2급−4.jpg를 불러옵니다. [Image(이미지)]–[Image Size(이미지 크기)]를 선택하여 'Width(폭) : 400Pixels(픽셀)'로 설정하여 크기를 줄여줍니다.

02 Object Selection Tool(개체 선택 도구, [📭])을 클릭하고 상단 [Options Bar(옵션 바)]에서 'New Selection(새 선택 영역), Mode(모드) : Lasso(올가미)'를 선택하여 나뭇잎들의 형태를 따라 드래그합니다.

03 선택한 나뭇잎들 이미지는 [Ctrl]+[C]를 눌러서 복사하고 작업 파일에 [Ctrl]+[V]를 눌러 붙여 넣습니다. [Ctrl]+[T]를 눌러서 이미지 크기를 출력형태와 같이 적절히 배치하고 [Enter]를 누릅니다.

04 나뭇잎들 레이어를 선택하고 Layer(레이어) 패널 하단 Add a layer style(레이어 스타일 추가, fx.)을 클릭하여 [Outer Glow(외부 광선)]를 선택합니다. 계속해서 'Opacity(불투명도) : 75%, Size(크기) : 5px'로 설정합니다.

05 Layer(레이어) 패널에서 나뭇잎들 레이어를 선택하고 액자 레이어 아래쪽으로 드래그하여 배치를 변경합니다.

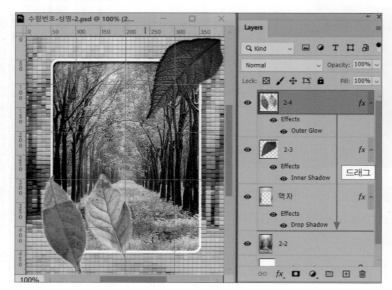

05 문자 입력

《조건》
① 낭만가득 가을숲 (돋움, 42pt, #770000, 레이어 스타일 – Stroke(선/획)(2px, #ffffff), Drop Shadow(그림자 효과))

01 Horizontal Type Tool(수평 문자 도구, T.)를 선택하고 상단 [Options Bar(옵션 바)]에서 'Font(글꼴) : 돋움, Size(크기) : 42pt, Set anti-aliasing method(안티 앨리어싱 방법 설정) : Sharp(선명하게), Set text color(텍스트 색상 설정) : #770000'으로 설정합니다.

02 작업 이미지를 클릭하고 '낭만가득 가을숲'를 입력한 후 출력형태와 같이 배치합니다. 상단 [Options Bar(옵션 바)]에서 Create Warp Text(뒤틀어진 텍스트 만들기, I.)를 선택하고 'Style(스타일) : Flag(깃발), Bend(구부리기) : −50%'으로 설정합니다. 이때 새로 만들어진 레이어는 가장 앞에 위치해야 글씨가 액자 앞으로 나올 수 있습니다.

03 텍스트 레이어를 선택하고 Layer(레이어) 패널 하단 Add a layer style(레이어 스타일 추가, `fx.`)을 클릭하여 [Stroke(획)]를 선택합니다. Layer Style(레이어 스타일) 창에서 [Stroke(획)]를 선택하고 'Size(크기) : 2px, Position(위치) : Outside(바깥쪽), Color(색상) : #ffffff'로 설정합니다.

04 Layer Style(레이어 스타일) 창에서 [Drop Shadow(드롭 섀도)]를 선택하고 'Opacity(불투명도) : 75%, Angle(각도) : 125°, Distance(거리) : 5px, Size(크기) : 5px'을 확인합니다.

06 파일 저장

《조건》
- JPG 파일 : 문서₩GTQ₩수험번호−성명−2.jpg / 크기 : 400*500pixels
- PSD 파일 : 문서₩GTQ₩수험번호−성명−2.psd / 크기 : 40*50pixels

01 최종적으로 작업 파일의 이미지 위치, 레이어 순서, 레이어 스타일을 점검하고 [View(보기)]−[Show(표시)]−[Grid(격자)]([Ctrl]+[']')를 선택하여 격자를 끕니다.

02 [File(파일)]−[Save As a Copy(다른 이름으로 저장)]([Alt]+[Ctrl]+[S])를 선택하여 '저장 위치 : 내PC₩문서₩GTQ, 파일 이름 : 수험번호−성명−2, 파일 형식 : JPEG'로 저장합니다. [JPEG Options(JPEG 옵션)] 창에서 'Quality(품질) : 12'를 확인합니다.

03 [Image(이미지)]−[Image Size(이미지 크기)]([Alt]+[Ctrl]+[I])를 선택하여 [Image Size(이미지 크기)] 창에서 'Width(폭) : 40Pixels(픽셀), Height(높이) : 50Pixels(픽셀)'을 입력하여 이미지 크기를 1/10로 축소합니다.

04 [File(파일)]−[Save As(다른 이름으로 저장)]([Shift]+[Ctrl]+[S])을 선택하여 '저장 위치 : 내 PC₩문서₩GTQ, 파일 이름 : 수험번호−성명−2, 파일 형식 : PSD'로 저장합니다. 답안 전송 프로그램에서 [답안 전송]을 선택하여 jpg, psd 파일을 감독관 컴퓨터로 전송합니다.

문제 3 **[기능평가] 사진 편집**

작업순서 ① 새 작업 파일 만들기 ▶ ② 배경색 적용 ▶ ③ 필터 적용 및 레이어 마스크 합성 ▶ ④ 이미지 합성
▶ ⑤ 사용자 정의 모양 배치 ▶ ⑥ 문자 입력 ▶ ⑦ 파일 저장

---

01 새 작업 파일 만들기

《조건》
- Width(폭) : 600Pixels(픽셀)
- Height(높이) : 400Pixels(픽셀)
- Resolution(해상도) : 72Pixels/Inch(픽셀/인치)
- Color Mode(색상 모드) : RGB Color(RGB 색상), 8bit(비트)

01 새 작업 파일을 만들기 위하여 [File(파일)]−[New(새로 만들기)]([Ctrl]+[N])를 선택하고 문제 지의 조건과 같이 설정하여 새 작업 파일을 만듭니다.

02 [View(보기)]−[Rulers(눈금자)]([Ctrl]+[R])와 [View(보기)]−[Show(표시)]−[Grid(격자)] ([Ctrl]+['])를 선택하여 눈금자와 격자를 표시합니다.

03 작업 파일을 저장하기 위하여 [File(파일)]−[Save As(다른 이름으로 저장)]([Shift]+[Ctrl]+[S]) 를 선택하고 답안폴더(내PC₩문서₩GTQ)에 '수험번호−성명−3.psd'로 저장합니다.

02 배경색 적용

01 배경을 채울 색상을 선택하기 위하여 Tool Box(도구 상자) 하단의 [Background Color(배경색)]을 클릭하고 '#66aa00'으로 설정합니다.

02 설정한 색으로 채우기 위하여 Ctrl + Delete 를 눌러 배경색을 채웁니다.

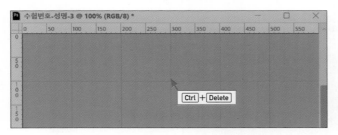

03 필터 적용 및 레이어 마스크 합성

01 [File(파일)]-[Open(열기)](Ctrl + O)을 선택하여 2급-5.jpg를 불러옵니다. [Image(이미지)]-[Image Size(이미지 크기)]를 선택하여 'Width(폭) : 600Pixels(픽셀)'로 설정하여 크기를 줄여줍니다. Ctrl + A 를 눌러서 전체 이미지를 선택하고 Ctrl + C 를 눌러 복사한 후 작업 파일에 Ctrl + V 로 붙여넣습니다.

02 필터를 적용하기 위하여 [Filter(필터)]-[Filter Gallery(필터 갤러리)]-[Texture(텍스처)]-[Texturizer(텍스처화)]를 선택하고 [OK(확인)]를 클릭합니다.

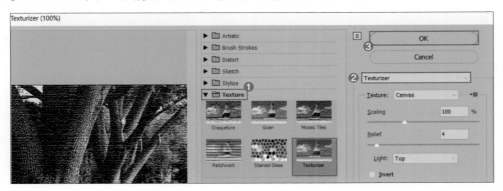

03 레이어 마스크를 적용하기 위하여 Layer(레이어) 패널 하단 Add layer mask(레이어 마스크 추가, ▣)를 클릭합니다.

04 레이어 마스크를 부드럽게 적용하기 위하여 Gradient Tool(그레이디언트 도구, ▣)를 선택하고 [Options Bar(옵션 바)]에서 Select and manage Gradient preset(그레이디언트 사전 설정 선택 및 관리)를 클릭하여 [Basics(기본 사항)]에서 'Black, White(검정, 흰색), Type(유형) : Linear Gradient(선형 그레이디언트), Mode(모드) : Normal(표준), Opacity(불투명도) : 100%'를 확인합니다. 이후 작업 파일에서 좌측 상단부터 클릭하여 우측 하단까지 드래그합니다.

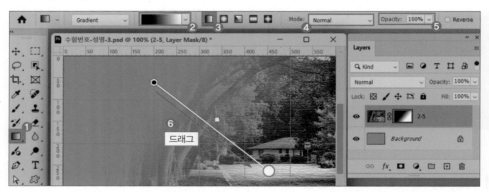

04 이미지 합성

《사용소스》

PART 04 〉기출 유형 문제 01회 〉 2급-6.jpg/2급-7.jpg/2급-8.jpg

《조건》

• 2급-6.jpg : 레이어 스타일 – Inner Shadow(내부 그림자), Drop Shadow(그림자 효과)
• 2급-7.jpg : 레이어 스타일 – Inner Shadow(내부 그림자)
• 2급-8.jpg : 레이어 스타일 – Drop Shadow(그림자 효과)

01 [File(파일)]-[Open(열기)]([Ctrl]+[O])을 선택하여 2급-6.jpg를 불러옵니다. [Image(이미지)]-[Image Size(이미지 크기)]를 선택하고 'Width(폭) : 600Pixels(픽셀)'로 설정하여 크기를 줄여줍니다.

02 Object Selection Tool(개체 선택 도구,)을 클릭하고 상단 [Options Bar(옵션 바)]에서 'New Selection(새 선택 영역), Mode(모드) : Lasso(올가미)'를 선택하여 사람 형태를 따라 드래그합니다. Quick Selection Tool(빠른 선택 도구,)과 Polygonal Lasso Tool(다각형 올가미 도구,)로 영역 추가 및 영역 삭제 작업을 추가합니다.

03 선택한 사람 이미지는 [Ctrl]+[C]를 눌러서 복사하고 작업 파일에 [Ctrl]+[V]를 눌러 붙여 넣습니다. [Ctrl]+[T]를 눌러서 이미지 크기를 출력형태와 같이 조절한 후, 마우스 오른쪽 버튼을 눌러 [Flip Horizontal(가로로 뒤집기)]을 선택하여 반전시킨 이미지를 적절히 배치하고 [Enter]를 누릅니다.

04 사람 레이어를 선택하고 Layer(레이어) 패널 하단 Add a layer style(레이어 스타일 추가,)을 클릭하여 [Drop Shadow(그림자)]를 선택하고 'Opacity(불투명도) : 75%, Angle(각도) : 125°, Distance(거리) : 5px, Size(크기) : 5px'을 확인합니다. 계속해서 [Inner Shadow(내부 그림자)]를 선택하고 'Opacity(불투명도) : 75%, Angle(각도) : 125°, Distance(거리) : 5px, Size(크기) : 5px'을 확인합니다.

05 [File(파일)]−[Open(열기)]($\boxed{\text{Ctrl}}$+$\boxed{\text{O}}$)을 선택하여 2급-7.jpg를 불러옵니다. [Image(이미지)]−[Image Size(이미지 크기)]를 선택하여 'Height(높이) : 400Pixels(픽셀)'로 설정하여 크기를 줄여줍니다.

06 Magic Wand Tool(자동 선택 도구, $\overset{\wedge}{\nearrow}$)을 클릭하고 상단 [Options Bar(옵션 바)]에서 'New Selection(새 선택 영역), Tolerance(허용치) : 32, Contiguous(인접) : 체크 해제'로 설정하여 하늘색 부분을 클릭합니다. 선택 영역을 반전하기 위하여 [Select(선택)]−[Inverse(반전)]($\boxed{\text{Shift}}$+$\boxed{\text{Ctrl}}$+$\boxed{\text{I}}$)를 선택합니다.

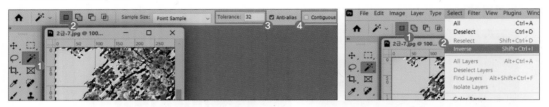

07 선택한 꽃 이미지는 $\boxed{\text{Ctrl}}$+$\boxed{\text{C}}$를 눌러서 복사하고 작업 파일에 $\boxed{\text{Ctrl}}$+$\boxed{\text{V}}$를 눌러 붙여 넣은 후 $\boxed{\text{Ctrl}}$+$\boxed{\text{T}}$를 눌러서 이미지 크기와 방향을 출력형태와 같이 조절합니다.

08 꽃 레이어를 선택하고 Layer(레이어) 패널 하단 Add a layer style(레이어 스타일 추가, $\boxed{fx.}$)을 클릭하여 [Inner Shadow(내부 그림자)]를 선택합니다. 계속해서 'Opacity(불투명도) : 75%, Angle(각도) : 125°, Distance(거리) : 5px, Size(크기) : 5px'을 설정합니다.

09 [File(파일)]−[Open(열기)]($\boxed{\text{Ctrl}}$+$\boxed{\text{O}}$)을 선택하여 2급-8.jpg를 불러옵니다. [Image(이미지)]−[Image Size(이미지 크기)]를 선택하여 'Height(높이) : 400Pixels(픽셀)'로 설정하여 크기를 줄여줍니다.

10 Object Selection Tool(개체 선택 도구, )을 클릭하고 상단 [Options Bar(옵션 바)]에서 'New Selection(새 선택 영역), Mode(모드) : Lasso(올가미)'를 선택하여 새와 나무 형태를 따라 드래그합니다. Quick Selection Tool(빠른 선택 도구,)과 Polygonal Lasso Tool(다각형 올가미 도구,)로 영역 추가 및 영역 삭제 작업을 추가합니다.

11 선택한 새와 나무 이미지는 Ctrl + C 를 눌러서 복사하고 작업 파일에 Ctrl + V 를 눌러 붙여 넣은 후 Ctrl + T 를 눌러서 이미지 크기와 방향을 출력형태와 같이 조절합니다.

12 새와 나무 레이어를 선택하고 Layer(레이어) 패널 하단 Add a layer style(레이어 스타일 추가, fx.)을 클릭하여 [Drop Shadow(그림자)]를 선택합니다. 계속해서 'Opacity(불투명도) : 75%, Angle(각도) : 125°, Distance(거리) : 5px, Size(크기) : 5px'을 설정합니다. 새와 나무 레이어를 사람 레이어보다 아래쪽으로 배치하기 위하여 Layer(레이어) 패널에서 새와 나무 레이어를 선택하고 사람 레이어 아래쪽으로 드래그합니다.

05 사용자 정의 모양 배치

《조건》
- 나선형 모양 : #777700, 레이어 스타일 – Outer Glow(외부 광선)
- 체크 표시 모양 : #ffff55, 레이어 스타일 – Inner Shadow(내부 그림자)

01 Custom Shape Tool(사용자 정의 모양 도구,)를 클릭하고 상단 [Options Bar(옵션 바)]에서 'Shape(모양), Fill(칠) : #777700, Stroke(획) : No Color(색상 없음)'로 설정합니다.

02 나선형 모양 도형을 선택하기 위하여 목록 단추를 클릭하고 [Legacy Shapes and More(레거시 모양 및 기타)]–[All Legacy Default Shapes(모든 레거시 기본 모양)]–[Ornament(장식)]–[Spiral(나선형)]을 선택합니다.

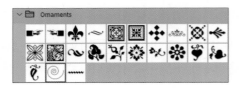

03 출력형태에 맞추어 도형을 그린 후 Layer(레이어) 패널 하단에서 Add a layer style(레이어 스타일 추가, fx.)을 클릭하여 [Outer Glow(외부 광선)]를 선택합니다. 계속해서 'Opacity(불투명도) : 75%, Size(크기) : 5px'로 설정하고 [OK(확인)]를 클릭합니다.

04 Custom Shape Tool(사용자 정의 모양 도구, ✿)를 클릭하고 상단 [Options Bar(옵션 바)]에서 목록 단추를 클릭하여 [Legacy Shapes and More(레거시 모양 및 기타)]–[All Legacy Default Shapes(모든 레거시 기본 모양)]–[Symbols(기호)]–[Checkmark(체크 표시)]을 선택합니다.

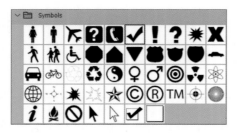

05 출력형태에 맞추어 도형을 그린 후 Layer(레이어) 패널 하단에서 Add a layer style(레이어 스타일 추가, fx.)을 클릭하여 [Inner Shadow(내부 그림자)]를 선택합니다. 계속해서 'Opacity(불투명도) : 75%, Angle(각도) : 125°, Distance(거리) : 5px, Size(크기) : 5px'을 설정합니다.

06 Layer(레이어) 패널에서 체크 표시 모양 레이어의 Layer thumbnail(레이어 축소판)을 더블 클릭하여 [Color Picker(색상 피커)] 창에 'Color(색상) : #ffff55'를 입력하고 [OK(확인)]를 클릭합니다.

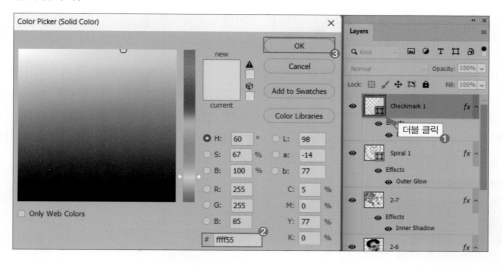

06 문자 입력

《조건》

① 자연의 아름다움을 담아가세요 (궁서, 30pt, 레이어 스타일 – 그라디언트 오버레이(#333399, #00dd00), Stroke(선/획) (2px, #ffffff),Drop Shadow(그림자 효과))

② In To The Wood (Time New Roman, Bold, 48pt, 36pt, #770000, 레이어 스타일 – Stroke(선/획)(2px, #ffdddd))

01 Horizontal Type Tool(수평 문자 도구, [T])를 선택하고 상단 [Options Bar(옵션 바)]에서 'Font(글꼴) : 궁서, Size(크기) : 30pt, Set anti-aliasing method(안티 앨리어싱 방법 설정) : Sharp(선명하게)'로 설정합니다.

02 작업 이미지를 클릭하고 '자연의 아름다움을 담아가세요'를 입력한 후 출력형태와 같이 배치합니다. 상단 [Options Bar(옵션 바)]에서 Create Warp Text(뒤틀어진 텍스트 만들기, [T])를 선택하고 [Warp Text(텍스트 뒤틀기)] 창에서 'Style(스타일) : Rise(상승), Bend(구부리기) : +50%'를 설정한 후 [OK(확인)]를 클릭합니다.

03 텍스트 레이어를 선택하고 Layer(레이어) 패널 하단 Add a layer style(레이어 스타일 추가, fx.)을 클릭하여 [Drop Shadow(그림자)]를 선택하고 'Opacity(불투명도) : 75%, Angle(각도) : 125°, Distance(거리) : 5px, Size(크기) : 5px'을 설정합니다. 계속해서 Layer Style(레이어 스타일) 창에서 [Stroke(획)]를 선택하고 'Size(크기) : 2px, Position(위치) : Outside(바깥쪽), Color(색상) : #ffffff'로 설정하고 [OK(확인)]를 클릭합니다.

04 Layer Style(레이어 스타일)창에서 [Gradient Overlay(그레이디언트 오버레이)]를 선택하고 Click to edit the gradient(클릭하여 그레이디언트 편집)를 선택하면 Gradient Editor(그레이디언트 편집기)가 열립니다. 좌측 하단 [Color Stop(색상 정지점)]을 더블 클릭하여 '#333399', 우측 하단 [Color Stop(색상 정지점)]을 더블 클릭하여 '#00dd00'로 설정한 후, 'Angle(각도) : 0°'로 설정하고 [OK(확인)]를 클릭합니다.

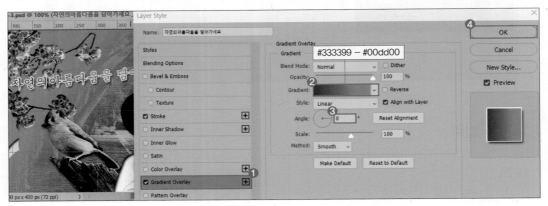

05 Horizontal Type Tool(수평 문자 도구, T.)를 선택하고 상단 [Options Bar(옵션 바)]에서 'Font(글꼴) : Time New Roman, Font Style(폰트 스타일) : Bold, Size(크기) : 48pt, Set text color(텍스트 색상 설정) : #770000'으로 설정한 후 'In To The Wood'를 입력합니다. 계속해서 소문자 부분만 따로 블록 선택하여 'Size(크기) : 36pt'로 설정합니다.

06 텍스트 레이어를 선택하고 Layer(레이어) 패널 하단 Add a layer style(레이어 스타일 추가, fx.)을 클릭하여 [Stroke(획)]를 선택하고 'Size(크기) : 2px, Position(위치) : Outside(바깥쪽), Color(색상) : #ffdddd'로 설정합니다.

> 《조건》
> - JPG 파일 : 문서₩GTQ₩수험번호−성명−3.jpg / 크기 : 600*400pixels
> - PSD 파일 : 문서₩GTQ₩수험번호−성명−3.psd / 크기 : 60*40pixels

01 최종적으로 작업 파일의 이미지 위치, 레이어 순서, 레이어 스타일을 점검하고 [View(보기)]−[Show(표시)]−[Grid(격자)]([Ctrl]+['])를 선택하여 격자를 끕니다.

02 [File(파일)]−[Save As a Copy(다른 이름으로 저장)]([Alt]+[Ctrl]+[S])를 선택하여 '저장 위치 : 내PC₩문서₩GTQ, 파일 이름 : 수험번호−성명−3, 파일 형식 : JPEG'로 저장합니다. [JPEG Options(JPEG 옵션)] 창에서 'Quality(품질) : 12'를 확인합니다.

03 [Image(이미지)]−[Image Size(이미지 크기)]([Alt]+[Ctrl]+[I])를 선택하여 [Image Size(이미지 크기)] 창에서 'Width(폭) : 60Pixels(픽셀), Height(높이) : 40Pixels(픽셀)'을 입력하여 이미지 크기를 1/10로 축소합니다.

04 [File(파일)]−[Save As(다른 이름으로 저장)]([Shift]+[Ctrl]+[S])을 선택하여 '저장 위치 : 내PC₩문서₩GTQ, 파일 이름 : 수험번호−성명−3, 파일 형식 : PSD'로 저장합니다. 답안 전송 프로그램에서 [답안 전송]을 선택하여 jpg, psd 파일을 감독관 컴퓨터로 전송합니다.

[실무응용] 이벤트 페이지 제작

① 새 작업 파일 만들기 ▶ ② 필터 적용 ▶ ③ 이미지 합성 및 불투명도 ▶ ④ 클리핑 마스크 ▶ ⑤ 사용자 정의 모양 배치 ▶ ⑥ 문자 입력 ▶ ⑦ 파일 저장

01 새 작업 파일 만들기

《조건》
- Width(폭) : 600Pixels(픽셀)
- Height(높이) : 400Pixels(픽셀)
- Resolution(해상도) : 72Pixels/Inch(픽셀/인치)
- Color Mode(색상 모드) : RGB Color(RGB 색상), 8bit(비트)

01 새 작업 파일을 만들기 위하여 [File(파일)]-[New(새로 만들기)]([Ctrl]+[N])를 선택하고 문제 지의 조건과 같이 설정하여 새 작업 파일을 만듭니다.

02 [View(보기)]-[Rulers(눈금자)]([Ctrl]+[R])와 [View(보기)]-[Show(표시)]-[Grid(격자)] ([Ctrl]+['])를 선택하여 눈금자와 격자를 표시합니다.

03 작업 파일을 저장하기 위하여 [File(파일)]-[Save As(다른 이름으로 저장)]([Shift]+[Ctrl]+[S]) 를 선택하고 답안폴더(내PC₩문서₩GTQ)에 '수험번호-성명-4.psd'로 저장합니다.

02 필터 적용

《사용소스》
PART 04 〉 기출 유형 문제 01회 〉 2급-9.jpg

《조건》
2급-9.jpg : 필터 - Dry Brush(드라이 브러시)

01 [File(파일)]-[Open(열기)]([Ctrl]+[O])을 선택하여 2급-9.jpg를 불러옵니다. [Image(이미 지)]-[Image Size(이미지 크기)]를 선택하여 'Width(폭) : 600Pixels(픽셀)'로 설정하여 크 기를 줄여줍니다. [Ctrl]+[A]를 눌러서 전체 이미지를 선택하고 [Ctrl]+[C]를 눌러 복사한 후 작 업 파일에 [Ctrl]+[V]로 붙여넣습니다.

02 필터를 적용하기 위하여 [Filter(필터)]–[Filter Gallery(필터 갤러리)]–[Artistic(예술 효과)]–[Dry Brush(드라이 브러시)]를 선택한 후 [OK(확인)]를 클릭합니다.

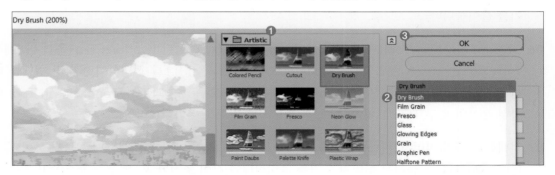

03 이미지 합성 및 불투명도

《사용소스》

PART 04 〉 기출 유형 문제 01회 〉 2급-10.jpg/2급-12.jpg/2급-13.jpg

《조건》

- 2급-10.jpg : 레이어 스타일 – Bevel & Emboss(경사와 엠보스), Drop Shadow(그림자 효과)
- 2급-12.jpg : 레이어 스타일 – Drop Shadow(그림자 효과), Opacity(불투명도)(80%)
- 2급-13.jpg : 레이어 스타일 – Inner Glow(내부 광선)

01 [File(파일)]–[Open(열기)]([Ctrl]+[O])을 선택하여 2급-10.jpg를 불러옵니다. [Image(이미지)]–[Image Size(이미지 크기)]를 선택하여 'Width(폭) : 600Pixels(픽셀)'로 설정하여 크기를 줄여줍니다.

02 Object Selection Tool(개체 선택 도구, ▣)을 클릭하고 상단 [Options Bar(옵션 바)]에서 'New Selection(새 선택 영역), Mode(모드) : Lasso(올가미)'를 선택하여 꽃병 형태를 따라 드래그합니다. Quick Selection Tool(빠른 선택 도구, ✏)과 Polygonal Lasso Tool(다각형 올가미 도구, ⬙)로 영역 추가 및 영역 삭제 작업을 추가합니다.

03 선택한 꽃병 이미지는 [Ctrl]+[C]를 눌러서 복사하고 작업 파일에 [Ctrl]+[V]를 눌러 붙여 넣습니다. [Ctrl]+[T]를 눌러서 이미지 크기를 출력형태와 같이 적절히 배치하고 [Enter]를 누릅니다.

04 꽃병 레이어를 선택하고 Layer(레이어) 패널 하단 Add a layer style(레이어 스타일 추가, fx.)을 클릭하여 [Bevel & Emboss(경사와 엠보스)]를 클릭합니다. 계속해서 [Drop Shadow(드롭 섀도)]를 클릭하여 'Opacity(불투명도) : 75%, Angle(각도) : 125°, Distance(거리) : 5px, Size(크기) : 5px'을 설정합니다.

05 [File(파일)]-[Open(열기)]($\boxed{\text{Ctrl}}$+$\boxed{\text{O}}$)을 선택하여 2급-12.jpg를 불러옵니다. [Image(이미지)]-[Image Size(이미지 크기)]를 선택하여 'Width(폭) : 600Pixels(픽셀)'로 설정하여 크기를 줄여줍니다.

06 Object Selection Tool(개체 선택 도구,)을 클릭하고 상단 [Options Bar(옵션 바)]에서 'New Selection(새 선택 영역), Mode(모드) : Lasso(올가미)'를 선택하여 울타리 형태를 따라 드래그합니다. Quick Selection Tool(빠른 선택 도구,)과 Polygonal Lasso Tool(다각형 올가미 도구,)로 영역 추가 및 영역 삭제 작업을 추가합니다.

07 선택한 울타리 이미지는 $\boxed{\text{Ctrl}}$+$\boxed{\text{C}}$를 눌러서 복사하고 작업 파일에 $\boxed{\text{Ctrl}}$+$\boxed{\text{V}}$를 눌러 붙여 넣습니다. $\boxed{\text{Ctrl}}$+$\boxed{\text{T}}$를 눌러서 이미지 크기를 출력형태와 같이 조절한 후, 마우스 오른쪽 버튼을 눌러 Flip Horizontal(가로로 뒤집기)을 선택하여 반전시킨 이미지를 적절히 배치하고 $\boxed{\text{Enter}}$를 누릅니다.

08 울타리 레이어를 선택하고 Layer(레이어) 패널 하단 Add a layer style(레이어 스타일 추가,)을 클릭하여 [Drop Shadow(그림자)]를 선택합니다. 계속해서 'Opacity(불투명도) : 75%, Angle(각도) : 125°, Distance(거리) : 5px, Size(크기) : 5px'을 설정합니다.

09 이미지의 불투명도를 설정하기 위하여 Layer(레이어) 패널의 우측 상단 'Opacity(불투명도) : 80%'로 입력합니다.

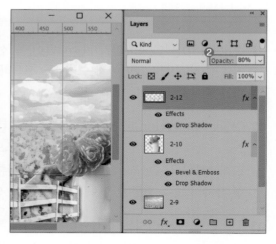

10 울타리 레이어를 출력형태처럼 배치하기 위하여 Layer(레이어) 패널에서 울타리 레이어를 선택하고 꽃병 레이어 아래쪽으로 드래그합니다.

11 [File(파일)]-[Open(열기)]($\boxed{\text{Ctrl}}$+$\boxed{\text{O}}$)을 선택하여 2급-13.jpg를 불러옵니다. [Image(이미지)]-[Image Size(이미지 크기)]를 선택하여 'Width(폭) : 600Pixels(픽셀)'로 설정하여 크기를 줄여줍니다.

12 Object Selection Tool(개체 선택 도구, ⬚)을 클릭하고 상단 [Options Bar(옵션 바)]에서 'New Selection(새 선택 영역), Mode(모드) : Lasso(올가미)'를 선택하여 청설모 형태를 따라 드래그합니다. Quick Selection Tool(빠른 선택 도구, ⬚)과 Polygonal Lasso Tool(다각형 올가미 도구, ⬚)로 영역 추가 및 영역 삭제 작업을 추가합니다.

13 선택한 청설모 이미지는 Ctrl+C를 눌러서 복사하고 작업 파일에 Ctrl+V를 눌러 붙여 넣습니다. Ctrl+T를 눌러서 이미지 크기를 출력형태와 같이 조절한 후, 마우스 오른쪽 버튼을 눌러 Flip Horizontal(가로로 뒤집기)을 선택하여 반전시킨 이미지를 적절히 배치하고 Enter를 누릅니다.

14 청설모 레이어를 선택하고 Layer(레이어) 패널 하단에서 Add a layer style(레이어 스타일 추가, fx.)을 클릭하여 [Inner Glow(내부 광선)]를 선택하고 'Opacity(불투명도) : 75%, Size(크기) : 5px'로 설정합니다.

04 클리핑 마스크

《사용소스》

PART 04 〉 기출 유형 문제 01회 〉 2급—11.jpg

《조건》

- 2급—11.jpg : 필터 – Crosshatch(그물 눈)
- 나뭇잎 모양 : 레이어 스타일 – Inner Shadow(내부 그림자), Stroke(선/획)(3px, #bb0077)

01 클리핑 마스크를 위한 도형을 제작하기 위하여 Custom Shape Tool(사용자 정의 모양 도구, ⬚)를 클릭하고 상단 [Options Bar(옵션 바)]에서 'Shape(모양), Fill(칠) : #000000, Stroke(획) : No Color(색상 없음)'로 설정합니다.

02 나뭇잎 모양 도형을 선택하기 위하여 목록 단추를 클릭하고 [Legacy Shapes and More(레거시 모양 및 기타)]-[All Legacy Default Shapes(모든 레거시 기본 모양)]-[Nature(자연)]-[Leaf 1(나뭇잎 1)]을 선택하고 출력형태와 같이 배치합니다.

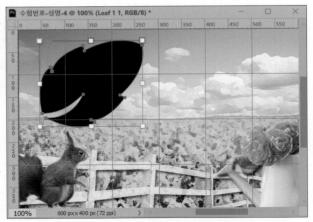

03 [File(파일)]-[Open(열기)]([Ctrl]+[O])을 선택하여 2급-11.jpg를 불러옵니다. [Image(이미지)]-[Image Size(이미지 크기)]를 선택하여 'Height(높이) : 400Pixels(픽셀)'로 설정하여 크기를 줄여줍니다. [Ctrl]+[A]를 눌러서 전체 이미지를 선택하고 [Ctrl]+[C]를 눌러 복사한 후 작업 파일에 [Ctrl]+[V]로 붙여넣습니다.

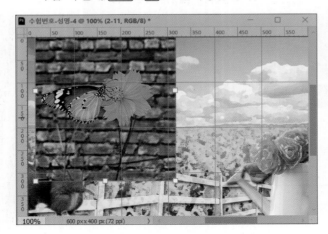

04 이미지에 클리핑 마스크를 적용하기 위하여 이미지 레이어를 선택한 후 마우스 오른쪽 버튼을 누르고 Create Clipping Mask(클리핑 마스크 만들기)를 선택합니다. [Ctrl]+[T]를 눌러서 이미지 크기를 출력형태와 같이 적절히 배치하고 [Enter]를 누릅니다.

05 이미지에 필터를 적용하기 위하여 [Filter(필터)]–[Filter Gallery(필터 갤러리)]–[Brush Strokes(붓질 효과)]–[Crosshatch(그물눈)]를 선택합니다.

06 나뭇잎 모양 도형 레이어를 선택하고 Layer(레이어) 패널 하단에서 Add a layer style(레이어 스타일 추가, [fx.])을 클릭하여 [Inner Shadow(내부 그림자)]를 선택하고 'Opacity(불투명도) : 75%, Angle(각도) : 125°, Distance(거리) : 5px, Size(크기) : 5px'을 설정합니다. 계속해서 [Stroke(획)]를 선택하고 'Size(크기) : 3px, Position(위치) : Outside(바깥쪽), Color(색상) : #bb0077'로 설정합니다.

⑤ 사용자 정의 모양 배치

《조건》
- 꽃 장식 모양 : #ff9999, 레이어 스타일 – Drop Shadow(그림자 효과), Opacity(불투명도)(80%)
- 장식 모양 : 레이어 스타일 – 그라디언트 오버레이(#0033cc, #00ffff), Outer Glow(외부 광선)

01 Layer(레이어) 패널에서 가장 위쪽에 배치된 레이어를 선택한 후 Custom Shape Tool(사용자 정의 모양 도구, [🞂])를 클릭하고 상단 [Options Bar(옵션 바)]에서 'Shape(모양), Fill(칠) : #ff9999, Stroke(획) : No Color(색상 없음)'로 설정합니다.

02 꽃 장식 모양 도형을 선택하기 위하여 목록 단추를 클릭하고 [Legacy Shapes and More(레거시 모양 및 기타)]–[All Legacy Default Shapes(모든 레거시 기본 모양)]–[Ornaments(장식)]–[Floral Ornament 4(꽃 장식 4)]을 선택합니다.

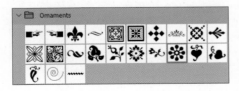

03 출력형태에 맞추어 도형을 그린 후 Layer(레이어) 패널 하단에서 Add a layer style(레이어 스타일 추가, [fx.])을 클릭하여 [Drop Shadow(그림자)]를 선택하고 'Opacity(불투명도) : 75%, Angle(각도) : 125°, Distance(거리) : 5px, Size(크기) : 5px'을 설정합니다.

04 도형의 불투명도를 설정하기 위해서 Layer(레이어) 패널의 우측 상단 'Opacity(불투명도) : 80%'를 입력합니다.

05 Custom Shape Tool(사용자 정의 모양 도구, 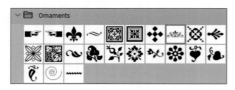)를 클릭하고 장식 모양 도형을 선택하기 위하여 목록 단추를 클릭하여 [Legacy Shapes and More(레거시 모양 및 기타)]–[All Legacy Default Shapes(모든 레거시 기본 모양)]–[Ornaments(장식)]–[Ornament 5(장식 5)]를 선택합니다.

06 출력형태에 맞추어 도형을 그린 후 Layer(레이어) 패널 하단에서 Add a layer style(레이어 스타일 추가, fx.)을 클릭하여 [Outer Glow(외부 광선)]를 선택하고 'Opacity(불투명도) : 75%, Size(크기) : 5px'로 설정합니다.

07 Layer Style(레이어 스타일) 창에서 [Gradient Overlay(그레이디언트 오버레이)]를 선택하고 Click to edit the gradient(클릭하여 그레이디언트 편집)를 선택하면 Gradient Editor(그레이디언트 편집기)가 열립니다. 좌측 하단 [Color Stop(색상 정지점)]을 더블 클릭하여 '#0033cc', 우측 하단 [Color Stop(색상 정지점)]을 더블 클릭하여 '#00ffff'로 입력합니다. 계속해서 'Angle(각도) : −90°'로 설정하고 [OK(확인)]를 클릭합니다.

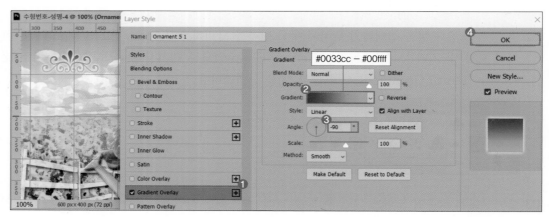

06 문자 입력

01 Horizontal Type Tool(수평 문자 도구, **T**)를 선택하고 상단 [Options Bar(옵션 바)]에서 'Font(글꼴) : 굴림, Size(크기) : 36pt, Set anti-aliasing method(안티 앨리어싱 방법 설정) : Sharp(선명하게), Set text color(텍스트 색상 설정) : #00aaaa'로 설정합니다.

02 작업 이미지를 클릭하고 '제9회 장미정원 꽃축제'를 입력한 후 출력형태와 같이 배치합니다. 상단 [Options Bar(옵션 바)]에서 Create Warp Text(뒤틀어진 텍스트 만들기, **工**)를 선택하고 [Warp Text(텍스트 뒤틀기)] 창에서 'Style(스타일) : Flag(깃발), Bend(구부리기) : +50%'로 설정합니다.

03 입력한 텍스트 중에서 '장미정원' 부분만 블록 선택하여 'Size(크기) : 48pt, Set text color(텍스트 색상 설정) : #aa0099'로 설정합니다.

04 텍스트 레이어를 선택하고 Layer(레이어) 패널 하단에서 Add a layer style(레이어 스타일 추가, **fx.**)을 클릭하여 [Drop Shadow(그림자)]를 선택하고 'Opacity(불투명도) : 75%, Angle(각도) : 125°, Distance(거리) : 5px, Size(크기) : 5px'을 설정합니다. 계속해서 [Stroke(획)]를 선택하고 'Size(크기) : 2px, Position(위치) : Outside(바깥쪽), Color(색상) : #ffffff'로 설정합니다.

05 Horizontal Type Tool(수평 문자 도구, T)를 선택하고 작업 이미지를 클릭하여 'Welcome to the Rose Garden'을 입력한 후 출력형태와 같이 배치합니다. 상단 [Options Bar(옵션 바)]에서 'Font(글꼴) : Arial, Font Style(폰트 스타일) : Bold, Size(크기) : 24pt'로 설정합니다. Create Warp Text(뒤틀어진 텍스트 만들기, T)를 선택하고 [Warp Text(텍스트 뒤틀기)] 창에서 'Style(스타일) : Arc(부채꼴), Bend(구부리기) : −20%'로 설정하고 [OK(확인)]를 클릭합니다.

06 텍스트 레이어를 선택하고 Layer(레이어) 패널 하단에서 Add a layer style(레이어 스타일 추가, fx.)을 클릭하여 [Stroke(획)]를 선택하고 'Size(크기) : 2px, Position(위치) : Outside(바깥쪽), Color(색상) : #000000'로 설정합니다.

07 Layer Style(레이어 스타일) 창에서 [Gradient Overlay(그레이디언트 오버레이)]를 선택하고 Click to edit the gradient(클릭하여 그레이디언트 편집)를 선택하면 Gradient Editor(그레이디언트 편집기)가 열립니다. 좌측 하단 [Color Stop(색상 정지점)]을 더블 클릭하여 '#ffff00', 우측 하단 [Color Stop(색상 정지점)]을 더블 클릭하여 '#008800'으로 입력하고 'Angle(각도) : 0°'로 설정합니다.

08 Horizontal Type Tool(수평 문자 도구, T)를 선택하고 작업 이미지를 클릭하여 '일시 : 05. 17 ~ 05. 27.'을 입력한 후 출력형태와 같이 배치합니다. 상단 [Options Bar(옵션 바)]에서 'Font(글꼴) : 돋움, Size(크기) : 18pt, Set text color(텍스트 색상 설정) : #cc4400'로 설정합니다.

09 텍스트 레이어를 선택하고 Layer(레이어) 패널 하단 Add a layer style(레이어 스타일 추가, fx.)을 클릭하여 [Drop Shadow(그림자)]를 선택하고 'Opacity(불투명도) : 75%, Angle(각도) : 125°, Distance(거리) : 5px, Size(크기) : 5px'을 확인합니다. 계속해서 [Stroke(획)]를 선택하고 'Size(크기) : 2px, Position(위치) : Outside(바깥쪽), Color(색상) : #ffffff'로 설정합니다.

07 파일 저장

01 최종적으로 작업 파일의 이미지 위치, 레이어 순서, 레이어 스타일을 점검하고 [View(보기)]-[Show(표시)]-[Grid(격자)]([Ctrl]+[']))를 선택하여 격자를 끕니다.

02 [File(파일)]-[Save As a Copy(다른 이름으로 저장)]([Alt]+[Ctrl]+[S])를 선택하고 '저장 위치 : 내PC₩문서₩GTQ, 파일 이름 : 수험번호-성명-4, 파일 형식 : JPEG'를 선택하여 [저장]을 클릭한 후 [JPEG Options(JPEG 옵션)] 창에서 'Quality(품질) : 12'로 설정하고 [OK(확인)]를 클릭합니다.

03 [Image(이미지)]-[Image Size(이미지 크기)]([Alt]+[Ctrl]+[I])를 선택하여 [Image Size(이미지 크기)] 창에서 'Width(폭) : 60Pixels(픽셀), Height(높이) : 40Pixels(픽셀)'을 입력하여 이미지 크기를 1/10로 축소합니다.

04 [File(파일)]-[Save As(다른 이름으로 저장)]([Shift]+[Ctrl]+[S])을 선택하여 '저장 위치 : 내PC₩문서₩GTQ, 파일 이름 : 수험번호-성명-4, 파일 형식 : PSD'로 저장합니다. 답안 전송 프로그램에서 [답안 전송]을 선택하여 jpg, psd 파일을 감독관 컴퓨터로 전송합니다.

02

기출 유형 문제 02회

급수	문제유형	시험시간	수험번호	성명
2급	A	90분	G220250002	

수험자 유의사항

- 수험자는 문제지를 받는 즉시 응시하고자 하는 **과목 및 급수가 맞는지 확인**한 후 수험번호와 성명을 작성합니다.
- 파일명은 본인의 '수험번호-성명-문제번호'로 공백 없이 정확히 입력하고 답안폴더(내 PC₩문서₩GTQ)에 jpg 파일과 psd 파일의 2가지 포맷으로 저장해야 하며, jpg 파일과 psd 파일의 내용이 상이할 경우 0점 처리됩니다.
- 답안문서 파일명이 '수험번호-성명-문제번호'와 일치하지 않거나, 답안 파일을 '전송'하지 않는 경우 **답안 파일 미제출**로 불합격 처리됩니다.
- 문제의 세부 조건은 '영문(한글)' 형식으로 표기되어 있으니 유의하시길 바랍니다.
- 수험자 정보와 저장한 파일명, 저장 위치가 다를 경우 전송이 되지 않으므로, 주의하시길 바랍니다.
- 답안 작성 중에도 **주기적으로 '저장'과 '답안 전송'**을 이용하여 감독위원 PC로 답안을 전송하셔야 합니다.
  (작업한 내용을 **저장하지 않고 답안을 전송할 경우** 이전의 저장 내용이 전송되오니 이점 반드시 유념하시기 바랍니다.)
- 모든 수험자는 동일한 환경에서 시험이 시작되며 **'작업환경 설정'은 시험 시간 내에 진행**합니다.
  (시험 시작 전 '작업환경 설정' 불가, 소프트웨어 이상 유무만 확인)
- 답안문서는 지정된 경로 외의 다른 보조기억장치에 저장하는 행위, 지정된 시험 시간 외에 작성된 파일을 활용한 행위, 기타 허용되지 않은 프로그램(이메일, 메신저, 게임, 네트워크, 윈도우계산기, 스톱워치 등) 이용 시 부정행위로 간주 되어 자격기본법 제32조에 의거 본 시험 및 국가공인 자격시험을 2년간 응시할 수 없습니다.
- 시험 중 부주의 또는 고의로 시스템을 파손한 경우와 (수험자 유의사항)에 기재된 방법대로 이행하지 않아 생기는 불이익은 수험자의 책임임을 알려 드립니다.
- 시험을 완료한 수험자는 최종적으로 저장한 답안파일이 전송되었는지 확인한 후 감독위원의 지시에 따라 문제지를 제출하고 퇴실합니다.

답안 작성요령

- 온라인 답안 작성 절차
  수험자 등록 ⇒ 시험 시작 ⇒ 답안파일 저장 ⇒ 답안 전송 ⇒ 시험 종료
- 내 PC₩문서₩GTQ₩image폴더에 있는 그림 원본파일을 사용하여 답안을 작성하시고 최종답안을 답안폴더(내 PC₩문서₩GTQ)에 저장하여 답안을 전송하시고, 이미지의 크기가 다른 경우 감점 처리됩니다.
- 배점은 총 100점으로 이루어지며, 점수는 각 문제별로 차등 배분됩니다.
- 각 문제는 주어진 〈조건〉에 따라 작성하고, 언급하지 않은 〈조건〉은 〈출력형태〉와 같이 작성합니다.
- 문제 〈조건〉과 〈출력형태〉에서 차이가 발생할 경우 **문제에서 지정한 〈조건〉에 따라 작업**해 주시기 바랍니다.
- 배치 등의 편의를 위해 주어진 눈금자의 단위는 '픽셀'입니다.
  그 외는 출력형태(효과, 이미지, 문자, 색상, 레이아웃, 규격 등)와 같이 작업하십시오.
- 문제 〈조건〉에 서체의 지정이 없을 경우 한글은 굴림이나 돋움, 영문은 Arial로 작업하십시오.
  (단, 그 외에 제시되지 않은 문자 속성을 기본값으로 작성하지 않은 경우는 감점 처리됩니다.)
- Image Mode(이미지 모드)는 별도의 처리조건이 없을 시 RGB(8비트)로 작업하십시오.
- 모든 답안 파일은 해상도 72 pixels/inch로 작업하십시오.
- Layer(레이어)는 각 기능별로 분할해야 하며, 임의로 합칠 경우나 각 기능에 대한 속성을 해지할 경우 해당 요소는 0점 처리됩니다.

한 국 생 산 성 본 부

다음의 〈조건〉에 따라 아래의 〈출력형태〉와 같이 작업하시오.

조건

원본 이미지	2급-1.jpg		
파일저장규칙	JPG	파일 이름	문서\GTQ\수험번호-성명-1.jpg
		크기	400×500pixels
	PSD	파일 이름	문서\GTQ\수험번호-성명-1.psd
		크기	40×50pixels

출력형태

1. 그림 효과

① 복제 및 변형 : 장난감
② Shape Tool(모양 도구) 사용 :
　– 얼룩 모양 (#ccaaff, #aaffaa, 레이어 스타일 – Inner Shadow(내부 그림자)
　– 리본 모양 (#000099, 레이어 스타일 – Bevel & Emboss(경사와 엠보스))

2. 문자 효과

① Baby Toys (Arial, Bold, 48pt, #ff7744, 레이어 스타일 – Stroke(선/획)(2px, #770000), Drop Shadow(그림자 효과))

다음의 〈조건〉에 따라 아래의 〈출력형태〉와 같이 작업하시오.

조건

원본 이미지	2급-2.jpg, 2급-3.jpg, 2급-4.jpg		
파일저장규칙	JPG	파일 이름	문서\GTQ\수험번호-성명-2.jpg
		크기	400×500pixels
	PSD	파일 이름	문서\GTQ\수험번호-성명-2.psd
		크기	40×50pixels

출력형태

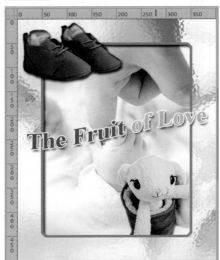

1. 그림 효과

① 색상 보정 : 2급-3.jpg – 녹색 계열로 보정, 레이어 스타일 – Inner Shadow(내부 그림자), Drop Shadow(그림자 효과)
② 액자 제작 :
　필터 – Glass(유리), 안쪽 테두리(5px, #cc7700),
　레이어 스타일 – Drop Shadow(그림자 효과)
③ 2급-4.jpg : 레이어 스타일– Inner Glow(내부 광선)

2. 문자 효과

① The Fruit of Love (Time New Roman, Bold, 48pt, #666666, #ffaa00, 레이어 스타일 – Stroke(선/획)(2px, #ffffff), Drop Shadow(그림자 효과))

다음의 〈조건〉에 따라 아래의 〈출력형태〉와 같이 작업하시오.

조건

원본 이미지			2급-5.jpg, 2급-6.jpg, 2급-7.jpg, 2급-8.jpg
파일저장규칙	JPG	파일 이름	문서\GTQ\수험번호-성명-3.jpg
		크기	600×400pixels
	PSD	파일 이름	문서\GTQ\수험번호-성명-3.psd
		크기	60×40pixels

1. 그림 효과

① 배경 : #ffffbb
② 2급-5.jpg : 필터 – Paint Daubs(페인트 덥스), 레이어 마스크 – 가로 방향으로 흐릿하게
③ 2급-6.jpg : 레이어 스타일 – Drop Shadow(그림자 효과)
④ 2급-7.jpg : 레이어 스타일 – Inner Glow(내부 광선)
⑤ 2급-8.jpg : 레이어 스타일 – Outer Glow(외부 광선)
⑥ 그 외 〈출력형태〉 참조

2. 문자 효과

① 아이의 소근육을 키우는 재미있는 놀이 시간 (굴림, 16pt, 22pt, #0066ff, #ee5500, 레이어 스타일 – Stroke(선/획)
(2px, #ffffff), Drop Shadow(그림자 효과))
② Fine Motor Development (Time New Roman, Bold, 48pt, 레이어 스타일 – 그라디언트 오버레이(#44cc00,
#116600), Stroke(선/획)(2px, #ffffff), Inner Shadow(내부 그림자))

출력형태

Shape Tool(모양 도구)
사용 #ccaa00
Inner Shadow(내부 그림자)

Shape Tool(모양 도구) 사용
그라디언트 오버레이(#cc6600, #ffffff)
Drop Shadow(그림자 효과)

다음의 〈조건〉에 따라 아래의 〈출력형태〉와 같이 작업하시오.

조건

원본 이미지		2급—9.jpg, 2급—10.jpg, 2급—11.jpg, 2급—12.jpg, 2급—13.jpg	
파일저장규칙	JPG	파일 이름	문서₩GTQ₩수험번호—성명—4.jpg
		크기	600×400pixels
	PSD	파일 이름	문서₩GTQ₩수험번호—성명—4.psd
		크기	60×40pixels

1. 그림 효과

① 2급—9.jpg : 필터 – Texturizer(텍스처화)
② 2급—10.jpg : 레이어 스타일 – Bevel & Emboss(경사와 엠보스), Outer Glow(외부 광선)
③ 2급—11.jpg : 레이어 스타일 – Inner Glow(내부 광선), Opacity(불투명도)(70%)
④ 2급—12.jpg : 필터 – Film Grain(필름 그레인)
⑤ 2급—13.jpg : 레이어 스타일 – Drop Shadow(그림자 효과)
⑥ 그 외 〈출력형태〉 참조

2. 문자 효과

① 꿈과 마법이 가득한 네버랜드 (궁서, 36pt, 레이어 스타일 – 그라디언트 오버레이(#ffcc33, #4488ff), Stroke(선/획)
(2px, #333333))
② 아이들의 상상은 현실이 됩니다 (굴림, 16pt, #660066, 레이어 스타일 – Stroke(선/획)(2px, #ffbbff), Drop Shadow(그림자 효과))
③ Welcome to NeverLand (Time New Roman, Bold, 18pt, #ffffff, 레이어 스타일 – Outer Glow(외부 광선))

출력형태

Shape Tool(모양 도구) 사용
그라디언트 오버레이
(#00aa11, #660066)
Drop Shadow(그림자 효과)
Opacity(불투명도)(70%)

Shape Tool(모양 도구) 사용
Stroke(선/획)(3px, #ffffff)
Inner Shadow(내부 그림자)

Shape Tool(모양 도구) 사용 #ffffff
Outer Glow(외부 광선)

[기능평가] Tool(도구) 활용

① 새 작업 파일 만들기 ▶ ② 이미지 선택 후 복제 및 변형 ▶ ③ 사용자 정의 모양 배치 ▶ ④ 문자 입력
▶ ⑤ 파일 저장

⑪ 새 작업 파일 만들기

《조건》
- Width(폭) : 400Pixels(픽셀)
- Height(높이) : 500Pixels(픽셀)
- Resolution(해상도) : 72Pixels/Inch(픽셀/인치)
- Color Mode(색상 모드) : RGB Color(RGB 색상), 8bit(비트)

---

01 새 작업 파일을 만들기 위하여 [File(파일)]−[New(새로 만들기)]([Ctrl]+[N])를 선택하고 문제
지의 조건과 같이 설정하여 새 작업 파일을 만듭니다.

02 작업창의 환경 설정을 위하여 [Edit(편집)]−[Preference(환경 설정)]([Ctrl]+[K])를 선택합니
다. [Guides, Grid & Slices(안내선, 격자와 슬라이스)]를 선택하여 Guides(안내선)의
'Canvas(캔버스) : Light Red(밝은 빨강)', Grid(격자)의 'Gridline every(격자 간격) :
100pixels(픽셀), Subdivisions(세분) : 1'로 설정합니다.

03 [View(보기)]−[Rulers(눈금자)]([Ctrl]+[R])와 [View(보기)]−[Show(표시)]−[Grid(격자)]
([Ctrl]+['])를 선택하여 눈금자와 격자를 표시합니다.

04 작업 파일을 저장하기 위하여 [File(파일)]−[Save As(다른 이름으로 저장)]([Shift]+[Ctrl]+[S])
를 선택하고 답안폴더(내PCW문서WGTQ)에 '수험번호−성명−1.psd'로 저장합니다.

⑫ 이미지 선택 후 복제 및 변형

《사용소스》
PART 04 〉 기출 유형 문제 01회 〉 2급−1.jpg

《조건》
복제 및 변형 : 장난감

---

01 [File(파일)]−[Open(열기)]([Ctrl]+[O])을 선택하여 2급−1.jpg를 불러옵니다. [Image(이미지)]−[Image Size(이미지 크기)]를 선택하여 'Height(높이) : 500Pixels(픽셀)'로 설정하여 크기를 줄여줍니다. [Ctrl]+[A]를 눌러서 전체 이미지를 선택하고 [Ctrl]+[C]를 눌러 복사한 후 작업 파일에 [Ctrl]+[V]로 붙여넣습니다. 출력형태를 참고하여 이미지를 배치합니다.

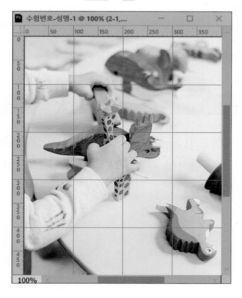

02 Object Selection Tool(개체 선택 도구, ▣)을 클릭하고 상단 [Options Bar(옵션 바)]에서 'New Selection(새 선택 영역), Mode(모드) : Lasso(올가미)'를 선택하여 장난감 형태를 따라 드래그합니다. Quick Selection Tool(빠른 선택 도구, ◢)과 Polygonal Lasso Tool(다각형 올가미 도구, ▷)로 영역 추가 및 영역 삭제 작업을 추가합니다.

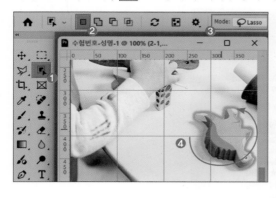

03 선택한 장난감을 복사하기 위하여 [Layer(레이어)]−[New(새로 만들기)]−[Layer Via Copy(복사한 레이어)]([Ctrl]+[J])를 눌러서 복사합니다. [Edit(편집)]−[Free Transform(자유변형)]([Ctrl]+[T])을 선택하여 이미지 크기를 출력형태와 같이 조절합니다.

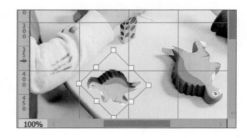

03 사용자 정의 모양 배치

《조건》
- 얼룩 모양 (#ccaaff, #aaffaa, 레이어 스타일 – Inner Shadow(내부 그림자))
- 리본 모양 (#000099, 레이어 스타일 – Bevel & Emboss(경사와 엠보스))

01 Custom Shape Tool(사용자 정의 모양 도구, ⬡)를 클릭하고 상단 [Options Bar(옵션 바)]에서 'Shape(모양), Fill(칠) : #ccaaff, Stroke(획) : No Color(색상 없음)'로 설정합니다.

02 얼룩 모양 도형을 선택하기 위하여 목록 단추를 클릭하고 [Legacy Shapes and More(레거시 모양 및 기타)]–[All Legacy Default Shapes(모든 레거시 기본 모양)]–[Shape(모양)]–[Blob 2(얼룩 2)]을 선택합니다.

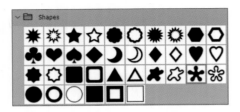

03 출력형태에 맞추어 도형을 그린 후 Layer(레이어) 패널 하단에서 Add a layer style(레이어 스타일 추가, *fx.*)을 클릭하여 [Inner Shadow(내부 그림자)]를 선택하고 'Opacity(불투명도) : 75%, Angle(각도) : 125°, Distance(거리) : 5px, Size(크기) : 5px'로 설정합니다.

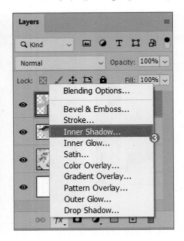

04 완성한 얼룩 모양을 선택하고 Ctrl+J를 눌러서 복사한 다음 Ctrl+T를 눌러 크기와 위치를 출력형태와 같이 배치하고 Enter를 누릅니다. Layer(레이어) 패널에서 복제한 얼룩 모양 레이어의 Layer thumbnail(레이어 축소판)을 더블 클릭하여 [Color Picker(색상 피커)] 창에 'Color(색상) : #aaffaa'를 입력합니다.

05 Custom Shape Tool(사용자 정의 모양 도구, 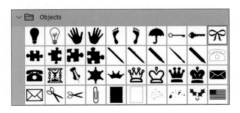)를 클릭하고 상단 [Options Bar(옵션 바)]
에서 목록 단추를 클릭하여 [Legacy Shapes and More(레거시 모양 및 기타)]−[All Legacy
Default Shapes(모든 레거시 기본 모양)]−[Objects(개체)]−[Bow(나비매듭 리본)]을 선택합
니다.

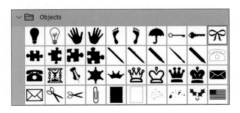

06 출력형태에 맞추어 도형을 그린 후 Layer(레이어) 패널 하단에서 Add a layer style(레이어
스타일 추가, *fx.*)을 클릭하여 [Bevel & Emboss(경사와 엠보스)]를 선택합니다. Layer(레이
어) 패널에서 복제한 리본 모양 레이어의 Layer thumbnail(레이어 축소판)을 더블 클릭하여
[Color Picker(색상 피커)] 창에 'Color(색상) : #000099'를 입력합니다.

🄬 문자 입력

《조건》
① Baby Toys (Arial, Bold, 48pt, #ff7744, 레이어 스타일 − Stroke(선/획)(2px, #770000), Drop Shadow(그림자 효과))

01 Horizontal Type Tool(수평 문자 도구, **T.**)를 선택하고 상단 [Options Bar(옵션 바)]에서
'Font(글꼴) : Arial, Font Style(폰트 스타일) : Bold, Size(크기) : 48pt, Set anti−alias−
ing method(안티 앨리어싱 방법 설정) : Sharp(선명하게), Set text color(텍스트 색상 설
정) : #ff7744'로 설정합니다.

02 작업 이미지를 클릭하고 'Baby Toys'를 입력한 후 출력형태와 같이 배치합니다. 상단 [Options
Bar(옵션 바)]에서 Create Warp Text(뒤틀어진 텍스트 만들기, **T**)를 선택하고 [Warp Text
(텍스트 뒤틀기)] 창에서 'Style(스타일) : Arc(부채꼴), Bend(구부리기) : +30%'로 설정한 후
[OK(확인)]를 클릭합니다.

03 텍스트 레이어를 선택하고 Layer(레이어) 패널 하단 Add a layer style(레이어 스타일 추가, [fx.])을 클릭하여 [Stroke(획)]를 선택하고 'Size(크기) : 2px, Position(위치) : Outside(바깥쪽), Color(색상) : #770000'으로 설정합니다. 계속해서 [Drop Shadow(드롭 섀도)]를 선택하고 'Opacity(불투명도) : 75%, Angle(각도) : 125°, Distance(거리) : 5px, Size(크기) : 5px'을 설정합니다.

05 파일 저장

《조건》
- JPG 파일 : 문서₩GTQ₩수험번호-성명-1.jpg / 크기 : 400*500pixels
- PSD 파일 : 문서₩GTQ₩수험번호-성명-1.psd / 크기 : 40*50pixels

01 최종적으로 작업 파일의 이미지 위치, 레이어 순서, 레이어 스타일을 점검하고 [View(보기)]-[Show(표시)]-[Grid(격자)]([Ctrl]+['])를 선택하여 격자를 끕니다.

02 [File(파일)]-[Save As a Copy(다른 이름으로 저장)]([Alt]+[Ctrl]+[S])를 선택하여 '저장 위치 : 내PC₩문서₩GTQ, 파일 이름 : 수험번호-성명-1, 파일 형식 : JPEG'로 저장합니다. [JPEG Options(JPEG 옵션)] 창에서 'Quality(품질) : 12'를 설정합니다.

03 [Image(이미지)]-[Image Size(이미지 크기)]([Alt]+[Ctrl]+[I])를 선택하여 [Image Size(이미지 크기)] 창에서 'Width(폭) : 40Pixels(픽셀), Height(높이) : 50Pixels(픽셀)'을 입력하여 이미지 크기를 1/10로 축소합니다.

04 [File(파일)]-[Save As(다른 이름으로 저장)]([Shift]+[Ctrl]+[S])을 선택하여 '저장 위치 : 내PC₩문서₩GTQ, 파일 이름 : 수험번호-성명-1, 파일 형식 : PSD'로 저장합니다. 답안 전송 프로그램에서 [답안 전송]을 선택하여 jpg, psd 파일을 감독관 컴퓨터로 전송합니다.

작업순서   ① 새 작업 파일 만들기 ▶ ② 필터 적용 및 액자 제작 ▶ ③ 색상 보정 ▶ ④ 이미지 합성 ▶ ⑤ 문자 입력
▶ ⑥ 파일 저장

01 새 작업 파일 만들기

《조건》
- Width(폭) : 400Pixels(픽셀)
- Height(높이) : 500Pixels(픽셀)
- Resolution(해상도) : 72Pixels/Inch(픽셀/인치)
- Color Mode(색상 모드) : RGB Color(RGB 색상), 8bit(비트)

01 새 작업 파일을 만들기 위하여 [File(파일)]−[New(새로 만들기)]([Ctrl]+[N])를 선택하고 문제
지의 조건과 같이 설정하여 새 작업 파일을 만듭니다.

02 [View(보기)]−[Rulers(눈금자)]([Ctrl]+[R])와 [View(보기)]−[Show(표시)]−[Grid(격자)]
([Ctrl]+[＇])를 선택하여 눈금자와 격자를 표시합니다.

03 작업 파일을 저장하기 위하여 [File(파일)]−[Save As(다른 이름으로 저장)]([Shift]+[Ctrl]+[S])
를 선택하고 답안폴더(내PCＷ문서ＷGTQ)에 '수험번호−성명−2.psd'로 저장합니다.

02 필터 적용 및 액자 제작

《사용소스》
PART 04 〉 기출 유형 문제 02회 〉 2급−2.jpg

《조건》
- 필터 − Glass(유리)
- 안쪽 테두리(5px, #cc7700)
- 레이어 스타일 − Drop Shadow(그림자 효과)

01 [File(파일)]−[Open(열기)]([Ctrl]+[O])을 선택하여 2급−2.jpg를 불러옵니다. [Image(이미
지)]−[Image Size(이미지 크기)]를 선택하여 'Width(폭) : 400Pixels(픽셀)'로 설정하여 크
기를 줄여줍니다. [Ctrl]+[A]를 눌러서 전체 이미지를 선택하고 [Ctrl]+[C]를 눌러 복사한 후 작
업 파일에 [Ctrl]+[V]로 붙여넣습니다. 출력형태와 비슷하게 배치하고 액자를 제작하기 위하여
[Ctrl]+[J]를 눌러서 이미지 레이어를 복제합니다.

02 필터를 적용하기 위하여 [Filter(필터)]–[Filter Gallery(필터 갤러리)]–[Distort(왜곡 효과)]–[Glass(유리)]를 선택하고 [OK(확인)]를 클릭합니다.

03 액자 프레임을 사각형으로 그려서 안쪽을 삭제하기 위하여 Rectangular Marquee Tool(사각형 선택 윤곽 도구, ⬚)을 선택하여 사각형을 그립니다. 사각형을 그릴 때 눈금자에서 상하좌우 50px 간격을 확인하면서 그립니다. 액자 프레임의 모서리를 둥글게 수정하기 위하여 [Select(선택)]–[Modify(수정)]–[Smooth(매끄럽게)]를 선택하고 'Sample Radius(샘플 반경) : 10pixels(픽셀)'을 설정합니다. 모서리가 둥글게 수정된 사각 선택 영역을 [Delete]을 눌러서 삭제합니다.

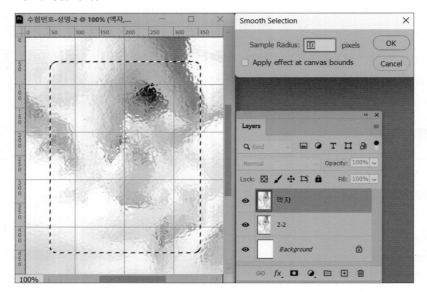

04 액자 프레임 안쪽에 테두리를 그리기 위하여 [Edit(편집)]–[Stroke(획)]를 선택하고 'Width(폭) : 5px, Color(색상) : #cc7700, Location(위치) : Center(중앙)'로 설정합니다.

05 액자 레이어를 선택하고 Layer(레이어) 패널 하단 Add a layer style(레이어 스타일 추가, fx.)을 클릭하여 [Drop Shadow(그림자)]를 선택하고 'Opacity(불투명도) : 75%, Angle(각도) : 125°, Distance(거리) : 5px, Size(크기) : 5px'을 설정한 후 선택 영역을 해제하기 위하여 [Select(선택)]–[Deselect(선택 해제)]([Ctrl]+[D])를 클릭합니다.

⑱ 색상 보정

01 [File(파일)]-[Open(열기)]([Ctrl]+[O])을 선택하여 2급-3.jpg를 불러옵니다. [Image(이미지)]-[Image Size(이미지 크기)]를 선택하여 'Width(폭) : 400Pixels(픽셀)'로 설정하여 크기를 줄여줍니다.

02 Object Selection Tool(개체 선택 도구, 🔲)을 클릭하고 상단 [Options Bar(옵션바)]에서 'New Selection(새 선택 영역), Mode(모드) : Lasso(올가미)'를 선택하여 신발 형태를 따라 드래그합니다.

03 선택한 신발 이미지는 [Ctrl]+[C]를 눌러서 복사하고 작업 파일에 [Ctrl]+[V]를 눌러 붙여 넣습니다. [Ctrl]+[T]를 눌러서 이미지 크기를 출력형태와 같이 조절한 후, 마우스 오른쪽 버튼을 눌러 Flip Horizontal(가로로 뒤집기)을 선택하여 반전시킨 이미지를 적절히 배치하고 [Enter]를 누릅니다.

04 녹색으로 보정할 이미지의 범위를 선택하기 위하여 Quick Selection Tool(빠른 선택 도구, 🖌️)과 Polygonal Lasso Tool(다각형 올가미 도구, 💹)로 영역 추가 및 영역 삭제 작업을 추가합니다.

05 선택한 영역을 녹색으로 보정하기 위하여 [Image(이미지)]-[Adjustment(조정)]-[Hue/Saturation(색조/채도)]([Ctrl]+[U])를 선택하고 'Hue(색조) : +87, Saturation(채도) : 0, Lightness(밝기) : 0'으로 설정한 후 [Ctrl]+[D]를 눌러 선택 영역을 해제하여 [OK(확인)]를 클릭합니다.

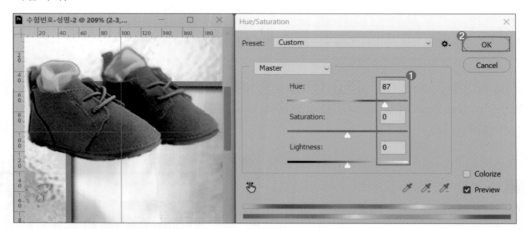

06 신발 레이어를 선택하고 Layer(레이어) 패널 하단 Add a layer style(레이어 스타일 추가, [fx.])을 클릭하여 [Inner Shadow(내부 그림자)]를 선택하고 'Opacity(불투명도) : 75%, Angle(각도) : 125°, Distance(거리) : 5px, Size(크기) : 5px'를 설정합니다. 계속해서 [Drop Shadow(드롭 섀도)]를 선택하고 'Opacity(불투명도) : 75%, Angle(각도) : 125°, Distance(거리) : 5px, Size(크기) : 5px'을 설정합니다.

04 이미지 합성

> **《사용소스》**
>
> PART 04 〉 기출 유형 문제 02회 〉 2급-4.jpg
>
> **《조건》**
>
> 2급-4.jpg : 레이어 스타일- Inner Glow(내부 광선)

01 [File(파일)]-[Open(열기)]([Ctrl]+[O])을 선택하여 2급-4.jpg를 불러옵니다. [Image(이미지)]-[Image Size(이미지 크기)]를 선택하여 'Width(폭) : 400Pixels(픽셀)'로 설정하여 크기를 줄여줍니다.

02 Object Selection Tool(개체 선택 도구, [🔲])을 클릭하고 상단 [Options Bar(옵션 바)]에서 'New Selection(새 선택 영역), Mode(모드) : Lasso(올가미)'를 선택하여 인형 형태를 따라 드래그합니다.

03 선택한 인형 이미지는 [Ctrl]+[C]를 눌러서 복사하고 작업 파일에 [Ctrl]+[V]를 눌러 붙여 넣습니다. [Ctrl]+[T]를 눌러서 이미지 크기를 출력형태와 같이 적절히 배치하고 [Enter]를 누릅니다.

04 인형 레이어를 선택하고 Layer(레이어) 패널 하단 Add a layer style(레이어 스타일 추가, fx.)을 클릭하여 [Inner Glow(내부 광선)]를 선택하고 'Opacity(불투명도) : 75%, Size(크기) : 5px'로 설정합니다.

05 인형 레이어를 출력형태와 같이 배치하기 위하여 Layer(레이어) 패널에서 인형 레이어를 선택하고 액자 레이어 아래쪽으로 드래그합니다.

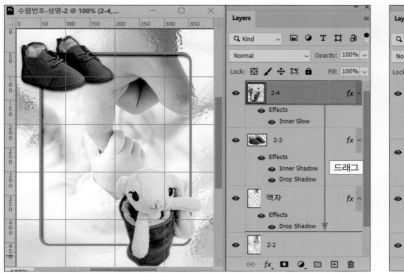 

05 문자 입력

《조건》

① The Fruit of Love (Time New Roman, Bold, 48pt, #666666, #ffaa00, 레이어 스타일 – Stroke(선/획)(2px, #ffffff), Drop Shadow(그림자 효과))

01 Horizontal Type Tool(수평 문자 도구, T)를 선택하고 상단 [Options Bar(옵션 바)]에서 'Font(글꼴) : Time New Roman, Font Style(폰트 스타일) : Bold, Size(크기) : 48pt, Set anti-aliasing method(안티 앨리어싱 방법 설정) : Sharp(선명하게), Set text color (텍스트 색상 설정) : #666666'으로 설정합니다.

02 작업 이미지를 클릭하고 'The Fruit of Love'를 입력한 후 출력형태와 같이 배치합니다. 상단 [Options Bar(옵션 바)]에서 Create Warp Text(뒤틀어진 텍스트 만들기, 工)를 선택하고 [Warp Text(텍스트 뒤틀기)] 창에서 'Style(스타일) : Rise(상승), Bend(구부리기) : +50%' 로 설정한 후 [OK(확인)]를 클릭합니다.

03 입력한 텍스트 중에서 'of Love' 부분만 블록 선택하여 'Set text color(텍스트 색상 설정) : #ffaa00'로 설정합니다. Layer(레이어) 패널 하단 Add a layer style(레이어 스타일 추가, fx.)을 클릭하여 [Stroke(획)]를 선택하고 'Size(크기) : 2px, Position(위치) : Outside(바깥쪽), Color(색상) : #ffffff'로 설정합니다. 계속해서 [Drop Shadow(드롭 섀도)]를 선택하고 'Opacity(불투명도) : 75%, Angle(각도) : 125°, Distance(거리) : 5px, Size(크기) : 5px'을 확인합니다.

06 파일 저장

《조건》
- JPG 파일 : 문서₩GTQ₩수험번호−성명−2.jpg / 크기 : 400*500pixels
- PSD 파일 : 문서₩GTQ₩수험번호−성명−2.psd / 크기 : 40*50pixels

01 최종적으로 작업 파일의 이미지 위치, 레이어 순서, 레이어 스타일을 점검하고 [View(보기)]−[Show(표시)]−[Grid(격자)]([Ctrl]+[']）를 선택하여 격자를 끕니다.

02 [File(파일)]−[Save As a Copy(다른 이름으로 저장)]([Alt]+[Ctrl]+[S])를 선택하여 '저장 위치 : 내PC₩문서₩GTQ, 파일 이름 : 수험번호−성명−2, 파일 형식 : JPEG'로 저장합니다. [JPEG Options(JPEG 옵션)] 창에서 'Quality(품질) : 12'를 확인합니다.

03 [Image(이미지)]−[Image Size(이미지 크기)]([Alt]+[Ctrl]+[I])를 선택하여 [Image Size(이미지 크기)] 창에서 'Width(폭) : 40Pixels(픽셀), Height(높이) : 50Pixels(픽셀)'을 입력하여 이미지 크기를 1/10로 축소합니다.

04 [File(파일)]−[Save As(다른 이름으로 저장)]([Shift]+[Ctrl]+[S])을 선택하여 '저장 위치 : 내PC₩문서₩GTQ, 파일 이름 : 수험번호−성명−2, 파일 형식 : PSD'로 저장합니다. 답안 전송 프로그램에서 [답안 전송]을 선택하여 jpg, psd 파일을 감독관 컴퓨터로 전송합니다.

문제 3 **[기능평가] 사진 편집**

작업순서 ① 새 작업 파일 만들기 ▶ ② 배경색 적용 ▶ ③ 필터 적용 및 레이어 마스크 합성 ▶ ④ 이미지 합성 ▶ ⑤ 사용자 정의 모양 배치 ▶ ⑥ 문자 입력 ▶ ⑦ 파일 저장

01 새 작업 파일 만들기

《조건》
- Width(폭) : 600Pixels(픽셀)
- Height(높이) : 400Pixels(픽셀)
- Resolution(해상도) : 72Pixels/Inch(픽셀/인치)
- Color Mode(색상 모드) : RGB Color(RGB 색상), 8bit(비트)

01 새 작업 파일을 만들기 위하여 [File(파일)]−[New(새로 만들기)]([Ctrl]+[N])를 선택하고 문제지의 조건과 같이 설정하여 새 작업 파일을 만듭니다.

02 [View(보기)]−[Rulers(눈금자)]([Ctrl]+[R])와 [View(보기)]−[Show(표시)]−[Grid(격자)]([Ctrl]+[']')를 선택하여 눈금자와 격자를 표시합니다.

03 작업 파일을 저장하기 위하여 [File(파일)]−[Save As(다른 이름으로 저장)]([Shift]+[Ctrl]+[S])를 선택하고 답안폴더(내PC₩문서₩GTQ)에 '수험번호−성명−3.psd'로 저장합니다.

02 배경색 적용

《조건》

배경색 : #ffffbb

01 배경을 채울 색상을 선택하기 위하여 Tool Box(도구 상자) 하단의 [Background Color(배경색)]을 클릭하고 '#ffffbb'로 설정합니다.

02 설정한 색으로 채우기 위하여 Ctrl+Delete 를 눌러 배경색을 채웁니다.

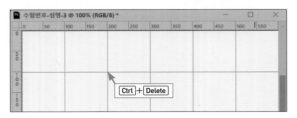

03 필터 적용 및 레이어 마스크 합성

《사용소스》

PART 04 〉 기출 유형 문제 02회 〉 2급—5.jpg

《조건》

2급—5.jpg : 필터 – Paint Daubs(페인트 덥스), 레이어 마스크 – 가로 방향으로 흐릿하게

01 [File(파일)]—[Open(열기)]([Ctrl]+[O])을 선택하여 2급—5.jpg를 불러옵니다. [Image(이미지)]—[Image Size(이미지 크기)]를 선택하여 'Width(폭) : 600Pixels(픽셀)'로 설정하여 크기를 줄여줍니다. [Ctrl]+[A]를 눌러서 전체 이미지를 선택하고 [Ctrl]+[C]를 눌러 복사한 후 작업 파일에 [Ctrl]+[V]로 붙여넣습니다.

02 필터를 적용하기 위하여 [Filter(필터)]—[Filter Gallery(필터 갤러리)]—[Artistic(예술 효과)]—[Paint Daubs(페인트 덥스)]를 선택하고 [OK(확인)]를 클릭합니다.

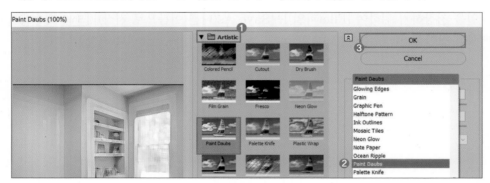

03 Layer(레이어) 패널 하단 Add layer mask(레이어 마스크 추가, 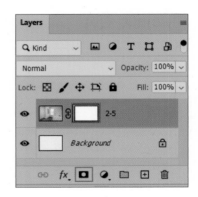)를 클릭하여 마스크를 추가합니다.

04 레이어 마스크를 부드럽게 적용하기 위하여 Gradient Tool(그레이디언트 도구, ▣)를 선택하고 [Options Bar(옵션 바)]에서 Select and manage Gradient preset(그레이디언트 사전 설정 선택 및 관리)를 클릭합니다. [Basics(기본 사항)]에서 'Black, White(검정, 흰색), Type(유형) : Linear Gradient(선형 그레이디언트), Mode(모드) : Normal(표준), Opacity (불투명도) : 100%'로 설정하여 좌측부터 우측까지 드래그합니다.

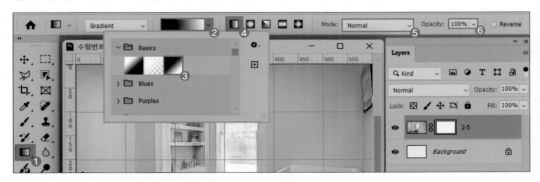

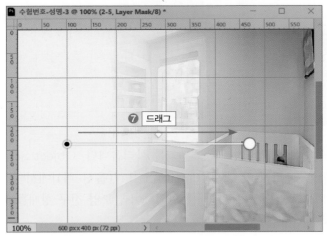

04 이미지 합성

《사용소스》

PART 04 〉 기출 유형 문제 02회 〉 2급—6.jpg/2급—7.jpg/2급—8.jpg

《조건》

• 2급—6.jpg : 레이어 스타일 – Drop Shadow(그림자 효과)
• 2급—7.jpg : 레이어 스타일 – Inner Glow(내부 광선)
• 2급—8.jpg : 레이어 스타일 – Outer Glow(외부 광선)

01 [File(파일)]–[Open(열기)]([Ctrl]+[O])을 선택하여 2급—6.jpg를 불러옵니다. Object Selec-tion Tool(개체 선택 도구, ▣)을 클릭하고 상단 [Options Bar(옵션 바)]에서 'New Selection(새 선택 영역), Mode(모드) : Lasso(올가미)'를 선택하여 블록 형태를 따라 드래그합니다.

02 선택한 블록 이미지는 [Ctrl]+[C]를 눌러서 복사하고 작업 파일에 [Ctrl]+[V]를 눌러 붙여 넣습니다. [Ctrl]+[T]를 눌러서 이미지 크기를 출력형태와 같이 조절한 후 [Enter]를 누릅니다.

03 블록 레이어를 선택하고 Layer(레이어) 패널 하단 Add a layer style(레이어 스타일 추가, [fx.])을 클릭하여 Drop Shadow(그림자)를 선택하고 'Opacity(불투명도) : 75%, Angle(각도) : 125°, Distance(거리) : 5px, Size(크기) : 5px'을 설정합니다.

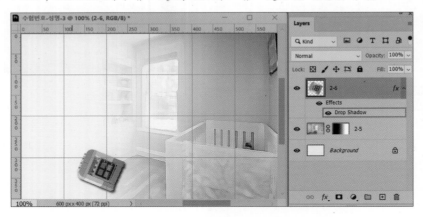

04 [File(파일)]–[Open(열기)]([Ctrl]+[O])을 선택하여 2급—7.jpg를 불러옵니다. Object Selec-tion Tool(개체 선택 도구, ▣)을 클릭하고 상단 [Options Bar(옵션 바)]에서 'New Selection(새 선택 영역), Mode(모드) : Lasso(올가미)'를 선택하여 달모양 전구 형태를 따라 드래그합니다.

05 선택한 달모양 전구 이미지는 [Ctrl]+[C]를 눌러서 복사하고 작업 파일에 [Ctrl]+[V]를 눌러 붙여 넣습니다. [Ctrl]+[T]를 눌러서 이미지 크기를 출력형태와 같이 조절한 후 [Enter]를 누릅니다.

06 달모양 전구 레이어를 선택하고 Layer(레이어) 패널 하단 Add a layer style(레이어 스타일 추가, *fx.*)을 클릭하여 [Inner Glow (내부 광선)]를 선택하고 'Opacity(불투명도) : 75%, Size(크기) : 5px'로 설정합니다.

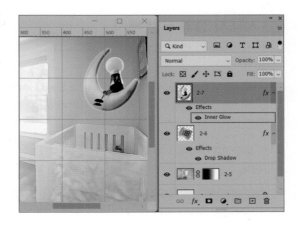

07 [File(파일)]–[Open(열기)]([Ctrl]+[O])을 선택하여 2급–8.jpg를 불러옵니다. Object Selection Tool(개체 선택 도구, *로고*)을 클릭하고 상단 [Options Bar(옵션 바)]에서 'New Selection(새 선택 영역), Mode(모드) : Lasso(올가미)'를 선택하여 장난감 형태를 따라 드래그합니다. Quick Selection Tool(빠른 선택 도구, *로고*)과 Polygonal Lasso Tool(다각형 올가미 도구, *로고*)로 영역 추가 및 영역 삭제 작업을 추가합니다.

08 선택한 장난감 이미지는 [Ctrl]+[C]를 눌러서 복사하고 작업 파일에 [Ctrl]+[V]로 붙여 넣습니다. [Ctrl]+[T]를 눌러서 이미지 크기를 출력형태와 같이 조절한 후 [Enter]를 누릅니다.

09 장난감 레이어를 선택하고 Layer(레이어) 패널 하단 Add a layer style(레이어 스타일 추가, *fx.*)을 클릭하여 [Outer Glow(외부 광선)]를 선택하고 'Opacity(불투명도) : 75%, Size(크기) : 5px'로 설정합니다.

10 Layer(레이어) 패널에서 장난감 레이어를 선택하고 블록 레이어 아래쪽으로 드래그하여 배치를 변경합니다.

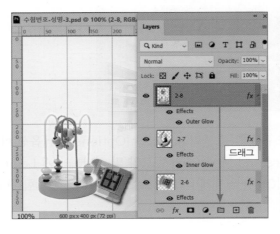
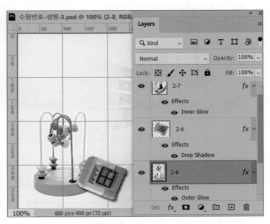

05 사용자 정의 모양 배치

《조건》
- 타일 모양 : #ccaa00, 레이어 스타일 – Inner Shadow(내부 그림자)
- 퍼즐 모양 : 레이어 스타일 – 그라디언트 오버레이(#cc6600, #ffffff), Drop Shadow(그림자 효과)

01 Custom Shape Tool(사용자 정의 모양 도구, [아이콘])를 클릭하고 상단 [Options Bar(옵션 바)]
에서 'Shape(모양), Fill(칠) : #ccaa00, Stroke(획) : No Color(색상 없음)'로 설정합니다.

02 나선형 모양 도형을 선택하기 위하여 목록 단추를 클릭하고 [Legacy Shapes and More(레
거시 모양 및 기타)]–[All Legacy Default Shapes(모든 레거시 기본 모양)]–[Tiles(타일)]–
[Tile 4(타일 4)]을 선택합니다.

03 출력형태에 맞추어 도형을 그린 후 Layer(레이어) 패널 하단에서 Add a layer style(레이어
스타일 추가, [fx.])을 클릭하여 [Inner Shadow(내부 그림자)]를 선택하고 'Opacity(불투명도)
: 75%, Angle(각도) : 125°, Distance(거리) : 5px, Size(크기) : 5px'로 설정합니다.

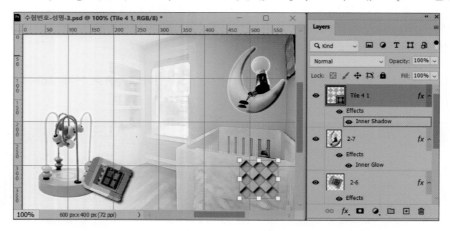

04 Custom Shape Tool(사용자 정의 모양 도구, [아이콘])를 클릭하고 상단 [Options Bar(옵션 바)]
에서 목록 단추를 클릭하여 [Legacy Shapes and More(레거시 모양 및 기타)]–[All Legacy
Default Shapes(모든 레거시 기본 모양)]–[Objects(개체)]–[Puzzle 2(퍼즐 2)]을 선택합니다.

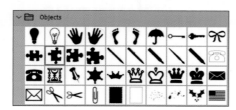

05 출력형태에 맞추어 도형을 그린 후 Layer(레이어) 패널 하단에서 Add a layer style(레이어 스타일 추가, fx.)을 클릭하여 [Drop Shadow(그림자)]를 선택하고 'Opacity(불투명도) : 75%, Angle(각도) : 125°, Distance(거리) : 5px, Size(크기) : 5px'을 설정합니다.

06 Layer Style(레이어 스타일) 창에서 [Gradient Overlay(그레이디언트 오버레이)]를 선택하고 Click to edit the gradient(클릭하여 그레이디언트 편집)를 선택하면 Gradient Editor(그레이디언트 편집기)가 열립니다. 좌측 하단 [Color Stop(색상 정지점)]을 더블 클릭하여 '#cc6600', 우측 하단 [Color Stop(색상 정지점)]을 더블 클릭하여 '#ffffff'로 입력하고 'Style(스타일) : Radial(방사형), Revrse(반전) : 체크'로 설정한 후 [OK(확인)]를 클릭합니다.

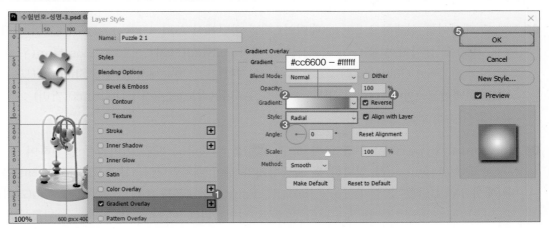

06 문자 입력

《조건》

① 아이의 소근육을 키우는 재미있는 놀이 시간 (굴림, 16pt, 22pt, #0066ff, #ee5500, 레이어 스타일 – Stroke(선/획)(2px, #ffffff), Drop Shadow(그림자 효과))

② Fine Motor Development (Time New Roman, Bold, 48pt, 레이어 스타일 – 그라디언트 오버레이(#44cc00, #116600), Stroke(선/획)(2px, #ffffff), Inner Shadow(내부 그림자))

01 Horizontal Type Tool(수평 문자 도구, T.)를 선택하고 상단 [Options Bar(옵션 바)]에서 'Font(글꼴) : 굴림, Size(크기) : 16pt, Set anti-aliasing method(안티 앨리어싱 방법 설정) : Sharp(선명하게), Right Align Text(텍스트 오른쪽 맞춤), Set text color(텍스트 색상 설정) : #0066ff'로 설정합니다.

02 작업 이미지를 클릭하고 '아이의 소근육을 키우는 재미있는 놀이 시간'를 입력한 후 출력형태와 같이 배치합니다. 입력한 텍스트 중에서 '재미있는 놀이 시간' 부분만 블록 선택하여 'Size(크기) : 22pt, Set text color(텍스트 색상 설정) : #ee5500'으로 설정합니다.

03 텍스트 레이어를 선택하고 Layer(레이어) 패널 하단에서 Add a layer style(레이어 스타일 추가, *fx.*)을 클릭하여 [Stroke(획)]를 선택하고 'Size(크기) : 2px, Position(위치) : Outside(바깥쪽), Color(색상) : #ffffff'로 설정합니다. 계속해서 [Drop Shadow(드롭 섀도)]를 선택하고 'Opacity(불투명도) : 75%, Angle(각도) : 125°, Distance(거리) : 5px, Size(크기) : 5px'을 설정합니다.

04 Horizontal Type Tool(수평 문자 도구, **T.**)를 선택하고 작업 이미지를 클릭하여 'Fine Motor Development'를 입력한 후 출력형태와 같이 배치합니다. 상단 [Options Bar(옵션 바)]에서 'Font(글꼴) : Time New Roman, Font Style(폰트 스타일) : Bold, Size(크기) : 48pt, Left Align Text(텍스트 왼쪽 맞춤)'로 설정합니다. Create Warp Text(뒤틀어진 텍스트 만들기, **T.**)를 선택하고 [Warp Text(텍스트 뒤틀기)] 창에서 'Style(스타일) : Wave(파형), Bend(구부리기) : +50%'로 설정하여 [OK(확인)]를 클릭합니다.

05 텍스트 레이어를 선택하고 Layer(레이어) 패널 하단에서 Add a layer style(레이어 스타일 추가, *fx.*)을 클릭하여 [Stroke(획)]를 선택하고 'Size(크기) : 2px, Position(위치) : Outside(바깥쪽), Color(색상) : #ffffff'로 설정합니다. 계속해서 [Inner Shadow(내부 그림자)]를 선택하고 'Opacity(불투명도) : 75%, Angle(각도) : 125°, Distance(거리) : 5px, Size(크기) : 5px'로 설정합니다.

06 Layer Style(레이어 스타일) 창에서 [Gradient Overlay(그레이디언트 오버레이)]를 선택하고 Click to edit the gradient(클릭하여 그레이디언트 편집)를 선택하면 Gradient Editor(그레이디언트 편집기)가 열립니다. 좌측 하단 [Color Stop(색상 정지점)]을 더블 클릭하여 '#44cc00', 우측 하단 [Color Stop(색상 정지점)]을 더블 클릭하여 '#116600'으로 입력하고 [Angle(각도) : -90°]로 설정합니다.

07 파일 저장

《조건》
- JPG 파일 : 문서₩GTQ₩수험번호-성명-3.jpg / 크기 : 600*400pixels
- PSD 파일 : 문서₩GTQ₩수험번호-성명-3.psd / 크기 : 60*40pixels

01 최종적으로 작업 파일의 이미지 위치, 레이어 순서, 레이어 스타일을 점검하고 [View(보기)]-[Show(표시)]-[Grid(격자)]([Ctrl]+['])를 선택하여 격자를 끕니다.

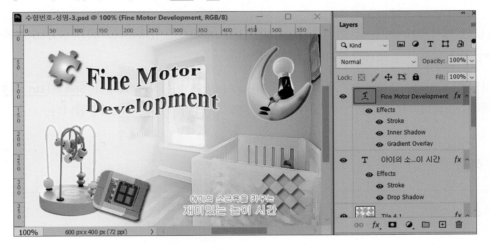

02 [File(파일)]-[Save As a Copy(다른 이름으로 저장)]([Alt]+[Ctrl]+[S])를 선택하여 '저장 위치 : 내PC₩문서₩GTQ, 파일 이름 : 수험번호-성명-3, 파일 형식 : JPEG'로 저장합니다. [JPEG Options(JPEG 옵션)] 창에서 'Quality(품질) : 12'를 확인합니다.

03 [Image(이미지)]-[Image Size(이미지 크기)]([Alt]+[Ctrl]+[I])를 선택하여 [Image Size(이미지 크기)] 창에서 'Width(폭) : 60Pixels(픽셀), Height(높이) : 40Pixels(픽셀)'을 입력하여 이미지 크기를 1/10로 축소합니다.

04 [File(파일)]-[Save As(다른 이름으로 저장)]([Shift]+[Ctrl]+[S])을 선택하여 '저장 위치 : 내PC₩문서₩GTQ, 파일 이름 : 수험번호-성명-3, 파일 형식 : PSD'로 저장합니다. 답안 전송 프로그램에서 [답안 전송]을 선택하여 jpg, psd 파일을 감독관 컴퓨터로 전송합니다.

[실무응용] 이벤트 페이지 제작

작업순서 ① 새 작업 파일 만들기 ▶ ② 필터 적용 ▶ ③ 이미지 합성 및 불투명도 ▶ ④ 클리핑 마스크 ▶ ⑤ 사용자 정의 모양 배치 ▶ ⑥ 문자 입력 ▶ ⑦ 파일 저장

01 새 작업 파일 만들기

《조건》
- Width(폭) : 600Pixels(픽셀)
- Height(높이) : 400Pixels(픽셀)
- Resolution(해상도) : 72Pixels/Inch(픽셀/인치)
- Color Mode(색상 모드) : RGB Color(RGB 색상), 8bit(비트)

01 새 작업 파일을 만들기 위하여 [File(파일)]−[New(새로 만들기)]([Ctrl]+[N])를 선택하고 문제 지의 조건과 같이 설정하여 새 작업 파일을 만듭니다.

02 [View(보기)]−[Rulers(눈금자)]([Ctrl]+[R])와 [View(보기)]−[Show(표시)]−[Grid(격자)] ([Ctrl]+['])를 선택하여 눈금자와 격자를 표시합니다.

03 작업 파일을 저장하기 위하여 [File(파일)]−[Save As(다른 이름으로 저장)]([Shift]+[Ctrl]+[S]) 를 선택하고 답안폴더(내PC₩문서₩GTQ)에 '수험번호−성명−4.psd'로 저장합니다.

02 필터 적용

《사용소스》
PART 04 〉 기출 유형 문제 02회 〉 2급−9.jpg

《조건》
2급−9.jpg : 필터 − Texturizer(텍스처화)

01 [File(파일)]−[Open(열기)]([Ctrl]+[O])을 선택하여 2급−9.jpg를 불러옵니다. [Image(이미 지)]−[Image Size(이미지 크기)]를 선택하여 'Width(폭) : 600Pixels(픽셀)'로 설정하여 크 기를 줄여줍니다. [Ctrl]+[A]를 눌러서 전체 이미지를 선택하고 [Ctrl]+[C]를 눌러 복사한 후 작 업 파일에 [Ctrl]+[V]로 붙여넣습니다. [Ctrl]+[T]를 눌러서 방향을 좌우반전하기 위하여 마우스 오른쪽 버튼을 누릅니다. Flip Horizontal(가로로 뒤집기)을 선택하여 반전시킨 이미지를 적 절히 배치하고 [Enter]를 누릅니다.

02 필터를 적용하기 위하여 [Filter(필터)]-[Filter Gallery(필터 갤러리)]-[Texture(텍스처)]-[Texturizer(텍스처화)]를 선택하고 [OK(확인)]를 클릭합니다.

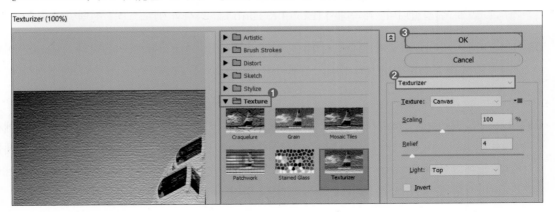

03 이미지 합성 및 불투명도

> **《사용소스》**
>
> PART 04 〉 기출 유형 문제 02회 〉 2급-10.jpg/2급-11.jpg/2급-13.jpg
>
> **《조건》**
> • 2급-10.jpg : 레이어 스타일 – Bevel & Emboss(경사와 엠보스), Outer Glow(외부 광선)
> • 2급-11.jpg : 레이어 스타일 – Inner Glow(내부 광선), Opacity(불투명도)(70%)
> • 2급-13.jpg : 레이어 스타일 – Drop Shadow(그림자 효과)

01 [File(파일)]-[Open(열기)]([Ctrl]+[O])을 선택하여 2급-10.jpg를 불러옵니다. [Image(이미지)]-[Image Size(이미지 크기)]를 선택하여 'Width(폭) : 600Pixels(픽셀)'로 설정하여 크기를 줄여줍니다.

02 Object Selection Tool(개체 선택 도구, 🔲)을 클릭하고 상단 [Options Bar(옵션 바)]에서 'New Selection(새 선택 영역), Mode(모드) : Lasso(올가미)'를 선택하여 풍선 형태를 따라 드래그합니다. Quick Selection Tool(빠른 선택 도구, 🖌️)과 Polygonal Lasso Tool(다각형 올가미 도구, 🔽)로 영역 추가 및 영역 삭제 작업을 추가합니다.

03 선택한 풍선 이미지는 [Ctrl]+[C]를 눌러서 복사하고 작업 파일에 [Ctrl]+[V]를 눌러 붙여 넣습니다. [Ctrl]+[T]를 눌러서 방향을 좌우반전하기 위하여 마우스 오른쪽 버튼을 누릅니다. Flip Horizontal(가로로 뒤집기)을 선택하여 반전시킨 이미지를 적절히 배치하고 [Enter]를 누릅니다.

04 풍선 레이어를 선택하고 Layer(레이어) 패널 하단 Add a layer style(레이어 스타일 추가, [fx.])을 클릭하여 [Outer Glow(외부 광선)]를 선택하고 'Opacity(불투명도) : 75%, Size(크기) : 5px'로 설정합니다. 계속해서 [Bevel & Emboss(경사와 엠보스)]를 선택합니다.

05 [File(파일)]-[Open(열기)]([Ctrl]+[O])을 선택하여 2급-11.jpg를 불러옵니다. [Image(이미지)]-[Image Size(이미지 크기)]를 선택하여 'Width(폭) : 600Pixels(픽셀)'로 설정하여 크기를 줄여줍니다.

06 Object Selection Tool(개체 선택 도구, [▣])을 클릭하고 상단 [Options Bar(옵션 바)]에서 'New Selection(새 선택 영역), Mode(모드) : Lasso(올가미)'를 선택하여 롤러코스터 형태를 따라 드래그합니다. Quick Selection Tool(빠른 선택 도구, [✎])과 Polygonal Lasso Tool(다각형 올가미 도구, [✈])로 영역 추가 및 영역 삭제 작업을 추가합니다.

07 선택한 롤러코스터 이미지는 [Ctrl]+[C]를 눌러서 복사하고 작업 파일에 [Ctrl]+[V]를 눌러 붙여 넣습니다. [Ctrl]+[T]를 눌러서 이미지 크기를 출력형태와 같이 조절한 후 [Enter]를 누릅니다.

08 롤러코스터 레이어를 선택하고 Layer(레이어) 패널 하단 Add a layer style(레이어 스타일 추가, [fx.])을 클릭하여 [Inner Glow(내부 광선)]를 선택하고 'Opacity(불투명도) : 75%, Size(크기) : 5px'로 설정합니다

09 이미지의 불투명도를 설정하기 위하여 [Layer(레이어)] 패널의 우측 상단 'Opacity(불투명도) : 70%'로 입력합니다.

 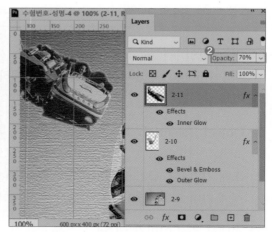

10 [File(파일)]-[Open(열기)]([Ctrl]+[O])을 선택하여 2급-13.jpg를 불러옵니다. [Image(이미지)]-[Image Size(이미지 크기)]를 선택하여 'Width(폭) : 600Pixels(픽셀)'로 설정하여 크기를 줄여줍니다.

11 Object Selection Tool(개체 선택 도구, 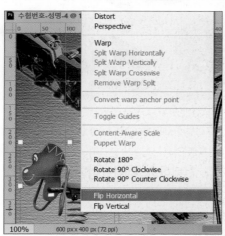)을 클릭하고 상단 [Options Bar(옵션 바)]에서 'New Selection(새 선택 영역), Mode(모드) : Lasso(올가미)'를 선택하여 의자 형태를 따라 드래그합니다. Quick Selection Tool(빠른 선택 도구,)과 Polygonal Lasso Tool(다각형 올가미 도구,)로 영역 추가 및 영역 삭제 작업을 추가합니다.

12 선택한 의자 이미지는 Ctrl + C 를 눌러서 복사하고 작업 파일에 Ctrl + V 를 눌러 붙여 넣습니다. Ctrl + T 를 눌러서 이미지 크기를 출력형태와 같이 조절한 후 방향을 좌우반전하기 위하여 마우스 오른쪽 버튼을 누릅니다. Flip Horizontal(가로로 뒤집기)을 선택하여 반전시킨 이미지를 적절히 배치하고 Enter 를 누릅니다.

13 의자 레이어를 선택하고 Layer(레이어) 패널 하단 Add a layer style(레이어 스타일 추가,)를 클릭하여 [Drop Shadow(그림자)]를 선택하고 'Opacity(불투명도) : 75%, Angle(각도) : 125°, Distance(거리) : 5px, Size(크기) : 5px'를 설정합니다.

🔟 클리핑 마스크

《사용소스》

PART 04 〉 기출 유형 문제 02회 〉 2급-12.jpg

《조건》

• 2급-12.jpg : 필터 – Film Grain(필름 그레인)
• 얼룩 모양 : 레이어 스타일 – Stroke(선/획)(3px, #ffffff), Inner Shadow(내부 그림자)

01 클리핑 마스크를 위한 도형을 제작하기 위하여 Custom Shape Tool(사용자 정의 모양 도구,)를 클릭하고 상단 [Options Bar(옵션 바)]에서 'Shape(모양), Fill(칠) : #000000, Stroke(획) : No Color(색상 없음)'로 설정합니다.

02 얼룩 모양 도형을 선택하기 위하여 목록 단추를 클릭하고 [Legacy Shapes and More(레거시 모양 및 기타)]−[All Legacy Default Shapes(모든 레거시 기본 모양)]−[Shapes(모양)]−[Blob 1(얼룩 1)]을 선택하고 출력형태와 같이 배치합니다.

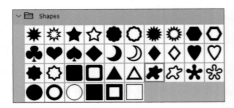 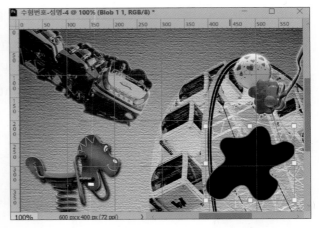

03 [File(파일)]−[Open(열기)]([Ctrl]+[O])을 선택하여 2급−12.jpg를 불러옵니다. [Image(이미지)]−[Image Size(이미지 크기)]를 선택하여 'Height(높이) : 400Pixels(픽셀)'로 설정하여 크기를 줄여줍니다. [Ctrl]+[A]를 눌러서 전체 이미지를 선택하고 [Ctrl]+[C]를 눌러 복사한 후 작업 파일에 [Ctrl]+[V]로 붙여넣습니다.

04 클리핑 마스크를 적용하기 위하여 이미지 레이어를 선택한 후 마우스 오른쪽 버튼을 누르고 Create Clipping Mask(클리핑 마스크 만들기)를 선택합니다. [Ctrl]+[T]를 눌러서 이미지 크기를 출력형태와 같이 적절히 배치하고 [Enter]를 누릅니다.

05 이미지에 필터를 적용하기 위하여 [Filter(필터)]−[Filter Gallery(필터 갤러리)]−[Artistic(예술 효과)]−[Film Grain(필름 그레인)]를 선택합니다.

06 얼룩 모양 도형 레이어를 선택하고 Layer(레이어) 패널 하단에서 Add a layer style(레이어 스타일 추가, [fx.])을 클릭하여 [Inner Shadow(내부 그림자)]를 선택하고 'Opacity(불투명도) : 75%, Angle(각도) : 125°, Distance(거리) : 5px, Size(크기) : 5px'을 설정합니다. 계속해 서 [Stroke(획)]를 선택하고 'Size(크기) : 3px, Position(위치) : Outside(바깥쪽), Color(색 상) : #ffffff'로 설정합니다.

05 사용자 정의 모양 배치

> **《조건》**
>
> - 색종이 조각 모양 : #ffffff, 레이어 스타일 – Outer Glow(외부 광선)
> - 등록 대상 모양 : 레이어 스타일 – 그라디언트 오버레이(#00aa11, #660066), Drop Shadow(그림자 효과), Opacity(불투 명도)(70%)

01 Layer(레이어) 패널에서 가장 위쪽에 배치된 레이어를 선택한 후 Custom Shape Tool(사용 자 정의 모양 도구, [✿])를 클릭하고 상단 [Options Bar(옵션 바)]에서 'Shape(모양), Fill(칠) : #ffffff, Stroke(획) : No Color(색상 없음)'로 설정합니다.

02 색종이 조각 모양 도형을 선택하기 위하여 목록 단추를 클릭하고 [Legacy Shapes and More(레거시 모양 및 기타)]–[All Legacy Default Shapes(모든 레거시 기본 모양)]– [Objects(개체)]–[Confetti(색종이 조각)]를 선택합니다.

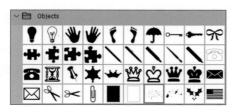

03 출력형태에 맞추어 도형을 그린 후 Layer(레이어) 패널 하단에서 Add a layer style(레이어 스타일 추가, [fx.])을 클릭하여 [Outer Glow(외부 광선)]를 선택하고 'Opacity(불투명도) : 75%, Size(크기) : 5px'로 설정합니다.

04 Custom Shape Tool(사용자 정의 모양 도구, 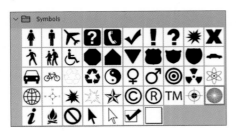)를 클릭하고 등록 대상 모양 도형을 선택하기 위하여 목록 단추를 클릭하여 [Legacy Shapes and More(레거시 모양 및 기타)]-[All Legacy Default Shapes(모든 레거시 기본 모양)]-[Symbols(기호)]-[Registration Target 2(등록 대상 2)]을 선택합니다.

05 출력형태에 맞추어 도형을 그린 후 Layer(레이어) 패널 하단에서 Add a layer style(레이어 스타일 추가, *fx.*)을 클릭하여 [Drop Shadow(그림자)]를 선택하고 'Opacity(불투명도) : 75%, Angle(각도) : 125°, Distance(거리) : 5px, Size(크기) : 5px'을 설정합니다.

06 Layer Style(레이어 스타일) 창에서 [Gradient Overlay(그레이디언트 오버레이)]를 선택하고 Click to edit the gradient(클릭하여 그레이디언트 편집)를 선택하면 Gradient Editor(그레이디언트 편집기)가 열립니다. 좌측 하단 [Color Stop(색상 정지점)]을 더블 클릭하여 '#00aa11', 우측 하단 [Color Stop(색상 정지점)]을 더블 클릭하여 '#660066'으로 입력하고 'Angle(각도) : 0°'로 설정합니다.

07 도형의 불투명도를 70%로 설정하기 위하여 [Layer(레이어)] 패널의 우측 상단 'Opacity(불투명도) : 70%'로 입력합니다.

08 Layer(레이어) 패널에서 등록 대상 모양 레이어를 선택하고 풍선 레이어 아래쪽으로 드래그하여 배치를 수정합니다.

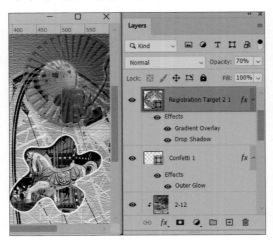

06 문자 입력

01 Horizontal Type Tool(수평 문자 도구, T.)를 선택하고 상단 [Options Bar(옵션 바)]에서 'Font(글꼴) : 궁서, Size(크기) : 36pt, Set anti-aliasing method(안티 앨리어싱 방법 설정) : Sharp(선명하게)'로 설정합니다.

02 작업 이미지를 클릭하고 '꿈과 마법이 가득한 네버랜드'를 입력한 후 출력형태와 같이 배치합니다. 상단 [Options Bar(옵션 바)]에서 Create Warp Text(뒤틀어진 텍스트 만들기, 工)를 선택하고 [Warp Text(텍스트 뒤틀기)] 창에서 'Style(스타일) : Flag(깃발), Bend(구부리기) : +100%'로 설정한 후 [OK(확인)]를 클릭합니다.

03 텍스트 레이어를 선택하고 Layer(레이어) 패널 하단에서 Add a layer style(레이어 스타일 추가, fx.)을 클릭하여 [Stroke(획)]를 선택하고 'Size(크기) : 2px, Position(위치) : Outside (바깥쪽), Color(색상) : #333333'으로 설정합니다.

04 Layer Style(레이어 스타일) 창에서 [Gradient Overlay(그레이디언트 오버레이)]를 선택하고 Click to edit the gradient(클릭하여 그레이디언트 편집)를 선택하면 Gradient Editor(그레이디언트 편집기)가 열립니다. 좌측 하단 [Color Stop(색상 정지점)]을 더블 클릭하여 '#ffcc33', 우측 하단 [Color Stop(색상 정지점)]을 더블 클릭하여 '#4488ff'로 입력하고 'Angle(각도) : 0°'로 설정한 후 [OK(확인)]를 클릭합니다.

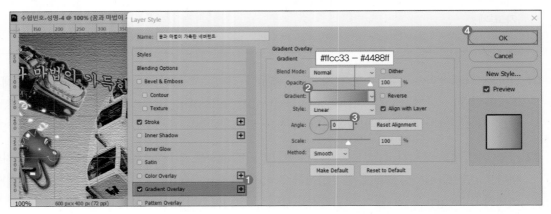

05 Horizontal Type Tool(수평 문자 도구, **T.**)를 선택하고 작업 이미지를 클릭하여 '아이들의 상상은 현실이 됩니다'를 입력한 후 출력형태와 같이 배치합니다. 상단 [Options Bar(옵션 바)]에서 'Font(글꼴) : 굴림, Size(크기) : 16pt, Set text color(텍스트 색상 설정) : #660066'으로 설정합니다.

06 상단 [Options Bar(옵션 바)]에서 Create Warp Text(뒤틀어진 텍스트 만들기, **工**)를 선택하고 [Warp Text(텍스트 뒤틀기)] 창에서 'Style(스타일) : Arch(아치), Bend(구부리기) : -30%'로 설정합니다.

07 텍스트 레이어를 선택하고 Layer(레이어) 패널 하단에서 Add a layer style(레이어 스타일 추가, **fx.**)을 클릭하여 [Drop Shadow(그림자)]를 선택하고 'Opacity(불투명도) : 75%, Angle(각도) : 125°, Distance(거리) : 5px, Size(크기) : 5px'을 설정합니다. 계속해서 [Stroke(획)]를 선택하고 'Size(크기) : 2px, Position(위치) : Outside(바깥쪽), Color(색상) : #ffbbff'로 설정합니다.

08 Horizontal Type Tool(수평 문자 도구, **T.**)를 선택하고 작업 이미지를 클릭하여 'Welcome to NeverLand'를 입력한 후 출력형태와 같이 배치합니다. 상단 [Options Bar(옵션 바)]에서 'Font(글꼴) : Time New Roman, Font Style(폰트 스타일) : Bold, Size(크기) : 18pt, Set text color(텍스트 색상 설정) : #ffffff'로 설정합니다.

09 텍스트 레이어를 선택하고 Layer(레이어) 패널 하단에서 Add a layer style(레이어 스타일 추가, `fx.`)을 클릭하여 [Outer Glow(외부 광선)]를 선택하고 'Opacity(불투명도) : 75%, Size(크기) : 5px'로 설정합니다.

07 파일 저장

《조건》
- JPG 파일 : 문서₩GTQ₩수험번호-성명-4.jpg / 크기 : 600*400pixels
- PSD 파일 : 문서₩GTQ₩수험번호-성명-4.psd / 크기 : 60*40pixels

01 최종적으로 작업 파일의 이미지 위치, 레이어 순서, 레이어 스타일을 점검하고 [View(보기)]- [Show(표시)]-[Grid(격자)](`Ctrl`+`'`)를 선택하여 격자를 끕니다.

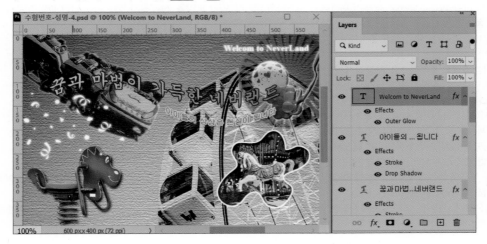

02 [File(파일)]-[Save As a Copy(다른 이름으로 저장)](`Alt`+`Ctrl`+`S`)를 선택하여 '저장 위치 : 내PC₩문서₩GTQ, 파일 이름 : 수험번호-성명-4, 파일 형식 : JPEG'로 저장합니다. [JPEG Options(JPEG 옵션)] 창에서 'Quality(품질) : 12'를 확인합니다.

03 [Image(이미지)]-[Image Size(이미지 크기)](`Alt`+`Ctrl`+`I`)를 선택하여 Image Size(이미지 크기) 창에서 'Width(폭) : 60Pixels(픽셀), Height(높이) : 40Pixels(픽셀)'을 입력하여 이미지 크기를 1/10로 축소합니다.

04 [File(파일)]-[Save As(다른 이름으로 저장)](`Shift`+`Ctrl`+`S`)을 선택하여 '저장 위치 : 내 PC₩문서₩GTQ, 파일 이름 : 수험번호-성명-4, 파일 형식 : PSD'로 저장합니다. 답안 전송 프로그램에서 [답안 전송]을 선택하여 jpg, psd 파일을 감독관 컴퓨터로 전송합니다.

급수	문제유형	시험시간	수험번호	성명
2급	A	90분	G220250003	

수험자 유의사항

- 수험자는 문제지를 받는 즉시 응시하고자 하는 **과목 및 급수가 맞는지 확인**한 후 수험번호와 성명을 작성합니다.
- 파일명은 본인의 '수험번호-성명-문제번호'로 공백 없이 정확히 입력하고 답안폴더(내 PC\문서\GTQ)에 jpg 파일과 psd 파일의 2가지 포맷으로 저장해야 하며, jpg 파일과 psd 파일의 내용이 상이할 경우 0점 처리됩니다.
- 답안문서 파일명이 '수험번호-성명-문제번호'와 일치하지 않거나, 답안 파일을 '전송'하지 않는 경우 **답안 파일 미제출**로 불합격 처리됩니다.
- 문제의 세부 조건은 '영문(한글)' 형식으로 표기되어 있으니 유의하시길 바랍니다.
- 수험자 정보와 저장한 파일명, 저장 위치가 다를 경우 전송이 되지 않으므로, 주의하시길 바랍니다.
- 답안 작성 중에도 주기적으로 '저장'과 '답안 전송'을 이용하여 감독위원 PC로 답안을 전송하셔야 합니다. (작업한 내용을 저장하지 않고 답안을 전송할 경우 이전의 저장 내용이 전송되오니 이점 반드시 유념하시기 바랍니다.)
- 모든 수험자는 동일한 환경에서 시험이 시작되며 '작업환경 설정'은 시험 시간 내에 진행합니다. (시험 시작 전 '작업환경 설정' 불가, 소프트웨어 이상 유무만 확인)
- 답안문서는 지정된 경로 외의 다른 보조기억장치에 저장하는 행위, 지정된 시험 시간 외에 작성된 파일을 활용한 행위, 기타 허용되지 않은 프로그램(이메일, 메신저, 게임, 네트워크, 윈도우계산기, 스톱워치 등) 이용 시 부정행위로 간주 되어 자격기본법 제32조에 의거 본 시험 및 국가공인 자격시험을 2년간 응시할 수 없습니다.
- 시험 중 부주의 또는 고의로 시스템을 파손한 경우와 (수험자 유의사항)에 기재된 방법대로 이행하지 않아 생기는 불이익은 수험자의 책임임을 알려 드립니다.
- 시험을 완료한 수험자는 최종적으로 저장한 답안파일이 전송되었는지 확인한 후 감독위원의 지시에 따라 문제지를 제출하고 퇴실합니다.

답안 작성요령

- 온라인 답안 작성 절차
  수험자 등록 ⇒ 시험 시작 ⇒ 답안파일 저장 ⇒ 답안 전송 ⇒ 시험 종료
- 내 PC\문서\GTQ\image폴더에 있는 그림 원본파일을 사용하여 답안을 작성하시고 최종답안을 답안폴더(내 PC\문서\GTQ)에 저장하여 답안을 전송하시고, 이미지의 크기가 다른 경우 감점 처리됩니다.
- 배점은 총 100점으로 이루어지며, 점수는 각 문제별로 차등 배분됩니다.
- 각 문제는 주어진 〈조건〉에 따라 작성하고, 언급하지 않은 〈조건〉은 〈출력형태〉와 같이 작성합니다.
- 문제 〈조건〉과 〈출력형태〉에서 차이가 발생할 경우 **문제에서 지정한 〈조건〉에 따라 작업**해 주시기 바랍니다.
- 배치 등의 편의를 위해 주어진 눈금자의 단위는 '픽셀'입니다.
  그 외는 출력형태(효과, 이미지, 문자, 색상, 레이아웃, 규격 등)와 같이 작업하십시오.
- 문제 〈조건〉에 서체의 지정이 없을 경우 한글은 굴림이나 돋움, 영문은 Arial로 작업하십시오.
  (단, 그 외에 제시되지 않은 문자 속성을 기본값으로 작성하지 않은 경우는 감점 처리됩니다.)
- Image Mode(이미지 모드)는 별도의 처리조건이 없을 시 RGB(8비트)로 작업하십시오.
- 모든 답안 파일은 해상도 72 pixels/inch로 작업하십시오.
- Layer(레이어)는 각 기능별로 분할해야 하며, 임의로 합칠 경우나 각 기능에 대한 속성을 해지할 경우 해당 요소는 0점 처리됩니다.

한 국 생 산 성 본 부

다음의 〈조건〉에 따라 아래의 〈출력형태〉와 같이 작업하시오.

조건

원본 이미지	2급-1.jpg		
파일저장규칙	JPG	파일 이름	문서\GTQ\수험번호-성명-1.jpg
		크기	400×500pixels
	PSD	파일 이름	문서\GTQ\수험번호-성명-1.psd
		크기	40×50pixels

출력형태

1. 그림 효과
① 복제 및 변형 : 고추
② Shape Tool(모양 도구) 사용 :
  - 나선 모양 (#ff5555, #ffbbbb, 레이어 스타일 Drop Shadow(그림자 효과))
  - 꽃 모양 (#339900, 레이어 스타일 − Inner Shadow(내부 그림자))

2. 문자 효과
① PASTA (Time New Roman, Bold, 60pt, 레이어 스타일 그라디언트 오버레이(#cc6600, #660066), Stroke(선/획)(2px, #ffffff))

다음의 〈조건〉에 따라 아래의 〈출력형태〉와 같이 작업하시오.

조건

원본 이미지	2급-2.jpg, 2급-3.jpg, 2급-4.jpg		
파일저장규칙	JPG	파일 이름	문서\GTQ\수험번호-성명-2.jpg
		크기	400×500pixels
	PSD	파일 이름	문서\GTQ\수험번호-성명-2.psd
		크기	40×50pixels

출력형태

1. 그림 효과
① 색상 보정 : 2급-3.jpg − 노란색 계열로 보정, 레이어 스타일 Outer Glow(외부 광선)
② 액자 제작 :
  필터 Sponge(스폰지), 안쪽 테두리(5px, #ff9900), 레이어 스타일 Drop Shadow(그림자 효과)
③ 2급-4.jpg : 레이어 스타일 Inner Shadow(내부 그림자)

2. 문자 효과
① Fresh Ingredient (Arial, Bold, 42pt, #996600, #443322, 레이어 스타일 Stroke(선/획)(2px, #ffffff), Drop Shadow(그림자 효과))

다음의 〈조건〉에 따라 아래의 〈출력형태〉와 같이 작업하시오.

조건

원본 이미지	2급-5.jpg, 2급-6.jpg, 2급-7.jpg, 2급-8.jpg		
파일저장규칙	JPG	파일 이름	문서₩GTQ₩수험번호-성명-3.jpg
		크기	600×400pixels
	PSD	파일 이름	문서₩GTQ₩수험번호-성명-3.psd
		크기	60×40pixels

1. 그림 효과
① 배경 : #ffaaaa
② 2급-5.jpg : 필터 Angled Strokes(각진 선), 레이어 마스크 대각선 방향으로 흐릿하게
③ 2급-6.jpg : 레이어 스타일 Drop Shadow(그림자 효과)
④ 2급-7.jpg : 레이어 스타일 Outer Glow(외부 광선)
⑤ 2급-8.jpg : 레이어 스타일 Inner Glow(내부 광선)
⑥ 그 외 〈출력형태〉 참조

2. 문자 효과
① 자연 그대로의 건강 생과일 주스 한 잔! (굴림, 16pt, 20pt, #ffaaaa, #770000, 레이어 스타일 Stroke(선/획)(2px, #ff5599))
② A Treasure Trove of Vitamins (Arial, Bold, 30pt, 레이어 스타일 - 그라디언트 오버레이(#ff66ff, #550055), Stroke(선/획)(2px, #ffffff), Drop Shadow(그림자 효과))

출력형태

Shape Tool(모양 도구) 사용
그라디언트 오버레이
(#ffff66, #ff9900)
Inner Shadow(내부 그림자)

Shape Tool(모양 도구) 사용, #ffffff
Drop Shadow(그림자 효과)
Opacity(불투명도)(70%)

▶ 합격 강의

다음의 〈조건〉에 따라 아래의 〈출력형태〉와 같이 작업하시오.

조건

원본 이미지	2급-9.jpg, 2급-10.jpg, 2급-11.jpg, 2급-12.jpg, 2급-13.jpg		
파일저장규칙	JPG	파일 이름	문서₩GTQ₩수험번호-성명-4.jpg
		크기	600×400pixels
	PSD	파일 이름	문서₩GTQ₩수험번호-성명-4.psd
		크기	60×40pixels

1. 그림 효과

① 2급-9.jpg : 필터 Dry Brush(드라이 브러쉬)
② 2급-10.jpg : 레이어 스타일 Bevel & Emboss(경사와 엠보스), Drop Shadow(그림자 효과)
③ 2급-11.jpg : 레이어 스타일 Outer Glow(외부 광선), Opacity(불투명도)(70%)
④ 2급-12.jpg : 필터 Lens Flare(렌즈 플레어)
⑤ 2급-13.jpg : 레이어 스타일 Drop Shadow(그림자 효과)
⑥ 그 외 〈출력형태〉 참조

2. 문자 효과

① 맛과 재미가 가득한 요리교실 (궁서, 36pt, 24pt, #113366, #6666ff, 레이어 스타일 Stroke(선/획)(2px, #ffffff), Drop Shadow(그림자 효과))
② 함께 요리하는 즐거움을 발견해 보세요 (돋움, 15pt, #333333, Stroke(선/획)(2px, #ffffff))
③ Cooking Class (Arial, Bold, 48pt, 레이어 스타일 - 그라디언트 오버레이(#ffff66, #ffaa00), Drop Shadow(그림자 효과))

출력형태

Shape Tool(모양 도구) 사용
#cc00cc
Drop Shadow(그림자 효과)
Opacity(불투명도)(70%)

Shape Tool(모양 도구) 사용
Stroke(선/획)(3px, #666600)
Inner Shadow(내부 그림자)

Shape Tool(모양 도구) 사용
그라디언트 오버레이(#88ff55, #225500)
Inner Glow(내부 광선)

[기능평가] Tool(도구) 활용

① 새 작업 파일 만들기 ▶ ② 이미지 선택 후 복제 및 변형 ▶ ③ 사용자 정의 모양 배치 ▶ ④ 문자 입력
▶ ⑤ 파일 저장

01 새 작업 파일 만들기

《조건》

• Width(폭) : 400Pixels(픽셀)
• Height(높이) : 500Pixels(픽셀)
• Resolution(해상도) : 72Pixels/Inch(픽셀/인치)
• Color Mode(색상 모드) : RGB Color(RGB 색상), 8bit(비트)

01 새 작업 파일을 만들기 위하여 [File(파일)]–[New(새로 만들기)]([Ctrl]+[N])를 선택하고 문제
지의 조건과 같이 설정하여 새 작업 파일을 만듭니다.

02 작업창의 환경 설정을 위하여 [Edit(편집)]–[Preference(환경 설정)]([Ctrl]+[K])를 선택합니
다. [Guides, Grid & Slices(안내선, 격자와 슬라이스)]를 선택하여 Guides(안내선)의
'Canvas(캔버스) : Light Red(밝은 빨강)', Grid(격자)의 'Gridline every(격자 간격) :
100pixels(픽셀), Subdivisions(세분) : 1'로 설정합니다.

03 [View(보기)]–[Rulers(눈금자)]([Ctrl]+[R])와 [View(보기)]–[Show(표시)]–[Grid(격자)]
([Ctrl]+['])를 선택하여 눈금자와 격자를 표시합니다.

04 작업 파일을 저장하기 위하여 [File(파일)]–[Save As(다른 이름으로 저장)]([Shift]+[Ctrl]+[S])
를 선택하고 답안폴더(내PC₩문서₩GTQ)에 '수험번호–성명–1.psd'로 저장합니다.

02 이미지 선택 후 복제 및 변형

《사용소스》

PART 04 〉 기출 유형 문제 03회 〉 2급–1.jpg

《조건》

복제 및 변형 : 고추

01 [File(파일)]-[Open(열기)]([Ctrl]+[O])을 선택하여 2급-1.jpg를 불러옵니다. [Image(이미지)]-[Image Size(이미지 크기)]를 선택하여 'Height(높이) : 500Pixels(픽셀)'로 설정하여 크기를 줄여줍니다. [Ctrl]+[A]를 눌러서 전체 이미지를 선택하고 [Ctrl]+[C]를 눌러 복사한 후 작업 파일에 [Ctrl]+[V]로 붙여넣습니다. 출력형태를 참고하여 이미지를 배치합니다.

02 Object Selection Tool(개체 선택 도구, ⬚)을 클릭하고 상단 Options Bar(옵션 바)에서 'New Selection(새 선택 영역), Mode(모드) : Lasso(올가미)'를 선택하여 고추 형태를 따라 드래그합니다. Quick Selection Tool(빠른 선택 도구, ✔)과 Polygonal Lasso Tool(다각형 올가미 도구, ✔)로 영역 추가 및 영역 삭제 작업을 추가합니다.

03 선택한 고추를 복사하기 위하여 [Layer(레이어)]–
[New(새로 만들기)]–[Layer Via Copy(복사한 레이
어)]([Ctrl]+[J])를 눌러서 복사합니다. [Edit(편집)]–
[Free Transform(자유변형)]([Ctrl]+[T])을 선택하여
이미지 크기를 출력형태와 같이 조절합니다.

03 사용자 정의 모양 배치

《조건》
• 나선 모양 (#ff5555, #ffbbbb, 레이어 스타일 Drop Shadow(그림자 효과))
• 꽃 모양 (#339900, 레이어 스타일 Inner Shadow(내부 그림자))

01 Custom Shape Tool(사용자 정의 모양 도구, 🎨)를 클릭하고 상단 [Options Bar(옵션 바)]
에서 'Shape(모양), Fill(칠) : #ff5555, Stroke(획) : No Color(색상 없음)'로 설정합니다.

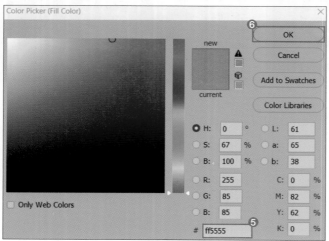

02 나선 모양 도형을 선택하기 위하여 목록 단추를 클릭하고 [Legacy Shapes and More(레거시 모양 및 기타)]-[All Legacy Default Shapes(모든 레거시 기본 모양)]-[Ornaments(장식)]-[Spiral(나선형)]을 선택합니다.

03 출력형태에 맞추어 도형을 그린 후 Layer(레이어) 패널 하단에서 Add a layer style(레이어 스타일 추가, *fx.*)을 클릭하여 [Drop Shadow(그림자)]를 선택하고 'Opacity(불투명도) : 75%, Angle(각도) : 125°, Distance(거리) : 5px, Size(크기) : 5px'로 설정합니다.

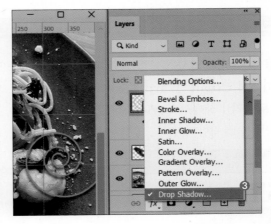

04 완성한 나선 모양을 선택하고 Ctrl + J 를 눌러서 복사한 다음 Ctrl + T 를 눌러 크기와 위치를 출력형태와 같이 배치하고 Enter 를 누릅니다. Layer(레이어) 패널에서 복제한 나선 모양 레이어의 Layer thumbnail(레이어 축소판)을 더블 클릭하여 [Color Picker(색상 피커)] 창에 'Color(색상) : #ffbbbb'를 입력합니다.

05 Custom Shape Tool(사용자 정의 모양 도구, *⛯*)를 클릭하고 상단 [Options Bar(옵션 바)]에서 목록 단추를 클릭하여 [Legacy Shapes and More(레거시 모양 및 기타)]-[All Legacy Default Shapes(모든 레거시 기본 모양)]-[Nature(자연)]-[Flower 1(꽃 1)]을 선택합니다.

06 출력형태에 맞추어 도형을 그린 후 Layer(레이어) 패널 하단에서 Add a layer style(레이어 스타일 추가, *fx.*)을 클릭하여 [Inner Shadow(내부 그림자)]를 선택하고 'Opacity(불투명도) : 75%, Angle(각도) : 125°, Distance(거리) : 5px, Size(크기) : 5px'로 설정합니다.

07 Layer(레이어) 패널에서 꽃 모양 레이어의 Layer thumbnail(레이어 축소판)을 더블 클릭하여 [Color Picker(색상 피커)] 창에 'Color(색상) : #339900'를 입력합니다.

04 문자 입력

《조건》

① PASTA (Time New Roman, Bold, 60pt, 레이어 스타일 그라디언트 오버레이(#cc6600, #660066), Stroke(선/획)
(2px, #ffffff))

01 Horizontal Type Tool(수평 문자 도구, T)를 선택하고 상단 [Options Bar(옵션 바)]에서
'Font(글꼴) : Time New Roman, Font Style(폰트 스타일) : Bold, Size(크기) : 60pt,
Set anti-aliasing method(안티 앨리어싱 방법 설정) : Sharp(선명하게)'로 설정합니다.

02 작업 이미지를 클릭하고 'PASTA'를 입력한 후 출력형태와 같이 배치합니다. 상단 [Options
Bar(옵션 바)]에서 Create Warp Text(뒤틀어진 텍스트 만들기, T)를 선택하고 [Warp
Text(텍스트 뒤틀기)] 창에서 'Style(스타일) : Arc(부채꼴), Bend(구부리기) : +20%'로 설정
하고 [OK(확인)]를 클릭합니다.

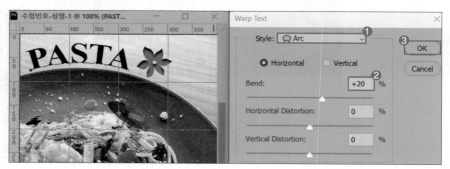

03 텍스트 레이어를 선택하고 Layer(레이어) 패널 하단 Add a layer style(레이어 스타일 추가,
fx.)을 클릭하여 [Gradient Overlay(그레이디언트 오버레이)]를 선택하고 Click to edit the
gradient(클릭하여 그레이디언트 편집)를 선택하면 Gradient Editor(그레이디언트 편집기)
가 열립니다. 좌측 하단 [Color Stop(색상 정지점)]을 더블 클릭하여 '#cc6600', 우측 하단
[Color Stop(색상 정지점)]을 더블 클릭하여 '#660066'으로 입력하고 'Angle(각도) : 0°'로 설
정합니다.

05 파일 저장

01 최종적으로 작업 파일의 이미지 위치, 레이어 순서, 레이어 스타일을 점검하고 [View(보기)]– [Show(표시)]–[Grid(격자)]([Ctrl]+[']])를 선택하여 격자를 끕니다.

02 [File(파일)]–[Save As a Copy(다른 이름으로 저장)]([Alt]+[Ctrl]+[S])를 선택하여 '저장 위치 : 내PC₩문서₩GTQ, 파일 이름 : 수험번호–성명–1, 파일 형식 : JPEG'로 저장합니다. [JPEG Options(JPEG 옵션)] 창에서 'Quality(품질) : 12'를 설정합니다.

03 [Image(이미지)]–[Image Size(이미지 크기)]([Alt]+[Ctrl]+[I])를 선택하여 [Image Size(이 미지 크기)] 창에서 'Width(폭) : 40Pixels(픽셀), Height(높이) : 50Pixels(픽셀)'을 입력하 여 이미지 크기를 1/10로 축소합니다.

04 [File(파일)]–[Save As(다른 이름으로 저장)]([Shift]+[Ctrl]+[S])을 선택하여 '저장 위치 : 내 PC₩문서₩GTQ, 파일 이름 : 수험번호–성명–1, 파일 형식 : PSD'로 저장합니다. 답안 전송 프로그램에서 [답안 전송]을 선택하여 jpg, psd 파일을 감독관 컴퓨터로 전송합니다.

[기능평가] 사진 편집 기초

작업순서 ① 새 작업 파일 만들기 ▶ ② 필터 적용 및 액자 제작 ▶ ③ 색상 보정 ▶ ④ 이미지 합성 ▶ ⑤ 문자 입력
▶ ⑥ 파일 저장

01 새 작업 파일 만들기

《조건》
- Width(폭) : 400Pixels(픽셀)
- Height(높이) : 500Pixels(픽셀)
- Resolution(해상도) : 72Pixels/Inch(픽셀/인치)
- Color Mode(색상 모드) : RGB Color(RGB 색상), 8bit(비트)

01 새 작업 파일을 만들기 위하여 [File(파일)]–[New(새로 만들기)]([Ctrl]+[N])를 선택하고 문제
지의 조건과 같이 설정하여 새 작업 파일을 만듭니다.

02 [View(보기)]–[Rulers(눈금자)]([Ctrl]+[R])와 [View(보기)]–[Show(표시)]–[Grid(격자)]
([Ctrl]+[']) 를 선택하여 눈금자와 격자를 표시합니다.

03 작업 파일을 저장하기 위하여 [File(파일)]–[Save As(다른 이름으로 저장)]([Shift]+[Ctrl]+[S])
를 선택하고 답안폴더(내PCW문서WGTQ)에 '수험번호–성명–2.psd'로 저장합니다.

02 필터 적용 및 액자 제작

《사용소스》
PART 04 〉 기출 유형 문제 03회 〉 2급-2.jpg

《조건》
- 필터 Sponge(스폰지)
- 안쪽 테두리(5px, #ff9900)
- 레이어 스타일 Drop Shadow(그림자 효과)

01 [File(파일)]–[Open(열기)]([Ctrl]+[O])을 선택하여 2급-2.jpg를 불러옵니다. [Image(이미
지)]–[Image Size(이미지 크기)]를 선택하여 'Width(폭) : 400Pixels(픽셀)'로 설정하여 크
기를 줄여줍니다. [Ctrl]+[A]를 눌러서 전체 이미지를 선택하고 [Ctrl]+[C]를 눌러 복사한 후 작
업 파일에 [Ctrl]+[V]로 붙여넣습니다. 출력형태와 비슷하게 배치하고 액자를 제작하기 위하여
[Ctrl]+[J]를 눌러서 이미지 레이어를 복제합니다.

02 필터를 적용하기 위하여 [Filter(필터)]-[Filter Gallery(필터 갤러리)]-[Artistic(예술 효과)]-[Sponge(스폰지)]를 선택하고 [OK(확인)]를 클릭합니다.

03 액자 프레임을 사각형으로 그려서 안쪽을 삭제하기 위하여 Rectangular Marquee Tool(사각형 선택 윤곽 도구, [::])을 선택하여 사각형을 그립니다. 사각형을 그릴 때 눈금자에서 상하좌우 50px 간격을 확인하면서 그립니다. 액자 프레임의 모서리를 둥글게 수정하기 위하여 [Select(선택)]-[Modify(수정)]-[Smooth(매끄럽게)]를 선택하고 'Sample Radius(샘플 반경) : 10pixels(픽셀)'을 설정합니다. 모서리가 둥글게 수정된 사각 선택 영역을 Delete 을 눌러서 삭제합니다.

04 액자 프레임 안쪽에 테두리를 그리기 위하여 [Edit(편집)]-[Stroke(획)]를 선택하고 'Width(폭) : 5px, Color(색상) : #ff9900, Location(위치) : Center(중앙)'로 설정합니다.

05 액자 레이어를 선택하고 Layer(레이어) 패널 하단 Add a layer style(레이어 스타일 추가, [fx.])을 클릭하여 [Drop Shadow(그림자)]를 선택하고 'Opacity(불투명도) : 75%, Angle(각도) : 125°, Distance(거리) : 5px, Size(크기) : 5px'을 설정한 후 선택 영역을 해제하기 위하여 [Select(선택)]-[Deselect(선택 해제)]([Ctrl]+[D])를 선택합니다.

03 색상 보정

《사용소스》

PART 04 〉 기출 유형 문제 03회 〉 2급-3.jpg

《조건》

2급-3.jpg : 노란색 계열로 보정, 레이어 스타일 Outer Glow(외부 광선)

01 [File(파일)]-[Open(열기)]([Ctrl]+[O])을 선택하여 2급-3.jpg를 불러옵니다. Object Selection Tool(개체 선택 도구, [↖.])을 클릭하고 상단 [Options Bar(옵션 바)]에서 'New Selection(새 선택 영역), Mode(모드) : Lasso(올가미)'를 선택하여 포크 형태를 따라 드래그합니다. Quick Selection Tool(빠른 선택 도구, [🖌.])과 Polygonal Lasso Tool(다각형 올가미 도구, [◺.])로 영역 추가 및 영역 삭제 작업을 추가합니다.

02 선택한 포크 이미지는 [Ctrl]+[C]를 눌러서 복사하고 작업 파일에 [Ctrl]+[V]를 눌러 붙여 넣습니다. [Ctrl]+[T]를 눌러서 이미지 크기를 출력형태와 같이 조절한 후 [Enter]를 누릅니다.

03 포크 레이어를 선택하고 Layer(레이어) 패널 하단 Add a layer style(레이어 스타일 추가, [fx.])을 클릭하여 [Outer Glow(외부 광선)]를 선택하고 'Opacity(불투명도) : 75%, Size(크기) : 5px'로 설정합니다.

04 노란색으로 보정하기 위하여 [Image(이미지)]-[Adjustment(조정)]-[Hue/Saturation(색조/채도)]([Ctrl]+[U]) 창에서 'Colorize(색상화) : 체크, Hue(색조) : +60, Saturation(채도) : 78, Lightness(밝기) : 0'으로 설정한 후 [Ctrl]+[D]를 눌러 선택 영역을 해제합니다.

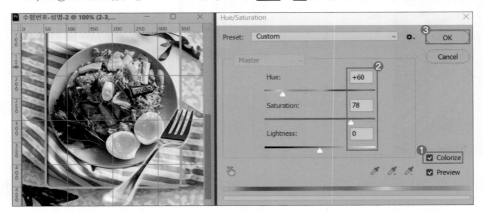

04 이미지 합성

《사용소스》

PART 04 〉 기출 유형 문제 03회 〉 2급-4.jpg

《조건》

2급-4.jpg : 레이어 스타일 Inner Shadow(내부 그림자)

01 [File(파일)]-[Open(열기)]([Ctrl]+[O])을 선택하여 2급-4.jpg를 불러옵니다. Object Selec-tion Tool(개체 선택 도구, ⬚)을 클릭하고 상단 [Options Bar(옵션 바)]에서 'New Selection(새 선택 영역), Mode(모드) : Lasso(올가미)'를 선택하여 고추 형태를 따라 드래그합니다. Quick Selection Tool(빠른 선택 도구, ⬚)과 Polygonal Lasso Tool(다각형 올가미 도구, ⬚)로 영역 추가 및 영역 삭제 작업을 추가합니다.

02 선택한 고추 이미지는 [Ctrl]+[C]를 눌러서 복사하고 작업 파일에 [Ctrl]+[V]를 눌러 붙여 넣습니다. [Ctrl]+[T]를 눌러서 이미지 크기를 출력형태와 같이 적절히 배치하고 [Enter]를 누릅니다.

03 고추 레이어를 선택하고 Layer(레이어) 패널 하단 Add a layer style(레이어 스타일 추가, ⬚)을 클릭하여 [Inner Shadow(내부 그림자)]를 선택하고 'Opacity(불투명도) : 75%, Angle(각도) : 125°, Distance(거리) : 5px, Size(크기) : 5px'를 설정합니다.

05 문자 입력

01 Horizontal Type Tool(수평 문자 도구, T.)를 선택하고 상단 [Options Bar(옵션 바)]에서 'Font(글꼴) : Arial, Font Style(폰트 스타일) : Bold, Size(크기) : 42pt, Set anti-aliasing method(안티 앨리어싱 방법 설정) : Sharp(선명하게), Center Text(텍스트 중앙 정렬), Set text color(텍스트 색상 설정) : #996600'으로 설정합니다.

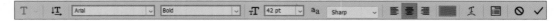

02 작업 이미지를 클릭하고 'Fresh Ingredient'를 입력한 후 출력형태와 같이 배치합니다. 상단 [Options Bar(옵션 바)]에서 Create Warp Text(뒤틀어진 텍스트 만들기, T.)를 선택하고 [Warp Text(텍스트 뒤틀기)] 창에서 'Style(스타일) : Arc Lower(아래 부채꼴), Bend(구부리기) : +50%'로 설정한 후 [OK(확인)]를 클릭합니다.

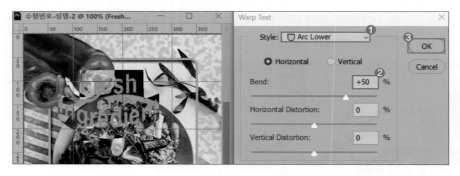

03 입력한 텍스트 중에서 'Ingredient' 부분만 블록 선택하여 'Set text color(텍스트 색상 설정) : #443322'로 설정합니다. 텍스트 레이어를 선택하고 Layer(레이어) 패널 하단 Add a layer style(레이어 스타일 추가, fx.)을 클릭하여 [Stroke(획)]를 선택하고 'Size(크기) : 2px, Position(위치) : Outside(바깥쪽), Color(색상) : #ffffff'로 설정합니다.

04 Layer Style(레이어 스타일) 창에서 [Drop Shadow(드롭 섀도)]를 선택하고 'Opacity(불투명도) : 75%, Angle(각도) : 125°, Distance(거리) : 5px, Size(크기) : 5px'를 설정합니다.

06 파일 저장

01 최종적으로 작업 파일의 이미지 위치, 레이어 순서, 레이어 스타일을 점검하고 [View(보기)]-[Show(표시)]-[Grid(격자)]([Ctrl]+[']))를 선택하여 격자를 끕니다.

02 [File(파일)]-[Save As a Copy(다른 이름으로 저장)]([Alt]+[Ctrl]+[S])를 선택하여 '저장 위치 : 내PC₩문서₩GTQ, 파일 이름 : 수험번호-성명-2, 파일 형식 : JPEG'로 저장합니다. [JPEG Options(JPEG 옵션)] 창에서 'Quality(품질) : 12'를 확인합니다.

03 [Image(이미지)]-[Image Size(이미지 크기)]([Alt]+[Ctrl]+[I])를 선택하여 [Image Size(이미지 크기)] 창에서 'Width(폭) : 40Pixels(픽셀), Height(높이) : 50Pixels(픽셀)'을 입력하여 이미지 크기를 1/10로 축소합니다.

04 [File(파일)]-[Save As(다른 이름으로 저장)]([Shift]+[Ctrl]+[S])을 선택하여 '저장 위치 : 내PC₩문서₩GTQ, 파일 이름 : 수험번호-성명-2, 파일 형식 : PSD'로 저장합니다. 답안 전송 프로그램에서 [답안 전송]을 선택하여 jpg, psd 파일을 감독관 컴퓨터로 전송합니다.

[기능평가] 사진 편집

① 새 작업 파일 만들기 ▶ ② 배경색 적용 ▶ ③ 필터 적용 및 레이어 마스크 합성 ▶ ④ 이미지 합성 ▶
⑤ 사용자 정의 모양 배치 ▶ ⑥ 문자 입력 ▶ ⑦ 파일 저장

01 새 작업 파일 만들기

《조건》

• Width(폭) : 600Pixels(픽셀)
• Height(높이) : 400Pixels(픽셀)
• Resolution(해상도) : 72Pixels/Inch(픽셀/인치)
• Color Mode(색상 모드) : RGB Color(RGB 색상), 8bit(비트)

01 새 작업 파일을 만들기 위하여 [File(파일)]–[New(새로 만들기)]([Ctrl]+[N])를 선택하고 문제
지의 조건과 같이 설정하여 새 작업 파일을 만듭니다.

02 [View(보기)]–[Rulers(눈금자)]([Ctrl]+[R])와 [View(보기)]–[Show(표시)]–[Grid(격자)]
([Ctrl]+[']])를 선택하여 눈금자와 격자를 표시합니다.

03 작업 파일을 저장하기 위하여 [File(파일)]–[Save As(다른 이름으로 저장)]([Shift]+[Ctrl]+[S])
를 선택하고 답안폴더(내PC₩문서₩GTQ)에 '수험번호-성명-3.psd'로 저장합니다.

02 배경색 적용

《조건》

배경색 : #ffaaaa

01 배경을 채울 색상을 선택하기 위하여 Tool Box(도구 상자) 하단의 [Background Color(배경
색)]을 클릭하고 '#ffaaaa'로 설정합니다.

02 설정한 색으로 채우기 위하여 [Ctrl]+[Delete]를
눌러 배경색을 채웁니다.

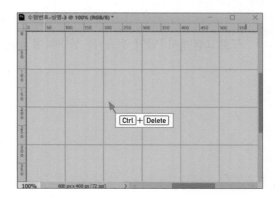

⓪③ 필터 적용 및 레이어 마스크 합성

《사용소스》

PART 04 〉 기출 유형 문제 03회 〉 2급-5.jpg

《조건》

2급-5.jpg : 필터 Angled Strokes(각진 선), 레이어 마스크 대각선 방향으로 흐릿하게

01 [File(파일)]-[Open(열기)]([Ctrl]+[O])을 선택하여 2급-5.jpg를 불러옵니다. [Image(이미지)]-[Image Size(이미지 크기)]를 선택하여 'Width(폭) : 600Pixels(픽셀)'로 설정하여 크기를 줄여줍니다. [Ctrl]+[A]를 눌러서 전체 이미지를 선택하고 [Ctrl]+[C]를 눌러 복사한 후 작업 파일에 [Ctrl]+[V]로 붙여넣습니다. [Ctrl]+[T]를 눌러서 이미지 크기를 출력형태와 같이 조절합니다.

02 필터를 적용하기 위하여 [Filter(필터)]-[Filter Gallery(필터 갤러리)]-[Brush Strokes(붓질 효과)]-[Angled Strokes(각진 선)]를 선택하고 [OK(확인)]를 클릭합니다.

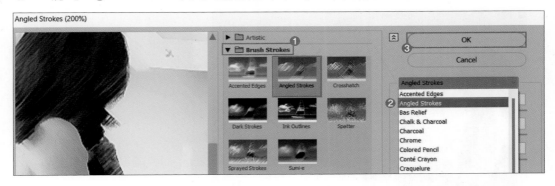

03 레이어 마스크를 적용하기 위하여 Layer(레이어) 패널 하단 [Add layer mask(레이어 마스크 추가, ▣)]를 클릭합니다.

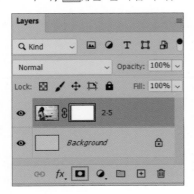

04 레이어 마스크를 부드럽게 적용하기 위하여 Gradient Tool(그레이디언트 도구, 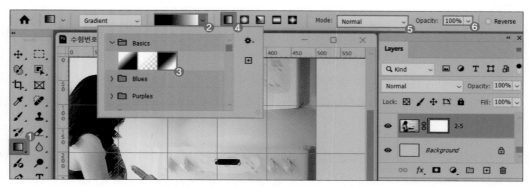)를 선택하고 [Options Bar(옵션 바)]에서 Select and manage Gradient preset(그레이디언트 사전 설정 선택 및 관리)를 클릭하여 [Basics(기본 사항)]에서 'Black, White(검정, 흰색)', Type(유형) : Linear Gradient(선형 그레이디언트), Mode(모드) : Normal(표준), Opacity(불투명도) : 100%'를 확인합니다. 작업 파일에서 우측 상단부터 클릭하여 좌측 하단까지 드래그합니다.

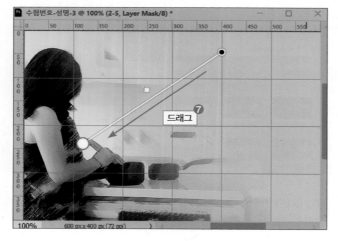

---

04 이미지 합성

〈사용소스〉

PART 04 〉기출 유형 문제 03회 〉2급-6.jpg/2급-7.jpg/2급-8.jpg

〈조건〉

• 2급-6.jpg : 레이어 스타일 Drop Shadow(그림자 효과)

• 2급-7.jpg : 레이어 스타일 Outer Glow(외부 광선)

• 2급-8.jpg : 레이어 스타일 Inner Glow(내부 광선)

01 [File(파일)]-[Open(열기)]([Ctrl]+[O])을 선택하여 2급-6.jpg를 불러옵니다. [Image(이미지)]-[Image Size(이미지 크기)]를 선택하여 'Height(높이) : 400Pixels(픽셀)'로 설정하여 크기를 줄여줍니다.

02 Object Selection Tool(개체 선택 도구, 🔳)을 클릭하고 상단 [Options Bar(옵션 바)]에서 'New Selection(새 선택 영역), Mode(모드) : Lasso(올가미)'를 선택하여 도마 형태를 따라 드래그합니다.

03 선택한 도마 이미지는 [Ctrl]+[C]를 눌러서 복사하고 작업 파일에 [Ctrl]+[V]를 눌러 붙여 넣습니다. [Ctrl]+[T]를 눌러서 이미지 크기를 출력형태와 같이 조절한 후 [Enter]를 누릅니다.

04 도마 레이어를 선택하고 Layer(레이어) 패널 하단 Add a layer style(레이어 스타일 추가, 🔲)을 클릭하여 [Drop Shadow(그림자)]를 선택하고 'Opacity(불투명도) : 75%, Angle(각도) : 125°, Distance(거리) : 5px, Size(크기) : 5px'로 설정합니다.

 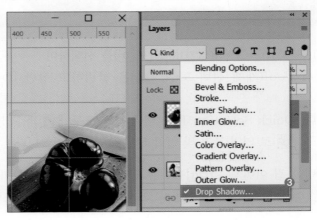

05 [File(파일)]-[Open(열기)]([Ctrl]+[O])을 선택하여 2급-7.jpg를 불러옵니다. Object Selection Tool(개체 선택 도구, 🔳)을 클릭하고 상단 [Options Bar(옵션 바)]에서 'New Selection(새 선택 영역), Mode(모드) : Lasso(올가미)'를 선택하여 주스병 형태를 따라 드래그합니다.

06 선택한 주스병 이미지는 [Ctrl]+[C]를 눌러서 복사하고 작업 파일에 [Ctrl]+[V]를 눌러 붙여 넣습니다. [Ctrl]+[T]를 눌러서 이미지 크기를 출력형태와 같이 조절한 후 [Enter]를 누릅니다.

07 주스병 레이어를 선택하고 Layer(레이어) 패널 하단 Add a layer style(레이어 스타일 추가, fx.)을 클릭하여 [Outer Glow(외부 광선)]를 선택하고 'Opacity(불투명도) : 75%, Size(크기) : 5px'로 설정합니다.

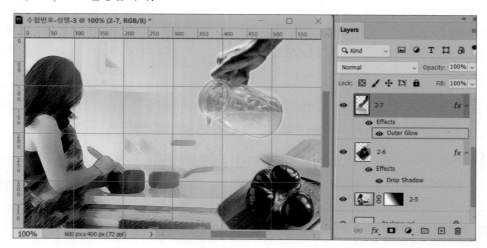

08 [File(파일)]−[Open(열기)](Ctrl+O)을 선택하여 2급−8.jpg를 불러옵니다. Object Selection Tool(개체 선택 도구, [아이콘])을 클릭하고 상단 [Options Bar(옵션 바)]에서 'New Selection(새 선택 영역), Mode(모드) : Lasso(올가미)'를 선택하여 컵 형태를 따라 드래그합니다. Quick Selection Tool(빠른 선택 도구, [아이콘])과 Polygonal Lasso Tool(다각형 올가미 도구, [아이콘])로 영역 추가 및 영역 삭제 작업을 추가합니다.

09 선택한 컵 이미지는 Ctrl+C를 눌러서 복사하고 작업 파일에 Ctrl+V를 눌러 붙여 넣습니다. Ctrl+T를 눌러서 이미지 크기를 출력형태와 같이 조절한 후 Enter를 누릅니다.

10 컵 레이어를 선택하고 Layer(레이어) 패널 하단 Add a layer style(레이어 스타일 추가, fx.)을 클릭하여 [Inner Glow(내부 광선)]를 선택하고 'Opacity(불투명도) : 75%, Size(크기) : 5px'로 설정합니다.

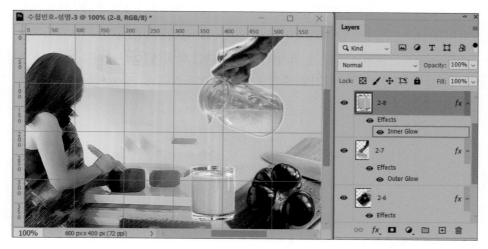

05 사용자 정의 모양 배치

《조건》
- 말풍선 모양 : #ffffff, 레이어 스타일 Drop Shadow(그림자), Opacity(불투명도)(70%)
- 빗방울 모양 : 레이어 스타일 그라디언트 오버레이(#ffff66, #ff9900), Inner Shadow(내부 그림자)

01 Custom Shape Tool(사용자 정의 모양 도구, )를 클릭하고 상단 [Options Bar(옵션 바)]
에서 'Shape(모양), Fill(칠) : #ffffff, Stroke(획) : No Color(색상 없음)'로 설정합니다.

02 말풍선 모양 도형을 선택하기 위하여 목록 단추를 클릭하고 [Legacy Shapes and More(레
거시 모양 및 기타)]-[All Legacy Default Shapes(모든 레거시 기본 모양)]-[Talk
Bubbles(말 풍선)]-[Talk 9(대화 9)]을 선택합니다.

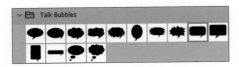

03 출력형태에 맞추어 도형을 그린 후 Layer(레이어) 패널 하단에서 Add a layer style(레이어
스타일 추가, fx.)을 클릭하여 [Drop Shadow(그림자)]를 선택하고 'Opacity(불투명도) :
75%, Angle(각도) : 125°, Distance(거리) : 5px, Size(크기) : 5px'로 설정합니다.

04 도형의 불투명도를 설정하기 위하여 [Layer(레이어)] 패널의 우측 상단 'Opacity(불투명도) :
70%'로 입력합니다.

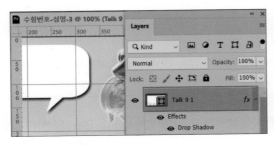
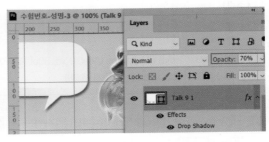

05 Custom Shape Tool(사용자 정의 모양 도구, )를 클릭하고 상단 Options Bar(옵션 바)
에서 목록 단추를 클릭하여 [Legacy Shapes and More(레거시 모양 및 기타)]-[All Legacy
Default Shapes(모든 레거시 기본 모양)]-[Nature(자연)]-[Raindrop(빗방울)]을 선택합니다.

06 출력형태에 맞추어 도형을 그린 후 Layer(레이어) 패널 하단에서 Add a layer style(레이어 스타일 추가, [fx.])을 클릭하여 [Inner Shadow(내부 그림자)]를 선택하고 'Opacity(불투명도) : 75%, Angle(각도) : 125°, Distance(거리) : 5px, Size(크기) : 5px'로 설정합니다.

07 Layer Style(레이어 스타일) 창에서 [Gradient Overlay(그레이디언트 오버레이)]를 선택하고 Click to edit the gradient(클릭하여 그레이디언트 편집)를 선택하면 Gradient Editor(그레이디언트 편집기)가 열립니다. 좌측 하단 [Color Stop(색상 정지점)]을 더블 클릭하여 '#ffff66', 우측 하단 [Color Stop(색상 정지점)]을 더블 클릭하여 '#ff9900'으로 입력하고 'Angle(각도) : −90°로 설정한 후 [OK(확인)]를 클릭합니다.

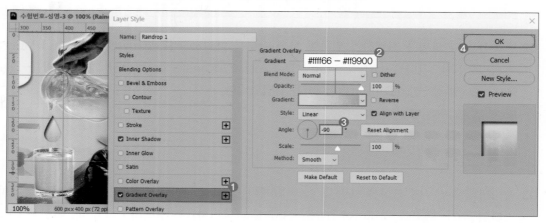

06 문자 입력

《조건》

① 자연 그대로의 건강 생과일 주스 한 잔! (굴림, 16pt, 20pt, #ffaaaa, #770000, 레이어 스타일 − Stroke(선/획)(2px, #ff5599))

② A Treasure Trove of Vitamins (Arial, Bold, 30pt, 레이어 스타일 − 그라디언트 오버레이(#ff66ff, #550055), Stroke(선/획) (2px, #ffffff), Drop Shadow(그림자 효과))

01 Horizontal Type Tool(수평 문자 도구, [T.])를 선택하고 상단 [Options Bar(옵션 바)]에서 'Font(글꼴) : 굴림, Size(크기) : 16pt, Set anti-aliasing method(안티 앨리어싱 방법 설정) : Sharp(선명하게), Center Text(텍스트 중앙 정렬), Set text color(텍스트 색상 설정) : #ffaaaa'로 설정합니다.

02 작업 이미지를 클릭하고 '자연 그대로의 건강 생과일 주스 한 잔!'를 입력한 후 출력형태와 같이 배치합니다. 입력한 텍스트 중에서 '생과일 주스 한 잔!' 부분만 블록 선택하여 'Size(크기) : 20pt, Set text color(텍스트 색상 설정) : #770000'으로 설정합니다. Create Warp Text (뒤틀어진 텍스트 만들기, ⫶T⫶)를 선택하고 [Warp Text(텍스트 뒤틀기)] 창에서 'Style(스타일) : Rise(상승), Bend(구부리기) : −50%'로 설정한 후 [OK(확인)]를 클릭합니다.

03 텍스트 레이어를 선택하고 Layer(레이어) 패널 하단에서 Add a layer style(레이어 스타일 추가, fx.)을 클릭하여 [Stroke(획)]를 선택하고 'Size(크기) : 2px, Position(위치) : Outside (바깥쪽), Color(색상) : #ff5599'로 설정합니다.

04 Horizontal Type Tool(수평 문자 도구, T.)를 선택하고 작업 이미지를 클릭하여 'A Treasure Trove of Vitamins'을 입력한 후 출력형태와 같이 배치합니다. 상단 [Options Bar(옵션 바)]에서 'Font(글꼴) : Arial, Font Style(폰트 스타일) : Bold, Size(크기) : 30pt, Left Align Text(텍스트 왼쪽 맞춤)'로 설정합니다.

05 텍스트 레이어를 선택하고 Layer(레이어) 패널 하단에서 Add a layer style(레이어 스타일 추가, fx.)을 클릭하여 [Stroke(획)]를 선택하고 'Size(크기) : 2px, Position(위치) : Outside (바깥쪽), Color(색상) : #ffffff'로 설정합니다. 계속해서 [Drop Shadow(드롭 섀도)]를 선택하고 'Opacity(불투명도) : 75%, Angle(각도) : 125°, Distance(거리) : 5px, Size(크기) : 5px'를 확인합니다.

06 Layer Style(레이어 스타일) 창에서 [Gradient Overlay(그레이디언트 오버레이)]를 선택하고 Click to edit the gradient(클릭하여 그레이디언트 편집)를 선택하면 Gradient Editor(그레이디언트 편집기)가 열립니다. 좌측 하단 [Color Stop(색상 정지점)]을 더블 클릭하여 '#ff66ff', 우측 하단 [Color Stop(색상 정지점)]을 더블 클릭하여 '#550055'로 입력하고 'Angle(각도) : −90°'로 설정한 후 [OK(확인)]를 클릭합니다.

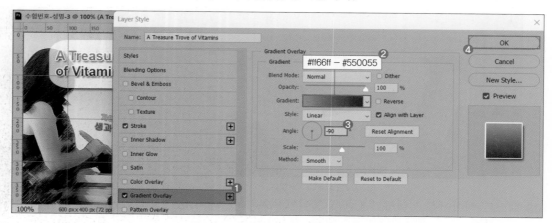

⑦ 파일 저장

《조건》
• JPG 파일 : 문서₩GTQ₩수험번호−성명−3.jpg / 크기 : 600*400pixels
• PSD 파일 : 문서₩GTQ₩수험번호−성명−3.psd / 크기 : 60*40pixels

01 최종적으로 작업 파일의 이미지 위치, 레이어 순서, 레이어 스타일을 점검하고 [View(보기)]−[Show(표시)]−[Grid(격자)]([Ctrl]+['])를 선택하여 격자를 끕니다.

02 [File(파일)]−[Save As a Copy(다른 이름으로 저장)]([Alt]+[Ctrl]+[S])를 선택하여 '저장 위치 : 내PC₩문서₩GTQ, 파일 이름 : 수험번호−성명−3, 파일 형식 : JPEG'로 저장합니다. [JPEG Options(JPEG 옵션)] 창에서 'Quality(품질) : 12'를 확인합니다.

03 [Image(이미지)]−[Image Size(이미지 크기)]([Alt]+[Ctrl]+[I])를 선택하여 [Image Size(이미지 크기)] 창에서 'Width(폭) : 60Pixels(픽셀), Height(높이) : 40Pixels(픽셀)'을 입력하여 이미지 크기를 1/10로 축소합니다.

04 [File(파일)]−[Save As(다른 이름으로 저장)]([Shift]+[Ctrl]+[S])을 선택하여 '저장 위치 : 내PC₩문서₩GTQ, 파일 이름 : 수험번호−성명−3, 파일 형식 : PSD'로 저장합니다. 답안 전송 프로그램에서 [답안 전송]을 선택하여 jpg, psd 파일을 감독관 컴퓨터로 전송합니다.

[실무응용] 이벤트 페이지 제작

① 새 작업 파일 만들기 ▶ ② 필터 적용 ▶ ③ 이미지 합성 및 불투명도 ▶ ④ 클리핑 마스크 ▶ ⑤ 사용자 정의 모양 배치 ▶ ⑥ 문자 입력 ▶ ⑦ 파일 저장

01 새 작업 파일 만들기

《조건》
- Width(폭) : 600Pixels(픽셀)
- Height(높이) : 400Pixels(픽셀)
- Resolution(해상도) : 72Pixels/Inch(픽셀/인치)
- Color Mode(색상 모드) : RGB Color(RGB 색상), 8bit(비트)

01 새 작업 파일을 만들기 위하여 [File(파일)]-[New(새로 만들기)]([Ctrl]+[N])를 선택하고 문제 지의 조건과 같이 설정하여 새 작업 파일을 만듭니다.

02 [View(보기)]-[Rulers(눈금자)]([Ctrl]+[R])와 [View(보기)]-[Show(표시)]-[Grid(격자)] ([Ctrl]+[']')를 선택하여 눈금자와 격자를 표시합니다.

03 작업 파일을 저장하기 위하여 [File(파일)]-[Save As(다른 이름으로 저장)]([Shift]+[Ctrl]+[S]) 를 선택하고 답안폴더(내PCW문서WGTQ)에 '수험번호-성명-4.psd'로 저장합니다.

02 필터 적용

《사용소스》
PART 04 〉기출 유형 문제 03회 〉2급-9.jpg

《조건》
2급-9.jpg : 필터 Dry Brush(드라이 브러쉬)

01 [File(파일)]-[Open(열기)]([Ctrl]+[O])을 선택하여 2급-9.jpg를 불러옵니다. [Image(이미 지)]-[Image Size(이미지 크기)]를 선택하여 'Width(폭) : 600Pixels(픽셀)'로 설정하여 크 기를 줄여줍니다. [Ctrl]+[A]를 눌러서 전체 이미지를 선택하고 [Ctrl]+[C]를 눌러 복사한 후 작 업 파일에 [Ctrl]+[V]로 붙여넣습니다.

02 필터를 적용하기 위하여 [Filter(필터)]−[Filter Gallery(필터 갤러리)]−[Artistic(예술 효과)]−[Dry Brush(드라이 브러쉬)]를 선택하고 [OK(확인)]를 클릭합니다.

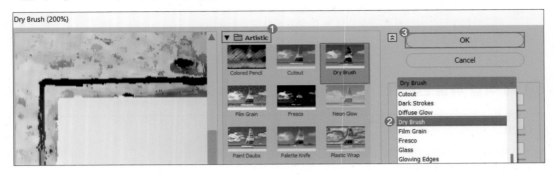

⑩ 이미지 합성 및 불투명도

《사용소스》

PART 04 〉 기출 유형 문제 03회 〉 2급−10.jpg/2급−11.jpg/2급−13.jpg

《조건》

- 2급−10.jpg : 레이어 스타일 Bevel & Emboss(경사와 엠보스), Drop Shadow(그림자 효과)
- 2급−11.jpg : 레이어 스타일 Outer Glow(외부 광선), Opacity(불투명도)(70%)
- 2급−13.jpg : 레이어 스타일 Drop Shadow(그림자 효과)

01 [File(파일)]−[Open(열기)]([Ctrl]+[O])을 선택하여 2급−10.jpg를 불러옵니다. [Image(이미지)]−[Image Size(이미지 크기)]를 선택하여 'Height(높이) : 400Pixels(픽셀)'로 설정하여 크기를 줄여줍니다.

02 Object Selection Tool(개체 선택 도구, 🔍)을 클릭하고 상단 [Options Bar(옵션 바)]에서 'New Selection(새 선택 영역), Mode(모드) : Lasso(올가미)'를 선택하여 케이크 형태를 따라 드래그합니다. Quick Selection Tool(빠른 선택 도구, 🖌)과 Polygonal Lasso Tool(다각형 올가미 도구, ☑)로 영역 추가 및 영역 삭제 작업을 추가합니다.

03 선택한 케이크 이미지는 [Ctrl]+[C]를 눌러서 복사하고 작업 파일에 [Ctrl]+[V]를 눌러 붙여 넣습니다. [Ctrl]+[T]를 눌러서 이미지 크기를 출력형태와 같이 조절한 후 [Enter]를 누릅니다.

04 케이크 레이어를 선택하고 Layer(레이어) 패널 하단 Add a layer style(레이어 스타일 추가, fx.)을 클릭하여 [Drop Shadow(그림자)]를 선택하고 'Opacity(불투명도) : 75%, Angle(각도) : 125°, Distance(거리) : 5px, Size(크기) : 5px'을 확인하고 [Bevel & Emboss(경사와 엠보스)]를 선택한 후 [Enter]를 누릅니다.

05 [File(파일)]-[Open(열기)]([Ctrl]+[O])을 선택하여 2급-11.jpg를 불러옵니다. Object Selection Tool(개체 선택 도구, ⬚)을 클릭하고 상단 [Options Bar(옵션 바)]에서 'New Selection(새 선택 영역), Mode(모드) : Lasso(올가미)'를 선택하여 후라이팬 형태를 따라 드래그합니다.

06 선택한 후라이팬 이미지는 [Ctrl]+[C]를 눌러서 복사하고 작업 파일에 [Ctrl]+[V]를 눌러 붙여 넣습니다. [Ctrl]+[T]를 눌러서 방향을 좌우반전하기 위하여 마우스 오른쪽 버튼을 누릅니다. Flip Horizontal(가로로 뒤집기)을 선택하여 반전시킨 이미지를 적절히 배치하고 [Enter]를 누릅니다.

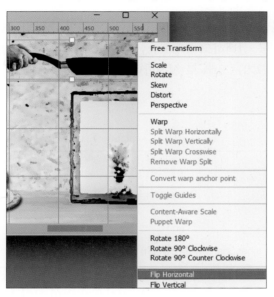 

07 후라이팬 레이어를 선택하고 Layer(레이어) 패널 하단 Add a layer style(레이어 스타일 추가, *fx.*)을 클릭하여 [Outer Glow(외부 광선)]를 선택하고 'Opacity(불투명도) : 75%, Size (크기) : 5px'로 설정합니다.

08 이미지의 불투명도를 설정하기 위하여 [Layer(레이어)] 패널의 우측 상단 'Opacity(불투명도) : 70%'로 입력합니다.

 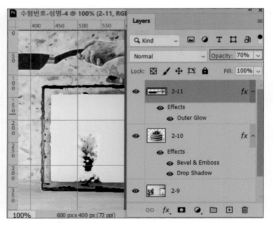

09 [File(파일)]–[Open(열기)]([Ctrl]+[O])을 선택하여 2급–13.jpg를 불러옵니다. Object Selection Tool(개체 선택 도구, ![icon])을 클릭하고 상단 [Options Bar(옵션 바)]에서 'New Selection(새 선택 영역), Mode(모드) : Lasso(올가미)'를 선택하여 전구 형태를 따라 드래그합니다.

10 선택한 전구 이미지는 [Ctrl]+[C]를 눌러서 복사하고 작업 파일에 [Ctrl]+[V]를 눌러 붙여 넣습니다. [Ctrl]+[T]를 눌러서 이미지 크기를 출력형태와 같이 조절한 후 [Enter]를 누릅니다.

11 전구 레이어를 선택하고 Layer(레이어) 패널 하단 Add a layer style(레이어 스타일 추가, ![icon])을 클릭하여 [Drop Shadow(그림자)]를 선택하고 'Opacity(불투명도) : 75%, Angle(각도) : 125°, Distance(거리) : 5px, Size(크기) : 5px'로 설정합니다.

🄬 클리핑 마스크

《사용소스》

PART 04 〉 기출 유형 문제 03회 〉 2급–12.jpg

《조건》

- 2급–12.jpg : 필터 Lens Flare(렌즈 플레어)
- 도장 모양 : 레이어 스타일 – Stroke(선/획)(3px, #666600), Inner Shadow(내부 그림자)

01 클리핑 마스크를 위한 도형을 제작하기 위하여 Custom Shape Tool(사용자 정의 모양 도구, ![icon])를 클릭하고 상단 [Options Bar(옵션 바)]에서 'Shape(모양), Fill(칠) : #000000, Stroke(획) : No Color(색상 없음)'로 설정합니다.

02 도장 모양 도형을 선택하기 위하여 목록 단추를 클릭하고 [Legacy Shapes and More(레거시 모양 및 기타)]–[All Legacy Default Shapes(모든 레거시 기본 모양)]–[Banners and Awards(배너 및 상장)]–[Seal(도장)]을 선택하고 출력형태와 같이 배치합니다.

03 [File(파일)]-[Open(열기)]([Ctrl]+[O])을 선택하여 2급-12.jpg를 불러옵니다. [Image(이미지)]-[Image Size(이미지 크기)]를 선택하여 'Height(높이) : 400Pixels(픽셀)'로 설정하여 크기를 줄여줍니다. [Ctrl]+[A]를 눌러서 전체 이미지를 선택하고 [Ctrl]+[C]를 눌러 복사한 후 작업 파일에 [Ctrl]+[V]로 붙여넣습니다.

04 클리핑 마스크를 적용하기 위하여 이미지 레이어를 선택한 후 마우스 오른쪽 버튼을 누르고 Create Clipping Mask(클리핑 마스크 만들기)를 선택합니다. [Ctrl]+[T]를 눌러서 이미지 크기를 출력형태와 같이 적절히 배치하고 [Enter]를 누릅니다.

05 이미지에 필터를 적용하기 위하여 [Filter(필터)]-[Render(렌더)]-[Lens Flare(렌즈 플레어)]를 선택합니다.

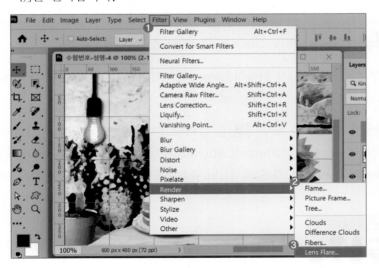
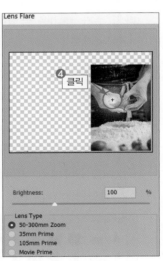

06 도장 모양 도형 레이어를 선택하고 Layer(레이어) 패널 하단에서 Add a layer style(레이어 스타일 추가, fx.)을 클릭하여 [Inner Shadow(내부 그림자)]를 선택하고 'Opacity(불투명도) : 75%, Angle(각도) : 125°, Distance(거리) : 5px, Size(크기) : 5px'로 설정합니다. 계속해서 [Stroke(획)]를 선택하고 'Size(크기) : 3px, Position(위치) : Outside(바깥쪽), Color(색상) : #666600'으로 설정한 후 [OK(확인)]를 클릭합니다.

05 **사용자 정의 모양 배치**

《조건》
- 나뭇잎 장식 모양 : #cc00cc, 레이어 스타일 – Drop Shadow(그림자 효과),Opacity(불투명도)(70%)
- 나뭇잎 모양 : 레이어 스타일 – 그라디언트 오버레이(#88ff55, #225500), Inner Glow(내부 광선)

01 Layer(레이어) 패널에서 가장 위쪽에 배치된 레이어를 선택한 후 Custom Shape Tool(사용자 정의 모양 도구, 🔆)를 클릭하고 상단 [Options Bar(옵션 바)]에서 'Shape(모양)', Fill(칠) : #cc00cc, Stroke(획) : No Color(색상 없음)'로 설정합니다.

02 나뭇잎 장식 모양 도형을 선택하기 위하여 목록 단추를 클릭하고 [Legacy Shapes and More(레거시 모양 및 기타)]–[All Legacy Default Shapes(모든 레거시 기본 모양)]–[Ornaments(장식)]–[Leaf Ornament 2(나뭇잎 장식 2)]를 선택합니다.

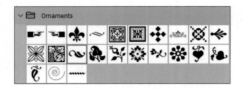

03 출력형태와 같이 조절한 후 방향을 좌우반전하기 위하여 마우스 오른쪽 버튼을 누릅니다. Flip Horizontal(가로로 뒤집기)을 선택하여 반전시킨 이미지를 적절히 배치하고 Enter를 누릅니다.

04 나뭇잎 장식 레이어를 선택하고 Layer(레이어) 패널 하단에서 Add a layer style(레이어 스타일 추가, 𝑓𝑥.)을 클릭하여 [Drop Shadow(그림자)]를 선택하고 'Opacity(불투명도) : 75%, Angle(각도) : 125°, Distance(거리) : 5px, Size(크기) : 5px'을 설정합니다.

05 나뭇잎 장식 레이어의 불투명도를 설정하기 위하여 Layer(레이어) 패널의 우측 상단 'Opacity(불투명도) : 70%'로 입력합니다.

06 Custom Shape Tool(사용자 정의 모양 도구, 🔆)를 클릭하고 나뭇잎 모양 도형을 선택하기 위하여 목록 단추를 클릭하여 [Legacy Shapes and More(레거시 모양 및 기타)]–[All Legacy Default Shapes(모든 레거시 기본 모양)]–[Nature(자연)]–[Leaf 1(나뭇잎 1)]을 선택합니다.

07 출력형태에 맞추어 도형을 그린 후 Layer(레이어) 패널 하단에서 Add a layer style(레이어 스타일 추가, fx.)을 클릭하여 [Inner Glow(내부 광선)]를 선택하고 'Opacity(불투명도) : 75%, Size(크기) : 5px'로 설정합니다.

08 Layer Style(레이어 스타일) 창에서 [Gradient Overlay(그레이디언트 오버레이)]를 선택하고 Click to edit the gradient(클릭하여 그레이디언트 편집)를 선택하면 Gradient Editor(그레이디언트 편집기)가 열립니다. 좌측 하단 [Color Stop(색상 정지점)]을 더블 클릭하여 '#88ff55', 우측 하단 [Color Stop(색상 정지점)]을 더블 클릭하여 '#225500'으로 입력하고 'Style(스타일) : Radial(방사형)'로 설정한 후 [OK(확인)]를 클릭합니다.

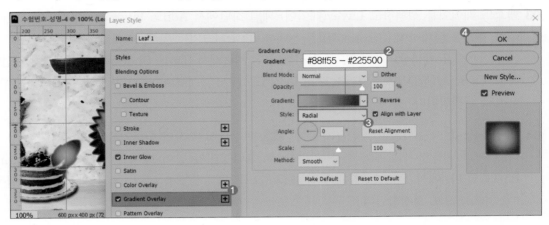

06 문자 입력

《조건》
① 맛과 재미가 가득한 요리교실(궁서, 36pt, 24pt, #113366, #6666ff, 레이어 스타일 Stroke(선/획)(2px, #ffffff), Drop Shadow(그림자 효과))
② 함께 요리하는 즐거움을 발견해 보세요(돋움, 15pt, #333333, Stroke(선/획)(2px, #ffffff))
③ Cooking Class (Arial, Bold, 48pt, 레이어 스타일 – 그라디언트 오버레이(#ffff66, #ffaa00), Drop Shadow(그림자 효과))

01 Horizontal Type Tool(수평 문자 도구, T.)를 선택하고 상단 [Options Bar(옵션 바)]에서 'Font(글꼴) : 궁서, Size(크기) : 36pt, Set anti-aliasing method(안티 앨리어싱 방법 설정) : Sharp(선명하게), Set text color(텍스트 색상 설정) : #113366'으로 설정합니다.

02 작업 이미지를 클릭하고 '맛과 재미가 가득한 요리교실'를 입력한 후 출력형태와 같이 배치합니다. 입력한 텍스트 중에서 '과' 부분만 블록 선택하여 'Size(크기) : 24pt, Set text color(텍스트 색상 설정) : #6666ff'로 설정합니다. '가 가득한 요리교실' 부분도 반복 작업합니다.

03 텍스트 레이어를 선택하고 Layer(레이어) 패널 하단에서 Add a layer style(레이어 스타일 추가, fx.)을 클릭하여 [Stroke(획)]를 선택하고 'Size(크기) : 2px, Position(위치) : Outside (바깥쪽), Color(색상) : #ffffff'로 설정합니다. 계속해서 [Drop Shadow(드롭 섀도)]를 선택하고 'Opacity(불투명도) : 75%, Angle(각도) : 125°, Distance(거리) : 5px, Size(크기) : 5px'로 설정합니다.

04 Horizontal Type Tool(수평 문자 도구, T.)를 선택하고 작업 이미지를 클릭하여 '함께 요리하는 즐거움을 발견해 보세요'를 입력한 후 출력형태와 같이 배치합니다. 상단 [Options Bar(옵션 바)]에서 'Font(글꼴) : 돋움, Size(크기) : 15pt, Set text color(텍스트 색상 설정) : #333333'으로 설정합니다.

05 텍스트 레이어를 선택하고 Layer(레이어) 패널 하단에서 Add a layer style(레이어 스타일 추가, fx.)을 클릭하여 [Stroke(획)]를 선택하고 'Size(크기) : 2px, Position(위치) : Outside (바깥쪽), Color(색상) : #ffffff'로 설정합니다.

06 Horizontal Type Tool(수평 문자 도구, T.)를 선택하고 작업 이미지를 클릭하여 'Cooking Class'를 입력한 후 출력형태와 같이 배치합니다. 상단 [Options Bar(옵션 바)]에서 'Font(글꼴) : Arial, Font Style(폰트 스타일) : Bold, Size(크기) : 48pt, Center Text(텍스트 중앙 정렬)'로 설정합니다. 계속해서 Create Warp Text(뒤틀어진 텍스트 만들기, 工)를 선택하고 [Warp Text(텍스트 뒤틀기)] 창에서 'Style(스타일) : Arc Lower(아래 부채꼴), Bend(구부리기) : 50%'로 설정합니다.

07 텍스트 레이어를 선택하고 Layer(레이어) 패널 하단에서 Add a layer style(레이어 스타일 추가, fx.)을 클릭하여 [Gradient Overlay(그레이디언트 오버레이)]를 선택합니다. Layer Click to edit the gradient(클릭하여 그레이디언트 편집)를 선택하면 Gradient Editor(그레이디언트 편집기)가 열립니다. 좌측 하단 [Color Stop(색상 정지점)]을 더블 클릭하여 '#ffff66', 우측 하단 [Color Stop(색상 정지점)]을 더블 클릭하여 '#ffaa00'으로 입력합니다. 'Angle(각도) : −90°'로 설정합니다. 계속해서 [Drop Shadow(드롭 섀도)]를 선택하고 'Opacity(불투명도) : 75%, Angle(각도) : 125°, Distance(거리) : 5px, Size(크기) : 5px'로 설정합니다.

07 파일 저장

《조건》

• JPG 파일 : 문서₩GTQ₩수험번호-성명-4.jpg / 크기 : 600*400pixels
• PSD 파일 : 문서₩GTQ₩수험번호-성명-4.psd / 크기 : 60*40pixels

01 최종적으로 작업 파일의 이미지 위치, 레이어 순서, 레이어 스타일을 점검하고 [View(보기)]-
[Show(표시)]-[Grid(격자)]([Ctrl]+[']))를 선택하여 격자를 끕니다.

02 [File(파일)]-[Save As a Copy(다른 이름으로 저장)]([Alt]+[Ctrl]+[S])를 선택하여 '저장 위치
: 내PC₩문서₩GTQ, 파일 이름 : 수험번호-성명-4, 파일 형식 : JPEG'로 저장합니다.
[JPEG Options(JPEG 옵션)] 창에서 'Quality(품질) : 12'를 확인합니다.

03 [Image(이미지)]-[Image Size(이미지 크기)]([Alt]+[Ctrl]+[I])를 선택하여 [Image Size(이
미지 크기)] 창에서 'Width(폭) : 60Pixels(픽셀), Height(높이) : 40Pixels(픽셀)'을 입력하
여 이미지 크기를 1/10로 축소합니다.

04 [File(파일)]-[Save As(다른 이름으로 저장)]([Shift]+[Ctrl]+[S])을 선택하여 '저장 위치 : 내
PC₩문서₩GTQ, 파일 이름 : 수험번호-성명-4, 파일 형식 : PSD'로 저장합니다. 답안 전송
프로그램에서 [답안 전송]을 선택하여 jpg, psd 파일을 감독관 컴퓨터로 전송합니다.

04 기출 유형 문제 04회

급수	문제유형	시험시간	수험번호	성명
2급	A	90분	G220250004	

수험자 유의사항

- 수험자는 문제지를 받는 즉시 응시하고자 하는 **과목 및 급수가 맞는지 확인**한 후 수험번호와 성명을 작성합니다.
- 파일명은 본인의 '수험번호-성명-문제번호'로 공백 없이 정확히 입력하고 답안폴더(내 PC₩문서₩GTQ)에 jpg 파일과 psd 파일의 2가지 포맷으로 저장해야 하며, jpg 파일과 psd 파일의 내용이 상이할 경우 0점 처리됩니다.
- 답안문서 파일명이 '수험번호-성명-문제번호'와 일치하지 않거나, 답안 파일을 '전송'하지 않는 경우 **답안 파일 미제출**로 불합격 처리됩니다.
- 문제의 세부 조건은 '영문(한글)' 형식으로 표기되어 있으니 유의하시길 바랍니다.
- 수험자 정보와 저장한 파일명, 저장 위치가 다를 경우 전송이 되지 않으므로, 주의하시길 바랍니다.
- 답안 작성 중에도 주기적으로 '저장'과 '답안 전송'을 이용하여 감독위원 PC로 답안을 전송하셔야 합니다.
  (작업한 내용을 **저장하지 않고 답안을 전송할 경우** 이전의 저장 내용이 전송되오니 이점 반드시 유념하시기 바랍니다.)
- 모든 수험자는 동일한 환경에서 시험이 시작되며 **'작업환경 설정'은 시험 시간 내에 진행**합니다.
  (시험 시작 전 '작업환경 설정' 불가, 소프트웨어 이상 유무만 확인)
- 답안문서는 지정된 경로 외의 다른 보조기억장치에 저장하는 행위, 지정된 시험 시간 외에 작성된 파일을 활용한 행위, 기타 허용되지 않은 프로그램(이메일, 메신저, 게임, 네트워크, 윈도우계산기, 스톱워치 등) 이용 시 부정행위로 간주 되어 자격기본법 제32조에 의거 본 시험 및 국가공인 자격시험을 2년간 응시할 수 없습니다.
- 시험 중 부주의 또는 고의로 시스템을 파손한 경우와 (수험자 유의사항)에 기재된 방법대로 이행하지 않아 생기는 불이익은 수험자의 책임임을 알려 드립니다.
- 시험을 완료한 수험자는 최종적으로 저장한 답안파일이 전송되었는지 확인한 후 감독위원의 지시에 따라 문제지를 제출하고 퇴실합니다.

답안 작성요령

- 온라인 답안 작성 절차
  수험자 등록 ⇒ 시험 시작 ⇒ 답안파일 저장 ⇒ 답안 전송 ⇒ 시험 종료
- 내 PC₩문서₩GTQ₩image폴더에 있는 그림 원본파일을 사용하여 답안을 작성하시고 최종답안을 답안폴더(내 PC₩문서₩GTQ)에 저장하여 답안을 전송하시고, 이미지의 크기가 다른 경우 감점 처리됩니다.
- 배점은 총 100점으로 이루어지며, 점수는 각 문제별로 차등 배분됩니다.
- 각 문제는 주어진 〈조건〉에 따라 작성하고, 언급하지 않은 〈조건〉은 〈출력형태〉와 같이 작성합니다.
- 문제 〈조건〉과 〈출력형태〉에서 차이가 발생할 경우 **문제에서 지정한 〈조건〉에 따라 작업**해 주시기 바랍니다.
- 배치 등의 편의를 위해 주어진 눈금자의 단위는 '픽셀'입니다.
  그 외는 출력형태(효과, 이미지, 문자, 색상, 레이아웃, 규격 등)와 같게 작업하십시오.
- 문제 〈조건〉에 서체의 지정이 없을 경우 한글은 굴림이나 돋움, 영문은 Arial로 작업하십시오.
  (단, 그 외에 제시되지 않은 문자 속성을 기본값으로 작성하지 않은 경우는 감점 처리됩니다.)
- Image Mode(이미지 모드)는 별도의 처리조건이 없을 시 RGB(8비트)로 작업하십시오.
- 모든 답안 파일은 해상도 72 pixels/inch로 작업하십시오.
- Layer(레이어)는 각 기능별로 분할해야 하며, 임의로 합칠 경우나 각 기능에 대한 속성을 해지할 경우 해당 요소는 0점 처리됩니다.

한 국 생 산 성 본 부

문제 1 [기능평가] Tool(도구) 활용 `20점`

다음의 〈조건〉에 따라 아래의 〈출력형태〉와 같이 작업하시오.

조건

원본 이미지	2급-1.jpg		
파일저장규칙	JPG	파일 이름	문서₩GTQ₩수험번호-성명-1.jpg
		크기	400×500pixels
	PSD	파일 이름	문서₩GTQ₩수험번호-성명-1.psd
		크기	40×50pixels

출력형태

1. 그림 효과
① 복제 및 변형 : 기린
② Shape Tool(모양 도구) 사용 :
　－ 개 발자국 모양 (#227700, #99cc77, 레이어 스타일 － Drop Shadow(그림자 효과))
　－ 새 모양 (#990000, 레이어 스타일 － Outer Glow(외부 광선))

2. 문자 효과
① Giraffe (Arial, Bold, 48pt, 레이어 스타일 － 그라디언트 오버레이 (#880000, #ffaa00), Stroke(선/획)(2px, #ffffff), Drop Shadow(그림 자 효과))

문제 2 [기능평가] 사진 편집 기초 `20점`

다음의 〈조건〉에 따라 아래의 〈출력형태〉와 같이 작업하시오.

조건

원본 이미지	2급-2.jpg, 2급-3.jpg, 2급-4.jpg		
파일저장규칙	JPG	파일 이름	문서₩GTQ₩수험번호-성명-2.jpg
		크기	400×500pixels
	PSD	파일 이름	문서₩GTQ₩수험번호-성명-2.psd
		크기	40×50pixels

출력형태

1. 그림 효과
① 색상 보정 : 2급-3.jpg － 녹색 계열로 보정, 레이어 스타일 － Inner Shadow(내부 그림자)
② 액자 제작 :
　필터 － Mosaic Tiles(모자이크 타일), 안쪽 테두리(5px, #000000), 레이어 스타일 － Drop Shadow(그림자 효과)
③ 2급-4.jpg : 레이어 스타일－ Outer Glow(외부 광선)

2. 문자 효과
① Sapari Trip (Time New Roman, Bold, 30pt, 레이어 스타일 － 그 라디언트 오버레이(#006600, #ffaa00), Stroke(선/획)(2px, #ffffff), Drop Shadow(그림자 효과))

다음의 〈조건〉에 따라 아래의 〈출력형태〉와 같이 작업하시오.

조건

원본 이미지	2급-5.jpg, 2급-6.jpg, 2급-7.jpg, 2급-8.jpg		
파일저장규칙	JPG	파일 이름	문서\GTQ\수험번호-성명-3.jpg
		크기	600×400pixels
	PSD	파일 이름	문서\GTQ\수험번호-성명-3.psd
		크기	60×40pixels

1. 그림 효과
① 배경 : #ccffcc
② 2급-5.jpg : 필터 – Paint Daubs(페인트 덥스), 레이어 마스크 – 세로 방향으로 흐릿하게
③ 2급-6.jpg : 레이어 스타일 – Drop Shadow(그림자 효과)
④ 2급-7.jpg : 레이어 스타일 – Bevel & Emboss(경사와 엠보스)
⑤ 2급-8.jpg : 레이어 스타일 – Outer Glow(외부 광선)
⑥ 그 외 〈출력형태〉 참조

2. 문자 효과
① 사파리에서 만나는 자연의 경이로움 (궁서, 16pt, 20pt, #ffaa00, #994400, 레이어 스타일 – Bevel & Emboss(경사와 엠보스), Stroke(선/획)(2px, #ffffff), Drop Shadow(그림자 효과))
② Journey into the wild world! (Time New Roman, Bold, 36pt, 레이어 스타일 – 그라디언트 오버레이(#0099aa, #9900aa), Stroke(선/획)(2px, #ffffff))

출력형태

Shape Tool(모양 도구) 사용, #009900
Outer Glow(외부 광선)
Drop Shadow(그림자 효과)
Opacity(불투명도)(70%)

Shape Tool(모양 도구) 사용
그라디언트 오버레이(#aa0000, #ffaa00)
Stroke(선/획)(2px, #ffffff)

다음의 〈조건〉에 따라 아래의 〈출력형태〉와 같이 작업하시오.

조건

원본 이미지		2급-9.jpg, 2급-10.jpg, 2급-11.jpg, 2급-12.jpg, 2급-13.jpg
파일저장규칙	JPG	파일 이름	문서₩GTQ₩수험번호-성명-4.jpg
		크기	600×400pixels
	PSD	파일 이름	문서₩GTQ₩수험번호-성명-4.psd
		크기	60×40pixels

1. 그림 효과

① 2급-9.jpg : 필터 – Add Noise(노이즈 추가)
② 2급-10.jpg : 레이어 스타일 – Outer Glow(외부 광선)
③ 2급-11.jpg : 레이어 스타일 – Drop Shadow(그림자 효과), Opacity(불투명도)(80%)
④ 2급-12.jpg : 필터 – Poster Edges(포스터 가장자리)
⑤ 2급-13.jpg : 레이어 스타일 – Inner Glow(내부 광선)
⑥ 그 외 〈출력형태〉 참조

2. 문자 효과

① 세계 동물의 날 (돋움, 24pt, #dddd00, 레이어 스타일 – Stroke(선/획)(2px, #884400))
② 지구를 함께 사는 친구들 동물 보호에 앞장서요 (굴림, 13pt, #550055, Outer Glow(외부 광선))
③ The Animal Day (Arial, Bold, 28pt, 36pt, 레이어 스타일 – 그라디언트 오버레이(#11aa00, #ff00ff), Stroke(선/획)(2px, #000000), Drop Shadow(그림자 효과))

출력형태

Shape Tool(모양 도구) 사용,
#ffaaaa
Stroke(선/획)(2px, #ff7777)

Shape Tool(모양 도구) 사용
Inner Shadow(내부 그림자)
Stroke(선/획)(2px, #999933)

Shape Tool(모양 도구) 사용
그라디언트 오버레이(#ff3333, #ffff77)
Inner Shadow(내부 그림자)

문제 1 **[기능평가] Tool(도구) 활용**

작업순서　① 새 작업 파일 만들기 ▶ ② 이미지 선택 후 복제 및 변형 ▶ ③ 사용자 정의 모양 배치 ▶ ④ 문자 입력
▶ ⑤ 파일 저장

01 새 작업 파일 만들기

《조건》
- Width(폭) : 400Pixels(픽셀)
- Height(높이) : 500Pixels(픽셀)
- Resolution(해상도) : 72Pixels/Inch(픽셀/인치)
- Color Mode(색상 모드) : RGB Color(RGB 색상), 8bit(비트)

01 새 작업 파일을 만들기 위하여 [File(파일)]–[New(새로 만들기)]([Ctrl]+[N])를 선택하고 문제
지의 조건과 같이 설정하여 새 작업 파일을 만듭니다.

02 작업창의 환경 설정을 위하여 [Edit(편집)]–[Preference(환경 설정)]([Ctrl]+[K])를 선택합니
다. [Guides, Grid & Slices(안내선, 격자와 슬라이스)]를 선택하여 Guides(안내선)의
'Canvas(캔버스) : Light Red(밝은 빨강)', Grid(격자)의 'Gridline every(격자 간격) :
100pixels(픽셀), Subdivisions(세분) : 1'로 설정합니다.

03 [View(보기)]–[Rulers(눈금자)]([Ctrl]+[R])와 [View(보기)]–[Show(표시)]–[Grid(격자)]
([Ctrl]+[']])를 선택하여 눈금자와 격자를 표시합니다.

04 작업 파일을 저장하기 위하여 [File(파일)]–[Save As(다른 이름으로 저장)]([Shift]+[Ctrl]+[S])
를 선택하고 답안폴더(내PC\문서\GTQ)에 '수험번호–성명–1.psd'로 저장합니다.

02 이미지 선택 후 복제 및 변형

《사용소스》
PART 04 〉 기출 유형 문제 04회 〉 2급–1.jpg

《조건》
복제 및 변형 : 기린

PART 04 기출 유형 문제

01 [File(파일)]-[Open(열기)]([Ctrl]+[O])을 선택하여 2급-1.jpg를 불러옵니다. [Image(이미지)]-[Image Size(이미지 크기)]를 선택하여 'Width(폭) : 400Pixels(픽셀)'로 설정하여 크기를 줄여줍니다. [Ctrl]+[A]를 눌러서 전체 이미지를 선택하고 [Ctrl]+[C]를 눌러 복사한 후 작업 파일에 [Ctrl]+[V]로 붙여넣습니다. 출력형태를 참고하여 이미지를 배치합니다.

02 Object Selection Tool(개체 선택 도구, ▣)을 클릭하고 상단 [Options Bar(옵션 바)]에서 'New Selection(새 선택 영역), Mode(모드) : Lasso(올가미)'를 선택하여 기린 형태를 따라 드래그합니다. Quick Selection Tool(빠른 선택 도구, ▣)과 Polygonal Lasso Tool(다각형 올가미 도구, ▣)로 영역 추가 및 영역 삭제 작업을 추가합니다.

03 선택한 기린을 복사하기 위하여 [Layer(레이어)]-[New(새로 만들기)]-[Layer Via Copy(복사한 레이어)]([Ctrl]+[J])를 눌러서 복사합니다. [Edit(편집)]-[Free Transform(자유변형)]([Ctrl]+[T])을 선택하여 이미지 크기를 출력형태와 같이 조절합니다.

🄳 사용자 정의 모양 배치

《조건》
- 개 발자국 모양 (#227700, #99cc77, 레이어 스타일 – Drop Shadow(그림자 효과))
- 새 모양 (#990000, 레이어 스타일 – Outer Glow(외부 광선))

01 Custom Shape Tool(사용자 정의 모양 도구, 🏝)를 클릭하고 상단 [Options Bar(옵션 바)]에서 'Shape(모양), Fill(칠) : #227700, Stroke(획) : No Color(색상 없음)'로 설정합니다.

02 개 발자국 모양 도형을 선택하기 위하여 목록 단추를 클릭하고 [Legacy Shapes and More(레거시 모양 및 기타)]-[All Legacy Default Shapes(모든 레거시 기본 모양)]-[Animals(동물)]-[Dog Print(개 발자국)]을 선택합니다.

03 출력형태에 맞추어 도형을 그린 후 Layer(레이어) 패널 하단에서 Add a layer style(레이어 스타일 추가, *fx.*)을 클릭하여 [Drop Shadow(그림자)]를 선택하고 'Opacity(불투명도) : 75%, Angle(각도) : 125°, Distance(거리) : 5px, Size(크기) : 5px'로 설정합니다.

04 완성한 개 발자국 모양을 선택하고 Ctrl+J를 눌러서 복사한 다음 Ctrl+T를 눌러 크기와 위치를 출력형태와 같이 배치하고 Enter를 누릅니다. Layer(레이어) 패널에서 복제한 개 발자국 모양 레이어의 [Layer thumbnail(레이어 축소판)]을 더블 클릭하여 [Color Picker(색상 피커)] 창에 'Color(색상) : #99cc77'을 입력합니다.

05 Custom Shape Tool(사용자 정의 모양 도구, )를 클릭하고 상단 [Options Bar(옵션 바)]에서 목록 단추를 클릭하여 [Legacy Shapes and More(레거시 모양 및 기타)]-[All Legacy Default Shapes(모든 레거시 기본 모양)]-[Animals(동물)]-[Bird 2(새 1)]를 선택합니다.

06 출력형태에 맞추어 도형을 그린 후 Layer(레이어) 패널 하단에서 Add a layer style(레이어 스타일 추가, *fx.*)을 클릭하여 [Outer Glow(외부 광선)]를 선택하고 'Opacity(불투명도) : 75%, Size(크기) : 5px'로 설정합니다. 이후 [Layer thumbnail(레이어 축소판)]을 더블 클릭하여 [Color Picker(색상 피커)] 창에서 'Color(색상) : #990000'을 입력합니다.

04 문자 입력

《조건》
① Giraffe(Arial, Bold, 48pt, 레이어 스타일 – 그라디언트 오버레이(#880000, #ffaa00), Stroke(선/획)(2px, #ffffff), Drop Shadow(그림자 효과))

01 Horizontal Type Tool(수평 문자 도구, *T.*)를 선택하고 상단 [Options Bar(옵션 바)]에서 'Font(글꼴) : Arial, Font Style(폰트 스타일) : Bold, Size(크기) : 48pt, Set anti-aliasing method(안티 앨리어싱 방법 설정) : Sharp(선명하게)'로 설정합니다.

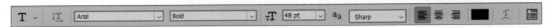

02 작업 이미지를 클릭하고 'Giraffe'를 입력한 후 Ctrl+T를 눌러 출력형태와 같이 배치합니다.

03 텍스트 레이어를 선택하고 Layer(레이어) 패널 하단에서 Add a layer style(레이어 스타일 추가, *fx.*)을 클릭하여 [Drop Shadow(그림자)]를 선택하고 'Opacity(불투명도) : 75%, Angle(각도) : 125°, Distance(거리) : 5px, Size(크기) : 5px'을 확인합니다. 계속해서 [Stroke(획)]를 선택하고 'Size(크기) : 2px, Position(위치) : Outside(바깥쪽), Color(색상) : #ffffff'로 설정합니다.

04 Layer(레이어) 패널 하단 Add a layer style(레이어 스타일 추가, fx.)을 클릭하여 [Gradient Overlay(그레이디언트 오버레이)]를 선택하고 Click to edit the gradient(클릭하여 그레이디언트 편집)를 선택하면 Gradient Editor(그레이디언트 편집기)가 열립니다. 좌측 하단 [Color Stop(색상 정지점)]을 더블 클릭하여 '#880000', 우측 하단 [Color Stop(색상 정지점)]을 더블 클릭하여 '#ffaa00'으로 입력하고 'Angle(각도) : -90°'로 설정합니다.

⑤ 파일 저장

《조건》

- JPG 파일 : 문서₩GTQ₩수험번호-성명-1.jpg / 크기 : 400*500pixels
- PSD 파일 : 문서₩GTQ₩수험번호-성명-1.psd / 크기 : 40*50pixels

---

01 최종적으로 작업 파일의 이미지 위치, 레이어 순서, 레이어 스타일을 점검하고 [View(보기)]-[Show(표시)]-[Grid(격자)]([Ctrl]+[']])를 선택하여 격자를 끕니다.

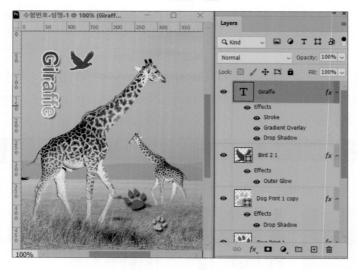

02 [File(파일)]-[Save As a Copy(다른 이름으로 저장)]([Alt]+[Ctrl]+[S])를 선택하여 '저장 위치 : 내PC₩문서₩GTQ, 파일 이름 : 수험번호-성명-1, 파일 형식 : JPEG'로 저장합니다. [JPEG Options(JPEG 옵션)] 창에서 'Quality(품질) : 12'를 설정합니다.

03 [Image(이미지)]-[Image Size(이미지 크기)]([Alt]+[Ctrl]+[I])를 선택하여 [Image Size(이미지 크기)] 창에서 'Width(폭) : 40Pixels(픽셀), Height(높이) : 50Pixels(픽셀)'을 입력하여 이미지 크기를 1/10로 축소합니다.

04 [File(파일)]-[Save As(다른 이름으로 저장)]([Shift]+[Ctrl]+[S])을 선택하여 '저장 위치 : 내PC₩문서₩GTQ, 파일 이름 : 수험번호-성명-1, 파일 형식 : PSD'로 저장합니다. 답안 전송 프로그램에서 [답안 전송]을 선택하여 jpg, psd 파일을 감독관 컴퓨터로 전송합니다.

[기능평가] 사진 편집 기초

작업순서   ① 새 작업 파일 만들기 ▶ ② 필터 적용 및 액자 제작 ▶ ③ 색상 보정 ▶ ④ 이미지 합성 ▶ ⑤ 문자 입력
▶ ⑥ 파일 저장

01 새 작업 파일 만들기

《조건》
- Width(폭) : 400Pixels(픽셀)
- Height(높이) : 500Pixels(픽셀)
- Resolution(해상도) : 72Pixels/Inch(픽셀/인치)
- Color Mode(색상 모드) : RGB Color(RGB 색상), 8bit(비트)

01 새 작업 파일을 만들기 위하여 [File(파일)]-[New(새로 만들기)]([Ctrl]+[N])를 선택하고 문제
지의 조건과 같이 설정하여 새 작업 파일을 만듭니다.

02 [View(보기)]-[Rulers(눈금자)]([Ctrl]+[R])와 [View(보기)]-[Show(표시)]-[Grid(격자)]
([Ctrl]+['])를 선택하여 눈금자와 격자를 표시합니다.

03 작업 파일을 저장하기 위하여 [File(파일)]-[Save As(다른 이름으로 저장)]([Shift]+[Ctrl]+[S])
를 선택하고 답안폴더(내PC\문서\GTQ)에 '수험번호-성명-2.psd'로 저장합니다.

02 필터 적용 및 액자 제작

《사용소스》
PART 04 〉 기출 유형 문제 04회 〉 2급-2.jpg

《조건》
- 필터 – Mosaic Tiles(모자이크 타일)
- 안쪽 테두리(5px, #000000)
- 레이어 스타일 – Drop Shadow(그림자 효과)

01 [File(파일)]-[Open(열기)]([Ctrl]+[O])을 선택하여 2급-2.jpg를 불러옵니다. [Image(이미
지)]-[Image Size(이미지 크기)]를 선택하여 'Width(폭) : 400Pixels(픽셀)'로 설정하여 크
기를 줄여줍니다. [Ctrl]+[A]를 눌러서 전체 이미지를 선택하고 [Ctrl]+[C]를 눌러 복사한 후 작
업 파일에 [Ctrl]+[V]로 붙여넣습니다. 출력형태와 비슷하게 배치하고 액자를 제작하기 위하여
[Ctrl]+[J]를 눌러서 이미지 레이어를 복제합니다.

02 필터를 적용하기 위하여 [Filter(필터)]–[Filter Gallery(필터 갤러리)]–[Texture(텍스처)]–
Mosaic Tiles(모자이크 타일)를 선택하고 [OK(확인)]를 클릭합니다.

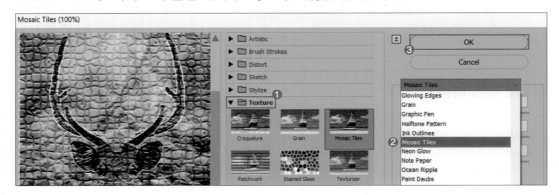

03 액자 프레임을 사각형으로 그려서 안쪽을 삭제하기 위하여 Rectangular Marquee Tool(사
각형 선택 윤곽 도구, ▦)을 선택하여 사각형을 그립니다. 사각형을 그릴 때 눈금자에서 상하
좌우 50px 간격을 확인하면서 그립니다. [Select(선택)]–[Modify(수정)]–[Smooth(매끄럽
게)]를 선택하고 'Sample Radius(샘플 반경) : 10pixels(픽셀)'을 설정합니다. 모서리가 둥글
게 수정된 사각 선택 영역을 [Delete]을 눌러서 삭제합니다.

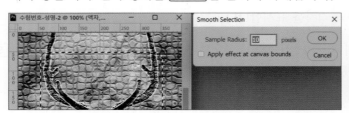 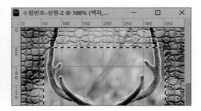

04 액자 프레임 안쪽에 테두리를 그리기 위하여 [Edit(편집)]–[Stroke(획)]를 선택하고 'Width
(폭) : 5px, Color(색상) : #000000, Location(위치) : Center(중앙)'로 설정합니다.

05 액자 레이어를 선택하고 Layer(레이어) 패널 하단 Add a layer style(레이어 스타일 추가,
fx.)을 클릭하여 [Drop Shadow(그림자)]를 선택하고 'Opacity(불투명도) : 75%, Angle
(각도) : 125°, Distance(거리) : 5px, Size(크기) : 5px'을 확인한 후 선택 영역을 해제하기
위하여 [Select(선택)]–[Deselect(선택 해제)]([Ctrl]+[D])를 선택합니다.

⑱ 색상 보정

《사용소스》

PART 04 〉 기출 유형 문제 04회 〉 2급-3.jpg

《조건》

2급-3.jpg – 녹색 계열로 보정, 레이어 스타일 – Inner Shadow(내부 그림자)

01 [File(파일)]-[Open(열기)]([Ctrl]+[O])을 선택하여 2급-3.jpg를 불러옵니다. Object Selection Tool(개체 선택 도구, ▣)을 클릭하고 상단 [Options Bar(옵션 바)]에서 'New Selection(새 선택 영역), Mode(모드) : Lasso(올가미)'를 선택하여 쌍안경 형태를 따라 드래그합니다. Quick Selection Tool(빠른 선택 도구, ▨)과 Polygonal Lasso Tool(다각형 올가미 도구, ▨)로 영역 추가 및 영역 삭제 작업을 추가합니다.

02 선택한 쌍안경 이미지는 [Ctrl]+[C]를 눌러서 복사하고 작업 파일에 [Ctrl]+[V]를 눌러 붙여 넣습니다. [Ctrl]+[T]를 눌러서 이미지 크기를 출력형태와 같이 조절한 후 [Enter]를 누릅니다.

03 쌍안경 레이어를 선택하고 Layer(레이어) 패널 하단에서 Add a layer style(레이어 스타일 추가, ▣)를 클릭하여 [Inner Shadow(내부 그림자)]를 선택하고 'Opacity(불투명도) : 75%, Angle(각도) : 125°, Distance(거리) : 5px, Size(크기) : 5px'로 설정합니다.

04 녹색으로 보정하기 위하여 [Image(이미지)]-[Adjustment(조정)]-[Hue/Saturation(색조/채도)]([Ctrl]+[U])를 선택하여 'Hue(색조) : +98, Saturation(채도) : 25, Lightness(밝기) : 0'으로 설정한 후 [Ctrl]+[D]를 눌러 선택 영역을 해제하고 [OK(확인)]를 클릭합니다.

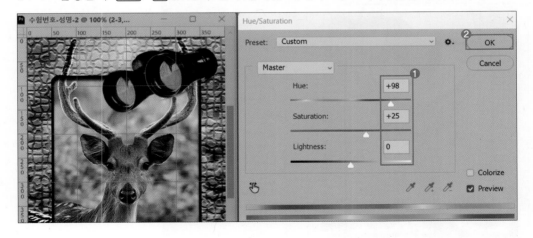

04 이미지 합성

《사용소스》

PART 04 〉기출 유형 문제 04회 〉2급-4.jpg

《조건》

2급-4.jpg : 레이어 스타일 – Outer Glow(외부 광선)

01 [File(파일)]-[Open(열기)]([Ctrl]+[O])을 선택하여 2급-4.jpg를 불러옵니다. Object Selec-tion Tool(개체 선택 도구, 🔲)을 클릭하고 상단 [Options Bar(옵션 바)]에서 'New Selection(새 선택 영역), Mode(모드) : Lasso(올가미)'를 선택하여 모자 형태를 따라 드래그합니다. Quick Selection Tool(빠른 선택 도구, 🖌)과 Polygonal Lasso Tool(다각형 올가미 도구, 🔻)로 영역 추가 및 영역 삭제 작업을 추가합니다.

02 선택한 모자 이미지는 [Ctrl]+[C]를 눌러서 복사하고 작업 파일에 [Ctrl]+[V]를 눌러 붙여 넣습니다. [Ctrl]+[T]를 눌러서 출력형태와 같이 조절한 후 방향을 좌우반전하기 위하여 마우스 오른쪽 버튼을 누릅니다. Flip Horizontal(가로로 뒤집기)을 선택하여 반전시킨 이미지를 적절히 배치하고 [Enter]를 누릅니다.

03 모자 레이어를 선택하고 Layer(레이어) 패널 하단 Add a layer style(레이어 스타일 추가, 🔲)을 클릭하여 [Outer Glow(외부 광선)]를 선택하고 'Opacity(불투명도) : 75%, Size(크기) : 5px'로 설정합니다.

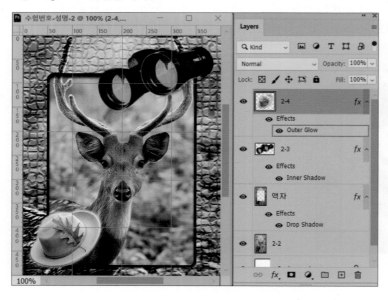

05 문자 입력

01 Horizontal Type Tool(수평 문자 도구, ⊤.)를 선택하고 상단 [Options Bar(옵션 바)]에서
'Font(글꼴) : Time New Roman, Font Style(폰트 스타일) : Bold, Size(크기) : 30pt,
Set anti-aliasing method(안티 앨리어싱 방법 설정) : Sharp(선명하게)'로 설정합니다.

02 작업 이미지를 클릭하고 'Sapari Trip'를 입력한 후 출력형태와 같이 배치합니다. 상단 [Op-
tions Bar(옵션 바)]에서 Create Warp Text(뒤틀어진 텍스트 만들기, ⊥)를 선택하고
[Warp Text(텍스트 뒤틀기)] 창에서 'Style(스타일) : Arc(부채꼴), 계속해서 Vertical(세로)
: 선택, Bend(구부리기) : −20%'로 설정한 후 [OK(확인)]를 클릭합니다.

03 텍스트 레이어를 선택하고 Layer(레이어) 패널 하단 Add a layer style(레이어 스타일 추가,
fx.)을 클릭하여 [Stroke(획)]를 선택하고 'Size(크기) : 2px, Position(위치) : Outside(바깥
쪽), Color(색상) : #ffffff'로 설정합니다. 계속해서 [Drop Shadow(드롭 섀도)]를 선택하고
'Opacity(불투명도) : 75%, Angle(각도) : 125°, Distance(거리) : 5px, Size(크기) : 5px'로
설정합니다.

04 Layer Style(레이어 스타일) 창에서 [Gradient Overlay(그레이디언트 오버레이)]를 선
택하고 Click to edit the gradient(클릭하여 그레이디언트 편집)를 선택하면 Gradient
Editor(그레이디언트 편집기)가 열립니다. 좌측 하단 [Color Stop(색상 정지점)]을 더블 클릭
하여 '#006600', 우측 하단 [Color Stop(색상 정지점)]을 더블 클릭하여 '#ffaa00'으로 입력합
니다. 계속해서 'Angle(각도) : −90°'로 설정합니다.

06 파일 저장

01 최종적으로 작업 파일의 이미지 위치, 레이어 순서, 레이어 스타일을 점검하고 [View(보기)]–[Show(표시)]–[Grid(격자)]([Ctrl]+['])를 선택하여 격자를 끕니다.

02 [File(파일)]–[Save As a Copy(다른 이름으로 저장)]([Alt]+[Ctrl]+[S])를 선택하여 '저장 위치 : 내PC₩문서₩GTQ, 파일 이름 : 수험번호–성명–2, 파일 형식 : JPEG'로 저장합니다. [JPEG Options(JPEG 옵션)] 창에서 'Quality(품질) : 12'를 확인합니다.

03 [Image(이미지)]–[Image Size(이미지 크기)]([Alt]+[Ctrl]+[I])를 선택하여 [Image Size(이미지 크기)] 창에서 'Width(폭) : 40Pixels(픽셀), Height(높이) : 50Pixels(픽셀)'을 입력하여 이미지 크기를 1/10로 축소합니다.

04 [File(파일)]–[Save As(다른 이름으로 저장)]([Shift]+[Ctrl]+[S])을 선택하여 '저장 위치 : 내PC₩문서₩GTQ, 파일 이름 : 수험번호–성명–2, 파일 형식 : PSD'로 저장합니다. 답안 전송 프로그램에서 [답안 전송]을 선택하여 jpg, psd 파일을 감독관 컴퓨터로 전송합니다.

작업순서 ① 새 작업 파일 만들기 ▶ ② 배경색 적용 ▶ ③ 필터 적용 및 레이어 마스크 합성 ▶ ④ 이미지 합성
▶ ⑤ 사용자 정의 모양 배치 ▶ ⑥ 문자 입력 ▶ ⑦ 파일 저장

01 새 작업 파일 만들기

《조건》
- Width(폭) : 600Pixels(픽셀)
- Height(높이) : 400Pixels(픽셀)
- Resolution(해상도) : 72Pixels/Inch(픽셀/인치)
- Color Mode(색상 모드) : RGB Color(RGB 색상), 8bit(비트)

01 새 작업 파일을 만들기 위하여 [File(파일)]-[New(새로 만들기)]([Ctrl]+[N])를 선택하고 문제
지의 조건과 같이 설정하여 새 작업 파일을 만듭니다.

02 [View(보기)]-[Rulers(눈금자)]([Ctrl]+[R])와 [View(보기)]-[Show(표시)]-[Grid(격자)]
([Ctrl]+['])를 선택하여 눈금자와 격자를 표시합니다.

03 작업 파일을 저장하기 위하여 [File(파일)]-[Save As(다른 이름으로 저장)]([Shift]+[Ctrl]+[S])
를 선택하고 답안폴더(내PC₩문서₩GTQ)에 '수험번호-성명-3.psd'로 저장합니다.

02 배경색 적용

《조건》
배경색 : #ccffcc

01 배경을 채울 색상을 선택하기 위하여 Tool Box(도구 상자) 하단의 [Background Color(배경
색)]을 클릭하고 '#ccffcc'로 설정합니다.

02 설정한 색으로 채우기 위하여 [Ctrl]+[Delete]를
눌러 배경색을 채웁니다.

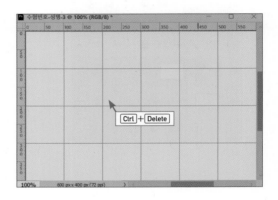

03 필터 적용 및 레이어 마스크 합성

《사용소스》

PART 04 〉 기출 유형 문제 04회 〉 2급-5.jpg

《조건》

2급-5.jpg : 필터 – Paint Daubs(페인트 덥스), 레이어 마스크 – 세로 방향으로 흐릿하게

01 [File(파일)]–[Open(열기)]([Ctrl]+[O])을 선택하여 2급-5.jpg를 불러옵니다. [Image(이미지)]–[Image Size(이미지 크기)]를 선택하여 'Width(폭) : 600Pixels(픽셀)'로 설정하여 크기를 줄여줍니다. [Ctrl]+[A]를 눌러서 전체 이미지를 선택하고 [Ctrl]+[C]를 눌러 복사한 후 작업 파일에 [Ctrl]+[V]로 붙여넣습니다. [Ctrl]+[T]를 눌러서 이미지 크기를 출력형태와 같이 조절합니다.

02 필터를 적용하기 위하여 [Filter(필터)]–[Filter Gallery(필터 갤러리)]–[Artistic(예술 효과)]–[Paint Daubs(페인트 덥스)]를 선택하고 [OK(확인)]를 클릭합니다.

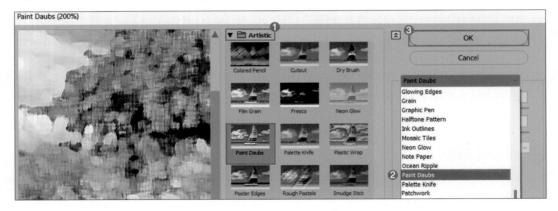

03 레이어 마스크를 적용하기 위하여 Layer(레이어) 패널 하단 [Add layer mask(레이어 마스크 추가, ▣)]를 클릭합니다.

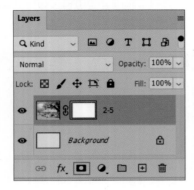

04 레이어 마스크를 부드럽게 적용하기 위하여 Gradient Tool(그레이디언트 도구, ▣)를 선택하고 [Options Bar(옵션 바)]에서 Select and manage Gradient preset(그레이디언트 사전 설정 선택 및 관리)를 클릭하여 [Basics(기본 사항)]에서 'Black, White(검정, 흰색), Type(유형) : Linear Gradient(선형 그레이디언트), Mode(모드) : Normal(표준), Opacity (불투명도) : 100%'를 설정한 후 작업 파일에서 하단부터 상단까지 드래그합니다.

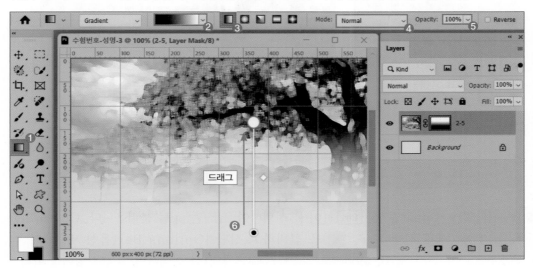

04 이미지 합성

《사용소스》

PART 04 〉 기출 유형 문제 04회 〉 2급-6.jpg/2급-7.jpg/2급-8.jpg

《조건》

- 2급-6.jpg : 레이어 스타일 – Drop Shadow(그림자 효과)
- 2급-7.jpg : 레이어 스타일 – Bevel & Emboss(경사와 엠보스)
- 2급-8.jpg : 레이어 스타일 – Outer Glow(외부 광선)

---

01 [File(파일)]-[Open(열기)]([Ctrl]+[O])을 선택하여 2급-6.jpg를 불러옵니다. [Image(이미지)]-[Image Size(이미지 크기)]를 선택하여 'Height(높이) : 400Pixels(픽셀)'로 설정하여 크기를 줄여줍니다.

02 Object Selection Tool(개체 선택 도구, ▣)을 클릭하고 상단 [Options Bar(옵션 바)]에서 'New Selection(새 선택 영역), Mode(모드) : Lasso(올가미)'를 선택하여 코끼리 형태를 따라 드래그합니다. Quick Selection Tool(빠른 선택 도구, ▣)과 Polygonal Lasso Tool(다각형 올가미 도구, ▣)로 영역 추가 및 영역 삭제 작업을 추가합니다.

03 선택한 코끼리 이미지는 [Ctrl]+[C]를 눌러서 복사하고 작업 파일에 [Ctrl]+[V]를 눌러 붙여 넣습니다. [Ctrl]+[T]를 눌러서 이미지 크기를 출력형태와 같이 조절한 후 [Enter]를 누릅니다.

04 코끼리 레이어를 선택하고 Layer(레이어) 패널 하단 Add a layer style(레이어 스타일 추가, [fx.])을 클릭하여 [Drop Shadow(그림자)]를 선택하고 'Opacity(불투명도) : 75%, Angle (각도) : 125°, Distance(거리) : 5px, Size(크기) : 5px'로 설정합니다.

 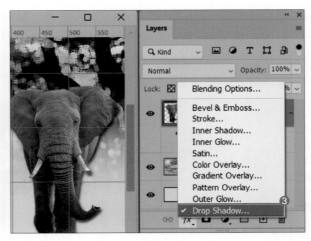

05 [File(파일)]-[Open(열기)]([Ctrl]+[O])을 선택하여 2급-7.jpg를 불러옵니다. Object Selec-tion Tool(개체 선택 도구, [🔳])을 클릭하고 상단 [Options Bar(옵션 바)]에서 'New Selection(새 선택 영역), Mode(모드) : Lasso(올가미)'를 선택하여 얼룩말 형태를 따라 드래그합니다.

06 선택한 얼룩말 이미지는 [Ctrl]+[C]를 눌러서 복사하고 작업 파일에 [Ctrl]+[V]를 눌러 붙여 넣습니다. [Ctrl]+[T]를 눌러서 이미지 크기를 출력형태와 같이 조절한 후 [Enter]를 누릅니다.

07 얼룩말 레이어를 선택하고 Layer(레이어) 패널 하단 Add a layer style(레이어 스타일 추가, [fx.])을 클릭하여 [Bevel & Emboss(경사와 엠보스)]를 선택합니다.

08 [File(파일)]-[Open(열기)]([Ctrl]+[O])을 선택하여 2급-8.jpg를 불러옵니다. [Image(이미지)]-[Image Size(이미지 크기)]를 선택하여 'Height(높이) : 400Pixels(픽셀)'로 설정하여 크기를 줄여줍니다. Object Selection Tool(개체 선택 도구, [🔳])을 클릭하고 상단 [Options Bar(옵션 바)]에서 'New Selection(새 선택 영역), Mode(모드) : Lasso(올가미)'를 선택하여 독수리 형태를 따라 드래그합니다.

09 선택한 독수리 이미지는 Ctrl + C 를 눌러서 복사하고 작업 파일에 Ctrl + V 를 눌러 붙여 넣습니다. Ctrl + T 를 눌러서 출력형태와 같이 조절한 후 방향을 좌우반전하기 위하여 마우스 오른쪽 버튼을 누릅니다. Flip Horizontal(가로로 뒤집기)을 선택하여 반전시킨 이미지를 적절히 배치하고 Enter 를 누릅니다.

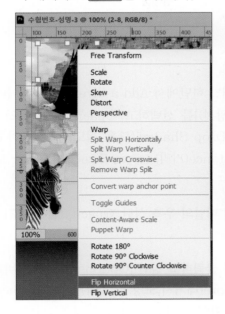 

10 독수리 레이어를 선택하고 Layer(레이어) 패널 하단 Add a layer style(레이어 스타일 추가, *fx.*)을 클릭하여 [Outer Glow(외부 광선)]를 선택하고 'Opacity(불투명도) : 75%, Size(크기) : 5px'로 설정합니다.

05 사용자 정의 모양 배치

《조건》
• 웹 검색 모양 : #009900, 레이어 스타일 – Outer Glow(외부 광선), Drop Shadow(그림자), Opacity(불투명도)(70%)
• 해 모양 : 레이어 스타일 – 그라디언트 오버레이(#aa0000, #ffaa00), Stroke(선/획)(2px, #ffffff)

01 Custom Shape Tool(사용자 정의 모양 도구, 🖉)를 클릭하고 상단 [Options Bar(옵션 바)]에서 'Shape(모양), Fill(칠) : #009900, Stroke(획) : No Color(색상 없음)'로 설정합니다.

02 웹 검색 모양 도형을 선택하기 위하여 목록 단추를 클릭하고 [Legacy Shapes and More(레거시 모양 및 기타)]–[All Legacy Default Shapes(모든 레거시 기본 모양)]–[Web(웹)]–[World Wide Web Search(웹 검색)]을 선택합니다.

03 출력형태에 맞추어 도형을 그린 후 Layer(레이어) 패널 하단에서 Add a layer style(레이어 스타일 추가, fx.)을 클릭하여 [Outer Glow(외부 광선)]를 선택하고 'Opacity(불투명도) : 75%, Size(크기) : 5px'를 설정합니다. 계속해서 [Drop Shadow(드롭 섀도)]를 선택하고 'Opacity(불투명도) : 75%, Angle(각도) : 125°, Distance(거리) : 5px, Size(크기) : 5px'로 설정합니다.

04 도형의 불투명도를 설정하기 위하여 [Layer(레이어)] 패널의 우측 상단 'Opacity(불투명도) : 70%'로 입력합니다.

05 Custom Shape Tool(사용자 정의 모양 도구, ☒)를 클릭하고 상단 [Options Bar(옵션 바)]에서 목록 단추를 클릭하여 [Legacy Shapes and More(레거시 모양 및 기타)]–[All Legacy Default Shapes(모든 레거시 기본 모양)]–[Nature(자연)]–[Sun 1(해 1)]을 선택합니다.

06 출력형태에 맞추어 도형을 그린 후 Layer Style(레이어 스타일) 창에서 [Stroke(획)]를 선택하고 'Size(크기) : 2px, Position(위치) : Outside(바깥쪽), Color(색상) : #ffffff'로 설정합니다.

07 Layer Style(레이어 스타일) 창에서 [Gradient Overlay(그레이디언트 오버레이)]를 선택하고 Click to edit the gradient(클릭하여 그레이디언트 편집)를 선택하면 Gradient Editor(그레이디언트 편집기)가 열립니다. 좌측 하단 [Color Stop(색상 정지점)]을 더블 클릭하여 '#aa0000', 우측 하단 [Color Stop(색상 정지점)]을 더블 클릭하여 '#ffaa00'으로 입력하고 'Style(스타일) : Radial(방사형)'로 설정한 후 [OK(확인)]를 클릭합니다.

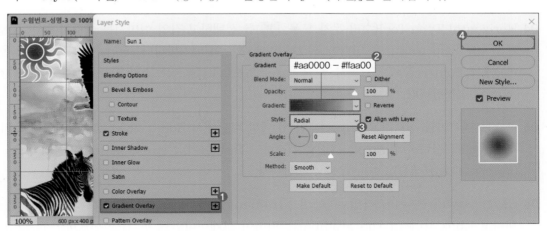

06 문자 입력

《조건》
① 사파리에서 만나는 자연의 경이로움 (궁서, 16pt, 20pt, #ffaa00, #994400, 레이어 스타일 – Bevel & Emboss(경사와 엠보스), Stroke(선/획)(2px, #ffffff), Drop Shadow(그림자 효과))
② Journey into the wild world! (Time New Roman, Bold, 36pt, 레이어 스타일 – 그라디언트 오버레이(#0099aa, #9900aa), Stroke(선/획)(2px, #ffffff))

01 Horizontal Type Tool(수평 문자 도구, T.)를 선택하고 상단 [Options Bar(옵션 바)]에서 'Font(글꼴) : 궁서, Size(크기) : 16pt, Set anti-aliasing method(안티 앨리어싱 방법 설정) : Sharp(선명하게), Location(위치) : Center(중앙), Set text color(텍스트 색상 설정) : #ffaa00'으로 설정합니다.

02 작업 이미지를 클릭하고 '사파리에서 만나는 자연의 경이로움'를 입력한 후 출력형태와 같이 배치합니다. 입력한 텍스트 중에서 '자연의 경이로움' 부분만 블록 선택하여 'Size(크기) : 20pt, Set text color(텍스트 색상 설정) : #994400'으로 설정합니다.

03 텍스트 레이어를 선택하고 Layer(레이어) 패널 하단에서 Add a layer style(레이어 스타일 추가, *fx.*)을 클릭하여 [Stroke(획)]를 선택하고 'Size(크기) : 2px, Position(위치) : Outside (바깥쪽), Color(색상) : #ffffff'로 설정합니다. 계속해서 [Drop Shadow(드롭 섀도)]를 선택하고 'Opacity(불투명도) : 75%, Angle(각도) : 125°, Distance(거리) : 5px, Size(크기) : 5px'를 설정한 후 [Beverl & Emboss(경사와 엠보스)]를 클릭합니다.

04 Horizontal Type Tool(수평 문자 도구, *T*)를 선택하고 작업 이미지를 클릭하여 'Journey into the wild world!'을 입력한 후 출력형태와 같이 배치합니다. 상단 [Options Bar(옵션 바)]에서 'Font(글꼴) : Time New Roman, Font Style(폰트 스타일) : Bold, Size(크기) : 36pt'로 설정합니다.

05 텍스트 레이어를 선택하고 Layer(레이어) 패널 하단에서 Add a layer style(레이어 스타일 추가, *fx.*)을 클릭하여 [Stroke(획)]를 선택하고 'Size(크기) : 2px, Position(위치) : Outside (바깥쪽), Color(색상) : #ffffff'로 설정합니다.

06 Layer Style(레이어 스타일) 창에서 [Gradient Overlay(그레이디언트 오버레이)]를 선택하고 Click to edit the gradient(클릭하여 그레이디언트 편집)를 선택하면 Gradient Editor(그레이디언트 편집기)가 열립니다. 좌측 하단 [Color Stop(색상 정지점)]을 더블 클릭하여 '#0099aa', 우측 하단 [Color Stop(색상 정지점)]을 더블 클릭하여 '#9900aa'로 입력한 후 'Angle(각도) : 0°'로 설정합니다.

07 상단 Options Bar(옵션 바)에서 [Create Warp Text(뒤틀어진 텍스트 만들기, *I*)]를 선택하고 [Warp Text(텍스트 뒤틀기)] 창에서 'Style(스타일) : Shell Upper(위가 넓은 조개), Bend(구부리기) : +50%'로 설정한 후 [OK(확인)]를 클릭합니다.

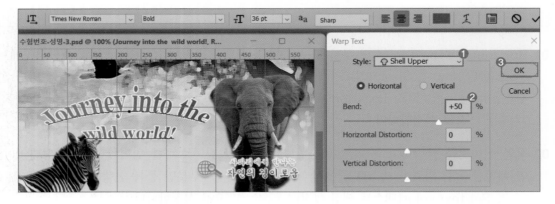

07 파일 저장

01 최종적으로 작업 파일의 이미지 위치, 레이어 순서, 레이어 스타일을 점검하고 [View(보기)]–[Show(표시)]–[Grid(격자)]([Ctrl]+[`])를 선택하여 격자를 끕니다.

02 [File(파일)]–[Save As a Copy(다른 이름으로 저장)]([Alt]+[Ctrl]+[S])를 선택하여 '저장 위치 : 내PC₩문서₩GTQ, 파일 이름 : 수험번호–성명–3, 파일 형식 : JPEG'로 저장합니다. [JPEG Options(JPEG 옵션)] 창에서 'Quality(품질) : 12'를 확인합니다.

03 [Image(이미지)]–[Image Size(이미지 크기)]([Alt]+[Ctrl]+[I])를 선택하여 [Image Size(이미지 크기)] 창에서 'Width(폭) : 60Pixels(픽셀), Height(높이) : 40Pixels(픽셀)'을 입력하여 이미지 크기를 1/10로 축소합니다.

04 [File(파일)]–[Save As(다른 이름으로 저장)]([Shift]+[Ctrl]+[S])을 선택하여 '저장 위치 : 내PC₩문서₩GTQ, 파일 이름 : 수험번호–성명–3, 파일 형식 : PSD'로 저장합니다. 답안 전송 프로그램에서 [답안 전송]을 선택하여 jpg, psd 파일을 감독관 컴퓨터로 전송합니다.

[실무응용] 이벤트 페이지 제작

작업순서   ① 새 작업 파일 만들기 ▶ ② 필터 적용 ▶ ③ 이미지 합성 및 불투명도 ▶ ④ 클리핑 마스크 ▶ ⑤ 사용자 정의 모양 배치 ▶ ⑥ 문자 입력 ▶ ⑦ 파일 저장

01 새 작업 파일 만들기

《조건》
- Width(폭) : 600Pixels(픽셀)
- Height(높이) : 400Pixels(픽셀)
- Resolution(해상도) : 72Pixels/Inch(픽셀/인치)
- Color Mode(색상 모드) : RGB Color(RGB 색상), 8bit(비트)

01 새 작업 파일을 만들기 위하여 [File(파일)]-[New(새로 만들기)]([Ctrl]+[N])를 선택하고 문제 지의 조건과 같이 설정하여 새 작업 파일을 만듭니다.

02 [View(보기)]-[Rulers(눈금자)]([Ctrl]+[R])와 [View(보기)]-[Show(표시)]-[Grid(격자)] ([Ctrl]+['])를 선택하여 눈금자와 격자를 표시합니다.

03 작업 파일을 저장하기 위하여 [File(파일)]-[Save As(다른 이름으로 저장)]([Shift]+[Ctrl]+[S]) 를 선택하고 답안폴더(내PC₩문서₩GTQ)에 '수험번호-성명-4.psd'로 저장합니다.

02 필터 적용

《사용소스》
PART 04 〉기출 유형 문제 04회 〉2급-9.jpg

《조건》
2급-9.jpg : 필터 - Add Noise(노이즈 추가)

01 [File(파일)]-[Open(열기)]([Ctrl]+[O])을 선택하여 2급-9.jpg를 불러옵니다. [Image(이미지)]-[Image Size(이미지 크기)]를 선택하여 'Width(폭) : 600Pixels(픽셀)'로 설정하여 크기를 줄여줍니다. [Ctrl]+[A]를 눌러서 전체 이미지를 선택하고 [Ctrl]+[C]를 눌러 복사한 후 작업 파일에 [Ctrl]+[V]로 붙여넣습니다.

02 필터를 적용하기 위하여 [Filter(필터)]−[Add Noise(노이즈 추가)]를 선택합니다.

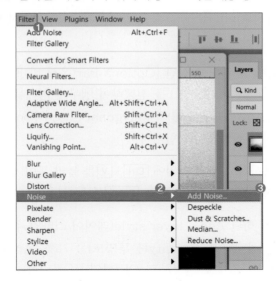

03 이미지 합성 및 불투명도

《사용소스》

PART 04 〉 기출 유형 문제 04회 〉 2급−10.jpg/2급−11.jpg/2급−13.jpg

《조건》

- 2급−10.jpg : 레이어 스타일 − Outer Glow(외부 광선)
- 2급−11.jpg : 레이어 스타일 − Drop Shadow(그림자 효과), Opacity(불투명도)(80%)
- 2급−13.jpg : 레이어 스타일 − Inner Glow(내부 광선)

01 [File(파일)]−[Open(열기)]([Ctrl]+[O])을 선택하여 2급−10.jpg를 불러옵니다. Object Selection Tool(개체 선택 도구, [🔲])을 클릭하고 상단 [Options Bar(옵션 바)]에서 'New Selection(새 선택 영역), Mode(모드) : Lasso(올가미)'를 선택하여 카메라 형태를 따라 드래그합니다. Quick Selection Tool(빠른 선택 도구, [🖌])과 Polygonal Lasso Tool(다각형 올가미 도구, [🔾])로 영역 추가 및 영역 삭제 작업을 추가합니다.

02 선택한 카메라 이미지는 [Ctrl]+[C]를 눌러서 복사하고 작업 파일에 [Ctrl]+[V]를 눌러 붙여 넣습니다. [Ctrl]+[T]를 눌러서 이미지 크기를 출력형태와 같이 조절한 후 [Enter]를 누릅니다.

03 카메라 레이어를 선택하고 Layer(레이어) 패널 하단 Add a layer style(레이어 스타일 추가, [fx.])을 클릭하여 [Outer Glow(외부 광선)]를 선택하고 'Opacity(불투명도) : 75%, Size(크기) : 5px'로 설정합니다.

04 [File(파일)]−[Open(열기)]([Ctrl]+[O])을 선택하여 2급−11.jpg를 불러옵니다. [Image(이미지)]−[Image Size(이미지 크기)]를 선택하여 'Height(높이) : 400Pixels(픽셀)'로 설정하여 크기를 줄여줍니다.

05 Object Selection Tool(개체 선택 도구, ▣)을 클릭하고 상단 [Options Bar(옵션 바)]에서 'New Selection(새 선택 영역), Mode(모드) : Lasso(올가미)'를 선택하여 앵무새 형태를 따라 드래그합니다. Quick Selection Tool(빠른 선택 도구, ▣)과 Polygonal Lasso Tool(다각형 올가미 도구, ▣)로 영역 추가 및 영역 삭제 작업을 추가합니다.

06 선택한 앵무새 이미지는 [Ctrl]+[C]를 눌러서 복사하고 작업 파일에 [Ctrl]+[V]를 눌러 붙여 넣습니다. [Ctrl]+[T]를 눌러서 이미지 크기를 출력형태와 같이 조절한 후 [Enter]를 누릅니다.

07 앵무새 레이어를 선택하고 Layer(레이어) 패널 하단 Add a layer style(레이어 스타일 추가, ▣)을 클릭하여 [Drop Shadow(그림자)]를 선택하고 'Opacity(불투명도) : 75%, Angle(각도) : 125°, Distance(거리) : 5px, Size(크기) : 5px'로 설정하고 [OK(확인)]를 클릭합니다.

08 도형의 불투명도를 설정하기 위하여 [Layer(레이어)] 패널의 우측 상단 'Opacity(불투명도) : 80%'로 입력합니다.

09 [File(파일)]−[Open(열기)]([Ctrl]+[O])을 선택하여 2급−13.jpg를 불러옵니다. Object Selection Tool(개체 선택 도구, ▣)을 클릭하고 상단 [Options Bar(옵션 바)]에서 'New Selection(새 선택 영역), Mode(모드) : Lasso(올가미)'를 선택하여 원숭이 형태를 따라 드래그합니다. Quick Selection Tool(빠른 선택 도구, ▣)과 Polygonal Lasso Tool(다각형 올가미 도구, ▣)로 영역 추가 및 영역 삭제 작업을 추가합니다.

10 선택한 원숭이 이미지는 Ctrl+C를 눌러서 복사하고 작업 파일에 Ctrl+V를 눌러 붙여 넣습니다. Ctrl+T를 눌러서 출력형태와 같이 조절한 후, 마우스 오른쪽 버튼을 눌러 Flip Horizontal(가로로 뒤집기)을 선택하여 반전시킨 이미지를 적절히 배치하고 Enter를 누릅니다.

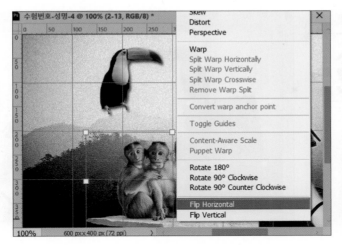 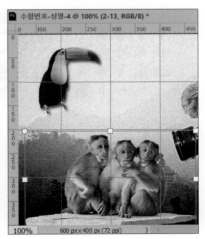

11 원숭이 레이어를 선택하고 Layer(레이어) 패널 하단 Add a layer style(레이어 스타일 추가, fx.)을 클릭하여 [Inner Glow(내부 광선)]를 선택하고 'Opacity(불투명도) : 75%, Size(크기) : 5px'로 설정합니다.

04 클리핑 마스크

《사용소스》

PART 04 〉 기출 유형 문제 04회 〉 2급-12.jpg

《조건》

• 2급-12.jpg : 필터 – Poster Edges(포스터 가장자리)
• 도장 모양 : 레이어 스타일 – Stroke(선/획)(3px, #999933), Inner Shadow(내부 그림자)

01 클리핑 마스크를 위한 도형을 제작하기 위하여 Custom Shape Tool(사용자 정의 모양 도구, ⚙)를 클릭하고 상단 [Options Bar(옵션 바)]에서 'Shape(모양), Fill(칠) : #000000, Stroke(획) : No Color(색상 없음)'로 설정합니다.

02 도장 모양 도형을 선택하기 위하여 목록 단추를 클릭하고 [Legacy Shapes and More(레거시 모양 및 기타)]–[All Legacy Default Shapes(모든 레거시 기본 모양)]–[Objects(개체)–Stamp 1(도장 1)]을 선택하고 출력형태와 같이 배치합니다.

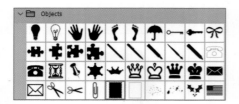

03 [File(파일)]–[Open(열기)]([Ctrl]+[O])을 선택하여 2급–12.jpg를 불러옵니다. [Image(이미지)]–[Image Size(이미지 크기)]를 선택하여 'Height(높이) : 200Pixels(픽셀)'로 설정하여 크기를 줄여줍니다.

04 [Ctrl]+[A]를 눌러서 전체 이미지를 선택하고 [Ctrl]+[C]를 눌러 복사한 후 작업 파일에 [Ctrl]+[V]로 붙여넣습니다. [Ctrl]+[T]를 눌러서 방향을 좌우반전하기 위하여 마우스 오른쪽 버튼을 누릅니다. Flip Horizontal(가로로 뒤집기)을 선택하여 반전시킨 이미지를 적절히 배치하고 [Enter]를 누릅니다.

05 클리핑 마스크를 적용하기 위하여 이미지 레이어를 선택한 후 마우스 오른쪽 버튼을 누르고 Create Clipping Mask(클리핑 마스크 만들기)를 선택합니다. [Ctrl]+[T]를 눌러서 이미지 크기를 출력형태와 같이 적절히 배치하고 [Enter]를 누릅니다.

06 이미지에 필터를 적용하기 위하여 [Filter(필터)]-[Filter Gallery(필터 갤러리)]-[Artistic (예술 효과)]-[Poster Edges(포스터 가장자리)]를 선택하고 [OK(확인)]를 클릭합니다.

07 도장 모양 도형 레이어를 선택하고 Layer(레이어) 패널 하단에서 Add a layer style(레이어 스타일 추가, *fx.*)을 클릭하여 [Inner Shadow(내부 그림자)]를 선택하고 'Opacity(불투명도) : 75%, Angle(각도) : 125°, Distance(거리) : 5px, Size(크기) : 5px'로 설정합니다. 계속해서 [Stroke(획)]를 선택하고 'Size(크기) : 2px, Position(위치) : Outside(바깥쪽), Color(색상) : #999933'로 설정한 후 [OK(확인)]를 클릭합니다.

08 앵무새 레이어를 도장 레이어보다 위쪽으로 배치하기 위하여 Layer(레이어) 패널에서 앵무새 레이어를 선택하고 도장 레이어 위쪽으로 드래그합니다.

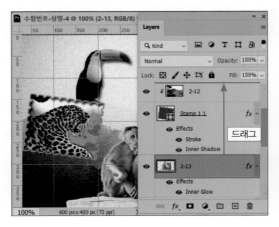
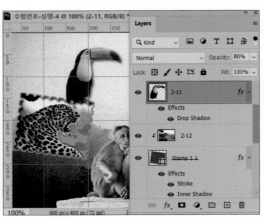

05 사용자 정의 모양 배치

《조건》
- 탭 단추 모양 : #ffaaaa, 레이어 스타일 – Stroke(선/획)(2px, #ff7777)
- 동영상 모양 : 레이어 스타일 – 그라디언트 오버레이(#ff3333, #ffff77), Inner Shadow(내부 그림자)

01 Layer(레이어) 패널에서 가장 위쪽에 배치된 레이어를 선택한 후 Custom Shape Tool(사용자 정의 모양 도구, 🖫)를 클릭하고 상단 [Options Bar(옵션 바)]에서 'Shape(모양), Fill(칠) : #ffaaaa, Stroke(획) : No Color(색상 없음)'로 설정합니다.

02 탭 단추 모양 도형을 선택하기 위하여 목록 단추를 클릭하고 [Legacy Shapes and More(레거시 모양 및 기타)]–[All Legacy Default Shapes(모든 레거시 기본 모양)]–[Web(웹)]–[Tabbed Button(탭이 지정된 단추)]를 선택합니다.

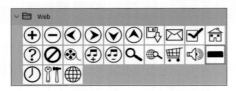

03 출력형태에 맞추어 도형을 그린 후 Layer(레이어) 패널 하단에서 Add a layer style(레이어 스타일 추가, *fx.*)을 클릭하여 [Stroke(획)]를 선택하고 'Size(크기) : 2px, Position(위치) : Outside(바깥쪽), Color(색상) : #ff7777'로 설정합니다.

04 Custom Shape Tool(사용자 정의 모양 도구, 🖫)를 클릭하고 동영상 모양 도형을 선택하기 위하여 목록 단추를 클릭하여 [Legacy Shapes and More(레거시 모양 및 기타)]–[All Legacy Default Shapes(모든 레거시 기본 모양)]–[Web(웹)]–[Movie(동영상)]을 선택합니다.

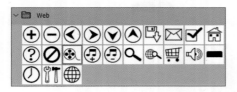

05 출력형태에 맞추어 도형을 그린 후 Layer(레이어) 패널 하단에서 Add a layer style(레이어 스타일 추가, *fx.*)을 클릭하여 [Inner Shadow(내부 그림자)]를 선택하고 'Opacity(불투명도) : 75%, Angle(각도) : 125°, Distance(거리) : 5px, Size(크기) : 5px'을 확인합니다.

06 Layer Style(레이어 스타일) 창에서 [Gradient Overlay(그레이디언트 오버레이)]를 선택하고 Click to edit the gradient(클릭하여 그레이디언트 편집)를 선택하면 Gradient Editor(그레이디언트 편집기)가 열립니다. 좌측 하단 [Color Stop(색상 정지점)]을 더블 클릭하여 '#ff3333', 우측 하단 [Color Stop(색상 정지점)]을 더블 클릭하여 '#ffff77'로 입력하고 'Angle(각도) : 0°'로 설정한 후 [OK(확인)]를 클릭합니다.

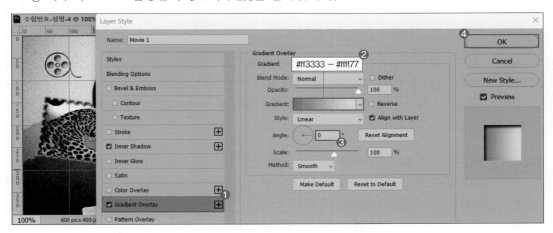

06 문자 입력

《조건》
① 세계 동물의 날(돋움, 24pt, #dddd00, 레이어 스타일 – Stroke(선/획)(2px, #884400))
② 지구를 함께 사는 친구들 동물 보호에 앞장서요(굴림, 13t, #550055, Outer Glow(외부 광선))
③ The Animal Day (Arial, Bold, 28pt, 36pt, 레이어 스타일 – 그라디언트 오버레이(#11aa00, #ff00ff), Stroke(선/획)(2px, #000000), Drop Shadow(그림자 효과))

01 Horizontal Type Tool(수평 문자 도구, **T**)를 선택하고 상단 [Options Bar(옵션 바)]에서 'Font(글꼴) : 돋움, Size(크기) : 24pt, Set anti-aliasing method(안티 앨리어싱 방법 설정) : Sharp(선명하게), Set text color(텍스트 색상 설정) : #dddd00'으로 설정합니다.

02 작업 이미지를 클릭하고 '세계 동물의 날'를 입력한 후 출력형태와 같이 배치합니다. 상단 Options Bar(옵션 바)에서 [Create Warp Text(뒤틀어진 텍스트 만들기, **T**)]를 선택하고 [Warp Text(텍스트 뒤틀기)] 창에서 'Style(스타일) : Arc(부

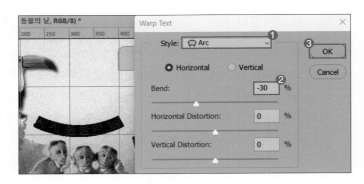

채꼴), Bend(구부리기) : –30%'으로 설정한 후 [OK(확인)]를 클릭합니다.

03 텍스트 레이어를 선택하고 Layer(레이어) 패널 하단에서 Add a layer style(레이어 스타일 추가, fx.)을 클릭하여 [Stroke(획)]를 선택하고 'Size(크기) : 2px, Position(위치) : Outside (바깥쪽), Color(색상) : #884400'으로 설정합니다.

04 Horizontal Type Tool(수평 문자 도구, T.)를 선택하고 작업 이미지를 클릭하여 '지구를 함께 사는 친구들 동물 보호에 앞장서요'를 입력한 후 출력형태와 같이 배치합니다. 상단 [Options Bar(옵션 바)]에서 'Font(글꼴) : 굴림, Size(크기) : 13pt, Location(위치) : Center (중앙), Color(색상) : #550055'로 설정합니다.

05 텍스트 레이어를 선택하고 Layer(레이어) 패널 하단에서 Add a layer style(레이어 스타일 추가, fx.)을 클릭하여 [Outer Glow(외부 광선)]를 선택하고 'Opacity(불투명도) : 75%, Size(크기) : 5px'를 확인합니다.

06 Horizontal Type Tool(수평 문자 도구, T.)를 선택하고 작업 이미지를 클릭하여 'The Animal Day'를 입력한 후 출력형태와 같이 배치합니다. 상단 [Options Bar(옵션 바)]에서 'Font(글꼴) : Arial, Font Style(폰트 스타일) : Bold, Size(크기) : 28pt, Align Left Text(텍스트 왼쪽 맞춤)'로 설정합니다. 입력한 텍스트 중에서 'Animal Day' 부분만 블록 선택하여 'Size(크기) : 36pt'로 설정합니다.

07 텍스트 레이어를 선택하고 Layer(레이어) 패널 하단에서 Add a layer style(레이어 스타일 추가, fx.)을 클릭하여 [Stroke(획)]를 선택하고 'Size(크기) : 2px, Position(위치) : Outside (바깥쪽), Color(색상) : #000000'로 설정합니다. 계속해서 [Drop Shadow(드롭 섀도)]를 선택하고 'Opacity(불투명도) : 75%, Angle(각도) : 125°, Distance(거리) : 5px, Size(크기) : 5px'로 설정합니다.

08 Layer Style(레이어 스타일) 창에서 [Gradient Overlay(그레이디언트 오버레이)]를 선택하고 Click to edit the gradient(클릭하여 그레이디언트 편집)를 선택하면 Gradient Editor(그레이디언트 편집기)가 열립니다. 좌측 하단 [Color Stop(색상 정지점)]을 더블 클릭하여 '#11aa00', 우측 하단 [Color Stop(색상 정지점)]을 더블 클릭하여 '#ff00ff'로 입력하고 'Angle(각도) : −90°'로 설정합니다.

07 파일 저장

《조건》
- JPG 파일 : 문서₩GTQ₩수험번호−성명−4.jpg / 크기 : 600*400pixels
- PSD 파일 : 문서₩GTQ₩수험번호−성명−4.psd / 크기 : 60*40pixels

01 최종적으로 작업 파일의 이미지 위치, 레이어 순서, 레이어 스타일을 점검하고 [View(보기)]−
[Show(표시)]−[Grid(격자)]([Ctrl]+['])를 선택하여 격자를 끕니다.

02 [File(파일)]−[Save As a Copy(다른 이름으로 저장)]([Alt]+[Ctrl]+[S])를 선택하여 '저장 위치
: 내PC₩문서₩GTQ, 파일 이름 : 수험번호−성명−4, 파일 형식 : JPEG'로 저장합니다.
[JPEG Options(JPEG 옵션)] 창에서 'Quality(품질) : 12'를 확인합니다.

03 [Image(이미지)]−[Image Size(이미지 크기)]([Alt]+[Ctrl]+[I])를 선택하여 [Image Size(이
미지 크기)] 창에서 'Width(폭) : 60Pixels(픽셀), Height(높이) : 40Pixels(픽셀)'을 입력하
여 이미지 크기를 1/10로 축소합니다.

04 [File(파일)]−[Save As(다른 이름으로 저장)]([Shift]+[Ctrl]+[S])을 선택하여 '저장 위치 : 내
PC₩문서₩GTQ, 파일 이름 : 수험번호−성명−4, 파일 형식 : PSD'로 저장합니다. 답안 전송
프로그램에서 [답안 전송]을 선택하여 jpg, psd 파일을 감독관 컴퓨터로 전송합니다.

기출 유형 문제 05회

급수	문제유형	시험시간	수험번호	성명
2급	A	90분	G220250005	

수험자 유의사항

- 수험자는 문제지를 받는 즉시 응시하고자 하는 **과목 및 급수가 맞는지 확인**한 후 수험번호와 성명을 작성합니다.
- 파일명은 본인의 '수험번호-성명-문제번호'로 공백 없이 정확히 입력하고 답안폴더(내 PC₩문서₩GTQ)에 jpg 파일과 psd 파일의 2가지 포맷으로 저장해야 하며, jpg 파일과 psd 파일의 내용이 상이할 경우 0점 처리됩니다.
- 답안문서 파일명이 '수험번호-성명-문제번호'와 일치하지 않거나, 답안 파일을 '전송'하지 않는 경우 **답안 파일 미제출**로 불합격 처리됩니다.
- 문제의 세부 조건은 '영문(한글)' 형식으로 표기되어 있으니 유의하시길 바랍니다.
- 수험자 정보와 저장한 파일명, 저장 위치가 다를 경우 전송이 되지 않으므로, 주의하시길 바랍니다.
- 답안 작성 중에도 **주기적으로 '저장'과 '답안 전송'**을 이용하여 감독위원 PC로 답안을 전송하셔야 합니다.
  (**작업한 내용을 저장하지 않고 답안을 전송할 경우** 이전의 저장 내용이 전송되오니 이점 반드시 유념하시기 바랍니다.)
- 모든 수험자는 동일한 환경에서 시험이 시작되며 **'작업환경 설정'은 시험 시간 내에 진행**합니다.
  (시험 시작 전 '작업환경 설정' 불가, 소프트웨어 이상 유무만 확인)
- 답안문서는 지정된 경로 외의 다른 보조기억장치에 저장하는 행위, 지정된 시험 시간 외에 작성된 파일을 활용한 행위, 기타 허용되지 않은 프로그램(이메일, 메신저, 게임, 네트워크, 윈도우계산기, 스톱워치 등) 이용 시 부정행위로 간주 되어 자격기본법 제32조에 의거 본 시험 및 국가공인 자격시험을 2년간 응시할 수 없습니다.
- 시험 중 부주의 또는 고의로 시스템을 파손한 경우와 (수험자 유의사항)에 기재된 방법대로 이행하지 않아 생기는 불이익은 수험자의 책임임을 알려 드립니다.
- 시험을 완료한 수험자는 최종적으로 저장한 답안파일이 전송되었는지 확인한 후 감독위원의 지시에 따라 문제지를 제출하고 퇴실합니다.

답안 작성요령

- 온라인 답안 작성 절차
  수험자 등록 ⇒ 시험 시작 ⇒ 답안파일 저장 ⇒ 답안 전송 ⇒ 시험 종료
- 내 PC₩문서₩GTQ₩image폴더에 있는 그림 원본파일을 사용하여 답안을 작성하시고 최종답안을 답안폴더(내 PC₩문서₩GTQ)에 저장하여 답안을 전송하시고, 이미지의 크기가 다른 경우 감점 처리됩니다.
- 배점은 총 100점으로 이루어지며, 점수는 각 문제별로 차등 배분됩니다.
- 각 문제는 주어진 〈조건〉에 따라 작성하고, 언급하지 않은 〈조건〉은 〈출력형태〉와 같이 작성합니다.
- 문제 〈조건〉과 〈출력형태〉에서 차이가 발생할 경우 **문제에서 지정한 〈조건〉에 따라 작업**해 주시기 바랍니다.
- 배치 등의 편의를 위해 주어진 눈금자의 단위는 '픽셀'입니다.
  그 외는 출력형태(효과, 이미지, 문자, 색상, 레이아웃, 규격 등)와 같게 작업하십시오.
- 문제 〈조건〉에 서체의 지정이 없을 경우 한글은 굴림이나 돋움, 영문은 Arial로 작업하십시오.
  (단, 그 외에 제시되지 않은 문자 속성을 기본값으로 작성하지 않은 경우는 감점 처리됩니다.)
- Image Mode(이미지 모드)는 별도의 처리조건이 없을 시 RGB(8비트)로 작업하십시오.
- 모든 답안 파일은 해상도 72 pixels/inch로 작업하십시오.
- Layer(레이어)는 각 기능별로 분할해야 하며, 임의로 합칠 경우나 각 기능에 대한 속성을 해지할 경우 해당 요소는 0점 처리됩니다.

한 국 생 산 성 본 부

▶ 합격 강의

다음의 〈조건〉에 따라 아래의 〈출력형태〉와 같이 작업하시오.

조건

원본 이미지	2급-1.jpg		
파일저장규칙	JPG	파일 이름	문서₩GTQ₩수험번호-성명-1.jpg
		크기	400×500pixels
	PSD	파일 이름	문서₩GTQ₩수험번호-성명-1.psd
		크기	40×50pixels

1. 그림 효과
① 복제 및 변형 : 풍력발전기
② Shape Tool(모양 도구) 사용 :
   – 파형 모양 (#990099, #55ff00, 레이어 스타일 – Inner Glow(내부 광선))
   – 재활용 모양 (#666666, 레이어 스타일 – Inner Shadow(내부 그림자))

2. 문자 효과
① 친환경 풍력발전 (궁서 36pt, #4444ff, 레이어 스타일 – Stroke(선/획)(2px, #66ffff), Drop Shadow(그림자 효과))

출력형태

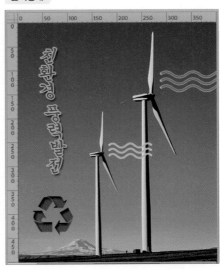

▶ 합격 강의

다음의 〈조건〉에 따라 아래의 〈출력형태〉와 같이 작업하시오.

조건

원본 이미지	2급-2.jpg, 2급-3.jpg, 2급-4.jpg		
파일저장규칙	JPG	파일 이름	문서₩GTQ₩수험번호-성명-2.jpg
		크기	400×500pixels
	PSD	파일 이름	문서₩GTQ₩수험번호-성명-2.psd
		크기	40×50pixels

1. 그림 효과
① 색상 보정 : 2급-3.jpg – 녹색 계열로 보정, 레이어 스타일 – Outer Glow(외부 광선)
② 액자 제작 :
   필터 – Underpainting(언더페인팅 효과), 안쪽 테두리(5px, #993300), 레이어 스타일 – Drop Shadow(그림자 효과)
③ 2급-4.jpg : 레이어 스타일– Drop Shadow(그림자 효과)

2. 문자 효과
① Stop Global Warming! (Time New Roman, Bold, 48pt, #006600, #bb0000, 레이어 스타일 – Stroke(선/획)(2px, #ffffff), Drop Shadow(그림자 효과))

출력형태

다음의 〈조건〉에 따라 아래의 〈출력형태〉와 같이 작업하시오.

조건

원본 이미지	2급-5.jpg, 2급-6.jpg, 2급-7.jpg, 2급-8.jpg		
파일저장규칙	JPG	파일 이름	문서₩GTQ₩수험번호-성명-3.jpg
		크기	600×400pixels
	PSD	파일 이름	문서₩GTQ₩수험번호-성명-3.psd
		크기	60×40pixels

1. 그림 효과
① 배경 : #007777
② 2급-5.jpg : 필터 – Texturizer(텍스처화), 레이어 마스크 – 가로 방향으로 흐릿하게
③ 2급-6.jpg : 레이어 스타일 – Drop Shadow(그림자 효과)
④ 2급-7.jpg : 레이어 스타일 – Inner Glow(내부 광선)
⑤ 2급-8.jpg : 레이어 스타일 – Outer Glow(외부 광선)
⑥ 그 외 〈출력형태〉 참조

2. 문자 효과
① 지속 가능한 환경 자원 재활용 (돋움, 18pt, 24pt, #dd0000, #339900, Stroke(선/획)(2px, #ffffff), Drop Shadow(그림자 효과))
② Zero Waste Life (Arial, Bold, 48pt, 레이어 스타일 – 그라디언트 오버레이(#ff44bb, #0099ff), Stroke(선/획)(2px, #ffffff))

출력형태

Shape Tool(모양 도구) 사용, #ffffff
Outer Glow(외부 광선)
Opacity(불투명도)(80%)

Shape Tool(모양 도구) 사용, #993300
Inner Shadow(내부 그림자)

다음의 〈조건〉에 따라 아래의 〈출력형태〉와 같이 작업하시오.

조건

원본 이미지	2급-9.jpg, 2급-10.jpg, 2급-11.jpg, 2급-12.jpg, 2급-13.jpg		
파일저장규칙	JPG	파일 이름	문서₩GTQ₩수험번호-성명-4.jpg
		크기	600×400pixels
	PSD	파일 이름	문서₩GTQ₩수험번호-성명-4.psd
		크기	60×40pixels

1. 그림 효과

① 2급-9.jpg : 필터 – Diffuse Glow(광선 확산)
② 2급-10.jpg : 레이어 스타일 – Bevel & Emboss(경사와 엠보스), Drop Shadow(그림자 효과)
③ 2급-11.jpg : 레이어 스타일 – Inner Shadow(내부 그림자), Opacity(불투명도)(80%)
④ 2급-12.jpg : 필터 – Ink Outlines(잉크 윤곽선)
⑤ 2급-13.jpg : 레이어 스타일 – Outer Glow(외부 광선)
⑥ 그 외 〈출력형태〉 참조

2. 문자 효과

① 친환경 운전의 시작 (굴림, 18pt, #0000ee, 레이어 스타일 – Stroke(선/획)(2px, #55ffff), Drop Shadow(그림자 효과))
② 무공해로 달리는 전기차의 혁신 (돋움, 14pt, #ffffff, Stroke(선/획)(2px, #007799))
③ Electric Vehicle (Arial, Bold, 50pt, 40pt, #ee33ff, #dd7700, 레이어 스타일 – Stroke(선/획)(2px, #000000), Drop Shadow(그림자 효과))

출력형태

Shape Tool(모양 도구) 사용
Inner Shadow(내부 그림자)
Stroke(선/획)(5px, #001199)

Shape Tool(모양 도구) 사용
그라디언트 오버레이
(#ffff55, #33ff00)
Drop Shadow(그림자 효과)
Opacity(불투명도)(80%)

Shape Tool(모양 도구) 사용, #3366ff
Bevel & Emboss(경사와 엠보스)

[기능평가] Tool(도구) 활용

① 새 작업 파일 만들기 ▶ ② 이미지 선택 후 복제 및 변형 ▶ ③ 사용자 정의 모양 배치 ▶ ④ 문자 입력
▶ ⑤ 파일 저장

01 새 작업 파일 만들기

《조건》
- Width(폭) : 400Pixels(픽셀)
- Height(높이) : 500Pixels(픽셀)
- Resolution(해상도) : 72Pixels/Inch(픽셀/인치)
- Color Mode(색상 모드) : RGB Color(RGB 색상), 8bit(비트)

01 새 작업 파일을 만들기 위하여 [File(파일)]-[New(새로 만들기)]([Ctrl]+[N])를 선택하고 문제
지의 조건과 같이 설정하여 새 작업 파일을 만듭니다.

02 작업창의 환경 설정을 위하여 [Edit(편집)]-[Preference(환경 설정)]([Ctrl]+[K])를 선택합니
다. [Guides, Grid & Slices(안내선, 격자와 슬라이스)]를 선택하여 Guides(안내선)의
'Canvas(캔버스) : Light Red(밝은 빨강)', Grid(격자)의 'Gridline every(격자 간격) :
100pixels(픽셀), Subdivisions(세분) : 1'로 설정합니다.

03 [View(보기)]-[Rulers(눈금자)]([Ctrl]+[R])와 [View(보기)]-[Show(표시)]-[Grid(격자)]
([Ctrl]+['])를 선택하여 눈금자와 격자를 표시합니다.

04 작업 파일을 저장하기 위하여 [File(파일)]-[Save As(다른 이름으로 저장)]([Shift]+[Ctrl]+[S])
를 선택하고 답안폴더(내PC₩문서₩GTQ)에 '수험번호-성명-1.psd'로 저장합니다.

02 이미지 선택 후 복제 및 변형

《사용소스》
PART 04 〉 기출 유형 문제 05회 〉 2급-1.jpg

《조건》
복제 및 변형 : 풍력발전기

01 [File(파일)]−[Open(열기)]([Ctrl]+[O])을 선택하여 2급−1.jpg를 불러옵니다. [Image(이미지)]−[Image Size(이미지 크기)]를 선택하여 'Width(폭) : 400Pixels(픽셀)'로 설정하여 크기를 줄여줍니다. [Ctrl]+[A]를 눌러서 전체 이미지를 선택하고 [Ctrl]+[C]를 눌러 복사한 후 작업 파일에 [Ctrl]+[V]로 붙여넣습니다. 출력형태를 참고하여 이미지를 배치합니다.

02 Object Selection Tool(개체 선택 도구, ▤)을 클릭하고 상단 [Options Bar(옵션 바)]에서 'New Selection(새 선택 영역), Mode(모드) : Lasso(올가미)'를 선택하여 풍력발전기 형태를 따라 드래그합니다. Quick Selection Tool(빠른 선택 도구, ▨)과 Polygonal Lasso Tool(다각형 올가미 도구, ▨)로 영역 추가 및 영역 삭제 작업을 추가합니다.

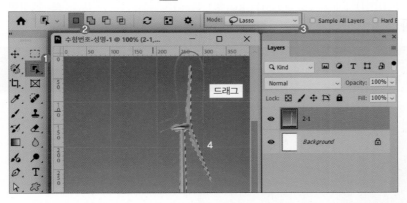

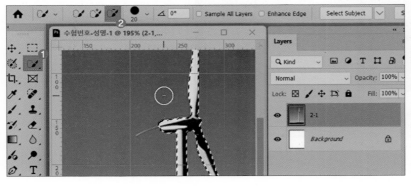

03 선택한 풍력발전기를 복사하기 위하여 [Layer(레이어)]
–[New(새로 만들기)]–[Layer Via Copy(복사한 레이
어)]([Ctrl]+[J])를 눌러서 복사합니다. [Edit(편집)]–
[Free Transform(자유변형)]([Ctrl]+[T])을 선택하여
이미지 크기를 출력형태와 같이 조절합니다.

③ 사용자 정의 모양 배치

《조건》

• 파형 모양 (#990099, #55ff00, 레이어 스타일 – Inner Glow(내부 광선))
• 재활용 모양 (#666666, 레이어 스타일 – Inner Shadow(내부 그림자))

01 Custom Shape Tool(사용자 정의 모양 도구, ⬘)를 클릭하고 상단 [Options Bar(옵션 바)]
에서 'Shape(모양), Fill(칠) : #990099, Stroke(획) : No Color(색상 없음)'로 설정한 후
[OK(확인)]를 클릭합니다.

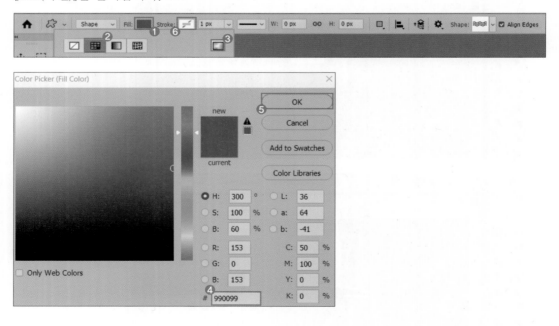

02 파형 모양 도형을 선택하기 위하여 목록 단추를 클릭하고 [Legacy Shapes and More(레거시 모양 및 기타)]-[All Legacy Default Shapes(모든 레거시 기본 모양)]-[Nature(자연)]-[Waves(파형)]을 선택합니다.

03 출력형태에 맞추어 도형을 그린 후 Layer(레이어) 패널 하단에서 Add a layer style(레이어 스타일 추가, fx.)을 클릭하여 [Inner Glow(내부 광선)]를 선택하고 'Opacity(불투명도) : 75%, Size(크기) : 5px'로 설정합니다.

04 완성한 파형 모양을 선택하고 Ctrl + J를 눌러서 복사한 다음 Ctrl + T를 눌러 크기와 위치를 출력형태와 같이 배치하고 Enter를 누릅니다. Layer(레이어) 패널에서 복제한 파형 모양 레이어의 Layer thumbnail(레이어 축소판)을 더블 클릭하여 [Color Picker(색상 피커)] 창에 'Color(색상) : #55ff00'을 입력합니다.

05 Custom Shape Tool(사용자 정의 모양 도구,) 를 클릭하고 상단 Options Bar(옵션 바)에서 목록 단추를 클릭하여 [Legacy Shapes and More(레거시 모양 및 기타)]-[All Legacy Default Shapes(모든 레거시 기본 모양)]-[Symbols(기호)]-[Recycle 2(순환 2)]을 선택합니다.

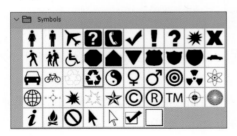

06 출력형태에 맞추어 도형을 그린 후 Layer(레이어) 패널 하단에서 Add a layer style(레이어 스타일 추가, fx.)을 클릭하여 [Inner Shadow(내부 그림자)]를 선택하고 'Opacity(불투명도) : 75%, Angle(각도) : 125°, Distance(거리) : 5px, Size(크기) : 5px'를 설정하여 [OK(확인)]를 클릭합니다. 계속해서 레이어의 Layer thumbnail(레이어 축소판)을 더블 클릭하여 [Color Picker(색상 피커)] 창에 'Color(색상) : #666666'을 입력합니다.

04 문자 입력

01 Vertical Type Tool(수직 문자 도구, IT)를 선택하고 상단 [Options Bar(옵션 바)]에서
'Font(글꼴) : 궁서, Size(크기) : 36pt, Set anti-aliasing method(안티 앨리어싱 방법 설
정) : Sharp(선명하게), Set text color(텍스트 색상 설정) : #4444ff'로 설정합니다.

02 작업 이미지를 클릭하고 '친환경 풍력발전'을 입력한 후 출력형태와 같이 배치합니다. 상단
[Options Bar(옵션 바)]에서 Create Warp Text(뒤틀어진 텍스트 만들기, ⊥)를 선택하고
[Warp Text(텍스트 뒤틀기)] 창에서 'Style(스타일) : Flag(깃발), Vertical(세로) : 선택,
Bend(구부리기) : +50%'으로 설정한 후 [OK(확인)]를 클릭합니다.

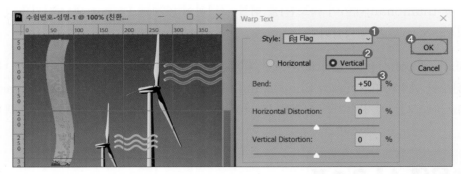

03 텍스트 레이어를 선택하고 Layer(레이어) 패널 하단 Add a layer style(레이어 스타일 추가,
fx.)을 클릭하여 [Stroke(획)]를 선택하고 'Size(크기) : 2px, Position(위치) : Outside(바깥
쪽), Color(색상) : #66ffff'로 설정합니다. 계속해서 [Drop Shadow(드롭 섀도)]를 선택하고
'Opacity(불투명도) : 75%, Angle(각도) : 125°, Distance(거리) : 5px, Size(크기) : 5px'로
설정한 후 [OK(확인)]를 클릭합니다.

05 파일 저장

01 최종적으로 작업 파일의 이미지 위치, 레이어 순서, 레이어 스타일을 점검하고 [View(보기)]−[Show(표시)]−[Grid(격자)]([Ctrl]+['])를 선택하여 격자를 끕니다.

02 [File(파일)]−[Save As a Copy(다른 이름으로 저장)]([Alt]+[Ctrl]+[S])를 선택하여 '저장 위치 : 내PC₩문서₩GTQ, 파일 이름 : 수험번호−성명−1, 파일 형식 : JPEG'로 저장합니다. [JPEG Options(JPEG 옵션)] 창에서 'Quality(품질) : 12'를 확인합니다.

03 [Image(이미지)]−[Image Size(이미지 크기)]([Alt]+[Ctrl]+[I])를 선택하여 [Image Size(이미지 크기)] 창에서 'Width(폭) : 40Pixels(픽셀), Height(높이) : 50Pixels(픽셀)'을 입력하여 이미지 크기를 1/10로 축소합니다.

04 [File(파일)]−[Save As(다른 이름으로 저장)]([Shift]+[Ctrl]+[S])을 선택하여 '저장 위치 : 내PC₩문서₩GTQ, 파일 이름 : 수험번호−성명−1, 파일 형식 : PSD'로 저장합니다. 답안 전송 프로그램에서 [답안 전송]을 선택하여 jpg, psd 파일을 감독관 컴퓨터로 전송합니다.

[기능평가] 사진 편집 기초

① 새 작업 파일 만들기 ▶ ② 필터 적용 및 액자 제작 ▶ ③ 색상 보정 ▶ ④ 이미지 합성 ▶ ⑤ 문자 입력
▶ ⑥ 파일 저장

01 새 작업 파일 만들기

《조건》
- Width(폭) : 400Pixels(픽셀)
- Height(높이) : 500Pixels(픽셀)
- Resolution(해상도) : 72Pixels/Inch(픽셀/인치)
- Color Mode(색상 모드) : RGB Color(RGB 색상), 8bit(비트)

01 새 작업 파일을 만들기 위하여 [File(파일)]−[New(새로 만들기)]([Ctrl]+[N])를 선택하고 문제
지의 조건과 같이 설정하여 새 작업 파일을 만듭니다.

02 [View(보기)]−[Rulers(눈금자)]([Ctrl]+[R])와 [View(보기)]−[Show(표시)]−[Grid(격자)]
([Ctrl]+['])를 선택하여 눈금자와 격자를 표시합니다.

03 작업 파일을 저장하기 위하여 [File(파일)]−[Save As(다른 이름으로 저장)]([Shift]+[Ctrl]+[S])
를 선택하고 답안폴더(내PC\문서\GTQ)에 '수험번호−성명−2.psd'로 저장합니다.

02 필터 적용 및 액자 제작

《사용소스》
PART 04 〉 기출 유형 문제 05회 〉 2급−2.jpg

《조건》
- 필터 − Underpainting(언더페인팅 효과)
- 안쪽 테두리(5px, #993300)
- 레이어 스타일 − Drop Shadow(그림자 효과)

01 [File(파일)]−[Open(열기)]([Ctrl]+[O])을 선택하여 2급−2.jpg를 불러옵니다. [Image(이미
지)]−[Image Size(이미지 크기)]를 선택하여 'Width(폭) : 400Pixels(픽셀)'로 설정하여 크
기를 줄여줍니다. [Ctrl]+[A]를 눌러서 전체 이미지를 선택하고 [Ctrl]+[C]를 눌러 복사한 후 작
업 파일에 [Ctrl]+[V]로 붙여넣습니다. 출력형태와 비슷하게 배치하고 액자를 제작하기 위하여
[Ctrl]+[J]를 눌러서 이미지 레이어를 복제합니다.

02 필터를 적용하기 위하여 [Filter(필터)]-[Filter Gallery(필터 갤러리)]-[Artistic(예술 효과)]-[Underpainting(언더페인팅 효과)]를 선택하고 [OK(확인)]를 클릭합니다.

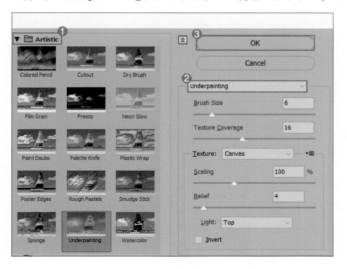

03 액자 프레임을 사각형으로 그려서 안쪽을 삭제하기 위하여 Rectangular Marquee Tool(사각형 선택 윤곽 도구, [::])을 선택하여 사각형을 그립니다. 사각형을 그릴 때 눈금자에서 상하 좌우 50px 간격을 확인하면서 그립니다.

04 [Select(선택)]-[Modify(수정)]-[Smooth(매끄럽게)]를 클릭한 후 'Sample Radius(샘플 반경) : 5pixels(픽셀)'을 설정하고 [OK(확인)]를 클릭하여 모서리를 둥글게 합니다. Delete 을 눌러서 선택된 이미지를 삭제하고 프레임을 만듭니다.

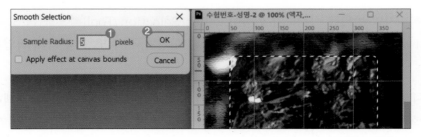

05 액자 프레임 안쪽에 테두리를 그리기 위하여 [Edit(편집)]-[Stroke(획)]를 선택하고 'Width(폭) : 5px, Color(색상) : #993300, Location(위치) : Center(중앙)'로 설정합니다.

06 액자 레이어를 선택하고 Layer(레이어) 패널 하단 Add a layer style(레이어 스타일 추가, *fx.*)을 클릭하여 [Drop Shadow(그림자)]를 선택하고 'Opacity(불투명도) : 75%, Angle(각도) : 125°, Distance(거리) : 5px, Size(크기) : 5px'을 설정한 후 선택 영역을 해제하기 위하여 [Select(선택)]-[Deselect(선택 해제)]([Ctrl]+[D])를 선택합니다.

03 색상 보정

《사용소스》

PART 04 〉 기출 유형 문제 05회 〉 2급-3.jpg

《조건》

색상 보정 : 2급-3.jpg – 녹색 계열로 보정, 레이어 스타일 – Outer Glow(외부 광선)

01 [File(파일)]–[Open(열기)]([Ctrl]+[O])을 선택하여 2급-3.jpg를 불러옵니다. [Image(이미지)]–[Image Size(이미지 크기)]를 선택하여 'Height(높이) : 500Pixels(픽셀)'로 설정하여 크기를 줄여줍니다.

02 Object Selection Tool(개체 선택 도구,)을 클릭하고 상단 [Options Bar(옵션 바)]에서 'New Selection(새 선택 영역), Mode(모드) : Lasso(올가미)'를 선택하여 지구본 형태를 따라 드래그합니다. Quick Selection Tool(빠른 선택 도구,)과 Polygonal Lasso Tool(다각형 올가미 도구,)로 영역 추가 및 영역 삭제 작업을 추가합니다.

03 선택한 지구본 이미지는 [Ctrl]+[C]를 눌러서 복사하고 작업 파일에 [Ctrl]+[V]를 눌러 붙여 넣습니다. [Ctrl]+[T]를 눌러서 이미지 크기를 출력형태와 같이 조절한 후 [Enter]를 누릅니다.

04 지구본 레이어를 선택하고 Layer(레이어) 패널 하단 Add a layer style(레이어 스타일 추가,)을 클릭하여 [Outer Glow(외부 광선)]를 선택하고 'Opacity(불투명도) : 75%, Size(크기) : 5px'로 설정합니다.

05 녹색으로 보정할 이미지의 범위를 선택하기 위하여 Quick Selection Tool(빠른 선택 도구,)과 Polygonal Lasso Tool(다각형 올가미 도구,)로 영역 추가 및 영역 삭제 작업을 추가합니다.

06 [Image(이미지)]–[Adjustment(조정)]–[Hue/Saturation(색조/채도)]([Ctrl]+[U])를 선택하여 'Colorize(색상화) : 체크, Hue(색조) : +110, Saturation(채도) : +70, Lightness(밝기) : +25'으로 설정한 후 [Ctrl]+[D]를 눌러 선택 영역을 해제하고 [OK(확인)]를 클릭합니다.

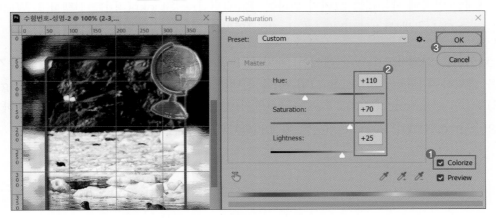

04 이미지 합성

《사용소스》

PART 04 〉 기출 유형 문제 05회 〉 2급-4.jpg

《조건》

2급-4.jpg : 레이어 스타일- Drop Shadow(그림자 효과)

01 [File(파일)]-[Open(열기)]([Ctrl]+[O])을 선택하여 2급-4.jpg를 불러옵니다. Object Selection Tool(개체 선택 도구, ☑.)을 클릭하고 상단 [Options Bar(옵션 바)]에서 'New Selection(새 선택 영역), Mode(모드) : Lasso(올가미)'를 선택하여 북극곰 형태를 따라 드래그합니다.

02 선택한 북극곰 이미지는 [Ctrl]+[C]를 눌러서 복사하고 작업 파일에 [Ctrl]+[V]를 눌러 붙여 넣습니다. [Ctrl]+[T]를 눌러서 이미지 크기를 출력형태와 같이 조절한 후 [Enter]를 누릅니다.

03 북극곰 레이어를 선택하고 Layer(레이어) 패널 하단 Add a layer style(레이어 스타일 추가, ☑.)을 클릭하여 [Drop Shadow(그림자)]를 선택하고 'Opacity(불투명도) : 75%, Angle (각도) : 125°, Distance(거리) : 5px, Size(크기) : 5px'을 설정한 후 [OK(확인)]를 클릭합니다.

04 Layer(레이어) 패널에서 북극곰 레이어를 선택하고 액자 레이어 아래쪽으로 드래그하여 배치를 수정합니다.

05 문자 입력

〈조건〉

① Stop Global Warming! (Time New Roman, Bold, 48pt, #006600, #bb0000, 레이어 스타일 – Stroke(선/획)(2px, #ffffff),
  Drop Shadow(그림자 효과))

01 Horizontal Type Tool(수평 문자 도구, T)를 선택하고 상단 [Options Bar(옵션 바)]에서
'Font(글꼴) : Time New Roman, Font Style(폰트 스타일) : Bold, Size(크기) : 48pt,
Set anti-aliasing method(안티 앨리어싱 방법 설정) : Sharp(선명하게), Center Text(텍
스트 중앙 정렬), Set text color(텍스트 색상 설정) : #006600'으로 설정합니다.

02 작업 이미지를 클릭하고 'Stop Global Warming!'를 입력한 후 출력형태와 같이 배치합니다.
입력한 텍스트 중에서 'Warming!' 부분만 블록 선택하여 'Set text color(텍스트 색상 설정)
: #bb0000'으로 설정합니다.

03 상단 Options Bar(옵션 바)에서 [Create Warp Text(뒤틀어진 텍스트 만들기, T)]를 선택
하고 [Warp Text(텍스트 뒤틀기)] 창에서 'Style(스타일) : Arc Upper(위 부채꼴), Bend(구
부리기) : +50%'로 설정한 후 [OK(확인)]를 클릭합니다.

04 텍스트 레이어를 선택하고 Layer(레이어) 패널 하단 Add a layer style(레이어 스타일 추가,
fx.)을 클릭하여 [Stroke(획)]를 선택하고 'Size(크기) : 2px, Position(위치) : Outside(바깥
쪽), Color(색상) : #ffffff'로 설정합니다. 계속해서 [Drop Shadow(드롭 섀도)]를 선택하고
'Opacity(불투명도) : 75%, Angle(각도) : 125°, Distance(거리) : 5px, Size(크기) : 5px'로
설정한 후 [OK(확인)]를 클릭합니다.

06 파일 저장

《조건》
- JPG 파일 : 문서₩GTQ₩수험번호-성명-2.jpg / 크기 : 400*500pixels
- PSD 파일 : 문서₩GTQ₩수험번호-성명-2.psd / 크기 : 40*50pixels

01 최종적으로 작업 파일의 이미지 위치, 레이어 순서, 레이어 스타일을 점검하고 [View(보기)]-[Show(표시)]-[Grid(격자)]([Ctrl]+[']를 선택하여 격자를 끕니다.

02 [File(파일)]-[Save As a Copy(다른 이름으로 저장)]([Alt]+[Ctrl]+[S])를 선택하여 '저장 위치 : 내PC₩문서₩GTQ, 파일 이름 : 수험번호-성명-2, 파일 형식 : JPEG'로 저장합니다. [JPEG Options(JPEG 옵션)] 창에서 'Quality(품질) : 12'를 확인합니다.

03 [Image(이미지)]-[Image Size(이미지 크기)]([Alt]+[Ctrl]+[I])를 선택하여 [Image Size(이미지 크기)] 창에서 'Width(폭) : 40Pixels(픽셀), Height(높이) : 50Pixels(픽셀)'을 입력하여 이미지 크기를 1/10로 축소합니다.

04 [File(파일)]-[Save As(다른 이름으로 저장)]([Shift]+[Ctrl]+[S])을 선택하여 '저장 위치 : 내PC₩문서₩GTQ, 파일 이름 : 수험번호-성명-2, 파일 형식 : PSD'로 저장합니다. 답안 전송 프로그램에서 [답안 전송]을 선택하여 jpg, psd 파일을 감독관 컴퓨터로 전송합니다.

[기능평가] 사진 편집

작업순서 ① 새 작업 파일 만들기 ▶ ② 배경색 적용 ▶ ③ 필터 적용 및 레이어 마스크 합성 ▶ ④ 이미지 합성
▶ ⑤ 사용자 정의 모양 배치 ▶ ⑥ 문자 입력 ▶ ⑦ 파일 저장

01 새 작업 파일 만들기

《조건》
- Width(폭) : 600Pixels(픽셀)
- Height(높이) : 400Pixels(픽셀)
- Resolution(해상도) : 72Pixels/Inch(픽셀/인치)
- Color Mode(색상 모드) : RGB Color(RGB 색상), 8bit(비트)

01 새 작업 파일을 만들기 위하여 [File(파일)]-[New(새로 만들기)]([Ctrl]+[N])를 선택하고 문제
지의 조건과 같이 설정하여 새 작업 파일을 만듭니다.

02 [View(보기)]-[Rulers(눈금자)]([Ctrl]+[R])와 [View(보기)]-[Show(표시)]-[Grid(격자)]
([Ctrl]+['])를 선택하여 눈금자와 격자를 표시합니다.

03 작업 파일을 저장하기 위하여 [File(파일)]-[Save As(다른 이름으로 저장)]([Shift]+[Ctrl]+[S])
를 선택하고 답안폴더(내PC₩문서₩GTQ)에 '수험번호-성명-3.psd'로 저장합니다.

02 배경색 적용

《조건》
배경색 : #007777

01 배경을 채울 색상을 선택하기 위하여 Tool Box(도구 상자) 하단의 [Background Color(배경
색)]을 클릭하고 '#007777'로 설정합니다.

02 설정한 색으로 채우기 위하여 [Ctrl]+[Delete]를 눌
러 배경색을 채웁니다.

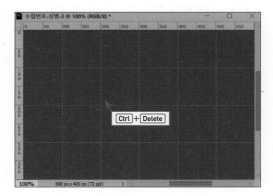

03 필터 적용 및 레이어 마스크 합성

《사용소스》

PART 04 〉 기출 유형 문제 05회 〉 2급-5.jpg

《조건》

2급-5.jpg : 필터 – Texturizer(텍스처화), 레이어 마스크 – 가로 방향으로 흐릿하게

01 [File(파일)]–[Open(열기)]([Ctrl]+[O])을 선택하여 2급-5.jpg를 불러옵니다. [Image(이미지)]–[Image Size(이미지 크기)]를 선택하여 'Width(폭) : 600Pixels(픽셀)'로 설정하여 크기를 줄여줍니다. [Ctrl]+[A]를 눌러서 전체 이미지를 선택하고 [Ctrl]+[C]를 눌러 복사한 후 작업 파일에 [Ctrl]+[V]로 붙여넣습니다. [Ctrl]+[T]를 눌러서 이미지 크기를 출력형태와 같이 조절합니다.

02 필터를 적용하기 위하여 [Filter(필터)]–[Filter Gallery(필터 갤러리)]–[Texture(텍스처)]–[Texturizer(텍스처화)]를 선택하고 [OK(확인)]를 클릭합니다.

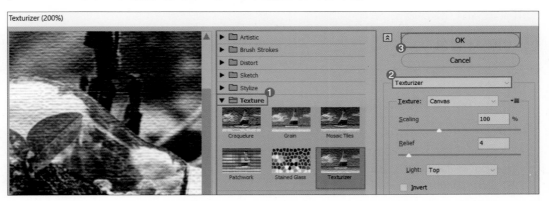

03 레이어 마스크를 적용하기 위하여 Layer(레이어) 패널 하단 [Add layer mask(레이어 마스크 추가, ▣)]를 클릭합니다.

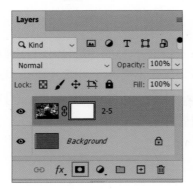

04 레이어 마스크를 부드럽게 적용하기 위하여 Gradient Tool(그레이디언트 도구, 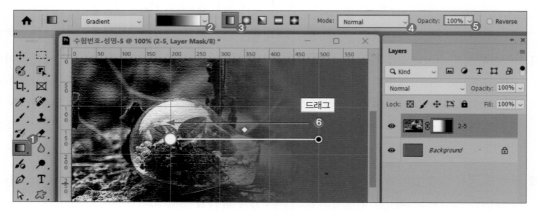)를 선택하고 [Options Bar(옵션 바)]에서 Select and manage Gradient preset(그레이디언트 사전 설정 선택 및 관리)를 클릭하여 [Basics(기본 사항)]에서 'Black, White(검정, 흰색), Type(유형) : Linear Gradient(선형 그레이디언트), Mode(모드) : Normal(표준), Opacity (불투명도) : 100%'를 설정하고 작업 파일의 우측에서 좌측까지 드래그합니다.

04 이미지 합성

《사용소스》

PART 04 〉기출 유형 문제 05회 〉2급-6.jpg/2급-7.jpg/2급-8.jpg

《조건》

• 2급-6.jpg : 레이어 스타일 – Drop Shadow(그림자 효과)
• 2급-7.jpg : 레이어 스타일 – Inner Glow(내부 광선)
• 2급-8.jpg : 레이어 스타일 – Outer Glow(외부 광선)

01 [File(파일)]-[Open(열기)]([Ctrl]+[O])을 선택하여 2급-6.jpg를 불러옵니다. [Image(이미지)]-[Image Size(이미지 크기)]를 선택하여 'Height(높이) : 400Pixels(픽셀)'로 설정하여 크기를 줄여줍니다.

02 Object Selection Tool(개체 선택 도구, [🔲])을 클릭하고 상단 [Options Bar(옵션 바)]에서 'New Selection(새 선택 영역), Mode(모드) : Lasso(올가미)'를 선택하여 가방 형태를 따라 드래그합니다. Quick Selection Tool(빠른 선택 도구, [🖌️])과 Polygonal Lasso Tool(다각형 올가미 도구, [🔽])로 영역 추가 및 영역 삭제 작업을 추가합니다.

03 선택한 가방 이미지는 Ctrl+C를 눌러서 복사하고 작업 파일에 Ctrl+V를 눌러 붙여 넣습니다. Ctrl+T를 눌러서 출력형태와 같이 조절한 후 방향을 좌우반전하기 위하여 마우스 오른쪽 버튼을 누릅니다. Flip Horizontal(가로로 뒤집기)을 선택하여 반전시킨 이미지를 적절히 배치하고 Enter를 누릅니다.

04 가방 레이어를 선택하고 Layer(레이어) 패널 하단 Add a layer style(레이어 스타일 추가, fx.)을 클릭하여 [Drop Shadow(그림자)]를 선택하고 'Opacity(불투명도) : 75%, Angle(각도) : 125°, Distance(거리) : 5px, Size(크기) : 5px'로 설정합니다.

 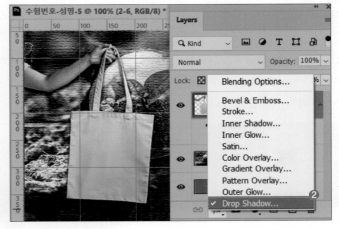

05 [File(파일)]-[Open(열기)](Ctrl+O)을 선택하여 2급-7.jpg를 불러옵니다. Object Selection Tool(개체 선택 도구, ▣)을 클릭하고 상단 [Options Bar(옵션 바)]에서 'New Selection(새 선택 영역), Mode(모드) : Lasso(올가미)'를 선택하여 패트병 형태를 따라 드래그합니다.

06 선택한 패트병 이미지는 Ctrl+C를 눌러서 복사하고 작업 파일에 Ctrl+V를 눌러 붙여 넣습니다. Ctrl+T를 눌러서 이미지 크기를 출력형태와 같이 조절한 후 Enter를 누릅니다.

07 패트병 레이어를 선택하고 Layer(레이어) 패널 하단 Add a layer style(레이어 스타일 추가, fx.)을 클릭하여 [Inner Glow(내부 광선)]를 선택하고 'Opacity(불투명도) : 75%, Size(크기) : 5px'로 설정합니다.

08 [File(파일)]−[Open(열기)]([Ctrl]+[O])을 선택하여 2급−8.jpg를 불러옵니다. [Image(이미지)]−[Image Size(이미지 크기)]를 선택하여 'Weith(폭) : 600Pixels(픽셀)'로 설정하여 크기를 줄여줍니다.

09 Quick Selection Tool(빠른 선택 도구, ✏️)을 클릭하고 빨대를 드래그하여 선택합니다. 선택한 빨대 이미지는 [Ctrl]+[C]를 눌러서 복사하고 작업 파일에 [Ctrl]+[V]를 눌러 붙여 넣습니다. [Ctrl]+[T]를 눌러서 출력형태와 같이 조절합니다.

10 빨대 레이어를 선택하고 Layer(레이어) 패널 하단 Add a layer style(레이어 스타일 추가, fx.)을 클릭하여 [Outer Glow(외부 광선)]를 선택하고 'Opacity(불투명도) : 75%, Size(크기) : 5px'로 설정합니다.

05 사용자 정의 모양 배치

《조건》
• 구름 모양 : #fffff, 레이어 스타일 − Outer Glow(외부 광선), Opacity(불투명도)(80%)
• 재활용 모양 : #993300, 레이어 스타일 − Inner Shadow(내부 그림자)

01 Custom Shape Tool(사용자 정의 모양 도구, 🔖)를 클릭하여 상단 [Options Bar(옵션 바)]에서 'Shape(모양), Fill(칠) : #ffffff, Stroke(획) : No Color(색상 없음)'로 설정한 후 [OK(확인)]를 클릭합니다.

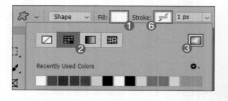

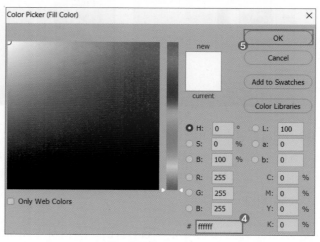

02 구름 검색 모양 도형을 선택하기 위하여 목록 단추를 클릭하고 [Legacy Shapes and More (레거시 모양 및 기타)]-[All Legacy Default Shapes(모든 레거시 기본 모양)]-[Nature(자연)]-[Cloud 1(구름 1)]을 선택합니다.

03 출력형태에 맞추어 도형을 그린 후 Layer(레이어) 패널 하단에서 Add a layer style(레이어 스타일 추가, *fx.*)을 클릭하여 [Outer Glow(외부 광선)]를 선택하고 'Opacity(불투명도) : 75%, Size(크기) : 5px'로 설정합니다.

04 도형의 불투명도를 설정하기 위하여 [Layer(레이어)] 패널의 우측 상단 'Opacity(불투명도) : 80%'로 입력합니다.

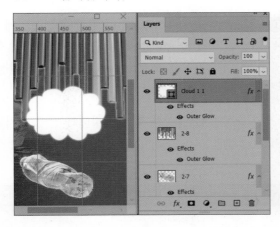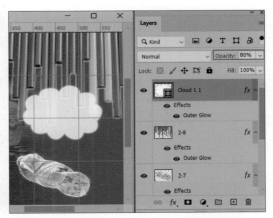

05 Custom Shape Tool(사용자 정의 모양 도구, *☆*)를 클릭하고 상단 [Options Bar(옵션 바)]에서 목록 단추를 클릭하여 [Legacy Shapes and More(레거시 모양 및 기타)]-[All Legacy Default Shapes(모든 레거시 기본 모양)]-[Symbols(기호)]-[Recycle 2(순환 2)]을 선택합니다.

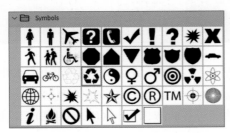

06 출력형태에 맞추어 도형을 그린 후 Layer(레이어) 패널 하단에서 Add a layer style(레이어 스타일 추가, ⓕ.)을 클릭하여 [Inner Shadow(내부 그림자)]를 선택하고 'Opacity(불투명도) : 75%, Angle(각도) : 125°, Distance(거리) : 5px, Size(크기) : 5px'로 설정합니다.

07 구름 레이어를 선택하고 Layer(레이어) 패널에서 구름 레이어의 Layer thumbnail(레이어 축소판)을 더블 클릭하여 [Color Picker(색상 피커)] 창에 'Color(색상) : #993300'을 입력합 니다.

06 문자 입력

《조건》

① 지속 가능한 환경 자원 재활용 (돋움, 18pt, 24pt, #dd0000, #339900, Stroke(선/획)(2px, #ffffff), Drop Shadow(그림자 효과))

② Zero Waste Life (Arial, Bold, 48pt, 레이어 스타일 – 그라디언트 오버레이(#ff44bb, #0099ff), Stroke(선/획)(2px, #ffffff))

---

01 Horizontal Type Tool(수평 문자 도구, T.)를 선택하고 상단 [Options Bar(옵션 바)]에서 'Font(글꼴) : 돋움, Size(크기) : 18pt, Set anti-aliasing method(안티 앨리어싱 방법 설 정) : Sharp(선명하게), Location(위치) : Center(중앙), Set text color(텍스트 색상 설정) : #dd0000'으로 설정합니다.

02 작업 이미지를 클릭하고 '지속 가능한 환경 자원 재활용'를 입력한 후 출력형태와 같이 배치합 니다. '자원 재활용' 부분만 블록 선택하여 'Size(크기) : 24pt, Set text color(텍스트 색상 설 정) : #339900'으로 설정합니다.

03 텍스트 레이어를 선택하고 Layer(레이어) 패널 하단에서 Add a layer style(레이어 스타일 추가, ⓕ.)을 클릭하여 [Stroke(획)]를 선택하고 'Size(크기) : 2px, Position(위치) : Outside (바깥쪽), Color(색상) : #ffffff'로 설정합니다. 계속해서 [Drop Shadow(드롭 섀도)]를 선택 하고 'Opacity(불투명도) : 75%, Angle(각도) : 125°, Distance(거리) : 5px, Size(크기) : 5px'로 설정한 후 [OK(확인)]를 클릭합니다.

04 Horizontal Type Tool(수평 문자 도구, T.)를 선택하고 작업 이미지를 클릭하여 'Zero Waste Life'을 입력한 후 출력형태와 같이 배치합니다. 상단 [Options Bar(옵션 바)]에서 'Font(글꼴) : Arial, Font Style(폰트 스타일) : Bold, Size(크기) : 48pt'로 설정합니다.

05 텍스트 레이어를 선택하고 Layer(레이어) 패널 하단에서 Add a layer style(레이어 스타일 추가, fx.)을 클릭하여 [Stroke(획)]를 선택하고 'Size(크기) : 2px, Position(위치) : Outside (바깥쪽), Color(색상) : #ffffff'로 설정합니다.

06 Layer Style(레이어 스타일) 창에서 [Gradient Overlay(그레이디언트 오버레이)]를 선택하고 Click to edit the gradient(클릭하여 그레이디언트 편집)를 선택하면 Gradient Editor(그레이디언트 편집기)가 열립니다. 좌측 하단 [Color Stop(색상 정지점)]을 더블 클릭하여 '#ff44bb', 우측 하단 [Color Stop(색상 정지점)]을 더블 클릭하여 '#0099ff'로 입력하고 'Angle(각도) : 0°'로 설정한 후 [OK(확인)]를 클릭합니다.

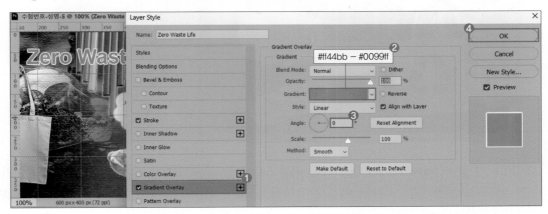

07 상단 Options Bar(옵션 바)에서 [Create Warp Text(뒤틀어진 텍스트 만들기, I.)]를 선택하여 [Warp Text(텍스트 뒤틀기)] 창에서 'Style(스타일) : Arc(부채꼴), Bend(구부리기) : −30%'로 설정하고 [OK(확인)]를 클릭합니다.

07 파일 저장

01 최종적으로 작업 파일의 이미지 위치, 레이어 순서, 레이어 스타일을 점검하고 [View(보기)]–
[Show(표시)]–[Grid(격자)]([Ctrl]+[']])를 선택하여 격자를 끕니다.

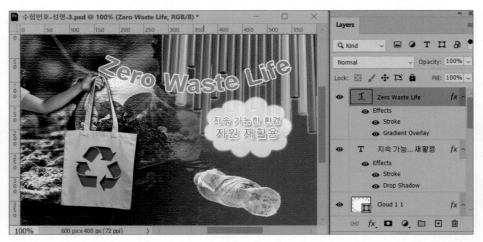

02 [File(파일)]–[Save As a Copy(다른 이름으로 저장)]([Alt]+[Ctrl]+[S])를 선택하여 '저장 위치
: 내PC\문서\GTQ, 파일 이름 : 수험번호-성명-3, 파일 형식 : JPEG'로 저장합니다.
[JPEG Options(JPEG 옵션)] 창에서 'Quality(품질) : 12'를 확인합니다.

03 [Image(이미지)]–[Image Size(이미지 크기)]([Alt]+[Ctrl]+[I])를 선택하여 [Image Size(이
미지 크기)] 창에서 'Width(폭) : 60Pixels(픽셀), Height(높이) : 40Pixels(픽셀)'을 입력하
여 이미지 크기를 1/10로 축소합니다.

04 [File(파일)]–[Save As(다른 이름으로 저장)]([Shift]+[Ctrl]+[S])을 선택하여 '저장 위치 : 내
PC\문서\GTQ, 파일 이름 : 수험번호-성명-3, 파일 형식 : PSD'로 저장합니다. 답안 전송
프로그램에서 [답안 전송]을 선택하여 jpg, psd 파일을 감독관 컴퓨터로 전송합니다.

[실무응용] 이벤트 페이지 제작

① 새 작업 파일 만들기 ▶ ② 필터 적용 ▶ ③ 이미지 합성 및 불투명도 ▶ ④ 클리핑 마스크 ▶ ⑤ 사용자 정의 모양 배치 ▶ ⑥ 문자 입력 ▶ ⑦ 파일 저장

01 새 작업 파일 만들기

《조건》

- Width(폭) : 600Pixels(픽셀)
- Height(높이) : 400Pixels(픽셀)
- Resolution(해상도) : 72Pixels/Inch(픽셀/인치)
- Color Mode(색상 모드) : RGB Color(RGB 색상), 8bit(비트)

01 새 작업 파일을 만들기 위하여 [File(파일)]-[New(새로 만들기)](Ctrl + N)를 선택하고 문제 지의 조건과 같이 설정하여 새 작업 파일을 만듭니다.

02 [View(보기)]-[Rulers(눈금자)](Ctrl + R)와 [View(보기)]-[Show(표시)]-[Grid(격자)] (Ctrl + ')를 선택하여 눈금자와 격자를 표시합니다.

03 작업 파일을 저장하기 위하여 [File(파일)]-[Save As(다른 이름으로 저장)](Shift + Ctrl + S) 를 선택하고 답안폴더(내PC\문서\GTQ)에 '수험번호-성명-4.psd'로 저장합니다.

02 필터 적용

《사용소스》

PART 04 〉 기출 유형 문제 05회 〉 2급-9.jpg

《조건》

2급-9.jpg : 필터 - Diffuse Glow(광선 확산)

01 [File(파일)]-[Open(열기)](Ctrl + O)을 선택하여 2급-9.jpg를 불러옵니다. [Image(이미 지)]-[Image Size(이미지 크기)]를 선택하여 'Height(높이) : 400Pixels(픽셀)'로 설정하여 크기를 줄여줍니다. Ctrl + A 를 눌러서 전체 이미지를 선택하고 Ctrl + C 를 눌러 복사한 후 작업 파일에 Ctrl + V 로 붙여넣습니다.

02 필터를 적용하기 위하여 [Filter(필터)]–[Filter Gallery(필터 갤러리)]–[Distort(왜곡 효과)]–[Diffuse Glow(광선 확산)]를 선택하고 [OK(확인)]를 클릭합니다.

03 이미지 합성 및 불투명도

《사용소스》

PART 04 〉 기출 유형 문제 05회 〉 2급-10.jpg/2급-11.jpg/2급-13.jpg

《조건》

- 2급-10.jpg : 레이어 스타일 – Bevel & Emboss(경사와 엠보스), Drop Shadow(그림자 효과)
- 2급-11.jpg : 레이어 스타일 – Inner Shadow(내부 그림자), Opacity(불투명도)(80%)
- 2급-13.jpg : 레이어 스타일 – Outer Glow(외부 광선)

01 [File(파일)]–[Open(열기)]([Ctrl]+[O])을 선택하여 2급-10.jpg를 불러옵니다. [Image(이미지)]–[Image Size(이미지 크기)]를 선택하여 'Height(높이) : 400Pixels(픽셀)'로 설정하여 크기를 줄여줍니다.

02 Object Selection Tool(개체 선택 도구, ⬚)을 클릭하고 상단 [Options Bar(옵션 바)]에서 'New Selection(새 선택 영역), Mode(모드) : Lasso(올가미)'를 선택하여 자동차 형태를 따라 드래그합니다. Quick Selection Tool(빠른 선택 도구, ⬚)과 Polygonal Lasso Tool(다각형 올가미 도구, ⬚)로 영역 추가 및 영역 삭제 작업을 추가합니다.

03 선택한 자동차 이미지는 [Ctrl]+[C]를 눌러서 복사하고 작업 파일에 [Ctrl]+[V]를 눌러 붙여 넣습니다. [Ctrl]+[T]를 눌러서 이미지 크기를 출력형태와 같이 조절한 후 [Enter]를 누릅니다.

04 자동차 레이어를 선택하고 Layer(레이어) 패널 하단 Add a layer style(레이어 스타일 추가, fx.)을 클릭하여 [Drop Shadow(그림자)]를 선택하고 'Opacity(불투명도) : 75%, Angle (각도) : 125°, Distance(거리) : 5px, Size(크기) : 5px'을 설정한 후 [Bevel & Emboss(경사와 엠보스)]를 선택합니다.

05 [File(파일)]−[Open(열기)]([Ctrl]+[O])을 선택하여 2급−11.jpg를 불러옵니다. [Image(이미지)]−[Image Size(이미지 크기)]를 선택하여 'Height(높이) : 400Pixels(픽셀)'로 설정하여 크기를 줄여줍니다.

06 Object Selection Tool(개체 선택 도구, ▣)을 클릭하고 상단 [Options Bar(옵션 바)]에서 'New Selection(새 선택 영역), Mode(모드) : Lasso(올가미)'를 선택하여 손과 충전기 형태를 따라 드래그합니다. Quick Selection Tool(빠른 선택 도구, ✐)과 Polygonal Lasso Tool(다각형 올가미 도구, ◢)로 영역 추가 및 영역 삭제 작업을 추가합니다.

07 선택한 손과 충전기 이미지는 [Ctrl]+[C]를 눌러서 복사하고 작업 파일에 [Ctrl]+[V]를 눌러 붙여 넣습니다. [Ctrl]+[T]를 눌러서 이미지 크기를 출력형태와 같이 조절한 후 [Enter]를 누릅니다.

08 손과 충전기 레이어를 선택하고 Layer(레이어) 패널 하단 Add a layer style(레이어 스타일 추가, fx.)을 클릭하여 [Inner Shadow(내부 그림자)]를 선택하고 'Opacity(불투명도) : 75%, Angle(각도) : 125°, Distance(거리) : 5px, Size(크기) : 5px'로 설정합니다.

09 이미지의 불투명도를 설정하기 위하여 [Layer(레이어)] 패널의 우측 상단 'Opacity(불투명도) : 80%'로 입력합니다.

10 [File(파일)]−[Open(열기)]([Ctrl]+[O])을 선택하여 2급−13.jpg를 불러옵니다. [Image(이미지)]−[Image Size(이미지 크기)]를 선택하여 'Height(높이) : 400Pixels(픽셀)'로 설정하여 크기를 줄여줍니다.

11 Magic Wand Tool(자동 선택 도구, ✦)을 클릭하고 상단 [Options Bar(옵션 바)]에서 'New Selection(새 선택 영역), Tolerance(허용치) : 32, Contiguous(인접) : 체크 해제'로 설정하여 충전기 표지의 흰색 부분을 클릭합니다. 선택한 영역에 수정이 필요하면 Quick Selection Tool(빠른 선택 도구, ✦)과 Polygonal Lasso Tool(다각형 올가미 도구, ✦)로 영역 추가 및 영역 삭제 작업을 추가합니다.

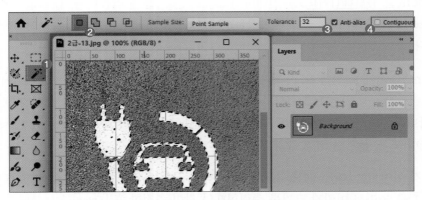

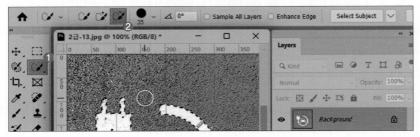

12 선택한 충전기 표지 이미지는 [Ctrl]+[C]를 눌러서 복사하고 작업 파일에 [Ctrl]+[V]를 눌러 붙여 넣습니다. [Ctrl]+[T]를 눌러서 출력형태와 같이 조절하고 Layer(레이어) 패널 하단 Add a layer style(레이어 스타일 추가, fx.)을 클릭하여 [Outer Glow(외부 광선)]를 선택하고 'Opacity(불투명도) : 75%, Size(크기) : 5px'로 설정한 후 [OK(확인)]를 클릭합니다.

04 클리핑 마스크

《사용소스》
PART 04 〉 기출 유형 문제 05회 〉 2급-12.jpg

《조건》
- 2급-12.jpg : 필터 – Ink Outlines(잉크 윤곽선)
- 기호 모양 : 레이어 스타일 – Stroke(선/획)(5px, #001199), Inner Shadow(내부 그림자)

01 클리핑 마스크를 위한 도형을 제작하기 위하여 Custom Shape Tool(사용자 정의 모양 도구, ⬡)를 클릭하고 상단 [Options Bar(옵션 바)]에서 'Shape(모양), Fill(칠) : #000000, Stroke(획) : No Color(색상 없음)'로 설정합니다.

02 기호 모양 도형을 선택하기 위하여 목록 단추를 클릭하고 [Legacy Shapes and More(레거시 모양 및 기타)]-[All Legacy Default Shapes(모든 레거시 기본 모양)]-[Symbols(기호)]-[Sign 5(기호 5)]를 선택하고 출력형태와 같이 배치합니다.

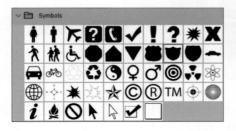
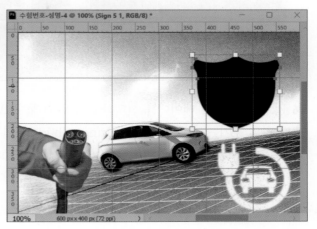

03 [File(파일)]-[Open(열기)]([Ctrl]+[O])을 선택하여 2급-12.jpg를 불러옵니다. [Image(이미지)]-[Image Size(이미지 크기)]를 선택하여 'Height(높이) : 200Pixels(픽셀)'로 설정하여 크기를 줄여줍니다. [Ctrl]+[A]를 눌러서 전체 이미지를 선택하고 [Ctrl]+[C]를 눌러 복사한 후 작업 파일에 [Ctrl]+[V]로 붙여넣습니다. [Ctrl]+[T]를 눌러서 이미지 크기를 출력형태와 같이 조절한 후 [Enter]를 누릅니다.

04 클리핑 마스크를 적용하기 위하여 이미지 레이어를 선택한 후 마우스 오른쪽 버튼을 누르고 Create Clipping Mask(클리핑 마스크 만들기)를 선택합니다. [Ctrl]+[T]를 눌러서 이미지 크기를 출력형태와 같이 적절히 배치하고 [Enter]를 누릅니다.

05 이미지에 필터를 적용하기 위하여 [Filter(필터)]-[Filter Gallery(필터 갤러리)]-[Brush Strokes(붓질 효과)]-[Ink Outlines(잉크 윤곽선)]를 선택하고 [OK(확인)]를 클릭합니다.

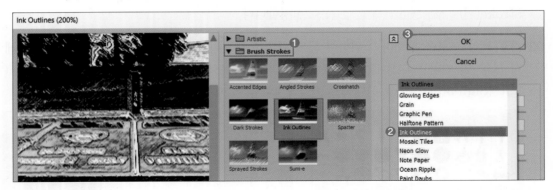

06 기호 모양 도형 레이어를 선택하고 Layer(레이어) 패널 하단에서 Add a layer style(레이어 스타일 추가, *fx.*)을 클릭하여 [Inner Shadow(내부 그림자)]를 선택하고 'Opacity(불투명도) : 75%, Angle(각도) : 125°, Distance(거리) : 5px, Size(크기) : 5px'을 설정합니다. 계속해 서 [Stroke(획)]를 선택하고 'Size(크기) : 5px, Position(위치) : Outside(바깥쪽), Color(색 상) : #001199'로 설정합니다.

05 사용자 정의 모양 배치

《조건》
- 번개 모양 : #3366ff, 레이어 스타일 – Bevel & Emboss(경사와 엠보스)
- 보행자 모양 : 레이어 스타일 – 그라디언트 오버레이(#ffff55, #33ff00), Drop Shadow(그림자 효과), Opacity(불투명도) (80%)

01 Layer(레이어) 패널에서 가장 위쪽에 배치된 레이어를 선택한 후 Custom Shape Tool(사용 자 정의 모양 도구, *☆*)를 클릭하고 상단 [Options Bar(옵션 바)]에서 'Shape(모양), Fill(칠) : #3366ff, Stroke(획) : No Color(색상 없음)'로 설정합니다.

02 탭 단추 모양 도형을 선택하기 위하여 목록 단추를 클릭하고 [Legacy Shapes and More(레거시 모양 및 기타)]-[All Legacy Default Shapes(모든 레거 시 기본 모양)]-[Nature(자연)]-[Lightning(번개)] 를 선택합니다.

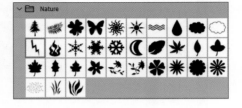

03 출력형태에 맞추어 도형을 그린 후 Layer(레이어) 패널 하단에서 Add a layer style(레이어 스타일 추가, *fx.*)을 클릭하여 [Bevel & Emboss(경사와 엠보스)]를 선택합니다.

04 Custom Shape Tool(사용자 정의 모양 도구, 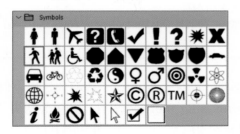)를 클릭하고 동영상 모양 도형을 선택하기 위하여 목록 단추를 클릭하여 [Legacy Shapes and More(레거시 모양 및 기타)]-[All Legacy Default Shapes(모든 레거시 기본 모양)]-[Symbols(기호)]-[Pedestrian(보행자)]을 선택합니다.

05 출력형태에 맞추어 도형을 그린 후 Layer(레이어) 패널 하단에서 Add a layer style(레이어 스타일 추가, *fx.*)을 클릭하여 [Drop Shadow(그림자)]를 선택하고 'Opacity(불투명도) : 75%, Angle(각도) : 125°, Distance(거리) : 5px, Size(크기) : 5px'로 설정합니다.

06 Layer Style(레이어 스타일) 창에서 [Gradient Overlay(그레이디언트 오버레이)]를 선택하고 Click to edit the gradient(클릭하여 그레이디언트 편집)를 선택하면 Gradient Editor(그레이디언트 편집기)가 열립니다. 좌측 하단 [Color Stop(색상 정지점)]을 더블 클릭하여 '#ffff55', 우측 하단 [Color Stop(색상 정지점)]을 더블 클릭하여 '#33ff00'으로 입력하고 'Style(스타일) : Radial(방사형)'로 설정한 후 [OK(확인)]를 클릭합니다.

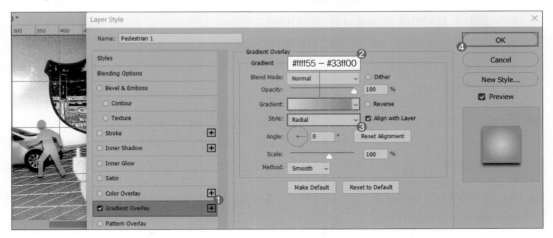

07 도형의 불투명도를 설정하기 위하여 [Layer(레이어)] 패널의 우측 상단 'Opacity(불투명도) : 80%'로 입력합니다.

06 문자 입력

01 Horizontal Type Tool(수평 문자 도구, **T.**)를 선택하고 상단 [Options Bar(옵션 바)]에서 'Font(글꼴) : 굴림, Size(크기) : 18pt, Set anti-aliasing method(안티 앨리어싱 방법 설정) : Sharp(선명하게), Set text color(텍스트 색상 설정) : #0000ee'로 설정합니다.

02 작업 이미지를 클릭하고 '친환경 운전의 시작'를 입력한 후 출력형태와 같이 배치합니다. 상단 [Options Bar(옵션 바)]에서 Create Warp Text(뒤틀어진 텍스트 만들기, **T.**)를 선택하고 'Style(스타일) : Arch(아치), Bend(구부리기) : +30%'로 설정합니다.

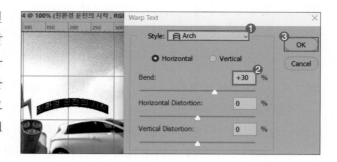

03 텍스트 레이어를 선택하고 Layer(레이어) 패널 하단에서 Add a layer style(레이어 스타일 추가, **fx.**)을 클릭하여 [Stroke(획)]를 선택하고 'Size(크기) : 2px, Position(위치) : Outside(바깥쪽), Color(색상) : #55ffff'로 설정합니다. 계속해서 [Drop Shadow(드롭 섀도)]를 선택하고 'Opacity(불투명도) : 75%, Angle(각도) : 125°, Distance(거리) : 5px, Size(크기) : 5px'로 설정합니다.

04 Horizontal Type Tool(수평 문자 도구, **T.**)를 선택하고 작업 이미지를 클릭하여 '무공해로 달리는 전기차의 혁신'을 입력한 후 출력형태와 같이 배치합니다. 상단 [Options Bar(옵션 바)]에서 'Font(글꼴) : 돋움, Size(크기) : 14pt, text Color(텍스트 색상 설정) : #ffffff'로 설정합니다.

05 텍스트 레이어를 선택하고 Layer(레이어) 패널 하단에서 Add a layer style(레이어 스타일 추가, **fx.**)을 클릭하여 [Stroke(획)]를 선택하고 'Size(크기) : 2px, Position(위치) : Outside(바깥쪽), Color(색상) : #007799'로 설정합니다.

06 Horizontal Type Tool(수평 문자 도구, **T.**)를 선택하고 작업 이미지를 클릭하여 'Electric Vehicle'를 입력한 후 출력형태와 같이 배치합니다. 상단 [Options Bar(옵션 바)]에서 'Font(글꼴) : Arial, Font Style(폰트 스타일) : Bold, Size(크기) : 40pt, text Color(텍스트 색상 설정) : #ee33ff'로 설정합니다. 입력한 텍스트 중에서 'Vehicle'만 선택하여 'text Color(텍스트 색상 설정) : #dd7700'로, 대문자는 'Size(크기) : 50pt'로 설정합니다.

07 상단 [Options Bar(옵션 바)]에서 Create Warp Text(뒤틀어진 텍스트 만들기, Ⓣ)를 선택하고 [Warp Text(텍스트 뒤틀기)] 창에서 'Style(스타일) : Flag(깃발), Bend(구부리기) : -50%'로 설정합니다.

08 텍스트 레이어를 선택하고 Layer(레이어) 패널 하단에서 Add a layer style(레이어 스타일 추가, fx.)을 클릭하여 [Stroke(획)]를 선택하고 'Size(크기) : 2px, Position(위치) : Outside (바깥쪽), Color(색상) : #000000'로 설정합니다. 계속해서 [Drop Shadow(드롭 섀도)]를 선택하여 'Opacity(불투명도) : 75%, Angle(각도) : 125°, Distance(거리) : 5px, Size(크기) : 5px'로 설정한 후 [OK(확인)]를 클릭합니다.

07 파일 저장

《조건》
- JPG 파일 : 문서₩GTQ₩수험번호-성명-4.jpg / 크기 : 600*400pixels
- PSD 파일 : 문서₩GTQ₩수험번호-성명-4.psd / 크기 : 60*40pixels

01 최종적으로 작업 파일의 이미지 위치, 레이어 순서, 레이어 스타일을 점검하고 [View(보기)]-[Show(표시)]-[Grid(격자)]([Ctrl]+[']')를 선택하여 격자를 끕니다.

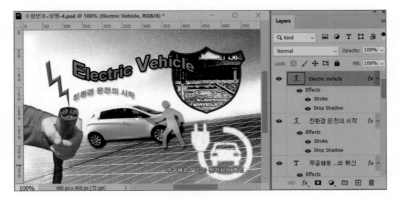

02 [File(파일)]-[Save As a Copy(다른 이름으로 저장)]([Alt]+[Ctrl]+[S])를 선택하여 '저장 위치 : 내PC₩문서₩GTQ, 파일 이름 : 수험번호-성명-4, 파일 형식 : JPEG'로 저장합니다. [JPEG Options(JPEG 옵션)] 창에서 'Quality(품질) : 12'를 확인합니다.

03 [Image(이미지)]-[Image Size(이미지 크기)]([Alt]+[Ctrl]+[I])를 선택하여 [Image Size(이미지 크기)] 창에서 'Width(폭) : 60Pixels(픽셀), Height(높이) : 40Pixels(픽셀)'을 입력하여 이미지 크기를 1/10로 축소합니다.

04 [File(파일)]-[Save As(다른 이름으로 저장)]([Shift]+[Ctrl]+[S])을 선택하여 '저장 위치 : 내 PC₩문서₩GTQ, 파일 이름 : 수험번호-성명-4, 파일 형식 : PSD'로 저장합니다. 답안 전송 프로그램에서 [답안 전송]을 선택하여 jpg, psd 파일을 감독관 컴퓨터로 전송합니다.

급수	문제유형	시험시간	수험번호	성명
2급	A	90분	G220250006	

수험자 유의사항

- 수험자는 문제지를 받는 즉시 응시하고자 하는 **과목 및 급수가 맞는지 확인**한 후 수험번호와 성명을 작성합니다.
- 파일명은 본인의 '수험번호–성명–문제번호'로 공백 없이 정확히 입력하고 답안폴더(내 PC₩문서₩GTQ)에 jpg 파일과 psd 파일의 2가지 포맷으로 저장해야 하며, jpg 파일과 psd 파일의 내용이 상이할 경우 0점 처리됩니다.
- 답안문서 파일명이 '수험번호–성명–문제번호'와 일치하지 않거나, 답안 파일을 '전송'하지 않는 경우 **답안 파일 미제출**로 불합격 처리됩니다.
- 문제의 세부 조건은 '영문(한글)' 형식으로 표기되어 있으니 유의하시길 바랍니다.
- 수험자 정보와 저장한 파일명, 저장 위치가 다를 경우 전송이 되지 않으므로, 주의하시길 바랍니다.
- 답안 작성 중에도 **주기적으로 '저장'과 '답안 전송'**을 이용하여 감독위원 PC로 답안을 전송하셔야 합니다.
  (작업한 내용을 **저장하지 않고 답안을 전송할 경우** 이전의 저장 내용이 전송되오니 이점 반드시 유념하시기 바랍니다.)
- 모든 수험자는 동일한 환경에서 시험이 시작되며 **'작업환경 설정'은 시험 시간 내에 진행**합니다.
  (시험 시작 전 '작업환경 설정' 불가, 소프트웨어 이상 유무만 확인)
- 답안문서는 지정된 경로 외의 다른 보조기억장치에 저장하는 행위, 지정된 시험 시간 외에 작성된 파일을 활용한 행위, 기타 허용되지 않은 프로그램(이메일, 메신저, 게임, 네트워크, 윈도우계산기, 스톱워치 등) 이용 시 부정행위로 간주 되어 자격기본법 제32조에 의거 본 시험 및 국가공인 자격시험을 2년간 응시할 수 없습니다.
- 시험 중 부주의 또는 고의로 시스템을 파손한 경우와 (수험자 유의사항)에 기재된 방법대로 이행하지 않아 생기는 불이익은 수험자의 책임임을 알려 드립니다.
- 시험을 완료한 수험자는 최종적으로 저장한 답안파일이 전송되었는지 확인한 후 감독위원의 지시에 따라 문제지를 제출하고 퇴실합니다.

답안 작성요령

- 온라인 답안 작성 절차
  수험자 등록 ⇒ 시험 시작 ⇒ 답안파일 저장 ⇒ 답안 전송 ⇒ 시험 종료
- 내 PC₩문서₩GTQ₩image폴더에 있는 그림 원본파일을 사용하여 답안을 작성하고 최종답안을 답안폴더(내 PC₩문서₩GTQ)에 저장하여 답안을 전송하시고, 이미지의 크기가 다른 경우 감점 처리됩니다.
- 배점은 총 100점으로 이루어지며, 점수는 각 문제별로 차등 배분됩니다.
- 각 문제는 주어진 〈조건〉에 따라 작성하고, 언급하지 않은 〈조건〉은 〈출력형태〉와 같이 작성합니다.
- 문제 〈조건〉과 〈출력형태〉에서 차이가 발생할 경우 **문제에서 지정한 〈조건〉에 따라 작업**해 주시기 바랍니다.
- 배치 등의 편의를 위해 주어진 눈금자의 단위는 '픽셀'입니다.
  그 외는 출력형태(효과, 이미지, 문자, 색상, 레이아웃, 규격 등)와 같이 작업하십시오.
- 문제 〈조건〉에 서체의 지정이 없을 경우 한글은 굴림이나 돋움, 영문은 Arial로 작업하십시오.
  (단, 그 외에 제시되지 않은 문자 속성을 기본값으로 작성하지 않은 경우는 감점 처리됩니다.)
- Image Mode(이미지 모드)는 별도의 처리조건이 없을 시 RGB(8비트)로 작업하십시오.
- 모든 답안 파일은 해상도 72 pixels/inch로 작업하십시오.
- Layer(레이어)는 각 기능별로 분할해야 하며, 임의로 합칠 경우나 각 기능에 대한 속성을 해지할 경우 해당 요소는 0점 처리됩니다.

한 국 생 산 성 본 부

다음의 〈조건〉에 따라 아래의 〈출력형태〉와 같이 작업하시오.

조건

원본 이미지	2급-1.jpg		
파일저장규칙	JPG	파일 이름	문서\GTQ\수험번호-성명-1.jpg
		크기	400×500pixels
	PSD	파일 이름	문서\GTQ\수험번호-성명-1.psd
		크기	40×50pixels

출력형태
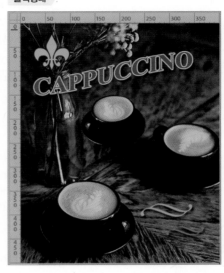

1. 그림 효과
① 복제 및 변형 : 커피
② Shape Tool(모양 도구) 사용 :
　　– 백합문양 모양 (#ffaa33, 레이어 스타일 – Stroke(선/획)(2px, #550000))
　　– 장식 모양 (#ccbb00, #ff4411, 레이어 스타일 – Drop Shadow(그림자 효과))

2. 문자 효과
① CAPPUCCINO (Time New Roman, Bold, 48pt, #aa3300, 레이어 스타일 – Stroke(선/획)(2px, #ffcc88), Drop Shadow(그림자 효과))

다음의 〈조건〉에 따라 아래의 〈출력형태〉와 같이 작업하시오.

조건

원본 이미지	2급-2.jpg, 2급-3.jpg, 2급-4.jpg		
파일저장규칙	JPG	파일 이름	문서\GTQ\수험번호-성명-2.jpg
		크기	400×500pixels
	PSD	파일 이름	문서\GTQ\수험번호-성명-2.psd
		크기	40×50pixels

출력형태

1. 그림 효과
① 색상 보정 : 2급-3.jpg – 노란색 계열로 보정, 레이어 스타일 – Outer Glow(외부 광선)
② 액자 제작 :
　　필터 – Sumi-e(수목화), 안쪽 테두리(5px, #ffffff), 레이어 스타일 – Drop Shadow(그림자 효과)
③ 2급-4.jpg : 레이어 스타일– Drop Shadow(그림자 효과)

2. 문자 효과
① Coffee Roasting (Time New Roman, Bold, 60pt, #00ee22, #eeee00, 레이어 스타일 – Stroke(선/획)(3px, #550000), Drop Shadow(그림자 효과))

▶합격 강의

다음의 〈조건〉에 따라 아래의 〈출력형태〉와 같이 작업하시오.

조건

원본 이미지		2급-5.jpg, 2급-6.jpg, 2급-7.jpg, 2급-8.jpg	
파일저장규칙	JPG	파일 이름	문서₩GTQ₩수험번호-성명-3.jpg
		크기	600×400pixels
	PSD	파일 이름	문서₩GTQ₩수험번호-성명-3.psd
		크기	60×40pixels

1. 그림 효과

① 배경 : #ffffbb

② 2급-5.jpg : 필터 – Rough Pastels(거친 파스텔 효과), 레이어 마스크 – 가로 방향으로 흐릿하게

③ 2급-6.jpg : 레이어 스타일 – Drop Shadow(그림자 효과)

④ 2급-7.jpg : 레이어 스타일 – Bevel & Emboss(경사와 엠보스)

⑤ 2급-8.jpg : 레이어 스타일 – Outer Glow(외부 광선)

⑥ 그 외 〈출력형태〉 참조

2. 문자 효과

① 커피 한 잔에 정성을 담다 (돋움, 18pt, #bb6600, #22bb00, Stroke(선/획)(2px, #ffffdd), Drop Shadow(그림자 효과))

② Coffee Barista (Arial, Bold, 60pt, 48pt, 레이어 스타일 – 그라디언트 오버레이(#aa3300, #ffdd00), Stroke(선/획)(3px, #ffffff)), Inner Shadow(내부 그림자))

출력형태

Shape Tool(모양 도구) 사용
그라디언트 오버레이
(#ffcc00, #ffffff, #ffcc00)
Inner Glow(내부 광선)
Opacity(불투명도)(80%)

Shape Tool(모양 도구) 사용, #aa7700
Outer Glow(외부 광선)

▶합격 강의

다음의 〈조건〉에 따라 아래의 〈출력형태〉와 같이 작업하시오.

조건

원본 이미지			2급-9.jpg, 2급-10.jpg, 2급-11.jpg, 2급-12.jpg, 2급-13.jpg
파일저장규칙	JPG	파일 이름	문서₩GTQ₩수험번호-성명-4.jpg
		크기	600×400pixels
	PSD	파일 이름	문서₩GTQ₩수험번호-성명-4.psd
		크기	60×40pixels

1. 그림 효과

① 2급-9.jpg : 필터 – Diffuse Glow(광선 확산)
② 2급-10.jpg : 레이어 스타일 – Drop Shadow(그림자 효과), Opacity(불투명도)(80%)
③ 2급-11.jpg : 레이어 스타일 – Bevel & Emboss(경사와 엠보스)
④ 2급-12.jpg : 필터 – Tiles(타일)
⑤ 2급-13.jpg : 레이어 스타일 – Outer Glow(외부 광선)
⑥ 그 외 〈출력형태〉 참조

2. 문자 효과

① 라떼아트 / 커피로스팅 (굴림, 16pt, #994400, 레이어 스타일 – Stroke(선/획)(2px, #ffffff))
② 홈카페를 위한 원데이 클래스 (돋움, 30pt, 레이어 스타일 – 그라디언트 오버레이(#ffdd00, #00aa00), Stroke(선/획)(2px, #333333), Drop Shadow(그림자 효과))
③ Coffee Academy (Arial, Bold, 48pt, #ff9900, #3366dd, 레이어 스타일 – Stroke(선/획)(2px, #000099))

출력형태

Shape Tool(모양 도구) 사용
그라디언트 오버레이
(#ffaa33, #bb3300)
Drop Shadow(그림자 효과)

Shape Tool(모양 도구) 사용, #ee8800
Bevel & Emboss(경사와 엠보스)
Opacity(불투명도)(80%)

Shape Tool(모양 도구) 사용
Stroke(선/획)(3px, #ee8800)
Inner Shadow(내부 그림자)

[기능평가] Tool(도구) 활용

① 새 작업 파일 만들기 ▶ ② 이미지 선택 후 복제 및 변형 ▶ ③ 사용자 정의 모양 배치 ▶ ④ 문자 입력
▶ ⑤ 파일 저장

01 새 작업 파일 만들기

《조건》
- Width(폭) : 400Pixels(픽셀)
- Height(높이) : 500Pixels(픽셀)
- Resolution(해상도) : 72Pixels/Inch(픽셀/인치)
- Color Mode(색상 모드) : RGB Color(RGB 색상), 8bit(비트)

01 새 작업 파일을 만들기 위하여 [File(파일)]-[New(새로 만들기)]([Ctrl]+[N])를 선택하고 문제
지의 조건과 같이 설정하여 새 작업 파일을 만듭니다.

02 작업창의 환경 설정을 위하여 [Edit(편집)]-[Preference(환경 설정)]([Ctrl]+[K])를 선택합니
다. [Guides, Grid & Slices(안내선, 격자와 슬라이스)]를 선택하여 Guides(안내선)의
'Canvas(캔버스) : Light Red(밝은 빨강)', Grid(격자)의 'Gridline every(격자 간격) :
100pixels(픽셀), Subdivisions(세분) : 1'로 설정합니다.

02 [View(보기)]-[Rulers(눈금자)]([Ctrl]+[R])와 [View(보기)]-[Show(표시)]-[Grid(격자)]
([Ctrl]+['])를 선택하여 눈금자와 격자를 표시합니다.

04 작업 파일을 저장하기 위하여 [File(파일)]-[Save As(다른 이름으로 저장)]([Shift]+[Ctrl]+[S])
를 선택하고 답안폴더(내PC₩문서₩GTQ)에 '수험번호-성명-1.psd'로 저장합니다.

02 이미지 선택 후 복제 및 변형

《사용소스》
PART 04 〉 기출 유형 문제 06회 〉 2급-1.jpg

《조건》
복제 및 변형 : 커피

01 [File(파일)]-[Open(열기)]($\boxed{\text{Ctrl}}$+$\boxed{\text{O}}$)을 선택하여 2급-1.jpg를 불러옵니다. [Image(이미지)]-[Image Size(이미지 크기)]를 선택하여 'Width(폭) : 400Pixels(픽셀)'로 설정하여 크기를 줄여줍니다. $\boxed{\text{Ctrl}}$+$\boxed{\text{A}}$를 눌러서 전체 이미지를 선택하고 $\boxed{\text{Ctrl}}$+$\boxed{\text{C}}$를 눌러 복사한 후 작업 파일에 $\boxed{\text{Ctrl}}$+$\boxed{\text{V}}$로 붙여넣습니다. 출력형태를 참고하여 이미지를 배치합니다.

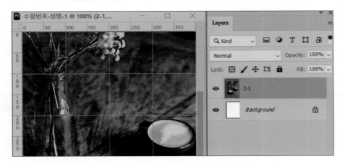

02 Object Selection Tool(개체 선택 도구, ▣)을 클릭하고 상단 [Options Bar(옵션 바)]에서 'New Selection(새 선택 영역), Mode(모드) : Lasso(올가미)'를 선택하여 커피 형태를 따라 드래그합니다.

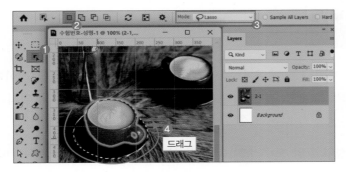

03 선택한 커피를 복사하기 위하여 [Layer(레이어)]-[New(새로 만들기)]-[Layer Via Copy(복사한 레이어)]($\boxed{\text{Ctrl}}$+$\boxed{\text{J}}$)를 눌러서 복사합니다. [Edit(편집)]-[Free Transform(자유변형)]($\boxed{\text{Ctrl}}$+$\boxed{\text{T}}$)을 선택하여 이미지 크기를 출력형태와 같이 조절한 후 방향을 좌우반전하기 위하여 마우스 오른쪽 버튼을 누릅니다. Flip Horizontal(가로로 뒤집기)을 선택하여 반전시킨 이미지를 적절히 배치하고 $\boxed{\text{Enter}}$를 누릅니다.

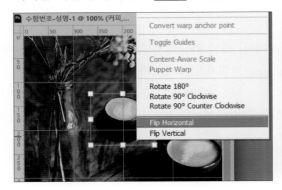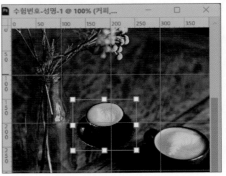

03 사용자 정의 모양 배치

《조건》
- 백합문양 모양 (#ffaa33, 레이어 스타일 – Stroke(선/획)(2px, #550000))
- 장식 모양 (#ccbb00, #ff4411, 레이어 스타일 – Drop Shadow(그림자 효과))

01 Custom Shape Tool(사용자 정의 모양 도구, ❀)를 클릭하고 상단 [Options Bar(옵션 바)]
에서 'Shape(모양), Fill(칠) : #ffaa33, Stroke(획) : No Color(색상 없음)'로 설정합니다.

02 파형 모양 도형을 선택하기 위하여 목록 단추를 클릭하고 [Legacy Shapes and More(레거
시 모양 및 기타)]-[All Legacy Default Shapes(모든 레거시 기본 모양)]-[Ornaments(장
식)]-[Fleur-De-Lis(백합)]을 선택합니다.

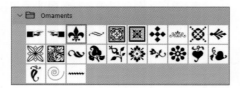

03 출력형태에 맞추어 도형을 그린 후 Layer(레이어) 패널 하단에서 Add a layer style(레이어
스타일 추가, fx.)을 클릭하여 [Stroke(획)]를 선택하고 'Size(크기) : 2px, Position(위치) :
Outside(바깥쪽), Color(색상) : #550000'로 설정합니다.

04 Custom Shape Tool(사용자 정의 모양 도구, ❀)를 클릭하고 상단 Options Bar(옵션 바)
에서 목록 단추를 클릭하여 [Legacy Shapes and More(레거시 모양 및 기타)]-[All Legacy
Default Shapes(모든 레거시 기본 모양)]-[Ornaments(장식)]-[Ornament 1(장식 1)]을
선택합니다.

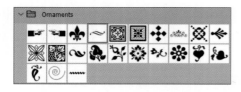

05 출력형태에 맞추어 도형을 그린 후 Layer(레이어) 패널 하단에서 Add a layer style(레이어
스타일 추가, fx.)을 클릭하여 [Drop Shadow(그림자)]를 선택하고 'Opacity(불투명도) :
75%, Angle(각도) : 125˚, Distance(거리) : 5px, Size(크기) : 5px'로 설정합니다. 레이어의
Layer thumbnail(레이어 축소판)을 더블 클릭하여 [Color Picker(색상 피커)] 창에
'Color(색상) : #ccbb00'을 입력합니다.

06 완성한 장식 모양을 선택하고 [Ctrl]+[J]를 눌러서 복사한 다음 [Ctrl]+[T]를 눌러 크기와 위치를 출력형태와 같이 배치하고 [Enter]를 누릅니다. Layer(레이어) 패널에서 복제한 장식 모양 레이어의 Layer thumbnail(레이어 축소판)을 더블 클릭하여 [Color Picker(색상 피커)] 창에 'Color(색상) : #ff4411'을 입력한 후 [OK(확인)]를 클릭합니다.

📍 04 문자 입력

《조건》

① CAPPUCCINO (Time New Roman, Bold, 48pt, #aa3300, 레이어 스타일 – Stroke(선/획)(2px, #ffcc88), Drop Shadow(그림자 효과))

01 Vertical Type Tool(수직 문자 도구, [T])를 선택하고 상단 [Options Bar(옵션 바)]에서 'Font(글꼴) : Time New Roman, Font Style(폰트 스타일) : Bold, Size(크기) : 48pt, Set anti-aliasing method(안티 앨리어싱 방법 설정) : Sharp(선명하게), Set text color(텍스트 색상 설정) : #aa3300'으로 설정합니다.

02 작업 이미지를 클릭하고 'CAPPUCCINO'를 입력한 후 출력형태와 같이 배치합니다. 상단 [Options Bar(옵션 바)]에서 Create Warp Text(뒤틀어진 텍스트 만들기, [T])를 선택하고 [Warp Text(텍스트 뒤틀기)] 창에서 'Style(스타일) : Rise(상승), Bend(구부리기) : +50%'로 설정합니다.

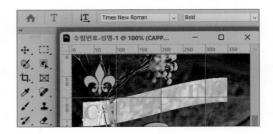

03 텍스트 레이어를 선택하고 Layer(레이어) 패널 하단 Add a layer style(레이어 스타일 추가, fx.)을 클릭하여 [Stroke(획)]를 선택하고 'Size(크기) : 2px, Position(위치) : Outside(바깥쪽), Color(색상) : #ffcc88'로 설정합니다. 계속해서 [Drop Shadow(드롭 섀도)]를 선택하고 'Opacity(불투명도) : 75%, Angle(각도) : 125°, Distance(거리) : 5px, Size(크기) : 5px'로 설정한 후 [OK(확인)]를 클릭합니다.

05 파일 저장

《조건》
- JPG 파일 : 문서₩GTQ₩수험번호−성명−1.jpg / 크기 : 400*500pixels
- PSD 파일 : 문서₩GTQ₩수험번호−성명−1.psd / 크기 : 40*50pixels

01 최종적으로 작업 파일의 이미지 위치, 레이어 순서, 레이어 스타일을 점검하고 [View(보기)]−[Show(표시)]−[Grid(격자)]([Ctrl]+['])를 선택하여 격자를 끕니다.

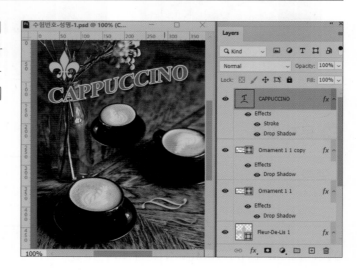

02 [File(파일)]−[Save As a Copy(다른 이름으로 저장)]([Alt]+[Ctrl]+[S])를 선택하여 '저장 위치 : 내PC₩문서₩GTQ, 파일 이름 : 수험번호−성명−1, 파일 형식 : JPEG'로 저장합니다. [JPEG Options(JPEG 옵션)] 창에서 'Quality(품질) : 12'를 확인합니다.

03 [Image(이미지)]−[Image Size(이미지 크기)]([Alt]+[Ctrl]+[I])를 선택하여 [Image Size(이미지 크기)] 창에서 'Width(폭) : 40Pixels(픽셀), Height(높이) : 50Pixels(픽셀)'을 입력하여 이미지 크기를 1/10로 축소합니다.

04 [File(파일)]−[Save As(다른 이름으로 저장)]([Shift]+[Ctrl]+[S])을 선택하여 '저장 위치 : 내PC₩문서₩GTQ, 파일 이름 : 수험번호−성명−1, 파일 형식 : PSD'로 저장합니다. 답안 전송 프로그램에서 [답안 전송]을 선택하여 jpg, psd 파일을 감독관 컴퓨터로 전송합니다.

01 새 작업 파일 만들기

《조건》
- Width(폭) : 400Pixels(픽셀)
- Height(높이) : 500Pixels(픽셀)
- Resolution(해상도) : 72Pixels/Inch(픽셀/인치)
- Color Mode(색상 모드) : RGB Color(RGB 색상), 8bit(비트)

01 새 작업 파일을 만들기 위하여 [File(파일)]-[New(새로 만들기)]([Ctrl]+[N])를 선택하고 문제
지의 조건과 같이 설정하여 새 작업 파일을 만듭니다.

02 [View(보기)]-[Rulers(눈금자)]([Ctrl]+[R])와 [View(보기)]-[Show(표시)]-[Grid(격자)]
([Ctrl]+[']))를 선택하여 눈금자와 격자를 표시합니다.

03 작업 파일을 저장하기 위하여 [File(파일)]-[Save As(다른 이름으로 저장)]([Shift]+[Ctrl]+[S])
를 선택하고 답안폴더(내PC\문서\GTQ)에 '수험번호-성명-2.psd'로 저장합니다.

02 필터 적용 및 액자 제작

《사용소스》
필터 - Sumi-e(수묵화)

《조건》
- 필터 - Sumi-e(수묵화)
- 안쪽 테두리(5px, #ffffff)
- 레이어 스타일 - Drop Shadow(그림자 효과)

01 [File(파일)]-[Open(열기)]([Ctrl]+[O])을 선택하여 2급-2.jpg를 불러옵니다. [Image(이미
지)]-[Image Size(이미지 크기)]를 선택하여 'Width(폭) : 400Pixels(픽셀)'로 설정하여 크
기를 줄여줍니다. [Ctrl]+[A]를 눌러서 전체 이미지를 선택하고 [Ctrl]+[C]를 눌러 복사한 후 작
업 파일에 [Ctrl]+[V]로 붙여넣습니다. 출력형태와 비슷하게 배치하고 액자를 제작하기 위하여
[Ctrl]+[J]를 눌러서 이미지 레이어를 복제합니다.

02 필터를 적용하기 위하여 [Filter(필터)]-[Filter Gallery(필터 갤러리)]-[Brush Strokes(붓질 효과)]-[Sumi-e(수묵화)]를 선택하고 [OK(확인)]를 클릭합니다.

03 액자 프레임을 사각형으로 그려서 안쪽을 삭제하기 위하여 Rectangular Marquee Tool(사각형 선택 윤곽 도구, ▦)을 선택하여 사각형을 그립니다. 사각형을 그릴 때 눈금자에서 상하좌우 50px 간격을 확인하면서 그립니다. [Select(선택)]-[Modify(수정)]-[Smooth(매끄럽게)]를 클릭한 후 'Sample Radius(샘플 반경) : 5pixels(픽셀)'을 설정하고 [OK(확인)]를 클릭하여 모서리를 둥글게 합니다. Delete 을 눌러 선택된 이미지를 삭제하고 프레임을 만듭니다.

04 액자 프레임 안쪽에 테두리를 그리기 위하여 [Edit(편집)]-[Stroke(획)]를 선택하고 'Width(폭) : 5px, Color(색상) : #ffffff, Location(위치) : Center(중앙)'로 설정합니다.

05 액자 레이어를 선택하고 Layer(레이어) 패널 하단 Add a layer style(레이어 스타일 추가, fx.)을 클릭하여 [Drop Shadow(그림자)]를 선택하고 'Opacity(불투명도) : 75%, Angle(각도) : 125°, Distance(거리) : 5px, Size(크기) : 5px'로 설정한 후 선택 영역을 해제하기 위하여 [Select(선택)]-[Deselect(선택 해제)](Ctrl+D)를 선택합니다.

③ 색상 보정

《사용소스》

PART 04 〉 기출 유형 문제 06회 〉 2급-3.jpg

《조건》

2급-3.jpg – 노란색 계열로 보정, 레이어 스타일 – Outer Glow(외부 광선)

01 [File(파일)]-[Open(열기)]([Ctrl]+[O])을 선택하여 2급-3.jpg를 불러옵니다. [Image(이미지)]-[Image Size(이미지 크기)]를 선택하여 'Width(폭) : 400Pixels(픽셀)'로 설정하여 크기를 줄여줍니다.

02 Object Selection Tool(개체 선택 도구,)을 클릭하고 상단 [Options Bar(옵션 바)]에서 'New Selection(새 선택 영역), Mode(모드) : Lasso(올가미)'를 선택하여 커피자루 형태를 따라 드래그합니다. Quick Selection Tool(빠른 선택 도구,)과 Polygonal Lasso Tool(다각형 올가미 도구,)로 영역 추가 및 영역 삭제 작업을 추가합니다.

03 선택한 커피자루 이미지는 [Ctrl]+[C]를 눌러서 복사하고 작업 파일에 [Ctrl]+[V]를 눌러 붙여 넣습니다. [Ctrl]+[T]를 눌러서 이미지 크기를 출력형태와 같이 조절한 후 [Enter]를 누릅니다.

04 커피자루 레이어를 선택하고 Layer(레이어) 패널 하단 Add a layer style(레이어 스타일 추가,)을 클릭하여 [Outer Glow(외부 광선)]를 선택하고 'Opacity(불투명도) : 75%, Size(크기) : 5px'로 설정합니다.

05 [Image(이미지)]-[Adjustment(조정)]-[Hue/Saturation(색조/채도)]([Ctrl]+[U])를 선택하여 'Colorize(색상화) : 체크, Hue(색조) : +55, Saturation(채도) : +65, Lightness(밝기) : +5'으로 설정한 후 [Ctrl]+[D]를 눌러 선택 영역을 해제하고 [OK(확인)]를 클릭합니다.

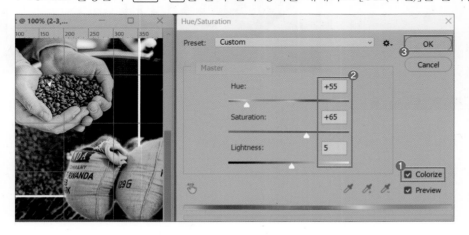

04 이미지 합성

《사용소스》

PART 04 〉 기출 유형 문제 06회 〉 2급-4.jpg

《조건》

2급-4.jpg : 레이어 스타일- Drop Shadow(그림자 효과)

01 [File(파일)]-[Open(열기)]([Ctrl]+[O])을 선택하여 2급-4.jpg를 불러옵니다. [Image(이미지)]-[Image Size(이미지 크기)]를 선택하여 'Width(폭) : 400Pixels(픽셀)'로 설정하여 크기를 줄여줍니다.

02 Object Selection Tool(개체 선택 도구,)을 클릭하고 상단 [Options Bar(옵션 바)]에서 'New Selection(새 선택 영역), Mode(모드) : Lasso(올가미)'를 선택하여 스푼 형태를 따라 드래그합니다.

03 선택한 스푼 이미지는 [Ctrl]+[C]를 눌러서 복사하고 작업 파일에 [Ctrl]+[V]를 눌러 붙여 넣습니다. [Ctrl]+[T]를 눌러서 이미지 크기를 출력형태와 같이 조절한 후 [Enter]를 누릅니다.

04 스푼 레이어를 선택하고 Layer(레이어) 패널 하단 Add a layer style(레이어 스타일 추가,)을 클릭하여 [Drop Shadow(그림자)]를 선택하고 'Opacity(불투명도) : 75%, Angle(각도) : 125°, Distance(거리) : 5px, Size(크기) : 5px'을 설정한 후 선택 영역을 해제하기 위하여 [Select(선택)]-[Deselect(선택 해제)]([Ctrl]+[D])를 선택합니다.

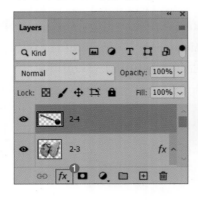
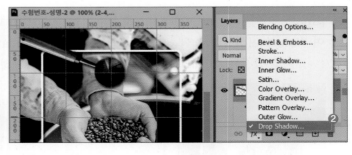

05 문자 입력

《조건》
① Coffee Roasting (Time New Roman, Bold, 60pt, #00ee22, #eeee00, 레이어 스타일 – Stroke(선/획)(3px, #550000),
  Drop Shadow(그림자 효과))

01 Horizontal Type Tool(수평 문자 도구, **T**)를 선택하고 상단 [Options Bar(옵션 바)]에서 'Font(글꼴) : Time New Roman, Font Style(폰트 스타일) : Bold, Size(크기) : 60pt, Set anti-aliasing method(안티 앨리어싱 방법 설정) : Sharp(선명하게), Center Text(텍스트 중앙 정렬), Set text color(텍스트 색상 설정) : #00ee22'로 설정합니다.

02 작업 이미지를 클릭하고 'Coffee Roasting'를 입력한 후 출력형태와 같이 배치합니다. 입력한 텍스트 중에서 'Roasting' 부분만 블록 선택하여 'Set text color(텍스트 색상 설정) : #eeee00'으로 설정합니다.

03 상단 [Options Bar(옵션 바)]에서 Create Warp Text(뒤틀어진 텍스트 만들기, **T**)를 선택하고 [Warp Text(텍스트 뒤틀기)] 창에서 'Style(스타일) : Wave(파형), Bend(구부리기) : +50%'로 설정하고 [OK(확인)]를 클릭합니다.

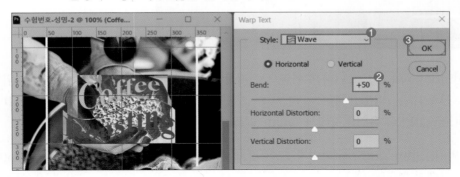

04 텍스트 레이어를 선택하고 Layer(레이어) 패널 하단 Add a layer style(레이어 스타일 추가, **fx.**)을 클릭하여 [Stroke(획)]를 선택하고 'Size(크기) : 3px, Position(위치) : Outside(바깥쪽), Color(색상) : #550000'으로 설정합니다. 계속해서 [Drop Shadow(드롭 섀도)]를 선택하고 'Opacity(불투명도) : 75%, Angle(각도) : 125°, Distance(거리) : 5px, Size(크기) : 5px'로 설정한 후 [OK(확인)]를 클릭합니다.

06 **파일 저장**

01 최종적으로 작업 파일의 이미지 위치, 레이어 순서, 레이어 스타일을 점검하고 [View(보기)]–
[Show(표시)]–[Grid(격자)]([Ctrl]+['])를 선택하여 격자를 끕니다.

02 [File(파일)]–[Save As a Copy(다른 이름으로 저장)]([Alt]+[Ctrl]+[S])를 선택하여 '저장 위치
: 내PC₩문서₩GTQ, 파일 이름 : 수험번호–성명–2, 파일 형식 : JPEG'로 저장합니다.
[JPEG Options(JPEG 옵션)] 창에서 'Quality(품질) : 12'를 확인합니다.

03 [Image(이미지)]–[Image Size(이미지 크기)]([Alt]+[Ctrl]+[I])를 선택하여 [Image Size(이
미지 크기)] 창에서 'Width(폭) : 40Pixels(픽셀), Height(높이) : 50Pixels(픽셀)'을 입력하
여 이미지 크기를 1/10로 축소합니다.

04 [File(파일)]–[Save As(다른 이름으로 저장)]([Shift]+[Ctrl]+[S])을 선택하여 '저장 위치 : 내
PC₩문서₩GTQ, 파일 이름 : 수험번호–성명–2, 파일 형식 : PSD'로 저장합니다. 답안 전송
프로그램에서 [답안 전송]을 선택하여 jpg, psd 파일을 감독관 컴퓨터로 전송합니다.

[기능평가] 사진 편집

① 새 작업 파일 만들기 ▶ ② 배경색 적용 ▶ ③ 필터 적용 및 레이어 마스크 합성 ▶ ④ 이미지 합성
▶ ⑤ 사용자 정의 모양 배치 ▶ ⑥ 문자 입력 ▶ ⑦ 파일 저장

01 새 작업 파일 만들기

《조건》
- Width(폭) : 600Pixels(픽셀)
- Height(높이) : 400Pixels(픽셀)
- Resolution(해상도) : 72Pixels/Inch(픽셀/인치)
- Color Mode(색상 모드) : RGB Color(RGB 색상), 8bit(비트)

01 새 작업 파일을 만들기 위하여 [File(파일)]-[New(새로 만들기)]([Ctrl]+[N])를 선택하고 문제
지의 조건과 같이 설정하여 새 작업 파일을 만듭니다.

02 [View(보기)]-[Rulers(눈금자)]([Ctrl]+[R])와 [View(보기)]-[Show(표시)]-[Grid(격자)]
([Ctrl]+[ˊ])를 선택하여 눈금자와 격자를 표시합니다.

03 작업 파일을 저장하기 위하여 [File(파일)]-[Save As(다른 이름으로 저장)]([Shift]+[Ctrl]+[S])
를 선택하고 답안폴더(내PC₩문서₩GTQ)에 '수험번호-성명-3.psd'로 저장합니다.

02 배경색 적용

《조건》
배경색 : #ffffbb

01 배경을 채울 색상을 선택하기 위하여 Tool Box(도구 상자) 하단의 [Background Color(배경
색)]을 클릭하고 '#ffffbb'로 설정합니다.

02 설정한 색으로 채우기 위하여 [Ctrl]+[Delete]를 눌
러 배경색을 채웁니다.

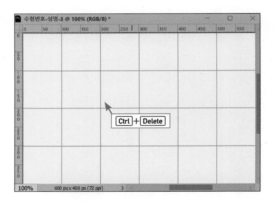

03 필터 적용 및 레이어 마스크 합성

《사용소스》

PART 04 〉 기출 유형 문제 06회 〉 2급-5.jpg

《조건》

2급-5.jpg : 필터 - Rough Pastels(거친 파스텔 효과), 레이어 마스크 - 가로 방향으로 흐릿하게

01 [File(파일)]-[Open(열기)]([Ctrl]+[O])을 선택하여 2급-5.jpg를 불러옵니다. [Image(이미지)]-[Image Size(이미지 크기)]를 선택하여 'Width(폭) : 600Pixels(픽셀)'로 설정하여 크기를 줄여줍니다. [Ctrl]+[A]를 눌러서 전체 이미지를 선택하고 [Ctrl]+[C]를 눌러 복사한 후 작업 파일에 [Ctrl]+[V]로 붙여넣습니다. [Ctrl]+[T]를 눌러서 이미지 크기를 출력형태와 같이 조절합니다.

02 필터를 적용하기 위하여 [Filter(필터)]-[Filter Gallery(필터 갤러리)]-[Artistic(예술 효과)]-[Rough Pastels(거친 파스텔 효과)]를 선택하고 [OK(확인)]를 클릭합니다.

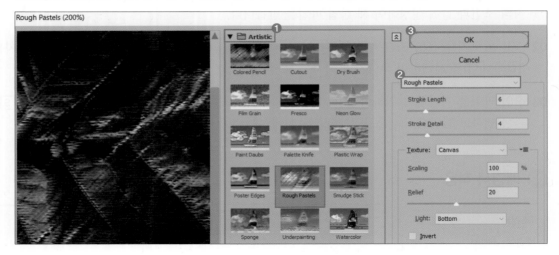

03 레이어 마스크를 적용하기 위하여 Layer(레이어) 패널 하단 Add layer mask(레이어 마스크 추가, 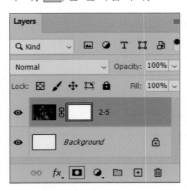)를 클릭합니다.

04 레이어 마스크를 부드럽게 적용하기 위하여 Gradient Tool(그레이디언트 도구, ■)를 선택하고 [Options Bar(옵션 바)]에서 Select and manage Gradient preset(그레이디언트 사전 설정 선택 및 관리)를 클릭하여 [Basics(기본 사항)]에서 'Black, White(검정, 흰색), Type (유형) : Linear Gradient(선형 그레이디언트), Mode(모드) : Normal(표준), Opacity (불투명도) : 100%'를 설정합니다. 작업 파일에서 좌측에서 우측까지 드래그합니다.

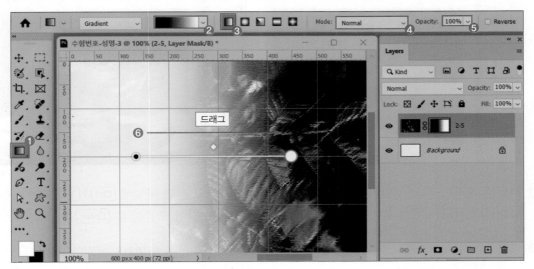

04 이미지 합성

01 [File(파일)]-[Open(열기)]([Ctrl]+[O])을 선택하여 2급-6.jpg를 불러옵니다. Object Selection Tool(개체 선택 도구, 🔲)을 클릭하고 상단 [Options Bar(옵션 바)]에서 'New Selection(새 선택 영역), Mode(모드) : Lasso(올가미)'를 선택하여 커피드리퍼 형태를 따라 드래그합니다. Quick Selection Tool(빠른 선택 도구, 🖌)과 Polygonal Lasso Tool(다각형 올가미 도구, 🔲)로 영역 추가 및 영역 삭제 작업을 추가합니다.

02 선택한 커피드리퍼 이미지는 [Ctrl]+[C]를 눌러서 복사하고 작업 파일에 [Ctrl]+[V]를 눌러 붙여 넣습니다. [Ctrl]+[T]를 눌러서 이미지 크기를 출력형태와 같이 조절한 후 [Enter]를 누릅니다.

03 커피드리퍼 레이어를 선택하고 Layer(레이어) 패널 하단 Add a layer style(레이어 스타일 추가, fx.)을 클릭하여 [Drop Shadow(그림자)]를 선택하고 'Opacity(불투명도) : 75%, Angle(각도) : 125°, Distance(거리) : 5px, Size(크기) : 5px'로 설정합니다.

04 [File(파일)]-[Open(열기)]([Ctrl]+[O])을 선택하여 2급-7.jpg를 불러옵니다. [Image(이미지)]-[Image Size(이미지 크기)]를 선택하여 'Width(폭) : 400Pixels(픽셀)'로 설정하여 크기를 줄여줍니다.

05 Object Selection Tool(개체 선택 도구, ▦)을 클릭하고 상단 [Options Bar(옵션 바)]에서 'New Selection(새 선택 영역), Mode(모드) : Lasso(올가미)'를 선택하여 커피콩 형태를 따라 드래그합니다. 선택한 커피콩 이미지는 Ctrl + C 를 눌러서 복사하고 작업 파일에 Ctrl + V 를 눌러 붙여 넣습니다. Ctrl + T 를 눌러서 이미지 크기를 출력형태와 같이 조절한 후 Enter 를 누릅니다.

06 커피콩 레이어를 선택하고 Layer(레이어) 패널 하단 [Add a layer style(레이어 스타일 추가, ▦)]을 클릭하여 [Bevel & Emboss(경사와 엠보스)]를 선택합니다.

07 [File(파일)]−[Open(열기)](Ctrl + O)을 선택하여 2급−8.jpg를 불러옵니다. [Image(이미지)]−[Image Size(이미지 크기)]를 선택하여 'Height(높이) : 400Pixels(픽셀)'로 설정하여 크기를 줄여줍니다.

08 Object Selection Tool(개체 선택 도구, ▦)을 클릭하고 상단 [Options Bar(옵션 바)]에서 'New Selection(새 선택 영역), Mode(모드) : Lasso(올가미)'를 선택하여 사람 형태를 따라 드래그합니다. 선택한 사람 이미지는 Ctrl + C 를 눌러서 복사하고 작업 파일에 Ctrl + V 를 눌러 붙여 넣습니다. Ctrl + T 를 눌러서 출력형태와 같이 조절합니다.

09 사람 레이어를 선택하고 Layer(레이어) 패널 하단 Add a layer style(레이어 스타일 추가, ▦)을 클릭하여 [Outer Glow(외부 광선)]를 선택하고 'Opacity(불투명도) : 75%, Size(크기) : 5px'로 설정합니다.

10 사람 레이어를 커피콩 레이어보다 아래쪽으로 배치하기 위하여 Layer(레이어) 패널에서 사람 레이어를 선택하고 커피콩 레이어 아래쪽으로 드래그합니다.

05 사용자 정의 모양 배치

《조건》
- 배너 모양 : 레이어 스타일 – 그라디언트 오버레이(#ffcc00, #ffffff, #ffcc00), Inner Glow(내부 광선), Opacity(불투명도) (80%)
- 색종이 조각 모양 : #aa7700, 레이어 스타일 – Outer Glow(외부 광선)

01 Custom Shape Tool(사용자 정의 모양 도구, ✿)를 클릭하고 상단 [Options Bar(옵션 바)] 에서 'Shape(모양), Fill(칠) : #ffffff, Stroke(획) : No Color(색상 없음)'로 설정합니다.

02 배너 모양 도형을 선택하기 위하여 목록 단추를 클릭하고 [Legacy Shapes and More(레거 시 모양 및 기타)]–[All Legacy Default Shapes(모든 레거시 기본 모양)]–[Banners and Awards(배너 및 상장)]–[Banner 1(배너 1)]을 선택합니다.

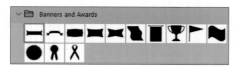

03 출력형태에 맞추어 도형을 그린 후 Layer(레이어) 패널 하단에서 Add a layer style(레이어 스타일 추가, *fx.*)을 클릭하여 [Inner Glow(내부 광선)]를 선택하고 'Opacity(불투명도) : 75%, Size(크기) : 5px'로 설정합니다.

04 Layer Style(레이어 스타일) 창에서 [Gradient Overlay(그레이디언트 오버레이)]를 선 택하고 Click to edit the gradient(클릭하여 그레이디언트 편집)를 선택하면 Gradient Editor(그레이디언트 편집기)가 열립니다. 중간 지점을 클릭하여 [Color Stop(색상 정지점)] 을 추가합니다. 좌측 하단 [Color Stop(색상 정지점)]을 더블 클릭하여 '#ffcc00', 중간 [Color Stop(색상 정지점)]을 더블 클릭하여 '#ffffff', 우측 하단 [Color Stop(색상 정지점)]을 더블 클릭하여 '#ffcc00'으로 입력합니다.

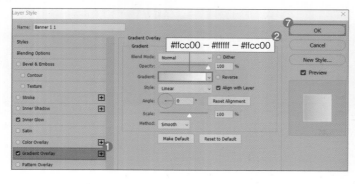

05 Custom Shape Tool(사용자 정의 모양 도구, 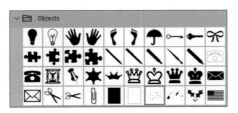)를 클릭하고 동영상 모양 도형을 선택하기 위하여 목록 단추를 클릭하여 [Legacy Shapes and More(레거시 모양 및 기타)]−[All Legacy Default Shapes(모든 레거시 기본 모양)]−[Objects(개체)]−[Confeti(색종이 조각)]을 선택합니다.

06 출력형태에 맞추어 도형을 그린 후 Layer(레이어) 패널 하단에서 Add a layer style(레이어 스타일 추가, *fx.*)을 클릭하여 [Outer Glow(외부 광선)]를 선택하고 'Opacity(불투명도) : 75%, Size(크기) : 5px'로 설정합니다.

07 색종이 조각 레이어를 선택하고 Layer(레이어) 패널에서 색종이 조각 레이어의 Layer thumbnail(레이어 축소판)을 더블 클릭하여 [Color Picker(색상 피커)] 창에 'Color(색상) : #aa7700'을 입력합니다.

06 문자 입력

《조건》
① 커피 한 잔에 정성을 담다 (돋움, 18pt, #bb6600, #22bb00, Stroke(선/획)(2px, #ffffdd), Drop Shadow(그림자 효과))
② Coffee Barista (Arial, Bold, 60pt, 48pt, 레이어 스타일 – 그라디언트 오버레이(#aa3300, #ffdd00), Stroke(선/획)(3px, #ffffff)), Inner Shadow(내부 그림자))

01 Horizontal Type Tool(수평 문자 도구, **T**)를 선택하고 상단 [Options Bar(옵션 바)]에서 'Font(글꼴) : 돋움, Size(크기) : 18pt, Set anti-aliasing method(안티 앨리어싱 방법 설정) : Sharp(선명하게), Set text color(텍스트 색상 설정) : #bb6600'으로 설정합니다.

02 작업 이미지를 클릭하고 '커피 한 잔에 정성을 담다'를 입력한 후 출력형태와 같이 배치합니다. 입력한 텍스트 중에서 '정성을 담다' 부분만 블록 선택하여 'Set text color(텍스트 색상 설정) : #22bb00'으로 설정합니다.

03 텍스트 레이어를 선택하고 Layer(레이어) 패널 하단에서 Add a layer style(레이어 스타일 추가, fx.)을 클릭하여 [Stroke(획)]를 선택하고 'Size(크기) : 2px, Position(위치) : Outside (바깥쪽), Color(색상) : #ffffdd'로 설정합니다. 계속해서 [Drop Shadow(드롭 섀도)]를 선택하고 'Opacity(불투명도) : 75%, Angle(각도) : 125°, Distance(거리) : 5px, Size(크기) : 5px'을 설정하고 [OK(확인)]를 클릭합니다.

04 Horizontal Type Tool(수평 문자 도구, T.)를 선택하고 작업 이미지를 클릭하여 'Coffee Barista'을 입력한 후 출력형태와 같이 배치합니다. 상단 [Options Bar(옵션 바)]에서 'Font(글꼴) : Arial, Font Style(폰트 스타일) : Bold, Size(크기) : 48pt'로 설정합니다. 입력한 텍스트 중에서 'C'를 블록 선택하여 상단 [Options Bar(옵션 바)]에서 'Size(크기) : 60pt'로 설정하고 'B'를 블록 선택하여 반복 작업합니다.

05 상단 [Options Bar(옵션 바)]에서 Create Warp Text(뒤틀어진 텍스트 만들기, 工)를 선택하고 [Warp Text(텍스트 뒤틀기)] 창에서 'Style(스타일) : Rise(상승), Bend(구부리기) : −30%'로 설정합니다.

06 텍스트 레이어를 선택하고 Layer(레이어) 패널 하단에서 Add a layer style(레이어 스타일 추가, fx.)을 클릭하여 [Stroke(획)]를 선택하고 'Size(크기) : 3px, Position(위치) : Outside (바깥쪽), Color(색상) : #ffffff'로 설정합니다. 계속해서 [Inner Shadow(내부 그림자)]를 선택하고 'Opacity(불투명도) : 75%, Angle(각도) : 125°, Distance(거리) : 5px, Size(크기) : 5px'로 설정합니다.

07 Layer Style(레이어 스타일) 창에서 [Gradient Overlay(그레이디언트 오버레이)]를 선택하고 Click to edit the gradient(클릭하여 그레이디언트 편집)를 선택하면 Gradient Editor(그레이디언트 편집기)가 열립니다. 좌측 하단 [Color Stop(색상 정지점)]을 더블 클릭하여 '#aa3300', 우측 하단 [Color Stop(색상 정지점)]을 더블 클릭하여 '#ffdd00'로 입력하고 'Angle(각도) : 0°'로 설정한 후 [OK(확인)]를 클릭합니다.

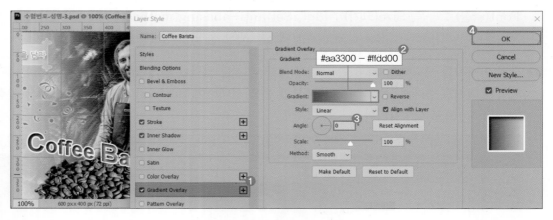

07 파일 저장

《조건》
- JPG 파일 : 문서₩GTQ₩수험번호-성명-3.jpg / 크기 : 600*400pixels
- PSD 파일 : 문서₩GTQ₩수험번호-성명-3.psd / 크기 : 60*40pixels

01 최종적으로 작업 파일의 이미지 위치, 레이어 순서, 레이어 스타일을 점검하고 [View(보기)]-[Show(표시)]-[Grid(격자)]([Ctrl]+[']])를 선택하여 격자를 끕니다.

02 [File(파일)]-[Save As a Copy(다른 이름으로 저장)]([Alt]+[Ctrl]+[S])를 선택하여 '저장 위치 : 내PC₩문서₩GTQ, 파일 이름 : 수험번호-성명-3, 파일 형식 : JPEG'로 저장합니다. [JPEG Options(JPEG 옵션)] 창에서 'Quality(품질) : 12'를 확인합니다.

03 [Image(이미지)]-[Image Size(이미지 크기)]([Alt]+[Ctrl]+[I])를 선택하여 [Image Size(이미지 크기)] 창에서 'Width(폭) : 60Pixels(픽셀), Height(높이) : 40Pixels(픽셀)'을 입력하여 이미지 크기를 1/10로 축소합니다.

04 [File(파일)]-[Save As(다른 이름으로 저장)]([Shift]+[Ctrl]+[S])을 선택하여 '저장 위치 : 내PC₩문서₩GTQ, 파일 이름 : 수험번호-성명-3, 파일 형식 : PSD'로 저장합니다. 답안 전송 프로그램에서 [답안 전송]을 선택하여 jpg, psd 파일을 감독관 컴퓨터로 전송합니다.

[실무응용] 이벤트 페이지 제작

작업순서 ① 새 작업 파일 만들기 ▶ ② 필터 적용 ▶ ③ 이미지 합성 및 불투명도 ▶ ④ 클리핑 마스크 ▶ ⑤ 사용자 정의 모양 배치 ▶ ⑥ 문자 입력 ▶ ⑦ 파일 저장

01 새 작업 파일 만들기

《조건》
- Width(폭) : 600Pixels(픽셀)
- Height(높이) : 400Pixels(픽셀)
- Resolution(해상도) : 72Pixels/Inch(픽셀/인치)
- Color Mode(색상 모드) : RGB Color(RGB 색상), 8bit(비트)

01 새 작업 파일을 만들기 위하여 [File(파일)]-[New(새로 만들기)]([Ctrl]+[N])를 선택하고 문제 지의 조건과 같이 설정하여 새 작업 파일을 만듭니다.

02 [View(보기)]-[Rulers(눈금자)]([Ctrl]+[R])와 [View(보기)]-[Show(표시)]-[Grid(격자)] ([Ctrl]+[']를 선택하여 눈금자와 격자를 표시합니다.

03 작업 파일을 저장하기 위하여 [File(파일)]-[Save As(다른 이름으로 저장)]([Shift]+[Ctrl]+[S]) 를 선택하고 답안폴더(내PC₩문서₩GTQ)에 '수험번호-성명-4.psd'로 저장합니다.

02 필터 적용

《사용소스》
PART 04 〉 기출 유형 문제 06회 〉 2급-9.jpg

《조건》
2급-9.jpg : 필터 - Diffuse Glow(광선 확산)

01 [File(파일)]-[Open(열기)]([Ctrl]+[O])을 선택하여 2급-9.jpg를 불러옵니다. [Image(이미 지)]-[Image Size(이미지 크기)]를 선택하여 'Width(폭) : 600Pixels(픽셀)'로 설정하여 크 기를 줄여줍니다. [Ctrl]+[A]를 눌러서 전체 이미지를 선택하고 [Ctrl]+[C]를 눌러 복사한 후 작 업 파일에 [Ctrl]+[V]로 붙여넣습니다. Move Tool(이동 도구, ⊕)를 눌러 이미지 위치를 출력 형태와 같이 조절합니다.

02 필터를 적용하기 위하여 [Filter(필터)]-[Filter Gallery(필터 갤러리)]-[Distort(왜곡 효과)]-[Diffuse Glow(광선 확산)]를 선택하고 [OK(확인)]를 클릭합니다.

⑬ 이미지 합성 및 불투명도

《사용소스》

PART 04 〉 기출 유형 문제 06회 〉 2급-10.jpg/2급-11.jpg/2급-13.jpg

《조건》

- 2급-10.jpg : 레이어 스타일 - Drop Shadow(그림자 효과), Opacity(불투명도)(80%)
- 2급-11.jpg : 레이어 스타일 - Bevel & Emboss(경사와 엠보스)
- 2급-13.jpg : 레이어 스타일 - Outer Glow(외부 광선)

01 [File(파일)]-[Open(열기)]([Ctrl]+[O])을 선택하여 2급-10.jpg를 불러옵니다. [Image(이미지)]-[Image Size(이미지 크기)]를 선택하여 'Height(높이) : 400Pixels(픽셀)'로 설정하여 크기를 줄여줍니다.

02 Object Selection Tool(개체 선택 도구, 📐)을 클릭하고 상단 [Options Bar(옵션 바)]에서 'New Selection(새 선택 영역), Mode(모드) : Lasso(올가미)'를 선택하여 손 형태를 따라 드래그합니다. Quick Selection Tool(빠른 선택 도구, 🖌️)과 Polygonal Lasso Tool(다각형 올가미 도구, 🔽)로 영역 추가 및 영역 삭제 작업을 추가합니다.

03 선택한 손 이미지는 [Ctrl]+[C]를 눌러서 복사하고 작업 파일에 [Ctrl]+[V]를 눌러 붙여 넣습니다. [Ctrl]+[T]를 눌러서 이미지 크기를 출력형태와 같이 조절한 후 [Enter]를 누릅니다.

04 손 레이어를 선택하고 Layer(레이어) 패널 하단 Add a layer style(레이어 스타일 추가, *fx.*)을 클릭하여 [Drop Shadow(그림자)]를 선택하고 'Opacity(불투명도) : 75%, Angle(각도) : 125°, Distance(거리) : 5px, Size(크기) : 5px'로 설정한 후 [OK(확인)]를 클릭합니다.

05 이미지의 불투명도를 설정하기 위하여 [Layer(레이어)] 패널의 우측 상단 'Opacity(불투명도)
: 80%'로 입력합니다.

06 [File(파일)]-[Open(열기)]([Ctrl]+[O])을 선택하여 2급-11.jpg를 불러옵니다. [Image(이미
지)]-[Image Size(이미지 크기)]를 선택하여 'Height(높이) : 400Pixels(픽셀)'로 설정하여
크기를 줄여줍니다.

07 Object Selection Tool(개체 선택 도구, [아이콘])을 클릭하고 상단 [Options Bar(옵션 바)]에서
'New Selection(새 선택 영역), Mode(모드) : Lasso(올가미)'를 선택하여 유리병 형태를 따
라 드래그합니다. Quick Selection Tool(빠른 선택 도구, [아이콘])과 Polygonal Lasso Tool(다
각형 올가미 도구, [아이콘])로 영역 추가 및 영역 삭제 작업을 추가합니다.

08 선택한 유리병 이미지는 [Ctrl]+[C]를 눌러서 복사하고 작업 파일에 [Ctrl]+[V]를 눌러 붙여 넣습
니다. [Ctrl]+[T]을 선택하여 이미지 크기를 출력형태와 같이 조절한 후 마우스 오른쪽 버튼을
클릭하고 Flip Horizontal(가로로 뒤집기)을 선택하여 반전시킨 이미지를 적절히 배치 후
[Enter]를 누릅니다.

09 유리병 레이어를 선택하고 Layer(레이어) 패널 하단 Add a layer style(레이어 스타일 추가,
[아이콘])을 클릭하여 [Bevel & Emboss(경사와 엠보스)]를 선택합니다.

10 [File(파일)]−[Open(열기)]([Ctrl]+[O])을 선택하여 2급−13.jpg를 불러옵니다. [Image(이미지)]−[Image Size(이미지 크기)]를 선택하여 'Height(높이) : 400Pixels(픽셀)'로 설정하여 크기를 줄여줍니다.

11 Object Selection Tool(개체 선택 도구, 🔲)을 클릭하고 상단 [Options Bar(옵션 바)]에서 'New Selection(새 선택 영역), Mode(모드) : Lasso(올가미)'를 선택하여 카푸치노 형태를 따라 드래그합니다. 선택한 영역에 수정이 필요하면 Quick Selection Tool(빠른 선택 도구, 🖌️)과 Polygonal Lasso Tool(다각형 올가미 도구, 🔲)로 영역 추가 및 영역 삭제 작업을 추가합니다.

12 선택한 카푸치노 이미지는 [Ctrl]+[C]를 눌러서 복사하고 작업 파일에 [Ctrl]+[V]를 눌러 붙여 넣습니다. [Ctrl]+[T]을 선택하여 이미지 크기를 출력형태와 같이 조절한 후 방향을 좌우반전하기 위하여 마우스 오른쪽 버튼을 누릅니다. Flip Horizontal(가로로 뒤집기)을 선택하여 반전시킨 이미지를 적절히 배치하고 [Enter]를 누릅니다.

13 카푸치노 레이어를 선택하고 Layer(레이어) 패널 하단 Add a layer style(레이어 스타일 추가, 🔲)을 클릭하여 [Outer Glow(외부 광선)]를 선택하고 'Opacity(불투명도) : 75%, Size(크기) : 5px'로 설정합니다.

04 클리핑 마스크

《사용소스》

PART 04 〉 기출 유형 문제 06회 〉 2급−12.jpg

《조건》

• 2급−12.jpg : 필터 − Tiles(타일)
• 얼룩 모양 : 레이어 스타일 − Stroke(선/획)(3px, #ee8800), Inner Shadow(내부 그림자)

---

01 클리핑 마스크를 위한 도형을 제작하기 위하여 Custom Shape Tool(사용자 정의 모양 도구, 🔲)를 클릭하고 상단 [Options Bar(옵션 바)]에서 'Shape(모양), Fill(칠) : #000000, Stroke(획) : No Color(색상 없음)'로 설정합니다.

02 얼룩 모양 도형을 선택하기 위하여 목록 단추를 클릭하고 [Legacy Shapes and More(레거시 모양 및 기타)]−[All Legacy Default Shapes(모든 레거시 기본 모양)]−[Shapes(모양)−[Blob 1(얼룩 1)]을 선택하고 출력형태와 같이 배치합니다.

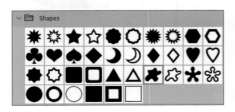
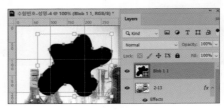

03 [File(파일)]–[Open(열기)]([Ctrl]+[O])을 선택하여 2급–12.jpg를 불러옵니다. [Image(이미지)]–[Image Size(이미지 크기)]를 선택하여 'Height(높이) : 400Pixels(픽셀)'로 설정하여 크기를 줄여줍니다. [Ctrl]+[A]를 눌러서 전체 이미지를 선택하고 [Ctrl]+[C]를 눌러 복사한 후 작업 파일에 [Ctrl]+[V]로 붙여넣습니다. [Ctrl]+[T]를 눌러서 이미지 크기를 출력형태와 같이 조절한 후 [Enter]를 누릅니다.

04 클리핑 마스크를 적용하기 위하여 이미지 레이어를 선택한 후 마우스 오른쪽 버튼을 누르고 Create Clipping Mask(클리핑 마스크 만들기)를 선택합니다. [Ctrl]+[T]를 눌러서 이미지 크기를 출력형태와 같이 적절히 배치하고 [Enter]를 누릅니다.

05 이미지에 하얀 선이 지나가는 Tiles(타일) 필터를 적용하기 위하여 Tool Box(도구 상자) 하단의 [Set Background Color(배경색 설정)]를 클릭하고 '#ffffff'로 설정합니다.

06 [Filter(필터)]–[Stylize(스타일화)]–[Tiles(타일)]를 선택하여 필터를 적용합니다.

07 얼룩 모양 도형 레이어를 선택하고 Layer(레이어) 패널 하단에서 Add a layer style(레이어 스타일 추가, *fx.*)을 클릭하여 [Inner Shadow(내부 그림자)]를 선택하고 'Opacity(불투명도) : 75%, Angle(각도) : 125°, Distance(거리) : 5px, Size(크기) : 5px'로 설정합니다. 계속해서 [Stroke(획)]를 선택하고 'Size(크기) : 3px, Position(위치) : Outside(바깥쪽), Color(색상) : #ee8800'로 설정한 후 [OK(확인)]를 클릭합니다.

05 사용자 정의 모양 배치

《조건》
• 빗방울 모양 : #ee8800, 레이어 스타일 – Bevel & Emboss(경사와 엠보스), Opacity(불투명도)(80%)
• 꽃 모양 : 레이어 스타일 – 그라디언트 오버레이(#ffaa33, #bb3300), Drop Shadow(그림자 효과)

01 Layer(레이어) 패널에서 가장 위쪽에 배치된 레이어를 선택한 후 Custom Shape Tool(사용자 정의 모양 도구, *&*)를 클릭하고 상단 [Options Bar(옵션 바)]에서 'Shape(모양), Fill(칠) : #ee8800, Stroke(획) : No Color(색상 없음)'로 설정합니다.

02 탭 단추 모양 도형을 선택하기 위하여 목록 단추를 클릭하고 [Legacy Shapes and More(레거시 모양 및 기타)]–[All Legacy Default Shapes(모든 레거시 기본 모양)]–[Nature(자연)]–[Raindrop(빗방울)]를 선택합니다.

03 출력형태에 맞추어 도형을 그린 후 Layer(레이어) 패널 하단에서 Add a layer style(레이어 스타일 추가, [fx.])을 클릭하여 [Bevel & Emboss(경사와 엠보스)]를 선택합니다.

04 도형의 불투명도를 설정하기 위하여 [Layer(레이어)] 패널의 우측 상단 'Opacity(불투명도) : 80%'로 입력합니다.

05 Custom Shape Tool(사용자 정의 모양 도구, [⟳])를 클릭하고 동영상 모양 도형을 선택하기 위하여 목록 단추를 클릭하여 [Legacy Shapes and More(레거시 모양 및 기타)]–[All Legacy Default Shapes(모든 레거시 기본 모양)]–[Nature(자연)]–[Flower 1(꽃 1)]을 선택합니다.

06 출력형태에 맞추어 도형을 그린 후 Layer(레이어) 패널 하단에서 Add a layer style(레이어 스타일 추가, [fx.])을 클릭하여 [Drop Shadow(그림자)]를 선택하고 'Opacity(불투명도) : 75%, Angle(각도) : 125˚, Distance(거리) : 5px, Size(크기) : 5px'로 설정합니다.

07 Layer Style(레이어 스타일) 창에서 [Gradient Overlay(그레이디언트 오버레이)]를 선택하고 Click to edit the gradient(클릭하여 그레이디언트 편집)를 선택하면 Gradient Editor(그레이디언트 편집기)가 열립니다. 좌측 하단 [Color Stop(색상 정지점)]을 더블 클릭하여 '#ffaa33', 우측 하단 [Color Stop(색상 정지점)]을 더블 클릭하여 '#bb3300'으로 입력하고 'Style(스타일) : Radial(방사형)'로 설정한 후 [OK(확인)]를 클릭합니다.

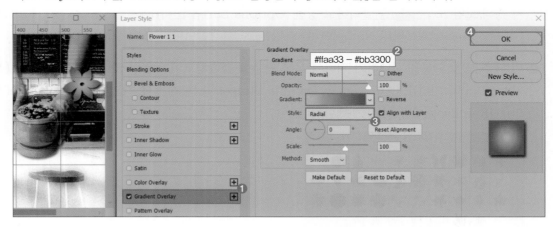

06 문자 입력

01 Horizontal Type Tool(수평 문자 도구, T.)를 선택하고 상단 [Options Bar(옵션 바)]에서 'Font(글꼴) : 굴림, Size(크기) : 16pt, Set anti-aliasing method(안티 앨리어싱 방법 설정) : Sharp(선명하게), Set text color(텍스트 색상 설정) : #994400'로 설정합니다.

02 작업 이미지를 클릭하고 '라떼아트 / 커피로스팅'을 입력한 후 출력형태와 같이 배치한 후 텍스트 레이어를 선택하고 Layer(레이어) 패널 하단에서 Add a layer style(레이어 스타일 추가, fx.)을 클릭하여 [Stroke(획)]를 선택하고 'Size(크기) : 2px, Position(위치) : Outside(바깥쪽), Color(색상) : #ffffff'로 설정합니다.

03 Horizontal Type Tool(수평 문자 도구, T.)를 선택하고 작업 이미지를 클릭하여 '홈카페를 위한 원데이 클래스'를 입력한 후 출력형태와 같이 배치합니다. 상단 [Options Bar(옵션 바)]에서 'Font(글꼴) : 돋움, Size(크기) : 30pt, Center Text(텍스트 중앙 정렬)'로 설정합니다.

04 상단 [Options Bar(옵션 바)]에서 Create Warp Text(뒤틀어진 텍스트 만들기, ⊥)를 선택하고 [Warp Text(텍스트 뒤틀기)] 창에서 'Style(스타일) : Bulge(돌출), Bend(구부리기) : +50%'로 설정하고 [OK(확인)]를 클릭합니다.

05 텍스트 레이어를 선택하고 Layer(레이어) 패널 하단에서 Add a layer style(레이어 스타일 추가, fx.)을 클릭하여 [Stroke(획)]를 선택하고 'Size(크기) : 2px, Position(위치) : Outside (바깥쪽), Color(색상) : #333333'로 설정합니다. 계속해서 [Drop Shadow(드롭 섀도)]를 선택하고 'Opacity(불투명도) : 75%, Angle(각도) : 125°, Distance(거리) : 5px, Size(크기) : 5px'을 확인합니다.

06 Layer Style(레이어 스타일) 창에서 [Gradient Overlay(그레이디언트 오버레이)]를 선택하고 Click to edit the gradient(클릭하여 그레이디언트 편집)를 선택하면 Gradient Editor(그레이디언트 편집기)가 열립니다. 좌측 하단 [Color Stop(색상 정지점)]을 더블 클릭하여 '#ffdd00', 우측 하단 [Color Stop(색상 정지점)]을 더블 클릭하여 '#00aa00'로 입력하고 'Angle(각도) : 90°'로 설정합니다.

07 Horizontal Type Tool(수평 문자 도구, T.)를 선택하고 작업 이미지를 클릭하여 'Coffee Academy'를 입력한 후 출력형태와 같이 배치합니다. 상단 [Options Bar(옵션 바)]에서 'Font(글꼴) : Arial, Font Style(폰트 스타일) : Bold, Size(크기) : 48pt, text Color(텍스트 색상 설정) : #ff9900'으로 설정합니다. 입력한 텍스트 중에서 'Academy'만 블록 선택하고 text Color(텍스트 색상 설정) : #3366dd'로 설정합니다.

08 상단 [Options Bar(옵션 바)]에서 Create Warp Text(뒤틀어진 텍스트 만들기, ⊥)를 선택하고 [Warp Text(텍스트 뒤틀기)] 창에서 'Style(스타일) : Flag(깃발), Bend(구부리기) : -50%'로 설정합니다.

09 텍스트 레이어를 선택하고 Layer(레이어) 패널 하단에서 Add a layer style(레이어 스타일 추가, fx.)을 클릭하여 [Stroke(획)]를 선택하고 'Size(크기) : 2px, Position(위치) : Outside (바깥쪽), Color(색상) : #000099'로 설정합니다.

07 파일 저장

01 최종적으로 작업 파일의 이미지 위치, 레이어 순서, 레이어 스타일을 점검하고 [View(보기)]– [Show(표시)]–[Grid(격자)]([Ctrl]+[']])를 선택하여 격자를 끕니다.

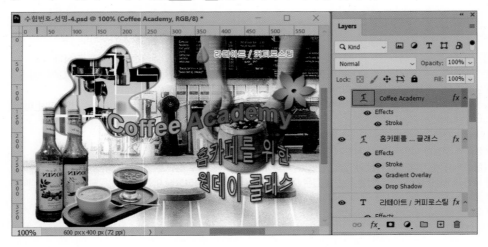

02 [File(파일)]–[Save As a Copy(다른 이름으로 저장)]([Alt]+[Ctrl]+[S])를 선택하여 '저장 위치 : 내PC₩문서₩GTQ, 파일 이름 : 수험번호–성명–4, 파일 형식 : JPEG'로 저장합니다. [JPEG Options(JPEG 옵션)] 창에서 'Quality(품질) : 12'를 확인합니다.

03 [Image(이미지)]–[Image Size(이미지 크기)]([Alt]+[Ctrl]+[I])를 선택하여 [Image Size(이미지 크기)] 창에서 'Width(폭) : 60Pixels(픽셀), Height(높이) : 40Pixels(픽셀)'을 입력하여 이미지 크기를 1/10로 축소합니다.

04 [File(파일)]–[Save As(다른 이름으로 저장)]([Shift]+[Ctrl]+[S])을 선택하여 '저장 위치 : 내 PC₩문서₩GTQ, 파일 이름 : 수험번호–성명–4, 파일 형식 : PSD'로 저장합니다. 답안 전송 프로그램에서 [답안 전송]을 선택하여 jpg, psd 파일을 감독관 컴퓨터로 전송합니다.

급수	문제유형	시험시간	수험번호	성명
2급	A	90분	G220250007	

수험자 유의사항

- 수험자는 문제지를 받는 즉시 응시하고자 하는 **과목 및 급수가 맞는지 확인**한 후 수험번호와 성명을 작성합니다.
- 파일명은 본인의 '수험번호-성명-문제번호'로 공백 없이 정확히 입력하고 답안폴더(내 PC₩문서₩GTQ)에 jpg 파일과 psd 파일의 2가지 포맷으로 저장해야 하며, jpg 파일과 psd 파일의 내용이 상이할 경우 0점 처리됩니다.
- 답안문서 파일명이 '수험번호-성명-문제번호'와 일치하지 않거나, 답안 파일을 '전송'하지 않는 경우 **답안 파일 미제출**로 불합격 처리됩니다.
- 문제의 세부 조건은 '영문(한글)' 형식으로 표기되어 있으니 유의하시길 바랍니다.
- 수험자 정보와 저장한 파일명, 저장 위치가 다를 경우 전송이 되지 않으므로, 주의하시길 바랍니다.
- 답안 작성 중에도 **주기적으로 '저장'과 '답안 전송'**을 이용하여 감독위원 PC로 답안을 전송하셔야 합니다.
  (작업한 내용을 **저장하지 않고 답안을 전송할 경우** 이전의 저장 내용이 전송되오니 이점 반드시 유념하시기 바랍니다.)
- 모든 수험자는 동일한 환경에서 시험이 시작되며 **'작업환경 설정'은 시험 시간 내에 진행**합니다.
  (시험 시작 전 '작업환경 설정' 불가, 소프트웨어 이상 유무만 확인)
- 답안문서는 지정된 경로 외의 다른 보조기억장치에 저장하는 행위, 지정된 시험 시간 외에 작성된 파일을 활용한 행위, 기타 허용되지 않은 프로그램(이메일, 메신저, 게임, 네트워크, 윈도우계산기, 스톱워치 등) 이용 시 부정행위로 간주 되어 자격기본법 제32조에 의거 본 시험 및 국가공인 자격시험을 2년간 응시할 수 없습니다.
- 시험 중 부주의 또는 고의로 시스템을 파손한 경우와 (수험자 유의사항)에 기재된 방법대로 이행하지 않아 생기는 불이익은 수험자의 책임임을 알려 드립니다.
- 시험을 완료한 수험자는 최종적으로 저장한 답안파일이 전송되었는지 확인한 후 감독위원의 지시에 따라 문제지를 제출하고 퇴실합니다.

답안 작성요령

- 온라인 답안 작성 절차
  수험자 등록 ⇒ 시험 시작 ⇒ 답안파일 저장 ⇒ 답안 전송 ⇒ 시험 종료
- 내 PC₩문서₩GTQ₩image폴더에 있는 그림 원본파일을 사용하여 답안을 작성하시고 최종답안을 답안폴더(내 PC₩문서₩GTQ)에 저장하여 답안을 전송하시고, 이미지의 크기가 다른 경우 감점 처리됩니다.
- 배점은 총 100점으로 이루어지며, 점수는 각 문제별로 차등 배분됩니다.
- 각 문제는 주어진 〈조건〉에 따라 작성하고, 언급하지 않은 〈조건〉은 〈출력형태〉와 같이 작성합니다.
- 문제 〈조건〉과 〈출력형태〉에서 차이가 발생할 경우 **문제에서 지정한 〈조건〉에 따라 작업**해 주시기 바랍니다.
- 배치 등의 편의를 위해 주어진 눈금자의 단위는 '픽셀'입니다.
  그 외는 출력형태(효과, 이미지, 문자, 색상, 레이아웃, 규격 등)와 같이 작업하십시오.
- 문제 〈조건〉에 서체의 지정이 없을 경우 한글은 굴림이나 돋움, 영문은 Arial로 작업하십시오.
  (단, 그 외에 제시되지 않은 문자 속성을 기본값으로 작성하지 않은 경우는 감점 처리됩니다.)
- Image Mode(이미지 모드)는 별도의 처리조건이 없을 시 RGB(8비트)로 작업하십시오.
- 모든 답안 파일은 해상도 72 pixels/inch로 작업하십시오.
- Layer(레이어)는 각 기능별로 분할해야 하며, 임의로 합칠 경우나 각 기능에 대한 속성을 해지할 경우 해당 요소는 0점 처리됩니다.

한 국 생 산 성 본 부

문제 1 [기능평가] Tool(도구) 활용 20점

▶합격 강의

다음의 〈조건〉에 따라 아래의 〈출력형태〉와 같이 작업하시오.

조건

원본 이미지	2급-1.jpg		
파일저장규칙	JPG	파일 이름	문서\GTQ\수험번호-성명-1.jpg
		크기	400×500pixels
	PSD	파일 이름	문서\GTQ\수험번호-성명-1.psd
		크기	40×50pixels

출력형태

1. 그림 효과
① 복제 및 변형 : 파스텔
② Shape Tool(모양 도구) 사용 :
- 페인트브러시 모양 (#ff7700, 레이어 스타일 – Outer Glow(외부 광선))
- 퍼즐 모양 (#ffffcc, #ccffff, 레이어 스타일 – Inner Shadow(내부 그림자))

2. 문자 효과
① PASTEL(Time New Roman 60pt, Bold, 레이어 스타일 – 그라디언트 오버레이(#ff00ff, #00aa00), Stroke(선/획)(2px, #ffffff), Drop Shadow(그림자 효과))

문제 2 [기능평가] 사진 편집 기초 20점

▶합격 강의

다음의 〈조건〉에 따라 아래의 〈출력형태〉와 같이 작업하시오.

조건

원본 이미지	2급-2.jpg, 2급-3.jpg, 2급-4.jpg		
파일저장규칙	JPG	파일 이름	문서\GTQ\수험번호-성명-2.jpg
		크기	400×500pixels
	PSD	파일 이름	문서\GTQ\수험번호-성명-2.psd
		크기	40×50pixels

출력형태

1. 그림 효과
① 색상 보정 : 2급-3.jpg – 흰색 계열로 보정, 레이어 스타일 – Drop Shadow(그림자 효과)
② 액자 제작 :
필터 – Stained Glass(스테인드 글라스), 안쪽 테두리(5px, #ffffff), 레이어 스타일 – Drop Shadow(그림자 효과)
③ 2급-4.jpg : 레이어 스타일– Outer Glow(외부 광선)

2. 문자 효과
① Michelangelo's David (Arial, Bold, 36pt, #33ffff, #3366ff, 레이어 스타일 – Stroke(선/획)(2px, #000099), Drop Shadow(그림자 효과))

▶ 합격 강의

다음의 〈조건〉에 따라 아래의 〈출력형태〉와 같이 작업하시오.

조건

원본 이미지		2급-5.jpg, 2급-6.jpg, 2급-7.jpg, 2급-8.jpg	
파일저장규칙	JPG	파일 이름	문서₩GTQ₩수험번호-성명-3.jpg
		크기	600×400pixels
	PSD	파일 이름	문서₩GTQ₩수험번호-성명-3.psd
		크기	60×40pixels

1. 그림 효과
① 배경 : #ffcccc
② 2급-5.jpg : 필터 – Rough Pastels(거친 파스텔 효과), 레이어 마스크 – 대각선 방향으로 흐릿하게
③ 2급-6.jpg : 레이어 스타일 – Drop Shadow(그림자 효과)
④ 2급-7.jpg : 레이어 스타일 – Bevel & Emboss(경사와 엠보스)
⑤ 2급-8.jpg : 레이어 스타일 – Outer Glow(외부 광선)
⑥ 그 외 〈출력형태〉 참조

2. 문자 효과
① 미술을 통해 표현하는 즐거움(굴림, 24pt, 18pt, #ff3333, #ffbb33, Stroke(선/획)(2px, #000000), Drop Shadow(그림자 효과))
② Creative Art(Arial, Bold, 48pt, 레이어 스타일 – 그라디언트 오버레이(#ffee00, #22cc00), Stroke(선/획)(2px, #ffffff), Drop Shadow(그림자 효과))

출력형태

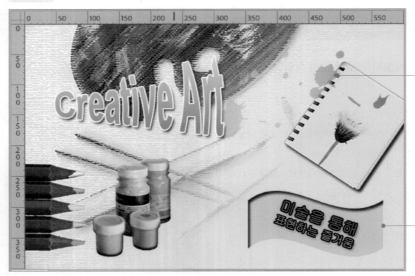

Shape Tool(모양 도구) 사용
그라디언트 오버레이(#00ffff, #cc00cc)
Opacity(불투명도)(70%)

Shape Tool(모양 도구) 사용, #ffaabb
Inner Shadow(내부 그림자)

다음의 〈조건〉에 따라 아래의 〈출력형태〉와 같이 작업하시오.

조건

원본 이미지	2급−9.jpg, 2급−10.jpg, 2급−11.jpg, 2급−12.jpg, 2급−13.jpg		
파일저장규칙	JPG	파일 이름	문서₩GTQ₩수험번호−성명−4.jpg
		크기	600×400pixels
	PSD	파일 이름	문서₩GTQ₩수험번호−성명−4.psd
		크기	60×40pixels

1. 그림 효과
① 2급−9.jpg : 필터 − Diffuse Glow(광선 확산)
② 2급−10.jpg : 레이어 스타일 − Inner Glow(내부 광선), Outer Glow(외부 광선), Opacity(불투명도)(70%)
③ 2급−11.jpg : 레이어 스타일 − Drop Shadow(그림자 효과)
④ 2급−12.jpg : 필터 − Facet(단면화)
⑤ 2급−13.jpg : 레이어 스타일 − Inner Glow(내부 광선), Outer Glow(외부 광선)
⑥ 그 외 〈출력형태〉 참조

2. 문자 효과
① 미술 활동을 통한 심리치료 (돋움, 20pt, 24pt, #ff5555, #006699, 레이어 스타일 − Stroke(선/획)(2px, #000000), Drop Shadow(그림자 효과))
② 내 마음을 그려보는 시간 (굴림, 18pt, #000000, 레이어 스타일 − Stroke(선/획)(2px, #cccc00))
③ ART THERAPY (Arial, Bold, 48pt, 레이어 스타일 − 그라디언트 오버레이(#ff6600, #22cc00), Stroke(선/획)(2px, #333333), Drop Shadow(그림자 효과))

출력형태

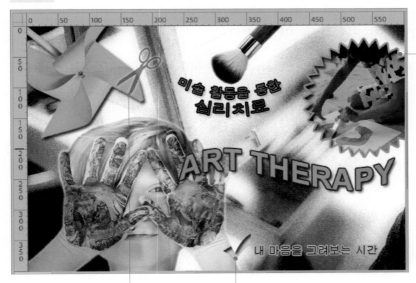

Shape Tool(모양 도구) 사용
Inner Shadow(내부 그림자)
Stroke(선/획)(3px, #66cc00)

Shape Tool(모양 도구) 사용: #eeff33
Inner Shadow(내부 그림자)

Shape Tool(모양 도구) 사용, #336699
Outer Glow(외부 광선)
Opacity(불투명도)(70%)

① 새 작업 파일 만들기 ▶ ② 이미지 선택 후 복제 및 변형 ▶ ③ 사용자 정의 모양 배치 ▶ ④ 문자 입력
▶ ⑤ 파일 저장

01 새 작업 파일 만들기

《조건》

- Width(폭) : 400Pixels(픽셀)
- Height(높이) : 500Pixels(픽셀)
- Resolution(해상도) : 72Pixels/Inch(픽셀/인치)
- Color Mode(색상 모드) : RGB Color(RGB 색상), 8bit(비트)

01 새 작업 파일을 만들기 위하여 [File(파일)]-[New(새로 만들기)]([Ctrl]+[N])를 선택하고 문제
지의 조건과 같이 설정하여 새 작업 파일을 만듭니다.

02 작업창의 환경 설정을 위하여 [Edit(편집)]-[Preference(환경 설정)]([Ctrl]+[K])를 선택합니
다. [Guides, Grid & Slices(안내선, 격자와 슬라이스)]를 선택하여 Guides(안내선)의
'Canvas(캔버스) : Light Red(밝은 빨강)', Grid(격자)의 'Gridline every(격자 간격) :
100pixels(픽셀), Subdivisions(세분) : 1'로 설정합니다.

03 [View(보기)]-[Rulers(눈금자)]([Ctrl]+[R])와 [View(보기)]-[Show(표시)]-[Grid(격자)]
([Ctrl]+[']')를 선택하여 눈금자와 격자를 표시합니다.

04 작업 파일을 저장하기 위하여 [File(파일)]-[Save As(다른 이름으로 저장)]([Shift]+[Ctrl]+[S])
를 선택하고 답안폴더(내PC\문서\GTQ)에 '수험번호-성명-1.psd'로 저장합니다.

02 이미지 선택 후 복제 및 변형

《사용소스》

PART 04 〉 기출 유형 문제 07회 〉 2급-1.jpg

《조건》

복제 및 변형 : 파스텔

01 [File(파일)]-[Open(열기)]([Ctrl]+[O])을 선택하여 2급-1.jpg를 불러옵니다. [Image(이미지)]-[Image Size(이미지 크기)]를 선택하여 'Width(폭) : 400Pixels(픽셀)'로 설정하여 크기를 줄여줍니다. [Ctrl]+[A]를 눌러서 전체 이미지를 선택하고 [Ctrl]+[C]를 눌러 복사한 후 작업 파일에 [Ctrl]+[V]로 붙여넣습니다. 출력형태를 참고하여 이미지를 배치합니다.

02 Object Selection Tool(개체 선택 도구, ▣)을 클릭하고 상단 [Options Bar(옵션 바)]에서 'New Selection(새 선택 영역), Mode(모드) : Lasso(올가미)'를 선택하여 파스텔 형태를 따라 드래그합니다.

03 선택한 커피를 복사하기 위하여 [Layer(레이어)]-[New(새로 만들기)]-[Layer Via Copy(복사한 레이어)]([Ctrl]+[J])를 눌러서 복사합니다. [Edit(편집)]-[Free Transform(자유변형)]([Ctrl]+[T])을 선택하여 이미지 크기를 출력형태와 같이 조절하고 [Enter]를 누릅니다.

03 사용자 정의 모양 배치

《조건》
- 페인트브러시 모양 (#ff7700, 레이어 스타일 – Outer Glow(외부 광선))
- 퍼즐 모양 (#ffffcc, #ccffff, 레이어 스타일 – Inner Shadow(내부 그림자))

01 Custom Shape Tool(사용자 정의 모양 도구, )를 클릭하고 상단 [Options Bar(옵션 바)]
에서 'Shape(모양), Fill(칠) : #ff7700, Stroke(획) : No Color(색상 없음)'로 설정합니다.

02 파형 모양 도형을 선택하기 위하여 목록 단추를 클릭하고 [Legacy Shapes and More(레
거시 모양 및 기타)]–[All Legacy Default Shapes(모든 레거시 기본 모양)]–[Objects(개
체)]–[Paintbrush(페인트브러시)]을 선택합니다.

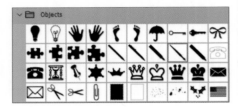

03 출력형태에 맞추어 도형을 그린 후 Layer(레이어) 패널 하단에서 Add a layer style(레이어
스타일 추가, fx.)을 클릭하여 [Outer Glow(외부 광선)]를 선택하고 'Opacity(불투명도) :
75%, Size(크기) : 5px'로 설정합니다.

04 Custom Shape Tool(사용자 정의 모양 도구, )를 클릭하고 상단 [Options Bar(옵션 바)]
에서 목록 단추를 클릭하여 [Legacy Shapes and More(레거시 모양 및 기타)]–[All Legacy
Default Shapes(모든 레거시 기본 모양)]–[Objects(개체)]–[Puzzle 4(퍼즐 4)]을 선택합니다.

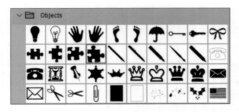

05 출력형태에 맞추어 도형을 그린 후 Layer(레이어) 패널 하단에서 Add a layer style(레이어 스타일 추가, **fx.**)을 클릭하여 [Inner Shadow(내부 그림자)]를 선택하고 'Opacity(불투명도) : 75%, Angle(각도) : 125°, Distance(거리) : 5px, Size(크기) : 5px'로 설정합니다. 레이어 의 Layer thumbnail(레이어 축소판)을 더블 클릭하여 [Color Picker(색상 피커)] 창에 'Color(색상) : #ffffcc'를 입력합니다.

06 완성한 장식 모양을 선택하고 Ctrl+J를 눌러서 복사한 다음 Ctrl+T를 눌러 크기와 위치를 출력형태와 같이 배치하고 Enter를 누릅니다. Layer(레이어) 패널에서 복제한 장식 모양 레이어의 Layer thumbnail(레이어 축소판)을 더블 클릭하여 [Color Picker(색상 피커)] 창에 'Color(색상) : #ccffff'를 입력하고 [OK(확인)]를 클릭합니다.

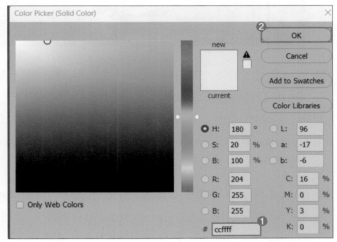

04 문자 입력

《조건》

① PASTEL (Time New Roman 60pt, Bold, 레이어 스타일 – 그라디언트 오버레이(#ff00ff, #00aa00), Stroke(선/획)(2px, #ffffff), Drop Shadow(그림자 효과))

01 Horizontal Type Tool(수평 문자 도구, **T.**)를 선택하고 상단 [Options Bar(옵션 바)]에서 'Font(글꼴) : Time New Roman, Font Style(폰트 스타일) : Bold, Size(크기) : 60pt, Set anti-aliasing method(안티 앨리어싱 방법 설정) : Sharp(선명하게)'로 설정합니다.

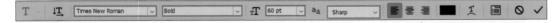

02 작업 이미지를 클릭하고 'PASTEL'를 입력한 후 출력형태와 같이 배치합니다. 상단 [Options Bar(옵션 바)]에서 Create Warp Text(뒤틀어진 텍스트 만들기, ![T])를 선택하고 [Warp Text(텍스트 뒤틀기)] 창에서 'Style(스타일) : Arc(부채꼴), Bend(구부리기) : −50%'로 설정하고 [OK(확인)]를 클릭합니다.

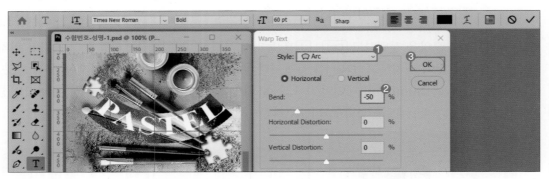

03 텍스트 레이어를 선택하고 Layer(레이어) 패널 하단 Add a layer style(레이어 스타일 추가, *fx.*)을 클릭하여 [Stroke(획)]를 선택하고 'Size(크기) : 2px, Position(위치) : Outside(바깥쪽), Color(색상) : #ffffff'로 설정합니다. 계속해서 [Drop Shadow(드롭 섀도)]를 선택하고 'Opacity(불투명도) : 75%, Angle(각도) : 125°, Distance(거리) : 5px, Size(크기) : 5px'을 설정하여 [OK(확인)]를 클릭합니다.

04 Layer Style(레이어 스타일) 창에서 [Gradient Overlay(그레이디언트 오버레이)]를 선택하고 Click to edit the gradient(클릭하여 그레이디언트 편집)를 선택하면 Gradient Editor(그레이디언트 편집기)가 열립니다. 좌측 하단 [Color Stop(색상 정지점)]을 더블 클릭하여 '#ff00ff', 우측 하단 [Color Stop(색상 정지점)]을 더블 클릭하여 '#00aa00'로 입력하고 'Angle(각도) : 0°'로 설정하여 [OK(확인)]를 클릭합니다.

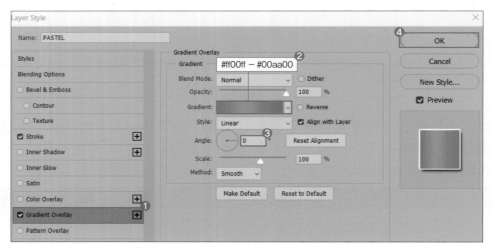

05 파일 저장

01 최종적으로 작업 파일의 이미지 위치, 레이어 순서, 레이어 스타일을 점검하고 [View(보기)]-[Show(표시)]-[Grid(격자)]([Ctrl]+[']])를 선택하여 격자를 끕니다.

02 [File(파일)]-[Save As a Copy(다른 이름으로 저장)]([Alt]+[Ctrl]+[S])를 선택하여 '저장 위치 : 내PC₩문서₩GTQ, 파일 이름 : 수험번호-성명-1, 파일 형식 : JPEG'로 저장합니다. [JPEG Options(JPEG 옵션)] 창에서 'Quality(품질) : 12'를 확인합니다.

03 [Image(이미지)]-[Image Size(이미지 크기)]([Alt]+[Ctrl]+[I])를 선택하여 [Image Size(이미지 크기)] 창에서 'Width(폭) : 40Pixels(픽셀), Height(높이) : 50Pixels(픽셀)'을 입력하여 이미지 크기를 1/10로 축소합니다.

04 [File(파일)]-[Save As(다른 이름으로 저장)]([Shift]+[Ctrl]+[S])을 선택하여 '저장 위치 : 내PC₩문서₩GTQ, 파일 이름 : 수험번호-성명-1, 파일 형식 : PSD'로 저장합니다. 답안 전송 프로그램에서 [답안 전송]을 선택하여 jpg, psd 파일을 감독관 컴퓨터로 전송합니다.

[기능평가] 사진 편집 기초

① 새 작업 파일 만들기 ▶ ② 필터 적용 및 액자 제작 ▶ ③ 색상 보정 ▶ ④ 이미지 합성 ▶ ⑤ 문자 입력
▶ ⑥ 파일 저장

01 새 작업 파일 만들기

《조건》
- Width(폭) : 400Pixels(픽셀)
- Height(높이) : 500Pixels(픽셀)
- Resolution(해상도) : 72Pixels/Inch(픽셀/인치)
- Color Mode(색상 모드) : RGB Color(RGB 색상), 8bit(비트)

01 새 작업 파일을 만들기 위하여 [File(파일)]−[New(새로 만들기)]([Ctrl]+[N])를 선택하고 문제
지의 조건과 같이 설정하여 새 작업 파일을 만듭니다.

02 [View(보기)]−[Rulers(눈금자)]([Ctrl]+[R])와 [View(보기)]−[Show(표시)]−[Grid(격자)]
([Ctrl]+['])를 선택하여 눈금자와 격자를 표시합니다.

03 작업 파일을 저장하기 위하여 [File(파일)]−[Save As(다른 이름으로 저장)]([Shift]+[Ctrl]+[S])
를 선택하고 답안폴더(내PC₩문서₩GTQ)에 '수험번호−성명−2.psd'로 저장합니다.

02 필터 적용 및 액자 제작

《사용소스》
PART 04 〉 기출 유형 문제 07회 〉 2급−2.jpg

《조건》
- 필터 − Stained Glass(스테인드 글라스)
- 안쪽 테두리(5px, #ffffff)
- 레이어 스타일 − Drop Shadow(그림자 효과)

01 [File(파일)]−[Open(열기)]([Ctrl]+[O])을 선택하여 2급−2.jpg를 불러옵니다. [Image(이미
지)]−[Image Size(이미지 크기)]를 선택하여 'Width(폭) : 400Pixels(픽셀)'로 설정하여 크
기를 줄여줍니다. [Ctrl]+[A]를 눌러서 전체 이미지를 선택하고 [Ctrl]+[C]를 눌러 복사한 후 작
업 파일에 [Ctrl]+[V]로 붙여넣습니다. 출력형태와 비슷하게 배치하고자 [Ctrl]+[J]를 눌러서 이
미지 레이어를 복제합니다.

02 이미지에 검정색 선이 지나가는 Stained Glass(스테인드 글라스) 필터를 적용하기 위하여 Tool Box(도구 상자) 하단의 [Set Foreground Color(전경색 설정)]를 클릭하고 '#000000' 으로 설정합니다.

03 필터를 적용하기 위하여 [Filter(필터)]–[Filter Gallery(필터 갤러리)]–[Texture(텍스처)]– [Stained Glass(스테인드 글라스)]를 선택하고 [OK(확인)]를 클릭합니다.

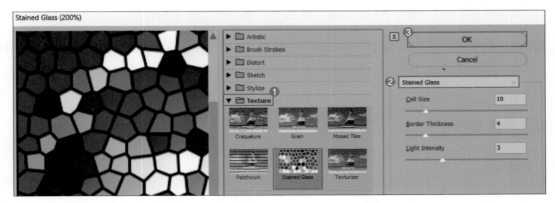

04 액자 프레임의 범위를 표시하기 위하여 눈금자의 숫자 부분에서 부터 드래그하여 Guide Line(안내선)을 제작합니다.

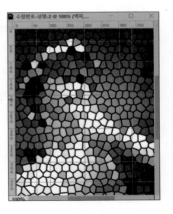

05 액자 프레임을 사각형으로 그려서 안쪽을 삭제하기 위하여 Rectangular Marquee Tool(사 각형 선택 윤곽 도구, ⬚)을 선택하여 사각형을 그립니다. 사각형을 그릴 때 눈금자에서 상하 좌우 50px 간격을 확인하면서 그립니다. 액자 프레임의 모서리를 둥글게 수정하기 위하여 [Select(선택)]–[Modify(수정)]–[Smooth(매끄럽게)]를 선택하고 'Sample Radius(샘플 반 경) : 10pixels(픽셀)'을 설정합니다. 모서리가 둥글게 수정된 사각 선택 영역을 Delete 을 눌러 서 삭제합니다.

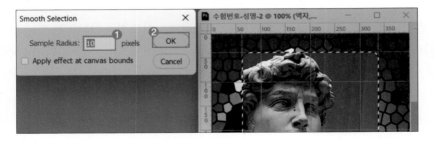

06 액자 프레임 안쪽에 테두리를 그리기 위하여 [Edit(편집)]-[Stroke(획)]를 선택하고 'Width (폭) : 5px, Color(색상) : #ffffff, Location(위치) : Center(중앙)'로 설정합니다.

07 액자 레이어를 선택하고 Layer(레이어) 패널 하단 Add a layer style(레이어 스타일 추가, fx.)을 클릭하여 [Drop Shadow(그림자)]를 선택하고 'Opacity(불투명도) : 75%, Angle (각도) : 125˚, Distance(거리) : 5px, Size(크기) : 5px'로 설정한 후 선택 영역을 해제하기 위하여 [Select(선택)]-[Deselect(선택 해제)]([Ctrl]+[D])를 선택합니다.

08 [View(보기)]-[Rulers(눈금자)]([Ctrl]+[R])와 [View(보기)]-[Show(표시)]-[Guides(안내 선)]([Ctrl]+[;])를 선택하여 안내선을 표시 해제합니다.

03 색상 보정

《사용소스》

PART 04 〉 기출 유형 문제 07회 〉 2급-3.jpg

《조건》

2급-3.jpg – 흰색 계열로 보정, 레이어 스타일 – Drop Shadow(그림자 효과)

---

01 [File(파일)]-[Open(열기)]([Ctrl]+[O])을 선택하여 2급-3.jpg를 불러옵니다. [Image(이미 지)]-[Image Size(이미지 크기)]를 선택하여 'Width(폭) : 400Pixels(픽셀)'로 설정하여 크 기를 줄여줍니다.

02 Object Selection Tool(개체 선택 도구, ▣)을 클릭하고 상단 [Options Bar(옵션 바)]에서 'New Selection(새 선택 영역), Mode(모드) : Lasso(올가미)'를 선택하여 손 형태를 따라 드 래그합니다. Quick Selection Tool(빠른 선택 도구, ◢)과 Polygonal Lasso Tool(다각형 올가미 도구, ☑)로 영역 추가 및 영 삭제 작업을 추가합니다.

03 선택한 손 이미지는 [Ctrl]+[C]를 눌러서 복사하고 작업 파일에 [Ctrl]+[V]를 눌러 붙여 넣습니 다. [Ctrl]+[T]를 눌러서 이미지 크기를 출력형태와 같이 조절한 후 [Enter]를 누릅니다.

04 손 레이어를 선택하고 Layer(레이어) 패널 하단 Add a layer style(레이어 스타일 추가, fx.) 을 클릭하여 [Drop Shadow(그림자)]를 선택하고 'Opacity(불투명도) : 75%, Angle(각도) : 125˚, Distance(거리) : 5px, Size(크기) : 5px'로 설정한 후 [OK(확인)]를 클릭합니다.

05 흰색으로 보정할 범위를 선택하고 [Image(이미지)]-[Adjustment(조정)]-[Hue/Saturation (색조/채도)]([Ctrl]+[U])를 선택하여 'Hue(색조) : -3, Saturation(채도) : -100, Lightness (밝기) : +54'으로 설정한 후 [Ctrl]+[D]를 눌러 선택 영역을 해제하고 [OK(확인)]를 클릭합니다.

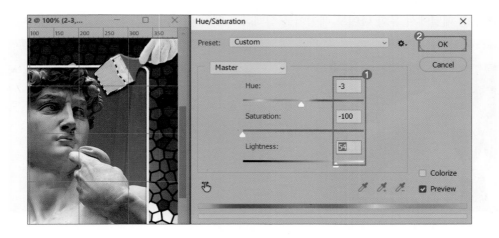

04 이미지 합성

《사용소스》

PART 04 〉 기출 유형 문제 07회 〉 2급-4.jpg

《조건》

2급-4.jpg : 레이어 스타일– Outer Glow(외부 광선)

01 [File(파일)]–[Open(열기)]([Ctrl]+[O])을 선택하여 2급-4.jpg를 불러옵니다. Object Selection Tool(개체 선택 도구, ▦)을 클릭하고 상단 [Options Bar(옵션 바)]에서 'New Selection(새 선택 영역), Mode(모드) : Lasso(올가미)'를 선택하여 유화 나이프 형태를 따라 드래그합니다.

02 선택한 유화 나이프 이미지는 [Ctrl]+[C]를 눌러서 복사하고 작업 파일에 [Ctrl]+[V]를 눌러 붙여 넣습니다. [Ctrl]+[T]를 눌러서 이미지 크기를 출력형태와 같이 조절한 후 [Enter]를 누릅니다.

03 유화 나이프 레이어를 선택하고 Layer(레이어) 패널 하단 Add a layer style(레이어 스타일 추가, ▦)을 클릭하여 [Outer Glow(외부 광선)]를 선택하고 'Opacity(불투명도) : 75%, Size(크기) : 5px'로 설정합니다.

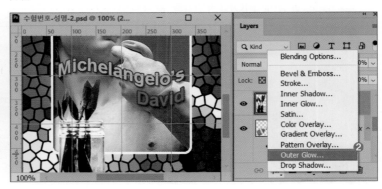

04 Layer(레이어) 패널에서 유화 나이프 레이어를 선택하고 액자 레이어 아래쪽으로 드래그합니다.

05 문자 입력

《조건》

① Michelangelo's David(Arial, Bold, 36pt, #33ffff, #3366ff, 레이어 스타일 – Stroke(선/획)(2px, #000099), Drop Shadow(그림자 효과))

01 Horizontal Type Tool(수평 문자 도구, T)를 선택하고 상단 [Options Bar(옵션 바)]에서 'Font(글꼴) : Arial, Font Style(폰트 스타일) : Bold, Size(크기) : 36pt, Set anti-aliasing method(안티 앨리어싱 방법 설정) : Sharp(선명하게), Right Align Text(텍스트 오른쪽 맞춤), Set text color(텍스트 색상 설정) : #33ffff'로 설정합니다.

02 작업 이미지를 클릭하고 'Michelangelo's David'를 입력한 후 출력형태와 같이 배치합니다. 입력한 텍스트 중에서 'David' 부분만 블록 선택하여 'Set text color(텍스트 색상 설정) : #3366ff'로 설정합니다.

03 상단 [Options Bar(옵션 바)]에서 Create Warp Text(뒤틀어진 텍스트 만들기, ⏉)를 선택하고 [Warp Text(텍스트 뒤틀기)] 창에서 'Style(스타일) : Flag(깃발), Bend(구부리기) : +30%'로 설정하여 [OK(확인)]를 클릭합니다.

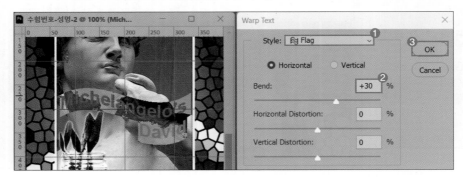

04 텍스트 레이어를 선택하고 Layer(레이어) 패널 하단 Add a layer style(레이어 스타일 추가, [fx.])을 클릭하여 [Stroke(획)]를 선택하고 'Size(크기) : 2px, Position(위치) : Outside(바깥쪽), Color(색상) : #000099'로 설정합니다. 계속해서 [Drop Shadow(드롭 섀도)]를 선택하고 'Opacity(불투명도) : 75%, Angle(각도) : 125°, Distance(거리) : 5px, Size(크기) : 5px'로 설정하여 [OK(확인)]를 클릭합니다.

06 파일 저장

《조건》
• JPG 파일 : 문서₩GTQ₩수험번호-성명-2.jpg / 크기 : 400*500pixels
• PSD 파일 : 문서₩GTQ₩수험번호-성명-2.psd / 크기 : 40*50pixels

01 최종적으로 작업 파일의 이미지 위치, 레이어 순서, 레이어 스타일을 점검하고 [View(보기)]-[Show(표시)]-[Grid(격자)]([Ctrl]+[']])를 선택하여 격자를 끕니다.

02 [File(파일)]-[Save As a Copy(다른 이름으로 저장)]([Alt]+[Ctrl]+[S])를 선택하여 '저장 위치 : 내PC₩문서₩GTQ, 파일 이름 : 수험번호-성명-2, 파일 형식 : JPEG'로 저장합니다. [JPEG Options(JPEG 옵션)] 창에서 'Quality(품질) : 12'를 확인합니다.

03 [Image(이미지)]-[Image Size(이미지 크기)]([Alt]+[Ctrl]+[I])를 선택하여 [Image Size(이미지 크기)] 창에서 'Width(폭) : 40Pixels(픽셀), Height(높이) : 50Pixels(픽셀)'을 입력하여 이미지 크기를 1/10로 축소합니다.

04 [File(파일)]-[Save As(다른 이름으로 저장)]([Shift]+[Ctrl]+[S])을 선택하여 '저장 위치 : 내PC₩문서₩GTQ, 파일 이름 : 수험번호-성명-2, 파일 형식 : PSD'로 저장합니다. 답안 전송 프로그램에서 [답안 전송]을 선택하여 jpg, psd 파일을 감독관 컴퓨터로 전송합니다.

[기능평가] 사진 편집

작업순서 ① 새 작업 파일 만들기 ▶ ② 배경색 적용 ▶ ③ 필터 적용 및 레이어 마스크 합성 ▶ ④ 이미지 합성
▶ ⑤ 사용자 정의 모양 배치 ▶ ⑥ 문자 입력 ▶ ⑦ 파일 저장

01 새 작업 파일 만들기

《조건》
- Width(폭) : 600Pixels(픽셀)
- Height(높이) : 400Pixels(픽셀)
- Resolution(해상도) : 72Pixels/Inch(픽셀/인치)
- Color Mode(색상 모드) : RGB Color(RGB 색상), 8bit(비트)

01 새 작업 파일을 만들기 위하여 [File(파일)]-[New(새로 만들기)]([Ctrl]+[N])를 선택하고 문제
지의 조건과 같이 설정하여 새 작업 파일을 만듭니다.

02 [View(보기)]-[Rulers(눈금자)]([Ctrl]+[R])와 [View(보기)]-[Show(표시)]-[Grid(격자)]
([Ctrl]+[']')를 선택하여 눈금자와 격자를 표시합니다.

03 작업 파일을 저장하기 위하여 [File(파일)]-[Save As(다른 이름으로 저장)]([Shift]+[Ctrl]+[S])
를 선택하고 답안폴더(내PC₩문서₩GTQ)에 '수험번호-성명-3.psd'로 저장합니다.

02 배경색 적용

《조건》
배경색 : #ffcccc

01 배경을 채울 색상을 선택하기 위하여 Tool Box(도구 상자) 하단의 [Background Color(배경
색)]을 클릭하고 '#ffcccc'로 설정합니다.

02 설정한 색으로 채우기 위하여 [Ctrl]+[Delete]를 눌
러 배경색을 채웁니다.

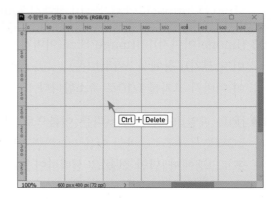

③ 필터 적용 및 레이어 마스크 합성

《사용소스》

PART 04 〉 기출 유형 문제 07회 〉 2급–5.jpg

《조건》

2급–5.jpg : 필터 – Rough Pastels(거친 파스텔 효과), 레이어 마스크 – 대각선 방향으로 흐릿하게

01 [File(파일)]–[Open(열기)]([Ctrl]+[O])을 선택하여 2급–5.jpg를 불러옵니다. [Image(이미지)]–[Image Size(이미지 크기)]를 선택하여 'Width(폭) : 600Pixels(픽셀)'로 설정하여 크기를 줄여줍니다. [Ctrl]+[A]를 눌러서 전체 이미지를 선택하고 [Ctrl]+[C]를 눌러 복사한 후 작업 파일에 [Ctrl]+[V]로 붙여넣습니다. [Ctrl]+[T]를 누르고 마우스 오른쪽 버튼을 눌러 Flip Horizontal(가로로 뒤집기)을 선택하여 좌우반전시킨 후 [Enter]를 누릅니다.

02 필터를 적용하기 위하여 [Filter(필터)]–[Filter Gallery(필터 갤러리)]–[Artistic(예술 효과)]–[Rough Pastels(거친 파스텔 효과)]를 선택하고 [OK(확인)]를 클릭합니다.

03 레이어 마스크를 적용하기 위하여 Layer(레이어) 패널 하단 Add layer mask(레이어 마스크 추가, ▣)를 클릭합니다.

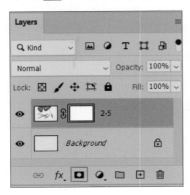

04 레이어 마스크를 부드럽게 적용하기 위하여 Gradient Tool(그레이디언트 도구, ▣)를 선택하고 [Options Bar(옵션 바)]에서 Select and manage Gradient preset(그레이디언트 사전 설정 선택 및 관리)를 클릭하여 [Basics(기본 사항)]에서 'Black, White(검정, 흰색), Type(유형) : Linear Gradient(선형 그레이디언트), Mode(모드) : Normal(표준), Opacity (불투명도) : 100%'로 설정합니다. 작업 파일에서 우측 하단에서 좌측 상단까지 드래그합니다.

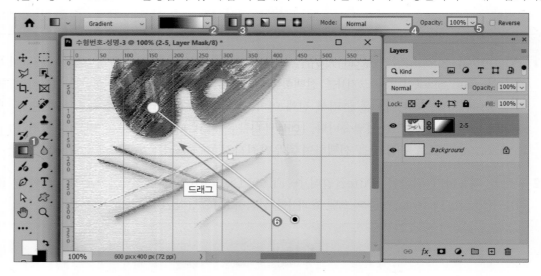

04 이미지 합성

《사용소스》

PART 04 〉기출 유형 문제 07회 〉2급-6.jpg/2급-7.jpg/2급-8.jpg

《조건》

• 2급-6.jpg : 레이어 스타일 – Drop Shadow(그림자 효과)
• 2급-7.jpg : 레이어 스타일 – Bevel & Emboss(경사와 엠보스)
• 2급-8.jpg : 레이어 스타일 – Outer Glow(외부 광선)

---

01 [File(파일)]–[Open(열기)]([Ctrl]+[O])을 선택하여 2급-6.jpg를 불러옵니다. Object Selection Tool(개체 선택 도구, ▣)]을 클릭하고 상단 [Options Bar(옵션 바)]에서 'New Selection(새 선택 영역), Mode(모드) : Lasso(올가미)'를 선택하여 노트 형태를 따라 드래그합니다.

02 선택한 노트 이미지는 [Ctrl]+[C]를 눌러서 복사하고 작업 파일에 [Ctrl]+[C]를 눌러 붙여 넣습니다. [Ctrl]+[T]를 눌러서 이미지 크기를 출력형태와 같이 조절한 후 [Enter]를 누릅니다.

03 노트 레이어를 선택하고 Layer(레이어) 패널 하단 Add a layer style(레이어 스타일 추가, fx.)을 클릭하여 [Drop Shadow(그림자)]를 선택하고 'Opacity(불투명도) : 75%, Angle (각도) : 125°, Distance(거리) : 5px, Size(크기) : 5px'로 설정합니다.

04 [File(파일)]−[Open(열기)]([Ctrl]+[O])을 선택하여 2급-7.jpg를 불러옵니다. Object Selection Tool(개체 선택 도구, ▣)을 클릭하고 상단 [Options Bar(옵션 바)]에서 'New Selection(새 선택 영역), Mode(모드) : Lasso(올가미)'를 선택하여 물감 형태를 따라 드래그 합니다. Quick Selection Tool(빠른 선택 도구, ✒)과 Polygonal Lasso Tool(다각형 올가 미 도구, ✉)로 영역 추가 및 영역 삭제 작업을 추가합니다.

05 선택한 물감 이미지는 [Ctrl]+[C]를 눌러서 복사하고 작업 파일에 [Ctrl]+[V]를 눌러 붙여 넣습니다. [Ctrl]+[T]을 선택하여 이미지 크기를 출력형태와 같이 조절한 후 마우스 오른쪽 버튼을 눌러 Flip Horizontal(가로로 뒤집기)을 선택하고 반전시킨 이미지를 적절히 배치한 후 [Enter]를 누릅니다.

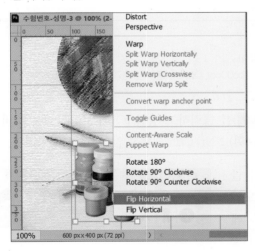 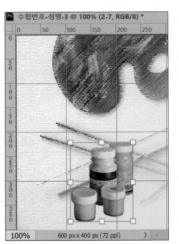

06 물감 레이어를 선택하고 Layer(레이어) 패널 하단 Add a layer style(레이어 스타일 추가, fx.)을 클릭하여 [Bevel & Emboss(경사와 엠보스)]를 선택합니다.

07 [File(파일)]−[Open(열기)]($\boxed{Ctrl}$+$\boxed{O}$)을 선택하여 2급−8.jpg를 불러옵니다. Quick Selection Tool(빠른 선택 도구, ◢)을 클릭하여 색연필 부분을 선택하고 Polygonal Lasso Tool(다각형 올가미 도구, ◢)로 영역 추가 및 영역 삭제 작업을 추가합니다.

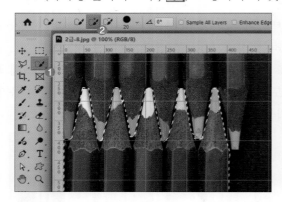 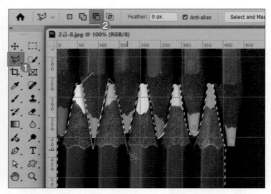

08 선택한 색연필 이미지는 $\boxed{Ctrl}$+$\boxed{C}$를 눌러서 복사하고 작업 파일에 $\boxed{Ctrl}$+$\boxed{V}$를 눌러 붙여 넣습니다. $\boxed{Ctrl}$+$\boxed{T}$를 눌러서 출력형태와 같이 이미지의 크기와 방향을 조절합니다.

09 색연필 레이어를 선택하고 Layer(레이어) 패널 하단 Add a layer style(레이어 스타일 추가, fx.)을 클릭하여 [Outer Glow(외부 광선)]를 선택하고 'Opacity(불투명도) : 75%, Size(크기) : 5px'로 설정한 후 [OK(확인)]를 클릭합니다.

05 사용자 정의 모양 배치

《조건》

• 깃발 모양 : #ffaabb, 레이어 스타일 − Inner Shadow(내부 그림자)
• 튀긴 자국 모양 : 레이어 스타일 − 그라디언트 오버레이(#00ffff, #cc00cc), Opacity(불투명도)(70%)

01 Custom Shape Tool(사용자 정의 모양 도구, ◈)를 클릭하고 상단 [Options Bar(옵션 바)]에서 'Shape(모양), Fill(칠) : #ffaabb, Stroke(획) : No Color(색상 없음)'로 설정합니다.

02 배너 모양 도형을 선택하기 위하여 목록 단추를 클릭하고 [Legacy Shapes and More(레거시 모양 및 기타)]−[All Legacy Default Shapes(모든 레거시 기본 모양)]−[Banners and Awards(배너 및 상장)]−[Flag(깃발)]을 선택합니다.

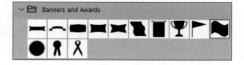

03 출력형태에 맞추어 도형을 그린 후 Layer(레이어) 패널 하단에서 Add a layer style(레이어 스타일 추가, fx.)을 클릭하여 [Inner Shadow(내부 그림자)]를 선택하고 'Opacity(불투명도) : 75%, Angle(각도) : 125°, Distance(거리) : 5px, Size(크기) : 5px'로 설정합니다.

04 Custom Shape Tool(사용자 정의 모양 도구, [🎨])를 클릭하고 동영상 모양 도형을 선택하기 위하여 목록 단추를 클릭하여 [Legacy Shapes and More(레거시 모양 및 기타)]−[All Legacy Default Shapes(모든 레거시 기본 모양)]−[Objects(개체)]−[Splatter(튀긴 자국)] 을 선택합니다.

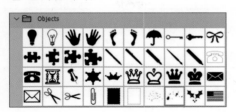

05 출력형태에 맞추어 도형을 그린 후 Layer(레이어) 패널 하단에서 Add a layer style(레이어 스타일 추가, [fx.])을 클릭하여 [Gradient Overlay(그레이디언트 오버레이)]를 선택하고 Click to edit the gradient(클릭하여 그레이디언트 편집)를 선택하면 Gradient Editor(그 레이디언트 편집기)가 열립니다. 좌측 하단 [Color Stop(색상 정지점)]을 더블 클릭하여 '#00ffff', 우측 하단 [Color Stop(색상 정지점)]을 더블 클릭하여 '#cc00cc'로 입력하고 'Angle(각도) : 0˚'로 설정합니다.

06 도형의 불투명도를 설정하기 위하여 Layer(레이어) 패널의 우측 상단 'Opacity(불투명도) : 70%'로 입력합니다.

06 문자 입력

《조건》
① 미술을 통해 표현하는 즐거움 (굴림, 24pt, 18pt, #ff3333, #ffbb33, Stroke(선/획)(2px, #000000), Drop Shadow(그림자 효과))
② Creative Art (Arial, Bold, 48pt, 레이어 스타일 – 그라디언트 오버레이(#ffee00, #22cc00), Stroke(선/획)(2px, #ffffff)), Drop Shadow(그림자 효과))

01 Horizontal Type Tool(수평 문자 도구, [T.])를 선택하고 상단 [Options Bar(옵션 바)]에서 'Font(글꼴) : 굴림, Size(크기) : 24pt, Set anti-aliasing method(안티 앨리어싱 방법 설정) : Sharp(선명하게), Center Text(텍스트 중앙 정렬), Set text color(텍스트 색상 설정) : #ff3333'으로 설정합니다.

02 작업 이미지를 클릭하고 '미술을 통해 표현하는 즐거움'를 입력한 후 출력형태와 같이 배치합니다. '표현하는 즐거움' 부분만 블록 선택하여 'Size(크기) : 18pt, Set text color(텍스트 색상 설정) : #ffbb33'으로 설정합니다.

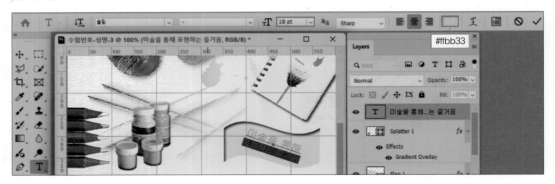

03 텍스트 레이어를 선택하고 Layer(레이어) 패널 하단에서 Add a layer style(레이어 스타일 추가, *fx.*)을 클릭하여 [Stroke(획)]를 선택하고 'Size(크기) : 2px, Position(위치) : Outside (바깥쪽), Color(색상) : #000000'로 설정합니다. 계속해서 [Drop Shadow(드롭 섀도)]를 선택하고 'Opacity(불투명도) : 75%, Angle(각도) : 125°, Distance(거리) : 5px, Size(크기) : 5px'로 설정하여 [OK(확인)]를 클릭합니다.

04 Horizontal Type Tool(수평 문자 도구, *T.*)를 선택하고 작업 이미지를 클릭하여 'Creative Art'을 입력한 후 출력형태와 같이 배치합니다. 상단 [Options Bar(옵션 바)]에서 'Font(글꼴) : Arial, Font Style(폰트 스타일) : Bold, Size(크기) : 48pt'로 설정합니다.

05 상단 [Options Bar(옵션 바)]에서 Create Warp Text(뒤틀어진 텍스트 만들기, *工*)를 선택하고 [Warp Text(텍스트 뒤틀기)] 창에서 'Style(스타일) : Arc(부채꼴), Vertical(세로) : 선택, Bend(구부리기) : –20%'로 설정하고 [OK(확인)]를 클릭합니다.

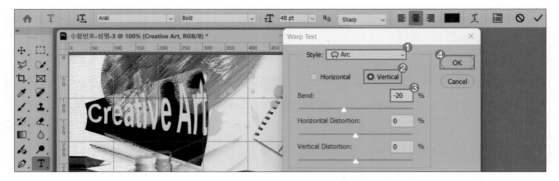

06 텍스트 레이어를 선택하고 Layer(레이어) 패널 하단에서 Add a layer style(레이어 스타일 추가, *fx.*)을 클릭하여 [Stroke(획)]를 선택하고 'Size(크기) : 2px, Position(위치) : Outside (바깥쪽), Color(색상) : #ffffff'로 설정합니다. 계속해서 [Drop Shadow(드롭 섀도)]를 선택하고 'Opacity(불투명도) : 75%, Angle(각도) : 125°, Distance(거리) : 5px, Size(크기) : 5px'로 설정합니다.

07 Layer Style(레이어 스타일) 창에서 [Gradient Overlay(그레이디언트 오버레이)]를 선택하고 Click to edit the gradient(클릭하여 그레이디언트 편집)를 선택하면 Gradient Editor(그레이디언트 편집기)가 열립니다. 좌측 하단 [Color Stop(색상 정지점)]을 더블 클릭하여 '#ffee00', 우측 하단 [Color Stop(색상 정지점)]을 더블 클릭하여 '#22cc00'로 입력하고 'Angle(각도) : -90˚'로 설정합니다.

07 파일 저장

《조건》
- JPG 파일 : 문서₩GTQ₩수험번호-성명-3.jpg / 크기 : 600*400pixels
- PSD 파일 : 문서₩GTQ₩수험번호-성명-3.psd / 크기 : 60*40pixels

01 최종적으로 작업 파일의 이미지 위치, 레이어 순서, 레이어 스타일을 점검하고 [View(보기)]-[Show(표시)]-[Grid(격자)]([Ctrl]+[']])를 선택하여 격자를 끕니다.

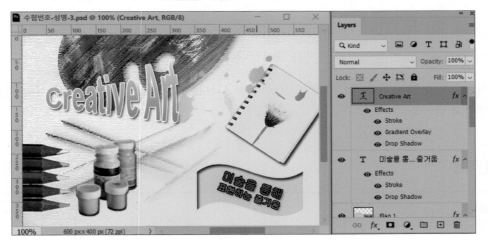

02 [File(파일)]-[Save As a Copy(다른 이름으로 저장)]([Alt]+[Ctrl]+[S])를 선택하여 '저장 위치 : 내PC₩문서₩GTQ, 파일 이름 : 수험번호-성명-3, 파일 형식 : JPEG'로 저장합니다. [JPEG Options(JPEG 옵션)] 창에서 'Quality(품질) : 12'를 확인합니다.

03 [Image(이미지)]-[Image Size(이미지 크기)]([Alt]+[Ctrl]+[I])를 선택하여 [Image Size(이미지 크기)] 창에서 'Width(폭) : 60Pixels(픽셀), Height(높이) : 40Pixels(픽셀)'을 입력하여 이미지 크기를 1/10로 축소합니다.

04 [File(파일)]-[Save As(다른 이름으로 저장)]([Shift]+[Ctrl]+[S])을 선택하여 '저장 위치 : 내PC₩문서₩GTQ, 파일 이름 : 수험번호-성명-3, 파일 형식 : PSD'로 저장합니다. 답안 전송 프로그램에서 [답안 전송]을 선택하여 jpg, psd 파일을 감독관 컴퓨터로 전송합니다.

[실무응용] 이벤트 페이지 제작

① 새 작업 파일 만들기 ▶ ② 필터 적용 ▶ ③ 이미지 합성 및 불투명도 ▶ ④ 클리핑 마스크 ▶ ⑤ 사용자 정의 모양 배치 ▶ ⑥ 문자 입력 ▶ ⑦ 파일 저장

01 새 작업 파일 만들기

《조건》
- Width(폭) : 600Pixels(픽셀)
- Height(높이) : 400Pixels(픽셀)
- Resolution(해상도) : 72Pixels/Inch(픽셀/인치)
- Color Mode(색상 모드) : RGB Color(RGB 색상), 8bit(비트)

01 새 작업 파일을 만들기 위하여 [File(파일)]−[New(새로 만들기)]([Ctrl]+[N])를 선택하고 문제 지의 조건과 같이 설정하여 새 작업 파일을 만듭니다.

02 [View(보기)]−[Rulers(눈금자)]([Ctrl]+[R])와 [View(보기)]−[Show(표시)]−[Grid(격자)] ([Ctrl]+[')를 선택하여 눈금자와 격자를 표시합니다.

03 작업 파일을 저장하기 위하여 [File(파일)]−[Save As(다른 이름으로 저장)]([Shift]+[Ctrl]+[S]) 를 선택하고 답안폴더(내PC₩문서₩GTQ)에 '수험번호−성명−4.psd'로 저장합니다.

02 필터 적용

《사용소스》
PART 04 〉 기출 유형 문제 07회 〉 2급−9.jpg

《조건》
2급−9.jpg : 필터 − Diffuse Glow(광선 확산)

01 [File(파일)]−[Open(열기)]([Ctrl]+[O])을 선택하여 2급−9.jpg를 불러옵니다. [Image(이미 지)]−[Image Size(이미지 크기)]를 선택하여 'Width(폭) : 600Pixels(픽셀)'로 설정하여 크 기를 줄여줍니다. [Ctrl]+[A]를 눌러서 전체 이미지를 선택하고 [Ctrl]+[C]를 눌러 복사한 후 작 업 파일에 [Ctrl]+[V]로 붙여넣습니다.

02 필터를 적용하기 위하여 [Filter(필터)]-[Filter Gallery(필터 갤러리)]-[Distort(왜곡 효과)]-[Diffuse Glow(광선 확산)]를 선택하고 [OK(확인)]를 클릭합니다.

03 이미지 합성 및 불투명도

《사용소스》

PART 04 〉 기출 유형 문제 07회 〉 2급-10.jpg/2급-11.jpg/2급-13.jpg

《조건》

- 2급-10.jpg : 레이어 스타일 – Inner Glow(내부 광선), Outer Glow(외부 광선), Opacity(불투명도)(70%)
- 2급-11.jpg : 레이어 스타일 – Drop Shadow(그림자 효과)
- 2급-13.jpg : 레이어 스타일 – Inner Glow(내부 광선), Outer Glow(외부 광선)

01 [File(파일)]-[Open(열기)]([Ctrl]+[O])을 선택하여 2급-10.jpg를 불러옵니다. [Image(이미지)]-[Image Size(이미지 크기)]를 선택하여 'Height(높이) : 400Pixels(픽셀)'로 설정하여 크기를 줄여줍니다.

02 Object Selection Tool(개체 선택 도구, [아이콘])을 클릭하고 상단 [Options Bar(옵션 바)]에서 'New Selection(새 선택 영역), Mode(모드) : Lasso(올가미)'를 선택하여 소년 형태를 따라 드래그합니다. Quick Selection Tool(빠른 선택 도구, [아이콘])과 Polygonal Lasso Tool(다각형 올가미 도구, [아이콘])로 영역 추가 및 영역 삭제 작업을 추가합니다.

03 선택한 소년 이미지는 [Ctrl]+[C]를 눌러서 복사하고 작업 파일에 [Ctrl]+[V]를 눌러 붙여 넣습니다. [Ctrl]+[T]를 눌러서 이미지 크기를 출력형태와 같이 조절한 후 [Enter]를 누릅니다.

04 이미지의 불투명도를 설정하기 위하여 Layer(레이어) 패널의 우측 상단 'Opacity(불투명도) : 70%'로 입력합니다.

 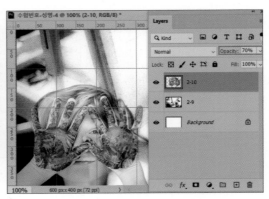

05 소년 레이어를 선택하고 Layer(레이어) 패널 하단 Add a layer style(레이어 스타일 추가, [fx.])을 클릭하여 [Inner Glow(내부 광선)]를 선택하고 'Opacity(불투명도) : 75%, Size(크기) : 5px'로 설정합니다. 계속해서 [Outer Glow(외부 광선)]를 선택하고 'Opacity(불투명도) : 75%, Size(크기) : 5px'로 설정하여 [OK(확인)]를 클릭합니다.

06 [File(파일)]-[Open(열기)]([Ctrl]+[O])을 선택하여 2급-11.jpg를 불러옵니다. [Image(이미지)]-[Image Size(이미지 크기)]를 선택하여 'Width(폭) : 600Pixels(픽셀)'로 설정하여 크기를 줄여줍니다.

07 Quick Selection Tool(빠른 선택 도구, [🖌])을 클릭하여 바람개비 부분을 선택하고 Polygonal Lasso Tool(다각형 올가미 도구, [📐])로 영역 추가 및 영역 삭제 작업을 추가합니다.

08 선택한 바람개비 이미지는 [Ctrl]+[C]를 눌러서 복사하고 작업 파일에 [Ctrl]+[V]를 눌러 붙여 넣습니다. [Ctrl]+[T]을 선택하여 이미지 크기를 출력형태와 같이 조절한 후 마우스 오른쪽 버튼을 눌러 Flip Horizontal(가로로 뒤집기)을 선택하여 반전시킨 이미지를 적절히 배치하고 [Enter]를 누릅니다.

09 바람개비 레이어를 선택하고 Layer(레이어) 패널 하단 Add a layer style(레이어 스타일 추가, [fx.])을 클릭하여 [Drop Shadow(그림자)]를 선택하고 'Opacity(불투명도) : 75%, Angle(각도) : 125°, Distance(거리) : 5px, Size(크기) : 5px'로 설정합니다.

10 [File(파일)]-[Open(열기)]([Ctrl]+[O])을 선택하여 2급-13.jpg를 불러옵니다. Object Selection Tool(개체 선택 도구, [🔲])을 클릭하고 상단 [Options Bar(옵션 바)]에서 'New Selection(새 선택 영역), Mode(모드) : Lasso(올가미)'를 선택하여 브러시 형태를 따라 드래그합니다. Quick Selection Tool(빠른 선택 도구, [🖌])과 Polygonal Lasso Tool(다각형 올가미 도구, [📐])로 영역 추가 및 영역 삭제 작업을 추가합니다.

11 선택한 브러시 이미지는 Ctrl + C를 눌러서 복사하고 작업 파일에 Ctrl + V를 눌러 붙여 넣습니다. Ctrl + T를 눌러서 이미지 크기를 출력형태와 같이 조절한 후 Enter를 누릅니다.

12 브러시 레이어를 선택하고 Layer(레이어) 패널 하단 Add a layer style(레이어 스타일 추가, fx.)을 클릭하여 [Inner Glow(내부 광선)]를 선택하고 'Opacity(불투명도) : 75%, Size(크기) : 5px'를 설정합니다. 계속해서 [Outer Glow(외부 광선)]를 선택하고 'Opacity(불투명도) : 75%, Size(크기) : 5px'로 설정한 후 [OK(확인)]를 클릭합니다.

04 클리핑 마스크

《사용소스》
PART 04 〉 기출 유형 문제 07회 〉 2급-12.jpg

《조건》
• 2급-12.jpg : 필터 – Facet(단면화)
• 도장 모양 : 레이어 스타일 – Stroke(선/획)(3px, #66cc00), Inner Shadow(내부 그림자)

01 클리핑 마스크를 위한 도형을 제작하기 위하여 Custom Shape Tool(사용자 정의 모양 도구, ⚙)를 클릭하고 상단 [Options Bar(옵션 바)]에서 'Shape(모양), Fill(칠) : #000000, Stroke(획) : No Color(색상 없음)'로 설정합니다.

02 얼룩 모양 도형을 선택하기 위하여 목록 단추를 클릭하고 [Legacy Shapes and More(레거시 모양 및 기타)]-[All Legacy Default Shapes(모든 레거시 기본 모양)]-[Banners and Awards(배너 및 상장)]-[Seal(도장)]을 선택하고 출력형태와 같이 배치합니다.

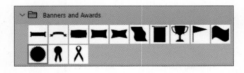
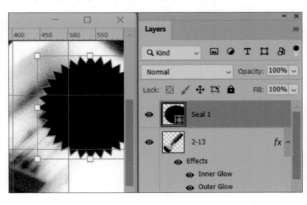

03 [File(파일)]-[Open(열기)]([Ctrl]+[O])을 선택하여 2급-12.jpg를 불러옵니다. [Image(이미지)]-[Image Size(이미지 크기)]를 선택하여 'Height(높이) : 400Pixels(픽셀)'로 설정하여 크기를 줄여줍니다. [Ctrl]+[A]를 눌러서 전체 이미지를 선택하고 [Ctrl]+[C]를 눌러 복사한 후 작업 파일에 [Ctrl]+[V]로 붙여넣습니다. [Ctrl]+[T]를 눌러서 이미지 크기를 조절한 후 [Enter]를 누릅니다.

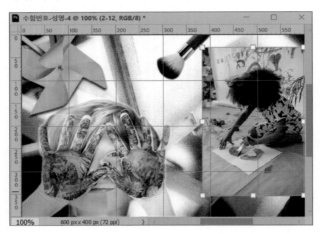

04 클리핑 마스크를 적용하기 위하여 이미지 레이어를 선택한 후 마우스 오른쪽 버튼을 누르고 Create Clipping Mask(클리핑 마스크 만들기)를 선택합니다. [Ctrl]+[T]를 눌러서 이미지 크기를 출력형태와 같이 적절히 배치하고 [Enter]를 누릅니다.

05 이미지에 필터를 적용하기 위하여 [Filter(필터)]-[Pixelate(픽셀화)]-[Facet(단면화)]를 선택합니다.

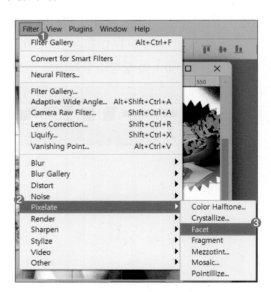

06 도장 모양 도형 레이어를 선택하고 Layer(레이어) 패널 하단에서 Add a layer style(레이어 스타일 추가, *fx.*)을 클릭하여 [Inner Shadow(내부 그림자)]를 선택하고 'Opacity(불투명도) : 75%, Angle(각도) : 125°, Distance(거리) : 5px, Size(크기) : 5px'을 설정합니다. 계속해서 [Stroke(획)]를 선택하고 'Size(크기) : 3px, Position(위치) : Outside(바깥쪽), Color(색상) : #66cc00'으로 설정하고 [OK(확인)]를 클릭합니다.

05 사용자 정의 모양 배치

《조건》
- 체크 모양 : #eeff33, 레이어 스타일 – Inner Shadow(내부 그림자)
- 가위 모양 : #336699, 레이어 스타일 – Outer Glow(외부 광선), Opacity(불투명도)(70%)

01 Layer(레이어) 패널에서 가장 위쪽에 배치된 레이어를 선택한 후 Custom Shape Tool(사용자 정의 모양 도구, ⬚)를 클릭하고 상단 [Options Bar(옵션 바)]에서 'Shape(모양), Fill(칠) : #eeff33', Stroke(획) : No Color(색상 없음)'로 설정합니다.

02 체크 모양 도형을 선택하기 위하여 목록 단추를 클릭하고 [Legacy Shapes and More(레거시 모양 및 기타)]–[All Legacy Default Shapes(모든 레거시 기본 모양)]–[Symbols(기호)]–[Checkmark(체크 표시)]를 선택합니다.

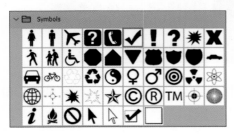

03 출력형태에 맞추어 도형을 그린 후 Add a layer style(레이어 스타일 추가, fx.)을 클릭하여 [Inner Shadow(내부 그림자)]를 선택하고 'Opacity(불투명도) : 75%, Angle(각도) : 125°, Distance(거리) : 5px, Size(크기) : 5px'을 설정합니다.

04 Custom Shape Tool(사용자 정의 모양 도구, ⬚)를 클릭하고 가위 모양 도형을 선택하기 위하여 목록 단추를 클릭하여 [Legacy Shapes and More(레거시 모양 및 기타)]–[All Legacy Default Shapes(모든 레거시 기본 모양)]–[Objects(개체)]–[Scissors 1(가위 1)]을 선택합니다.

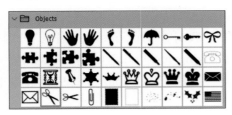

05 출력형태에 맞추어 도형을 그린 후 Add a layer style(레이어 스타일 추가, fx.)을 클릭하여 [Outer Glow(외부 광선)]를 선택하고 'Opacity(불투명도) : 75%, Size(크기) : 5px'을 확인 합니다. 레이어의 Layer thumbnail(레이어 축소판)을 더블 클릭하여 [Color Picker(색상 피커)] 창에 'Color(색상) : #336699'을 입력하고 [OK(확인)]를 클릭합니다.

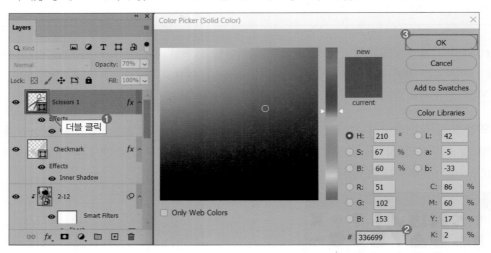

06 도형의 불투명도를 설정하기 위하여 Layer(레이어) 패널의 우측 상단 'Opacity(불투명도) : 70%'로 입력합니다.

06 문자 입력

《조건》
① 미술 활동을 통한 심리치료 (돋움, 20pt, 24pt, #ff5555, #006699, 레이어 스타일 – Stroke(선/획)(2px, #000000), Drop Shadow(그림자 효과))
② 내 마음을 그려보는 시간 (굴림, 18pt, #000000, 레이어 스타일 – Stroke(선/획)(2px, #cccc00))
③ ART THERAPY (Arial, Bold, 48pt, 레이어 스타일 – 그라디언트 오버레이(#ff6600, #22cc00), Stroke(선/획)(2px, #333333), Drop Shadow(그림자 효과))

01 Horizontal Type Tool(수평 문자 도구, T.)를 선택하고 상단 [Options Bar(옵션 바)]에서 'Font(글꼴) : 돋움, Size(크기) : 20pt, Set anti-aliasing method(안티 앨리어싱 방법 설정) : Sharp(선명하게), Center Text(텍스트 중앙 정렬), Set text color(텍스트 색상 설정) : #ff5555'로 설정합니다.

02 작업 이미지를 클릭하고 '미술 활동을 통한 심리치료'를 입력한 후 출력형태와 같이 배치합니다. 입력한 텍스트 중에서 '심리치료' 부분만 블록 선택하여 'Size(크기) : 24pt, Set text color(텍스트 색상 설정) : #006699'로 설정합니다.

03 상단 [Options Bar(옵션 바)]에서 Create Warp Text(뒤틀어진 텍스트 만들기, 🔲)를 선택하고 [Warp Text(텍스트 뒤틀기)] 창에서 'Style(스타일) : Arc(부채꼴), Bend(구부리기) : −30%'로 설정하고 [OK(확인)]를 클릭합니다.

04 텍스트 레이어를 선택하고 Layer(레이어) 패널 하단에서 Add a layer style(레이어 스타일 추가, 🔲)을 클릭하여 [Stroke(획)]를 선택하고 'Size(크기) : 2px, Position(위치) : Outside (바깥쪽), Color(색상) : #000000'으로 설정합니다. 계속해서 [Drop Shadow(드롭 섀도)]를 선택하고 'Opacity(불투명도) : 75%, Angle(각도) : 125˚, Distance(거리) : 5px, Size(크기) : 5px'로 설정하고 [OK(확인)]를 클릭합니다.

05 Horizontal Type Tool(수평 문자 도구, 🔲)를 선택하고 작업 이미지를 클릭하여 '내 마음을 그려보는 시간'을 입력한 후 출력형태와 같이 배치합니다. 상단 [Options Bar(옵션 바)]에서 'Font(글꼴) : 굴림, Size(크기) : 18pt, Color(색상) : #000000'로 설정합니다.

06 텍스트 레이어를 선택하고 Layer(레이어) 패널 하단에서 Add a layer style(레이어 스타일 추가, 🔲)을 클릭하여 [Stroke(획)]를 선택하고 'Size(크기) : 2px, Position(위치) : Outside (바깥쪽), Color(색상) : #cccc00'로 설정합니다.

07 Horizontal Type Tool(수평 문자 도구, T.)를 선택하고 작업 이미지를 클릭하여 'ART THERAPY'를 입력한 후 출력형태와 같이 배치합니다.

08 상단 [Options Bar(옵션 바)]에서 'Font(글꼴) : Arial, Font Style(폰트 스타일) : Bold, Size(크기) : 48pt'를 설정합니다. 계속해서 Options Bar(옵션 바)에서 [Create Warp Text(뒤틀어진 텍스트 만들기, T.)]를 선택하고 'Style(스타일) : Flag(깃발), Bend(구부리기) : +50%'로 설정하고 [OK(확인)]를 클릭합니다.

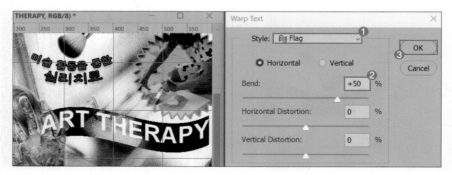

09 텍스트 레이어를 선택하고 Layer(레이어) 패널 하단에서 Add a layer style(레이어 스타일 추가, fx.)을 클릭하여 [Stroke(획)]를 선택하고 'Size(크기) : 2px, Position(위치) : Outside (바깥쪽), Color(색상) : #333333'으로 설정합니다. 계속해서 [Drop Shadow(드롭 섀도)]를 선택하고 'Opacity(불투명도) : 75%, Angle(각도) : 125˚, Distance(거리) : 5px, Size(크기) : 5px'로 설정한 후 [OK(확인)]를 클릭합니다.

10 Layer Style(레이어 스타일) 창에서 [Gradient Overlay(그레이디언트 오버레이)]를 선택하고Click to edit the gradient(클릭하여 그레이디언트 편집)를 선택하면 Gradient Editor(그레이디언트 편집기)가 열립니다. 좌측 하단 [Color Stop(색상 정지점)]을 더블 클릭하여 '#ff6600', 우측 하단 [Color Stop(색상 정지점)]을 더블 클릭하여 '#22cc00'으로 입력하고 'Angle(각도) : 0˚'로 설정합니다.

07 **파일 저장**

《조건》
- JPG 파일 : 문서₩GTQ₩수험번호−성명−4.jpg / 크기 : 600*400pixels
- PSD 파일 : 문서₩GTQ₩수험번호−성명−4.psd / 크기 : 60*40pixels

01 최종적으로 작업 파일의 이미지 위치, 레이어 순서, 레이어 스타일을 점검하고 [View(보기)]−[Show(표시)]−[Grid(격자)]([Ctrl]+['])를 선택하여 격자를 끕니다.

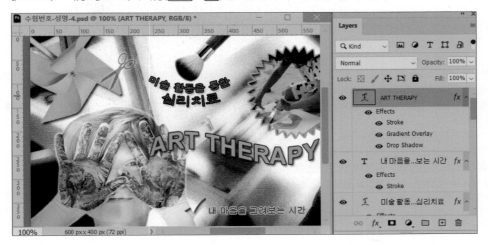

02 [File(파일)]−[Save As a Copy(다른 이름으로 저장)]([Alt]+[Ctrl]+[S])를 선택하여 '저장 위치 : 내PC₩문서₩GTQ, 파일 이름 : 수험번호−성명−4, 파일 형식 : JPEG'로 저장합니다. [JPEG Options(JPEG 옵션)] 창에서 'Quality(품질) : 12'를 확인합니다.

03 [Image(이미지)]−[Image Size(이미지 크기)]([Alt]+[Ctrl]+[I])를 선택하여 [Image Size(이미지 크기)] 창에서 'Width(폭) : 60Pixels(픽셀), Height(높이) : 40Pixels(픽셀)'을 입력하여 이미지 크기를 1/10로 축소합니다.

04 [File(파일)]−[Save As(다른 이름으로 저장)]([Shift]+[Ctrl]+[S])을 선택하여 '저장 위치 : 내PC₩문서₩GTQ, 파일 이름 : 수험번호−성명−4, 파일 형식 : PSD'로 저장합니다. 답안 전송 프로그램에서 [답안 전송]을 선택하여 jpg, psd 파일을 감독관 컴퓨터로 전송합니다.

급수	문제유형	시험시간	수험번호	성명
2급	A	90분	G220250008	

수험자 유의사항

- 수험자는 문제지를 받는 즉시 응시하고자 하는 **과목 및 급수가 맞는지 확인**한 후 수험번호와 성명을 작성합니다.
- 파일명은 본인의 '수험번호-성명-문제번호'로 공백 없이 정확히 입력하고 답안폴더(내 PC₩문서₩GTQ)에 jpg 파일과 psd 파일의 2가지 포맷으로 저장해야 하며, jpg 파일과 psd 파일의 내용이 상이할 경우 0점 처리됩니다.
- 답안문서 파일명이 '수험번호-성명-문제번호'와 일치하지 않거나, 답안 파일을 '전송'하지 않는 경우 **답안 파일 미제출**로 불합격 처리됩니다.
- 문제의 세부 조건은 '영문(한글)' 형식으로 표기되어 있으니 유의하시길 바랍니다.
- 수험자 정보와 저장한 파일명, 저장 위치가 다를 경우 전송이 되지 않으므로, 주의하시길 바랍니다.
- 답안 작성 중에도 **주기적으로 '저장'과 '답안 전송'**을 이용하여 감독위원 PC로 답안을 전송하셔야 합니다.
  (작업한 내용을 **저장하지 않고 답안을 전송할 경우** 이전의 저장 내용이 전송되오니 이점 반드시 유념하시기 바랍니다.)
- 모든 수험자는 동일한 환경에서 시험이 시작되며 **'작업환경 설정'은 시험 시간 내에 진행**합니다.
  (시험 시작 전 '작업환경 설정' 불가, 소프트웨어 이상 유무만 확인)
- 답안문서는 지정된 경로 외의 다른 보조기억장치에 저장하는 행위, 지정된 시험 시간 외에 작성된 파일을 활용한 행위, 기타 허용되지 않은 프로그램(이메일, 메신저, 게임, 네트워크, 윈도우계산기, 스톱워치 등) 이용 시 부정행위로 간주 되어 자격기본법 제32조에 의거 본 시험 및 국가공인 자격시험을 2년간 응시할 수 없습니다.
- 시험 중 부주의 또는 고의로 시스템을 파손한 경우와 〈수험자 유의사항〉에 기재된 방법대로 이행하지 않아 생기는 불이익은 수험자의 책임임을 알려 드립니다.
- 시험을 완료한 수험자는 최종적으로 저장한 답안파일이 전송되었는지 확인한 후 감독위원의 지시에 따라 문제지를 제출하고 퇴실합니다.

답안 작성요령

- 온라인 답안 작성 절차
  수험자 등록 ⇒ 시험 시작 ⇒ 답안파일 저장 ⇒ 답안 전송 ⇒ 시험 종료
- 내 PC₩문서₩GTQ₩image폴더에 있는 그림 원본파일을 사용하여 답안을 작성하시고 최종답안을 답안폴더(내 PC₩문서₩GTQ)에 저장하여 답안을 전송하시고, 이미지의 크기가 다른 경우 감점 처리됩니다.
- 배점은 총 100점으로 이루어지며, 점수는 각 문제별로 차등 배분됩니다.
- 각 문제는 주어진 〈조건〉에 따라 작성하고, 언급하지 않은 〈조건〉은 〈출력형태〉와 같이 작성합니다.
- 문제 〈조건〉과 〈출력형태〉에서 차이가 발생할 경우 **문제에서 지정한 〈조건〉에 따라 작업**해 주시기 바랍니다.
- 배치 등의 편의를 위해 주어진 눈금자의 단위는 '픽셀'입니다.
  그 외는 출력형태(효과, 이미지, 문자, 색상, 레이아웃, 규격 등)와 같이 작업하십시오.
- 문제 〈조건〉에 서체의 지정이 없을 경우 한글은 굴림이나 돋움, 영문은 Arial로 작업하십시오.
  (단, 그 외에 제시되지 않은 문자 속성을 기본값으로 작성하지 않은 경우는 감점 처리됩니다.)
- Image Mode(이미지 모드)는 별도의 처리조건이 없을 시 RGB(8비트)로 작업하십시오.
- 모든 답안 파일은 해상도 72 pixels/inch로 작업하십시오.
- Layer(레이어)는 각 기능별로 분할해야 하며, 임의로 합칠 경우나 각 기능에 대한 속성을 해지할 경우 해당 요소는 0점 처리됩니다.

한 국 생 산 성 본 부

다음의 〈조건〉에 따라 아래의 〈출력형태〉와 같이 작업하시오.

조건

출력형태

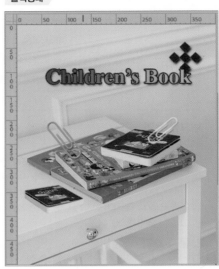

원본 이미지	2급-1.jpg		
파일저장규칙	JPG	파일 이름	문서₩GTQ₩수험번호-성명-1.jpg
		크기	400×500pixels
	PSD	파일 이름	문서₩GTQ₩수험번호-성명-1.psd
		크기	40×50pixels

1. 그림 효과
① 복제 및 변형 : 책
② Shape Tool(모양 도구) 사용 :
 – 오너먼트 모양 (#000077, 레이어 스타일 – Drop Shadow(그림자 효과))
 – 클립 모양 (#ff7700, #ffff55, 레이어 스타일 – Bevel & Emboss(경사와 엠보스))

2. 문자 효과
① Children's Book (Time New Roman, Bold, 42pt, 레이어 스타일 – 그라디언트 오버레이(#0000ff, #00ffff), Stroke(선/획)(2px, #333333), Drop Shadow(그림자 효과))

다음의 〈조건〉에 따라 아래의 〈출력형태〉와 같이 작업하시오.

조건

출력형태

원본 이미지	2급-2.jpg, 2급-3.jpg, 2급-4.jpg		
파일저장규칙	JPG	파일 이름	문서₩GTQ₩수험번호-성명-2.jpg
		크기	400×500pixels
	PSD	파일 이름	문서₩GTQ₩수험번호-성명-2.psd
		크기	40×50pixels

1. 그림 효과
① 색상 보정 : 2급-3.jpg – 파란색 계열로 보정, 레이어 스타일 – Inner Shadow(내부 그림자)
② 액자 제작 :
 필터 – Patchwork(패치워크), 안쪽 테두리(5px, #ff8888), 레이어 스타일 – Drop Shadow(그림자 효과)
③ 2급-4.jpg : 레이어 스타일– Outer Glow(외부 광선)

2. 문자 효과
① 독서로 하루의 여유를 만들어 보세요. (굴림, 30pt, #00aa00, #bb00dd, 레이어 스타일 – Stroke(선/획)(2px, #ffffff), Drop Shadow(그림자 효과))

▶합격 강의

다음의 〈조건〉에 따라 아래의 〈출력형태〉와 같이 작업하시오.

조건

원본 이미지		2급-5.jpg, 2급-6.jpg, 2급-7.jpg, 2급-8.jpg	
파일저장규칙	JPG	파일 이름	문서₩GTQ₩수험번호-성명-3.jpg
		크기	600×400pixels
	PSD	파일 이름	문서₩GTQ₩수험번호-성명-3.psd
		크기	60×40pixels

1. 그림 효과

① 배경 : #99eeff
② 2급-5.jpg : 필터 – Add Noise(노이즈 추가), 레이어 마스크 – 가로 방향으로 흐릿하게
③ 2급-6.jpg : 레이어 스타일 – Outer Glow(외부 광선)
④ 2급-7.jpg : 레이어 스타일 – Drop Shadow(그림자 효과)
⑤ 2급-8.jpg : 레이어 스타일 – Bevel & Emboss(경사와 엠보스)
⑥ 그 외 〈출력형태〉 참조

2. 문자 효과

① -독서시간 정하기 -독서환경 조성하기 -다양한 책 제공하기 (돋움, 16pt, 레이어 스타일 – 그라디언트 오버레이 (#ffff00, #ffffcc), Stroke(선/획)(2px, #333333))
② Developing a Reading Habit (Arial, Bold, 24pt, 36pt, #dd00ff, #0033ff, 레이어 스타일 – Stroke(선/획)(2px, #ffffff)), Drop Shadow(그림자 효과))

출력형태

Shape Tool(모양 도구) 사용,
#00bb00
Inner Shadow(내부 그림자)

Shape Tool(모양 도구) 사용
그라디언트 오버레이(#ffffff, #ffdd22)
Inner Glow(내부 광선)
Opacity(불투명도)(70%)

다음의 〈조건〉에 따라 아래의 〈출력형태〉와 같이 작업하시오.

조건

원본 이미지		2급-9.jpg, 2급-10.jpg, 2급-11.jpg, 2급-12.jpg, 2급-13.jpg	
파일저장규칙	JPG	파일 이름	문서₩GTQ₩수험번호-성명-4.jpg
		크기	600×400pixels
	PSD	파일 이름	문서₩GTQ₩수험번호-성명-4.psd
		크기	60×40pixels

1. 그림 효과

① 2급-9.jpg : 필터 – Paint Daubs(페인트 덥스)
② 2급-10.jpg : 레이어 스타일 – Outer Glow(외부 광선)
③ 2급-11.jpg : 레이어 스타일 – Drop Shadow(그림자 효과)
④ 2급-12.jpg : 필터 – Lens Flare(렌즈 플레어)
⑤ 2급-13.jpg : 레이어 스타일 – Bevel & Emboss(경사와 엠보스), Opacity(불투명도)(70%)
⑥ 그 외 〈출력형태〉 참조

2. 문자 효과

① 노벨문학상 작품전 (궁서, 16pt, 레이어 스타일 – 그라디언트 오버레이(#ff3300, #ffee55), Stroke(선/획)(1px, #000000), Drop Shadow(그림자 효과))
② Friday, 4th December (Arial, Bold, 18pt, #ccffcc, 레이어 스타일 – Stroke(선/획)(2px, #009900))
③ WORLD BOOK FAIR (Time New Roman, Bold, 30pt, 48pt, #ff6600, #eeee00, 레이어 스타일 – Stroke(선/획)(3px, #333333), Drop Shadow(그림자 효과))

출력형태

Shape Tool(모양 도구) 사용
Stroke(선/획)(5px, #004411)
Inner Shadow(내부 그림자)

Shape Tool(모양 도구) 사용
그라디언트 오버레이(#ffff00, #009900)
Outer Glow(외부 광선)

Shape Tool(모양 도구) 사용, #004411
Inner Shadow(내부 그림자)
Opacity(불투명도)(80%)

[기능평가] Tool(도구) 활용

① 새 작업 파일 만들기 ▶ ② 이미지 선택 후 복제 및 변형 ▶ ③ 사용자 정의 모양 배치 ▶ ④ 문자 입력
▶ ⑤ 파일 저장

01 새 작업 파일 만들기

《조건》
- Width(폭) : 400Pixels(픽셀)
- Height(높이) : 500Pixels(픽셀)
- Resolution(해상도) : 72Pixels/Inch(픽셀/인치)
- Color Mode(색상 모드) : RGB Color(RGB 색상), 8bit(비트)

01 새 작업 파일을 만들기 위하여 [File(파일)]−[New(새로 만들기)]([Ctrl]+[N])를 선택하고 문제지의 조건과 같이 설정하여 새 작업 파일을 만듭니다.

02 작업창의 환경 설정을 위하여 [Edit(편집)]−[Preference(환경 설정)]([Ctrl]+[K])를 선택합니다. [Guides, Grid & Slices(안내선, 격자와 슬라이스)]를 선택하여 Guides(안내선)의 'Canvas(캔버스) : Light Red(밝은 빨강)', Grid(격자)의 'Gridline every(격자 간격) : 100pixels(픽셀), Subdivisions(세분) : 1'로 설정합니다.

03 [View(보기)]−[Rulers(눈금자)]([Ctrl]+[R])와 [View(보기)]−[Show(표시)]−[Grid(격자)]([Ctrl]+[']})를 선택하여 눈금자와 격자를 표시합니다.

04 작업 파일을 저장하기 위하여 [File(파일)]−[Save As(다른 이름으로 저장)]([Shift]+[Ctrl]+[S])를 선택하고 답안폴더(내PC₩문서₩GTQ)에 '수험번호−성명−1.psd'로 저장합니다.

02 이미지 선택 후 복제 및 변형

《사용소스》
PART 04 〉 기출 유형 문제 08회 〉 2급−1.jpg

《조건》
복제 및 변형 : 책

01 [File(파일)]-[Open(열기)]([Ctrl]+[O])을 선택하여 2급-1.jpg를 불러옵니다. [Image(이미지)]-[Image Size(이미지 크기)]를 선택하여 'Width(폭) : 400Pixels(픽셀)'로 설정하여 크기를 줄여줍니다. [Ctrl]+[A]를 눌러서 전체 이미지를 선택하고 [Ctrl]+[C]를 눌러 복사한 후 작업 파일에 [Ctrl]+[V]로 붙여넣습니다. 출력형태를 참고하여 이미지를 배치합니다.

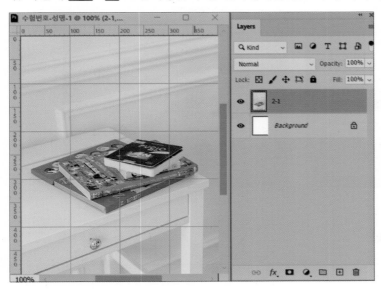

02 Object Selection Tool(개체 선택 도구, ▣)을 클릭하고 상단 [Options Bar(옵션 바)]에서 'New Selection(새 선택 영역), Mode(모드) : Lasso(올가미)'를 선택하여 책 형태를 따라 드래그합니다. Quick Selection Tool(빠른 선택 도구, ✍)과 Polygonal Lasso Tool(다각형 올가미 도구, ▷)로 영역 추가 및 영역 삭제 작업을 추가합니다.

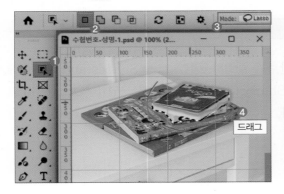

03 선택한 책을 복사하기 위하여 [Layer(레이어)]−[New(새로 만들기)]−[Layer Via Copy(복사한 레이어)]([Ctrl]+[J])를 눌러서 복사합니다. [Edit(편집)]−[Free Transform(자유변형)]([Ctrl]+[T])을 선택하여 이미지 크기를 출력형태와 같이 조절한 후 마우스 오른쪽 버튼을 눌러 Flip Horizontal(가로로 뒤집기)을 선택하여 반전시킨 이미지를 적절히 배치하고 [Enter]를 누릅니다.

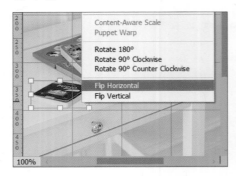 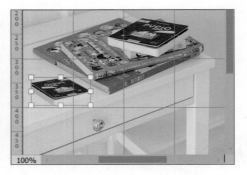

03 사용자 정의 모양 배치

《조건》
• 오너먼트 모양 (#000077, 레이어 스타일 − Drop Shadow(그림자 효과))
• 클립 모양 (#ff7700, #ffff55, 레이어 스타일 − Bevel & Emboss(경사와 엠보스))

01 Custom Shape Tool(사용자 정의 모양 도구, ⬡)를 클릭하고 상단 [Options Bar(옵션 바)]에서 'Shape(모양), Fill(칠) : #000077, Stroke(획) : No Color(색상 없음)'로 설정합니다.

02 파형 모양 도형을 선택하기 위하여 목록 단추를 클릭하고 [Legacy Shapes and More(레거시 모양 및 기타)]−[All Legacy Default Shapes(모든 레거시 기본 모양)]−[Ornaments(장식)]−[Ornament 4(장식 4)]을 선택합니다.

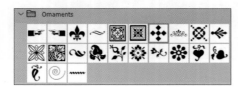

03 출력형태에 맞추어 도형을 그린 후 Layer(레이어) 패널 하단에서 Add a layer style(레이어 스타일 추가, *fx.*)을 클릭하여 [Drop Shadow(그림자)]를 선택하고 'Opacity(불투명도) : 75%, Angle(각도) : 125°, Distance(거리) : 5px, Size(크기) : 5px'로 설정합니다.

04 Custom Shape Tool(사용자 정의 모양 도구, *✍*)를 클릭하고 상단 [Options Bar(옵션 바)] 에서 목록 단추를 클릭하여 [Legacy Shapes and More(레거시 모양 및 기타)]-[All Legacy Default Shapes(모든 레거시 기본 모양)]-[Objects(개체)]-[Paper Clip(색종이 조각)]을 선택합니다.

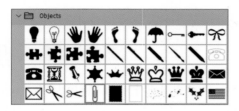

05 출력형태에 맞추어 도형을 그린 후 Layer(레이어) 패널 하단에서 [Add a layer style(레이어 스타일 추가, *fx.*)]을 클릭하여 [Bevel & Emboss(경사와 엠보스)]를 선택합니다. 레이어의 Layer thumbnail(레이어 축소판)을 더블 클릭하여 [Color Picker(색상 피커)] 창에 'Color(색상) : #ff7700'을 입력합니다.

06 완성한 클립 모양을 선택하고 Ctrl+J를 눌러서 복사한 다음 Ctrl+T를 눌러 크기와 위치를 출력형태와 같이 배치하고 Enter를 누릅니다. Layer(레이어) 패널에서 복제한 장식 모양 레이어의 Layer thumbnail(레이어 축소판)을 더블 클릭하여 [Color Picker(색상 피커)] 창에 'Color(색상) : #ffff55'를 입력하고 [OK(확인)]를 클릭합니다.

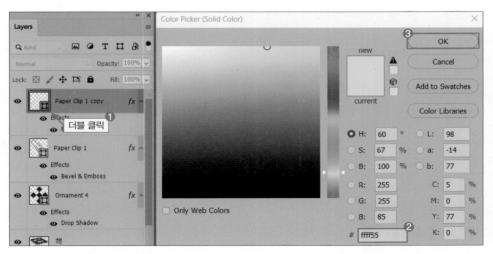

04 문자 입력

《조건》

① Children's Book(Time New Roman, Bold, 42pt, 레이어 스타일 – 그라디언트 오버레이(#0000ff, #00ffff), Stroke(선/획) (2px, #333333), Drop Shadow(그림자 효과))

01 Vertical Type Tool(수직 문자 도구, 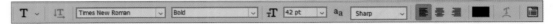)를 선택하고 상단 [Options Bar(옵션 바)]에서 'Font(글꼴) : Time New Roman, Font Style(폰트 스타일) : Bold, Size(크기) : 42pt, Anti–Aliasing Method(안티 앨리어싱 방법) : Sharp(선명하게)'로 설정합니다.

02 작업 이미지를 클릭하고 'Children's Book'을 입력한 후 출력형태와 같이 배치합니다. Layer (레이어) 패널 하단 Add a layer style(레이어 스타일 추가, *fx.*)을 클릭하여 [Stroke(획)]를 선택하고 'Size(크기) : 2px, Position(위치) : Outside(바깥쪽), Color(색상) : #333333'로 설정합니다. 계속해서 [Drop Shadow(드롭 섀도)]를 선택하고 'Opacity(불투명도) : 75%, Angle(각도) : 125°, Distance(거리) : 5px, Size(크기) : 5px'로 설정한 후 [OK(확인)]를 클릭합니다.

03 Layer Style(레이어 스타일) 창에서 [Gradient Overlay(그레이디언트 오버레이)]를 선택하고 Click to edit the gradient(클릭하여 그레이디언트 편집)를 선택하면 Gradient Editor(그레이디언트 편집기)가 열립니다. 좌측 하단 [Color Stop(색상 정지점)]을 더블 클릭하여 '#0000ff', 우측 하단 [Color Stop(색상 정지점)]을 더블 클릭하여 '#00ffff'로 입력하고 'Angle(각도) : 0'로 설정한 후 [OK(확인)]를 클릭합니다.

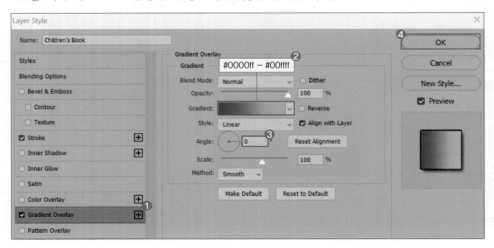

05 파일 저장

01 최종적으로 작업 파일의 이미지 위치, 레이어 순서, 레이어 스타일을 점검하고 [View(보기)]-[Show(표시)]-[Grid(격자)]([Ctrl]+[']를 선택하여 격자를 끕니다.

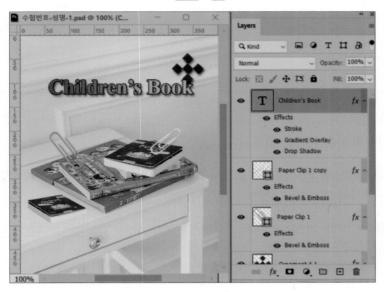

02 [File(파일)]-[Save As a Copy(다른 이름으로 저장)]([Alt]+[Ctrl]+[S])를 선택하여 '저장 위치 : 내PC₩문서₩GTQ, 파일 이름 : 수험번호-성명-1, 파일 형식 : JPEG'로 저장합니다. [JPEG Options(JPEG 옵션)] 창에서 'Quality(품질) : 12'를 확인합니다.

03 [Image(이미지)]-[Image Size(이미지 크기)]([Alt]+[Ctrl]+[I])를 선택하여 [Image Size(이미지 크기)] 창에서 'Width(폭) : 40Pixels(픽셀), Height(높이) : 50Pixels(픽셀)'을 입력하여 이미지 크기를 1/10로 축소합니다.

04 [File(파일)]-[Save As(다른 이름으로 저장)]([Shift]+[Ctrl]+[S])을 선택하여 '저장 위치 : 내PC₩문서₩GTQ, 파일 이름 : 수험번호-성명-1, 파일 형식 : PSD'로 저장합니다. 답안 전송 프로그램에서 [답안 전송]을 선택하여 jpg, psd 파일을 감독관 컴퓨터로 전송합니다.

[기능평가] 사진 편집 기초

① 새 작업 파일 만들기 ▶ ② 필터 적용 및 액자 제작 ▶ ③ 색상 보정 ▶ ④ 이미지 합성 ▶ ⑤ 문자 입력
▶ ⑥ 파일 저장

01 새 작업 파일 만들기

《조건》
- Width(폭) : 400Pixels(픽셀)
- Height(높이) : 500Pixels(픽셀)
- Resolution(해상도) : 72Pixels/Inch(픽셀/인치)
- Color Mode(색상 모드) : RGB Color(RGB 색상), 8bit(비트)

01 새 작업 파일을 만들기 위하여 [File(파일)]–[New(새로 만들기)]([Ctrl]+[N])를 선택하고 문제
지의 조건과 같이 설정하여 새 작업 파일을 만듭니다.

02 [View(보기)]–[Rulers(눈금자)]([Ctrl]+[R])와 [View(보기)]–[Show(표시)]–[Grid(격자)]
([Ctrl]+['])를 선택하여 눈금자와 격자를 표시합니다.

03 작업 파일을 저장하기 위하여 [File(파일)]–[Save As(다른 이름으로 저장)]([Shift]+[Ctrl]+[S])
를 선택하고 답안폴더(내PC₩문서₩GTQ)에 '수험번호–성명–2.psd'로 저장합니다.

02 필터 적용 및 액자 제작

《사용소스》
PART 04 〉 기출 유형 문제 08회 〉 2급–2.jpg

《조건》
- 필터 – Patchwork(패치워크)
- 안쪽 테두리(5px, #ff8888)
- 레이어 스타일 – Drop Shadow(그림자 효과)

01 [File(파일)]–[Open(열기)]([Ctrl]+[O])을 선택하여 2급–2.jpg를 불러옵니다. [Image(이미
지)]–[Image Size(이미지 크기)]를 선택하여 'Width(폭) : 400Pixels(픽셀)'로 설정하여 크
기를 줄여줍니다. [Ctrl]+[A]를 눌러서 전체 이미지를 선택하고 [Ctrl]+[C]를 눌러 복사한 후 작
업 파일에 [Ctrl]+[V]로 붙여넣습니다.

02 Ctrl+T를 누르고 마우스 오른쪽 버튼을 눌러 Flip Horizontal(가로로 뒤집기)을 선택하여
반전시킨 이미지를 적절히 배치하고 Enter를 누릅니다. 액자를 제작하기 위하여 Ctrl+J를
눌러서 이미지 레이어를 복제합니다.

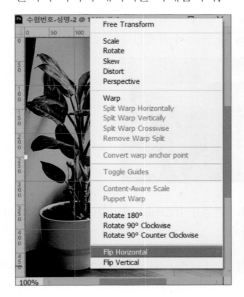 

03 필터를 적용하기 위하여 [Filter(필터)]-[Filter Gallery(필터 갤러리)]-[Texture(텍스처)]-
[Patchwork(패치워크)]를 선택하고 [OK(확인)]를 클릭합니다.

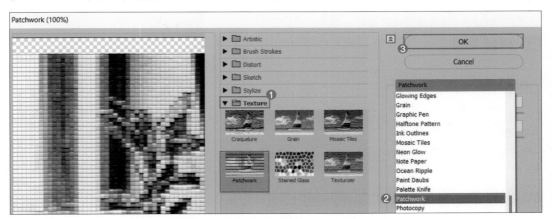

04 액자 프레임을 사각형으로 그려서 안쪽을 삭제하기 위하여 Rectangular Marquee Tool(사 각형 선택 윤곽 도구, ▦)을 선택하여 사각형을 그립니다. 사각형을 그릴 때 눈금자에서 상하 좌우 50px 간격을 확인하면서 그립니다. 액자 프레임의 모서리를 둥글게 수정하기 위하여 [Select(선택)]-[Modify(수정)]-[Smooth(매끄럽게)]를 선택하고 'Sample Radius(샘플 반 경) : 5pixels(픽셀)'을 설정하고 선택 영역을 Delete 을 눌러서 삭제합니다.

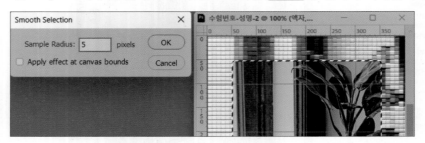

05 액자 프레임 안쪽에 테두리를 그리기 위하여 [Edit(편집)]-[Stroke(획)]를 선택하고 'Width (폭) : 5px, Color(색상) : #ff8888, Location(위치) : Center(중앙)'로 설정합니다.

06 액자 레이어를 선택하고 Layer(레이어) 패널 하단 Add a layer style(레이어 스타일 추가, fx.)을 클릭하여 [Drop Shadow(그림자)]를 선택하고 'Opacity(불투명도) : 75%, Angle (각도) : 125°, Distance(거리) : 5px, Size(크기) : 5px'로 설정한 후 선택 영역을 해제하기 위하여 [Select(선택)]-[Deselect(선택 해제)]((Ctrl)+(D))를 선택합니다.

03 색상 보정

《사용소스》

PART 04 〉 기출 유형 문제 08회 〉 2급-3.jpg

《조건》

2급-3.jpg : 파란색 계열로 보정, 레이어 스타일 – Inner Shadow(내부 그림자)

---

01 [File(파일)]-[Open(열기)]((Ctrl)+(O))을 선택하여 2급-3.jpg를 불러옵니다. [Image(이미 지)]-[Image Size(이미지 크기)]를 선택하여 'Width(폭) : 400Pixels(픽셀)'로 설정하여 크 기를 줄여줍니다.

02 Object Selection Tool(개체 선택 도구, ▣)을 클릭하고 상단 [Options Bar(옵션 바)]에서 'New Selection(새 선택 영역), Mode(모드) : Lasso(올가미)'를 선택하여 책 형태를 따라 드 래그합니다. Quick Selection Tool(빠른 선택 도구, ▣)과 Polygonal Lasso Tool(다각형 올가미 도구, ▣)로 영역 추가 및 영역 삭제 작업을 추가합니다.

03 선택한 책 이미지는 `Ctrl`+`C`를 눌러서 복사하고 작업 파일에 `Ctrl`+`V`를 눌러 붙여 넣습니다. `Ctrl`+`T`를 누르고 마우스 오른쪽 버튼을 눌러 Flip Horizontal(가로로 뒤집기)을 선택하여 반전시킨 이미지를 적절히 배치하고 `Enter`를 누릅니다.

04 책 레이어를 선택하고 Layer(레이어) 패널 하단 Add a layer style(레이어 스타일 추가, `fx.`)을 클릭하여 [Inner Shadow(내부 그림자)]를 선택하고 'Opacity(불투명도) : 75%, Angle (각도) : 125°, Distance(거리) : 5px, Size(크기) : 5px'로 설정합니다.

05 [Image(이미지)]−[Adjustment(조정)]−[Hue/Saturation(색조/채도)](`Ctrl`+`D`)를 선택하여 'Hue(색조) : −105, Saturation(채도) : +50, Lightness(밝기) : 0'으로 설정한 후 `Ctrl` +`D`를 눌러 선택 영역을 해제하고 [OK(확인)]를 클릭합니다.

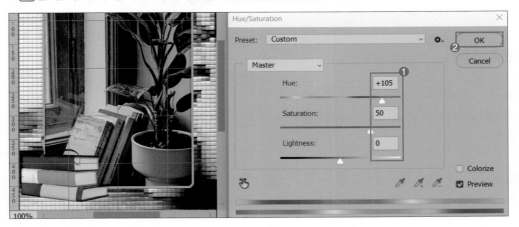

04 이미지 합성

《사용소스》

PART 04 〉 기출 유형 문제 08회 〉 2급-4.jpg

《조건》

2급-4.jpg : 레이어 스타일− Outer Glow(외부 광선)

01 [File(파일)]−[Open(열기)](`Ctrl`+`O`)을 선택하여 2급-4.jpg를 불러옵니다. Object Selection Tool(개체 선택 도구, `⬚`)을 클릭하고 상단 [Options Bar(옵션 바)]에서 'New Selection (새 선택 영역), Mode(모드) : Lasso(올가미)'를 선택하여 책갈피 형태를 따라 드래그합니다.

02 선택한 책갈피 이미지는 `Ctrl`+`C`를 눌러서 복사하고 작업 파일에 `Ctrl`+`V`를 눌러 붙여 넣습니다. `Ctrl`+`T`를 눌러서 이미지 크기를 출력형태와 같이 조절한 후 `Enter`를 누릅니다.

03 책갈피 레이어를 선택하고 Layer(레이어) 패널 하단 Add a layer style(레이어 스타일 추가, fx.)을 클릭하여 [Outer Glow(외부 광선)]를 선택하고 'Opacity(불투명도) : 75%, Size(크기) : 5px'로 설정합니다.

 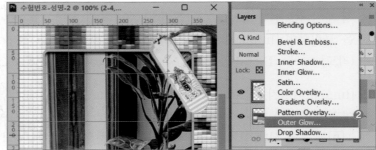

05 문자 입력

《조건》

① 독서로 하루의 여유를 만들어 보세요. (굴림, 30pt, #00aa00, #bb00dd, 레이어 스타일 – Stroke(선/획)(2px, #ffffff), Drop Shadow(그림자 효과))

01 Horizontal Type Tool(수평 문자 도구, T.)를 선택하고 상단 [Options Bar(옵션 바)]에서 'Font(글꼴) : 굴림, Size(크기) : 30pt, Set anti–aliasing method(안티 앨리어싱 방법 설정) : Sharp(선명하게), Left align text(텍스트 왼쪽 맞춤), Set text color(텍스트 색상 설정) : #00aa00'로 설정합니다.

02 작업 이미지를 클릭하고 '독서로 하루의 여유를 만들어 보세요.'를 입력한 후 출력형태와 같이 배치합니다. '여유를 만들어 보세요.' 부분만 블록 선택하여 'Set text color(텍스트 색상 설정) : #bb00dd'로 설정합니다.

03 상단 [Options Bar(옵션 바)]에서 Create Warp Text(뒤틀어진 텍스트 만들기, I.)를 선택하고 [Warp Text(텍스트 뒤틀기)] 창에서 'Style(스타일) : Fish(물고기), Bend(구부리기) : +50%'로 설정합니다.

04 텍스트 레이어를 선택하고 Layer(레이어) 패널 하단 Add a layer style(레이어 스타일 추가, fx.)을 클릭하여 [Stroke(획)]를 선택하고 'Size(크기) : 2px, Position(위치) : Outside(바깥쪽), Color(색상) : #ffffff'로 설정합니다. 계속해서 [Drop Shadow(드롭 섀도)]를 선택하고 'Opacity(불투명도) : 75%, Angle(각도) : 125°, Distance(거리) : 5px, Size(크기) : 5px'로 설정한 후 [OK(확인)]를 클릭합니다.

06 파일 저장

《조건》
- JPG 파일 : 문서\GTQ\수험번호−성명−2.jpg / 크기 : 400*500pixels
- PSD 파일 : 문서\GTQ\수험번호−성명−2.psd / 크기 : 40*50pixels

01 최종적으로 작업 파일의 이미지 위치, 레이어 순서, 레이어 스타일을 점검하고 [View(보기)]−[Show(표시)]−[Grid(격자)]([Ctrl]+[''])를 선택하여 격자를 끕니다.

02 [File(파일)]−[Save As a Copy(다른 이름으로 저장)]([Alt]+[Ctrl]+[S])를 선택하여 '저장 위치 : 내PC\문서\GTQ, 파일 이름 : 수험번호−성명−2, 파일 형식 : JPEG'로 저장합니다. [JPEG Options(JPEG 옵션)] 창에서 'Quality(품질) : 12'를 확인합니다.

03 [Image(이미지)]−[Image Size(이미지 크기)]([Alt]+[Ctrl]+[I])를 선택하여 [Image Size(이미지 크기)] 창에서 'Width(폭) : 40Pixels(픽셀), Height(높이) : 50Pixels(픽셀)'을 입력하여 이미지 크기를 1/10로 축소합니다.

04 [File(파일)]−[Save As(다른 이름으로 저장)]([Shift]+[Ctrl]+[S])을 선택하여 '저장 위치 : 내PC\문서\GTQ, 파일 이름 : 수험번호−성명−2, 파일 형식 : PSD'로 저장합니다. 답안 전송 프로그램에서 [답안 전송]을 선택하여 jpg, psd 파일을 감독관 컴퓨터로 전송합니다.

작업순서 ① 새 작업 파일 만들기 ▶ ② 배경색 적용 ▶ ③ 필터 적용 및 레이어 마스크 합성 ▶ ④ 이미지 합성
▶ ⑤ 사용자 정의 모양 배치 ▶ ⑥ 문자 입력 ▶ ⑦ 파일 저장

01 새 작업 파일 만들기

《조건》

- Width(폭) : 600Pixels(픽셀)
- Height(높이) : 400Pixels(픽셀)
- Resolution(해상도) : 72Pixels/Inch(픽셀/인치)
- Color Mode(색상 모드) : RGB Color(RGB 색상), 8bit(비트)

01 새 작업 파일을 만들기 위하여 [File(파일)]-[New(새로 만들기)]([Ctrl]+[N])를 선택하고 문제
지의 조건과 같이 설정하여 새 작업 파일을 만듭니다.

02 [View(보기)]-[Rulers(눈금자)]([Ctrl]+[R])와 [View(보기)]-[Show(표시)]-[Grid(격자)]
([Ctrl]+['])를 선택하여 눈금자와 격자를 표시합니다.

03 작업 파일을 저장하기 위하여 [File(파일)]-[Save As(다른 이름으로 저장)]([Shift]+[Ctrl]+[S])
를 선택하고 답안폴더(내PC\문서\GTQ)에 '수험번호-성명-3.psd'로 저장합니다.

02 배경색 적용

《조건》

배경색 : #99eeff

01 배경을 채울 색상을 선택하기 위하여 Tool Box(도구 상자) 하단의 [Background Color(배경
색)]을 클릭하고 '#99eeff'로 설정합니다.

02 설정한 색으로 채우기 위하여 [Ctrl]+[Delete]를 눌
러 배경색을 채웁니다.

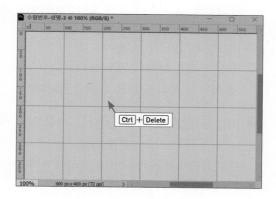

⑱ 필터 적용 및 레이어 마스크 합성

《사용소스》

PART 04 〉기출 유형 문제 08회 〉2급-5.jpg

《조건》

2급-5.jpg : 필터 – Add Noise(노이즈 추가), 레이어 마스크 – 가로 방향으로 흐릿하게

01 [File(파일)]–[Open(열기)]([Ctrl]+[O])을 선택하여 2급-5.jpg를 불러옵니다. [Image(이미지)]–[Image Size(이미지 크기)]를 선택하여 'Width(폭) : 600Pixels(픽셀)'로 설정하여 크기를 줄여줍니다. [Ctrl]+[A]를 눌러서 전체 이미지를 선택하고 [Ctrl]+[C]를 눌러 복사한 후 작업 파일에 [Ctrl]+[V]로 붙여넣습니다. Move Tool(이동 도구, ✛)를 이용하여 출력형태와 같이 배치합니다.

02 필터를 적용하기 위하여 [Filter(필터)]–[Noise(노이즈)]–[Add Noise(노이즈 추가)]를 선택하고 [OK(확인)]를 클릭합니다.

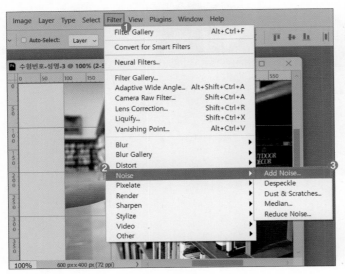

03 레이어 마스크를 적용하기 위하여 Layer(레이어) 패널 하단 Add layer mask(레이어 마스크 추가, )를 클릭합니다.

04 레이어 마스크를 부드럽게 적용하기 위하여 Gradient Tool(그레이디언트 도구, ▣)를 선택하고 [Options Bar(옵션 바)]에서 Select and manage Gradient preset(그레이디언트 사전 설정 선택 및 관리)를 클릭하여 [Basics(기본 사항)]에서 'Black, White(검정, 흰색), Type (유형) : Linear Gradient(선형 그레이디언트), Mode(모드) : Normal(표준), Opacity (불투명도) : 100%'를 설정합니다. 작업 파일에서 좌측부터 클릭하여 우측까지 드래그합니다.

04 이미지 합성

01 [File(파일)]-[Open(열기)]([Ctrl]+[O])을 선택하여 2급-6.jpg를 불러옵니다. Object Selection Tool(개체 선택 도구, 🔲)을 클릭하고 상단 [Options Bar(옵션 바)]에서 'New Selection(새 선택 영역), Mode(모드) : Lasso(올가미)'를 선택하여 소녀 형태를 따라 드래그합니다. Quick Selection Tool(빠른 선택 도구, 🖊)과 Polygonal Lasso Tool(다각형 올가미 도구, 🔽)로 영역 추가 및 영역 삭제 작업을 추가합니다.

02 선택한 소녀 이미지는 [Ctrl]+[C]를 눌러서 복사하고 작업 파일에 [Ctrl]+[V]를 눌러 붙여 넣습니다. [Ctrl]+[T]를 눌러서 이미지 크기를 출력형태와 같이 조절한 후 [Enter]를 누릅니다.

03 소녀 레이어를 선택하고 Layer(레이어) 패널 하단 Add a layer style(레이어 스타일 추가, [fx.])을 클릭하여 [Outer Glow(외부 광선)]를 선택하고 'Opacity(불투명도) : 75%, Size(크기) : 5px'로 설정합니다.

04 [File(파일)]-[Open(열기)]([Ctrl]+[O])을 선택하여 2급-7.jpg를 불러옵니다. [Image(이미지)]-[Image Size(이미지 크기)]를 선택하여 'Width(폭) : 600Pixels(픽셀)'로 설정하여 크기를 줄여줍니다.

05 Object Selection Tool(개체 선택 도구, 🔲)을 클릭하고 상단 [Options Bar(옵션 바)]에서 'New Selection(새 선택 영역), Mode(모드) : Lasso(올가미)'를 선택하여 책과 필기구 형태를 따라 드래그합니다. Quick Selection Tool(빠른 선택 도구, 🖊)과 Polygonal Lasso Tool(다각형 올가미 도구, 🔽)로 영역 추가 및 영역 삭제 작업을 추가합니다.

06 선택한 책과 필기구 이미지는 Ctrl+C를 눌러서 복사하고 작업 파일에 Ctrl+V를 눌러 붙여 넣습니다. Ctrl+T를 눌러 이미지 크기를 출력형태와 같이 조절한 후 마우스 오른쪽 버튼을 눌러 Flip Horizontal(가로로 뒤집기)을 선택하여 반전시킨 이미지를 적절히 배치하고 Enter 를 누릅니다.

07 책과 필기구 레이어를 선택하고 Layer(레이어) 패널 하단 Add a layer style(레이어 스타일 추가, fx.)을 클릭하여 [Drop Shadow(그림자)]를 선택하고 'Opacity(불투명도) : 75%, Angle(각도) : 125°, Distance(거리) : 5px, Size(크기) : 5px'로 설정한 후 [OK(확인)]를 클릭합니다.

08 [File(파일)]-[Open(열기)](Ctrl+O)을 선택하여 2급-8.jpg를 불러옵니다. [Image(이미지)]-[Image Size(이미지 크기)]를 선택하여 'Height(높이) : 400Pixels(픽셀)'로 설정하여 크기를 줄여줍니다.

09 Object Selection Tool(개체 선택 도구, ▣.)을 클릭하고 상단 [Options Bar(옵션 바)]에서 'New Selection(새 선택 영역), Mode(모드) : Lasso(올가미)'를 선택하여 조명등 형태를 따라 드래그합니다. 선택한 조명등 이미지는 Ctrl+C를 눌러서 복사하고 작업 파일에 Ctrl+V 를 눌러 붙인 후 Ctrl+T를 누르고 출력형태와 같이 조절합니다.

10 조명등 레이어를 선택하고 Layer(레이어) 패널 하단에서 [Add a layer style(레이어 스타일 추가, fx.)]을 클릭하여 [Bevel & Emboss(경사와 엠보스)]를 선택합니다.

05 사용자 정의 모양 배치

《조건》
- 모래시계 모양 : #00bb00, 레이어 스타일 – Inner Shadow(내부 그림자)
- 방사형 모양 : 레이어 스타일 – 그라디언트 오버레이(#ffffff, #ffdd22), Inner Glow(내부 광선), Opacity(불투명도)(70%)

01 Custom Shape Tool(사용자 정의 모양 도구, ⬡)를 클릭하고 상단 [Options Bar(옵션 바)]에서 'Shape(모양), Fill(칠) : #00bb00, Stroke(획) : No Color(색상 없음)'로 설정합니다.

02 모래시계 모양 도형을 선택하기 위하여 목록 단추를 클릭하고 [Legacy Shapes and More(레거시 모양 및 기타)]–[All Legacy Default Shapes(모든 레거시 기본 모양)]–[Objetcs(개체)]–[Hourglass(모래 시계)]를 선택합니다.

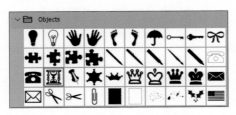

03 출력형태에 맞추어 도형을 그린 후 Layer(레이어) 패널 하단에서 Add a layer style(레이어 스타일 추가, *fx.*)을 클릭하여 [Inner Shadow(내부 그림자)]를 선택하고 'Opacity(불투명도) : 75%, Angle(각도) : 125°, Distance(거리) : 5px, Size(크기) : 5px'로 설정합니다.

04 Custom Shape Tool(사용자 정의 모양 도구, ⬡)를 클릭하고 방사형 모양 도형을 선택하기 위하여 목록 단추를 클릭하여 [Legacy Shapes and More(레거시 모양 및 기타)]–[All Legacy Default Shapes(모든 레거시 기본 모양)]–[Symbols(기호)]–[Registration Target 2(등록 대상 2)]를 선택합니다.

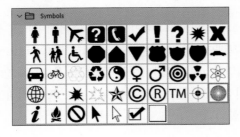

05 출력형태에 맞추어 도형을 그린 후 Layer(레이어) 패널 하단에서 Add a layer style(레이어 스타일 추가, *fx.*)을 클릭하여 [Gradient Overlay(그레이디언트 오버레이)]를 선택하고 Click to edit the gradient(클릭하여 그레이디언트 편집)를 선택하면 Gradient Editor(그레이디언트 편집기)가 열립니다. 좌측 하단 [Color Stop(색상 정지점)]을 더블 클릭하여 '#ffffff', 우측 하단 [Color Stop(색상 정지점)]을 더블 클릭하여 '#ffdd22'로 입력하고 'Style(스타일) : Radial(방사형)'로 설정합니다.

06 도형의 불투명도를 설정하기 위하여 Layer(레이어) 패널의 우측 상단 'Opacity(불투명도) : 70%'로 입력합니다.

06 문자 입력

《조건》

① ―독서시간 정하기 ―독서환경 조성하기 ―다양한 책 제공하기 (돋움, 16pt, 레이어 스타일 ― 그라디언트 오버레이(#ffff00, #ffffcc), Stroke(선/획)(2px, #333333))

② Developing a Reading Habit (Arial, Bold, 24pt, 36pt, #dd00ff, #0033ff, 레이어 스타일 ― Stroke(선/획)(2px, #ffffff), Drop Shadow(그림자 효과))

---

01 Horizontal Type Tool(수평 문자 도구, **T.**)를 선택하고 상단 [Options Bar(옵션 바)]에서 'Font(글꼴) : 돋움, Size(크기) : 16pt, Set anti-aliasing method(안티 앨리어싱 방법 설정) : Sharp(선명하게), Left align text(텍스트 왼쪽 맞춤)'로 설정합니다.

02 작업 이미지를 클릭하고 '―독서시간 정하기 ―독서환경 조성하기 ―다양한 책 제공하기'를 입력한 후 출력형태와 같이 배치합니다. 텍스트 레이어를 선택하고 Layer(레이어) 패널 하단에서 Add a layer style(레이어 스타일 추가, *fx.*)을 클릭하여 [Stroke(획)]를 선택하고 'Size(크기) : 2px, Position(위치) : Outside(바깥쪽), Color(색상) : #333333'로 설정합니다.

03 Layer Style(레이어 스타일) 창에서 [Gradient Overlay(그레이디언트 오버레이)]를 선택하고 Click to edit the gradient(클릭하여 그레이디언트 편집)를 선택하면 Gradient Editor(그레이디언트 편집기)가 열립니다. 좌측 하단 [Color Stop(색상 정지점)]을 더블 클릭하여 '#ffff00', 우측 하단 [Color Stop(색상 정지점)]을 더블 클릭하여 '#ffffcc'로 입력하고 'Angle(각도) : 0°'로 설정한 후 [OK(확인)]를 클릭합니다.

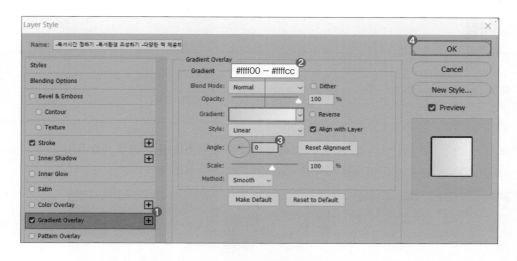

04 Horizontal Type Tool(수평 문자 도구, T.)를 선택하고 작업 이미지를 클릭하여 'Developing a Reading Habit'을 입력한 후 출력형태와 같이 배치합니다. 상단 [Options Bar(옵션 바)]에서 'Font(글꼴) : Arial, Font Style(폰트 스타일) : Bold, Size(크기) : 24pt, Center Text(텍스트 중앙 정렬), Set text color(텍스트 색상 설정) : #dd00ff'로 설정합니다. 'Reading Habit' 부분만 블록 선택하여 'Size(크기) : 36pt, Set text color(텍스트 색상 설정) : #0033ff'로 설정합니다.

05 상단 [Options Bar(옵션 바)]에서 Create Warp Text(뒤틀어진 텍스트 만들기, ♆)를 선택하고 [Warp Text(텍스트 뒤틀기)] 창에서 'Style(스타일) : Arc Lower(아래 부채꼴), Bend(구부리기) : +35%'로 설정하고 [OK(확인)]를 클릭합니다.

06 텍스트 레이어를 선택하고 Layer(레이어) 패널 하단에서 Add a layer style(레이어 스타일 추가, fx.)을 클릭하여 [Stroke(획)]를 선택하고 'Size(크기) : 2px, Position(위치) : Outside(바깥쪽), Color(색상) : #ffffff'로 설정합니다. 계속해서 [Drop Shadow(드롭 섀도)]를 선택하고 'Opacity(불투명도) : 75%, Angle(각도) : 125°, Distance(거리) : 5px, Size(크기) : 5px'로 설정합니다.

07 파일 저장

01 최종적으로 작업 파일의 이미지 위치, 레이어 순서, 레이어 스타일을 점검하고 [View(보기)]-
[Show(표시)]-[Grid(격자)]([Ctrl]+[']])를 선택하여 격자를 끕니다.

02 [File(파일)]-[Save As a Copy(다른 이름으로 저장)]([Alt]+[Ctrl]+[S])를 선택하여 '저장 위치
: 내PC₩문서₩GTQ, 파일 이름 : 수험번호-성명-3, 파일 형식 : JPEG'로 저장합니다.
[JPEG Options(JPEG 옵션)] 창에서 'Quality(품질) : 12'를 확인합니다.

03 [Image(이미지)]-[Image Size(이미지 크기)]([Alt]+[Ctrl]+[I])를 선택하여 [Image Size(이
미지 크기)] 창에서 'Width(폭) : 60Pixels(픽셀), Height(높이) : 40Pixels(픽셀)'을 입력하
여 이미지 크기를 1/10로 축소합니다.

04 [File(파일)]-[Save As(다른 이름으로 저장)]([Shift]+[Ctrl]+[S])을 선택하여 '저장 위치 : 내
PC₩문서₩GTQ, 파일 이름 : 수험번호-성명-3, 파일 형식 : PSD'로 저장합니다. 답안 전송
프로그램에서 [답안 전송]을 선택하여 jpg, psd 파일을 감독관 컴퓨터로 전송합니다.

[실무응용] 이벤트 페이지 제작

① 새 작업 파일 만들기 ▶ ② 필터 적용 ▶ ③ 이미지 합성 및 불투명도 ▶ ④ 클리핑 마스크 ▶ ⑤ 사용자
정의 모양 배치 ▶ ⑥ 문자 입력 ▶ ⑦ 파일 저장

01 새 작업 파일 만들기

《조건》
- Width(폭) : 600Pixels(픽셀)
- Height(높이) : 400Pixels(픽셀)
- Resolution(해상도) : 72Pixels/Inch(픽셀/인치)
- Color Mode(색상 모드) : RGB Color(RGB 색상), 8bit(비트)

01 새 작업 파일을 만들기 위하여 [File(파일)]-[New(새로 만들기)]([Ctrl]+[N])를 선택하고 문제
지의 조건과 같이 설정하여 새 작업 파일을 만듭니다.

02 [View(보기)]-[Rulers(눈금자)]([Ctrl]+[R])와 [View(보기)]-[Show(표시)]-[Grid(격자)]
([Ctrl]+['])를 선택하여 눈금자와 격자를 표시합니다.

03 작업 파일을 저장하기 위하여 [File(파일)]-[Save As(다른 이름으로 저장)]([Shift]+[Ctrl]+[S])
를 선택하고 답안폴더(내PC\문서\GTQ)에 '수험번호-성명-4.psd'로 저장합니다.

02 필터 적용

《사용소스》
PART 04 〉 기출 유형 문제 08회 〉 2급-9.jpg

《조건》
2급-9.jpg : 필터 - Paint Daubs(페인트 덥스)

01 [File(파일)]-[Open(열기)]([Ctrl]+[O])을 선택하여 2급-9.jpg를 불러옵니다. [Image(이미
지)]-[Image Size(이미지 크기)]를 선택하여 'Height(높이) : 400Pixels(픽셀)'로 설정하여
크기를 줄여줍니다. [Ctrl]+[A]를 눌러서 전체 이미지를 선택하고 [Ctrl]+[C]를 눌러 복사한 후
작업 파일에 [Ctrl]+[V]로 붙여넣습니다.

02 필터를 적용하기 위하여 [Filter(필터)]-[Filter Gallery(필터 갤러리)]-[Artistic(예술 효과)]-[Paint Daubs(페인트 덥스)]를 선택하고 [OK(확인)]를 클릭합니다.

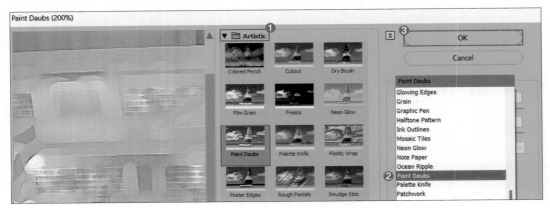

⑬ 이미지 합성 및 불투명도

《사용소스》

PART 04 〉 기출 유형 문제 08회 〉 2급-10.jpg/2급-11.jpg/2급-13.jpg

《조건》

- 2급-10.jpg : 레이어 스타일 – Outer Glow(외부 광선)
- 2급-11.jpg : 레이어 스타일 – Drop Shadow(그림자 효과)
- 2급-13.jpg : 레이어 스타일 – Bevel & Emboss(경사와 엠보스), Opacity(불투명도)(70%)

01 [File(파일)]-[Open(열기)]([Ctrl]+[O])을 선택하여 2급-10.jpg를 불러옵니다. Quick Selection Tool(빠른 선택 도구, [🖌])을 클릭하여 책 부분을 선택하고 Polygonal Lasso Tool(다각형 올가미 도구, [🔽])로 영역 추가 및 영역 삭제 작업을 추가합니다. [Ctrl]+[C]를 눌러서 복사하고 작업 파일에 [Ctrl]+[V]를 눌러 붙여 넣은 후 [Ctrl]+[T]를 눌러서 이미지 크기를 출력형태와 같이 조절한 후 [Enter]를 누릅니다.

02 책 레이어를 선택하고 Layer(레이어) 패널 하단 Add a layer style(레이어 스타일 추가, [fx.])을 클릭하여 [Outer Glow(외부 광선)]를 선택하고 'Opacity(불투명도) : 75%, Size(크기) : 5px'로 설정한 후 [OK(확인)]를 클릭합니다.

03 [File(파일)]−[Open(열기)]([Ctrl]+[O])을 선택하여 2급−11.jpg를 불러옵니다. [Image(이미지)]−[Image Size(이미지 크기)]를 선택하여 'Height(높이) : 400Pixels(픽셀)'로 설정하여 크기를 줄여줍니다.

04 Object Selection Tool(개체 선택 도구, [🖫])을 클릭하고 상단 [Options Bar(옵션 바)]에서 'New Selection(새 선택 영역), Mode(모드) : Lasso(올가미)'를 선택하여 책을 든 손 형태를 따라 드래그합니다. 선택한 이미지는 [Ctrl]+[C]를 눌러서 복사하고 작업 파일에 [Ctrl]+[V]를 눌러 붙여 넣습니다. [Ctrl]+[T]를 눌러서 이미지 방향을 출력형태와 같이 조절한 후 [Enter]를 누릅니다.

05 책을 든 손 레이어를 선택하고 Layer(레이어) 패널 하단 Add a layer style(레이어 스타일 추가, [fx.])을 클릭하여 [Drop Shadow(그림자)]를 선택하고 'Opacity(불투명도) : 75%, Angle(각도) : 125°, Distance(거리) : 5px, Size(크기) : 5px'로 설정합니다.

06 [File(파일)]−[Open(열기)]([Ctrl]+[O])을 선택하여 2급−13.jpg를 불러옵니다. Object Selection Tool(개체 선택 도구, [🖫])을 클릭하고 상단 [Options Bar(옵션 바)]에서 'New Selection(새 선택 영역), Mode(모드) : Lasso(올가미)'를 선택하여 돋보기 형태를 따라 드래그합니다. 선택한 이미지는 [Ctrl]+[C]를 눌러서 복사하고 작업 파일에 [Ctrl]+[V]를 눌러 붙여 넣습니다. [Ctrl]+[T]를 눌러서 이미지 방향을 출력형태와 같이 조절한 후 [Enter]를 누릅니다.

07 돋보기 레이어를 선택하고 Layer(레이어) 패널 하단에서 Add a layer style(레이어 스타일 추가, [fx.])을 클릭하여 [Bevel & Emboss(경사와 엠보스)]를 선택합니다.

08 이미지의 불투명도를 설정하기 위하여 Layer(레이어) 패널의 우측 상단 'Opacity(불투명도) : 70%'로 입력합니다.

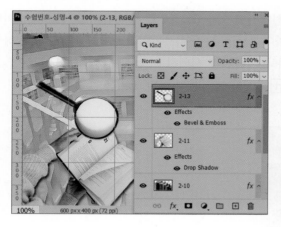 

04 클리핑 마스크

《사용소스》

PART 04 〉 기출 유형 문제 08회 〉 2급-12.jpg

《조건》

• 2급-12.jpg : Lens Flare(렌즈 플레어)
• 클로버 모양 : 레이어 스타일 – Stroke(선/획)(5px, #004411), Inner Shadow(내부 그림자)

01 클리핑 마스크를 위한 도형을 제작하기 위하여 Custom Shape Tool(사용자 정의 모양 도구, ⬠)를 클릭하고 상단 [Options Bar(옵션 바)]에서 'Shape(모양), Fill(칠) : #000000, Stroke(획) : No Color(색상 없음)'로 설정합니다.

02 클로버 모양 도형을 선택하기 위하여 목록 단추를 클릭하고 [Legacy Shapes and More(레거시 모양 및 기타)]-[All Legacy Default Shapes(모든 레거시 기본 모양)]-[Nature(자연)]-[Shamrock(토끼풀)]을 선택하고 출력형태와 같이 배치합니다.

 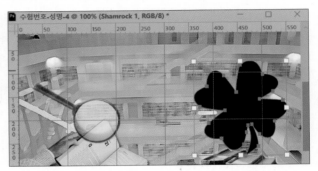

03 [File(파일)]-[Open(열기)]([Ctrl]+[O])을 선택하여 2급-12.jpg를 불러옵니다. [Image(이미지)]-[Image Size(이미지 크기)]를 선택하여 'Height(높이) : 400Pixels(픽셀)'로 설정하여 크기를 줄여줍니다. [Ctrl]+[A]를 눌러서 전체 이미지를 선택하고 [Ctrl]+[C]를 눌러 복사한 후 작업 파일에 [Ctrl]+[V]로 붙여넣습니다. [Ctrl]+[T]를 눌러서 이미지 크기를 출력형태와 같이 조절한 후 [Enter]를 누릅니다.

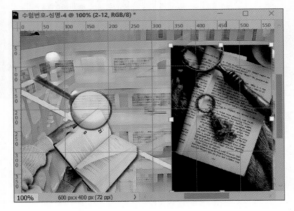

04 클리핑 마스크를 적용하기 위하여 이미지 레이어를 선택한 후 마우스 오른쪽 버튼을 누르고 Create Clipping Mask(클리핑 마스크 만들기)를 선택합니다. Ctrl+T를 눌러서 이미지 크기를 출력형태와 같이 적절히 배치하고 Enter를 누릅니다.

05 필터를 적용하기 위하여 [Filter(필터)]-[Render(렌더)]-[Lens Flare(렌즈 플레어)]를 선택합니다. 출력형태와 같은 위치를 클릭하여 반사광을 표현하고 [OK(확인)]를 클릭합니다.

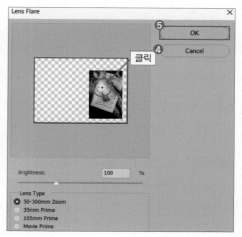

06 클로버 모양 도형 레이어를 선택하고 Layer(레이어) 패널 하단에서 Add a layer style(레이어 스타일 추가, *fx.*)을 클릭하여 [Inner Shadow(내부 그림자)]를 선택하고 'Opacity(불투명도) : 75%, Angle(각도) : 125˚, Distance(거리) : 5px, Size(크기) : 5px'을 설정합니다. 계속해서 [Stroke(획)]를 선택하고 'Size(크기) : 5px, Position(위치) : Outside(바깥쪽), Color(색상) : #004411'로 설정합니다.

05 사용자 정의 모양 배치

《조건》

• 사람 모양 : #004411, 레이어 스타일 – Inner Shadow(내부 그림자), Opacity(불투명도)(80%)
• 화살표 모양 : 레이어 스타일 – Outer Glow(외부 광선), 그라디언트 오버레이(#ffff00, #009900)

01 Layer(레이어) 패널에서 가장 위쪽에 배치된 레이어를 선택한 후 Custom Shape Tool(사용자 정의 모양 도구, *⬠*)를 클릭하고 상단 [Options Bar(옵션 바)]에서 'Shape(모양), Fill(칠) : #004411, Stroke(획) : No Color(색상 없음)'로 설정합니다.

02 사람 모양 도형을 선택하기 위하여 목록 단추를 클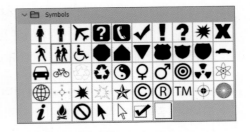
릭하고 [Legacy Shapes and More(레거시 모양
및 기타)]–[All Legacy Default Shapes(모든 레
거시 기본 모양)]–[Symbols(기호)]–[School(학
교)]을 선택합니다.

03 출력형태에 맞추어 도형을 그린 후 Add a layer style(레이어 스타일 추가, fx.)을 클릭하여
[Inner Shadow(내부 그림자)]를 선택하고 'Opacity(불투명도) : 75%, Angle(각도) : 125°,
Distance(거리) : 5px, Size(크기) : 5px'로 설정합니다.

04 도형의 불투명도를 설정하기 위하여 Layer(레이어) 패널의 우측 상단 'Opacity(불투명도) :
80%'로 입력합니다.

05 Custom Shape Tool(사용자 정의 모양 도구, ⬚)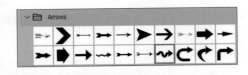
를 클릭하고 가위 모양 도형을 선택하기 위하여 목
록 단추를 클릭하여 [Legacy Shapes and More
(레거시 모양 및 기타)]–[All Legacy Default
Shapes(모든 레거시 기본 모양)]–[Arrows(화살표)]–[Arrow 17(화살표 17)]을 선택합니다.

06 출력형태에 맞추어 도형을 그린 후 Add a layer style(레이어 스타일 추가, fx.)을 클릭하여
[Outer Glow(외부 광선)]를 선택하고 'Opacity(불투명도) : 75%, Size(크기) : 5px'로 설정
합니다.

07 Layer Style(레이어 스타일) 창에서 [Gradient Overlay(그레이디언트 오버레이)]를 선
택하고 Click to edit the gradient(클릭하여 그레이디언트 편집)를 선택하면 Gradient
Editor(그레이디언트 편집기)가 열립니다. 좌측 하단 [Color Stop(색상 정지점)]을 더블 클릭
하여 '#ffff00', 우측 하단 [Color Stop(색상 정지점)]을 더블 클릭하여 '#009900'로 입력하고
'Angle(각도) : 0°'로 설정합니다.

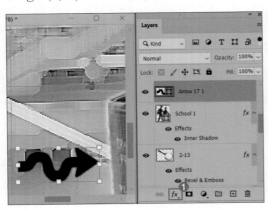

06 문자 입력

《조건》
① 노벨문학상 작품전 (궁서, 16pt, 레이어 스타일 – 그라디언트 오버레이(#ff3300, #ffee55), Stroke(선/획)(1px, #000000), Drop Shadow(그림자 효과))
② Friday, 4th December (Arial, Bold, 18pt, #ccffcc, 레이어 스타일 – Stroke(선/획)(2px, #009900))
③ WORLD BOOK FAIR (Time New Roman, Bold, 30pt, 48pt, #ff6600, #eeee00, 레이어 스타일 – Stroke(선/획)(3px, #333333), Drop Shadow(그림자 효과))

01 Horizontal Type Tool(수평 문자 도구, **T.**)를 선택하고 상단 [Options Bar(옵션 바)]에서 'Font(글꼴) : 궁서, Size(크기) : 16pt, Set anti-aliasing method(안티 앨리어싱 방법 설정) : Sharp(선명하게)'로 설정합니다.

02 작업 이미지를 클릭하고 '노벨문학상 작품전'을 입력한 후 출력형태와 같이 배치합니다. 상단 [Options Bar(옵션 바)]에서 Create Warp Text(뒤틀어진 텍스트 만들기, **工.**)를 선택하고 [Warp Text(텍스트 뒤틀기)] 창에서 'Style(스타일) : Arc(부채꼴), Bend(구부리기) : +30%' 로 설정하여 [OK(확인)]를 클릭합니다.

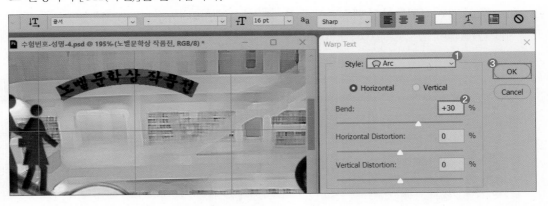

03 텍스트 레이어를 선택하고 Layer(레이어) 패널 하단에서 Add a layer style(레이어 스타일 추가, **fx.**)을 클릭하여 [Stroke(획)]를 선택하고 'Size(크기) : 1px, Position(위치) : Outside (바깥쪽), Color(색상) : #000000'로 설정합니다. 계속해서 [Drop Shadow(드롭 섀도)]를 선 택하고 'Opacity(불투명도) : 75%, Angle(각도) : 125°, Distance(거리) : 5px, Size(크기) : 5px'로 설정합니다.

04 Layer Style(레이어 스타일) 창에서 [Gradient Overlay(그레이디언트 오버레이)]를 선택하고 Click to edit the gradient(클릭하여 그레이디언트 편집)를 선택하면 Gradient Editor(그레이디언트 편집기)가 열립니다. 좌측 하단 [Color Stop(색상 정지점)]을 더블 클릭하여 '#ff3300', 우측 하단 [Color Stop(색상 정지점)]을 더블 클릭하여 '#ffee55'로 입력하고 'Angle(각도) : 0°'로 설정합니다.

05 Horizontal Type Tool(수평 문자 도구, T.)를 선택하고 작업 이미지를 클릭하여 'Friday, 4th December'를 입력한 후 출력형태와 같이 배치합니다. 상단 [Options Bar(옵션 바)]에서 'Font(글꼴) : Arial, Font Style(폰트 스타일) : Bold, Size(크기) : 18pt, Color(색상) : #ccffcc'로 설정합니다.

06 텍스트 레이어를 선택하고 Layer(레이어) 패널 하단에서 Add a layer style(레이어 스타일 추가, fx.)을 클릭하여 [Stroke(획)]를 선택하고 'Size(크기) : 2px, Position(위치) : Outside (바깥쪽), Color(색상) : #009900'로 설정합니다.

07 Horizontal Type Tool(수평 문자 도구, T.)를 선택하고 작업 이미지를 클릭하여 'WORLD BOOK FAIR'를 입력한 후 출력형태와 같이 배치합니다. 상단 [Options Bar(옵션 바)]에서 'Font(글꼴) : Time New Roman, Font Style(폰트 스타일) : Bold, Size(크기) : 30pt, Left align text(텍스트 왼쪽 맞춤), Set text color(텍스트 색상 설정) : #ff6600'로 설정합니다.

08 입력한 텍스트 중에서 'BOOK FAIR' 부분만 블록 선택하여, 'Size(크기) : 48pt, Set text color(텍스트 색상 설정) : #eeee00'로 설정합니다. 상단 [Options Bar(옵션 바)]에서 Create Warp Text(뒤틀어진 텍스트 만들기, ⊥.)를 선택하고 [Warp Text(텍스트 뒤틀기)] 창에서 'Style(스타일) : Flag(깃발), Bend(구부리기) : -20%'로 설정한 후 [OK(확인)]를 클릭합니다.

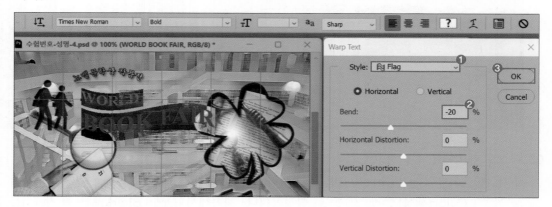

09 텍스트 레이어를 선택하고 Layer(레이어) 패널 하단에서 Add a layer style(레이어 스타일 추가, fx.)을 클릭하여 [Stroke(획)]를 선택하고 'Size(크기) : 3px, Position(위치) : Outside (바깥쪽), Color(색상) : #333333'로 설정합니다. 계속해서 [Drop Shadow(드롭 섀도)]를 선택하고 'Opacity(불투명도) : 75%, Angle(각도) : 125°, Distance(거리) : 5px, Size(크기) : 5px'로 설정합니다.

07 파일 저장

01 최종적으로 작업 파일의 이미지 위치, 레이어 순서, 레이어 스타일을 점검하고 [View(보기)]-[Show(표시)]-[Grid(격자)]([Ctrl]+[']')를 선택하여 격자를 끕니다.

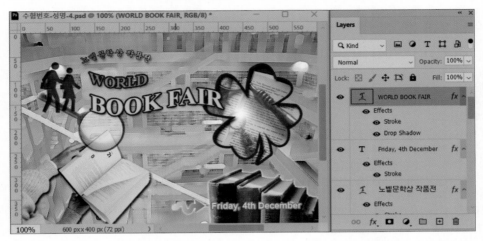

02 [File(파일)]-[Save As a Copy(다른 이름으로 저장)]([Alt]+[Ctrl]+[S])를 선택하여 '저장 위치 : 내PC\문서\GTQ, 파일 이름 : 수험번호-성명-4, 파일 형식 : JPEG'로 저장합니다. [JPEG Options(JPEG 옵션)] 창에서 'Quality(품질) : 12'를 확인합니다.

03 [Image(이미지)]-[Image Size(이미지 크기)]([Alt]+[Ctrl]+[I])를 선택하여 [Image Size(이미지 크기)] 창에서 'Width(폭) : 60Pixels(픽셀), Height(높이) : 40Pixels(픽셀)'을 입력하여 이미지 크기를 1/10로 축소합니다.

04 [File(파일)]-[Save As(다른 이름으로 저장)]([Shift]+[Ctrl]+[S])을 선택하여 '저장 위치 : 내PC\문서\GTQ, 파일 이름 : 수험번호-성명-4, 파일 형식 : PSD'로 저장합니다. 답안 전송 프로그램에서 [답안 전송]을 선택하여 jpg, psd 파일을 감독관 컴퓨터로 전송합니다.

급수	문제유형	시험시간	수험번호	성명
2급	A	90분	G220250009	

수험자 유의사항

• 수험자는 문제지를 받는 즉시 응시하고자 하는 **과목 및 급수가 맞는지 확인**한 후 수험번호와 성명을 작성합니다.
• 파일명은 본인의 '수험번호-성명-문제번호'로 공백 없이 정확히 입력하고 답안폴더(내 PC₩문서₩GTQ)에 jpg 파일과 psd 파일의 2가지 포맷으로 저장해야 하며, jpg 파일과 psd 파일의 내용이 상이할 경우 0점 처리됩니다.
• 답안문서 파일명이 '수험번호-성명-문제번호'와 일치하지 않거나, 답안 파일을 '전송'하지 않는 경우 **답안 파일 미제출**로 불합격 처리됩니다.
• 문제의 세부 조건은 '영문(한글)' 형식으로 표기되어 있으니 유의하시길 바랍니다.
• 수험자 정보와 저장한 파일명, 저장 위치가 다를 경우 전송이 되지 않으므로, 주의하시길 바랍니다.
• 답안 작성 중에도 <u>주기적으로 '저장'과 '답안 전송'</u>을 이용하여 감독위원 PC로 답안을 전송하셔야 합니다.
  (작업한 내용을 <u>저장하지 않고 답안을 전송할 경우</u> 이전의 저장 내용이 전송되오니 이점 반드시 유념하시기 바랍니다.)
• 모든 수험자는 동일한 환경에서 시험이 시작되며 <u>'작업환경 설정'은 시험 시간 내에 진행</u>합니다.
  (시험 시작 전 '작업환경 설정' 불가, 소프트웨어 이상 유무만 확인)
• 답안문서는 지정된 경로 외의 다른 보조기억장치에 저장하는 행위, 지정된 시험 시간 외에 작성된 파일을 활용한 행위, 기타 허용되지 않은 프로그램(이메일, 메신저, 게임, 네트워크, 윈도우계산기, 스톱워치 등) 이용 시 부정행위로 간주 되어 자격기본법 제32조에 의거 본 시험 및 국가공인 자격시험을 2년간 응시할 수 없습니다.
• 시험 중 부주의 또는 고의로 시스템을 파손한 경우와 (수험자 유의사항)에 기재된 방법대로 이행하지 않아 생기는 불이익은 수험자의 책임임을 알려 드립니다.
• 시험을 완료한 수험자는 최종적으로 저장한 답안파일이 전송되었는지 확인한 후 감독위원의 지시에 따라 문제지를 제출하고 퇴실합니다.

답안 작성요령

• 온라인 답안 작성 절차
  수험자 등록 ⇒ 시험 시작 ⇒ 답안파일 저장 ⇒ 답안 전송 ⇒ 시험 종료
• 내 PC₩문서₩GTQ₩image폴더에 있는 그림 원본파일을 사용하여 답안을 작성하시고 최종답안을 답안폴더(내 PC₩문서₩GTQ)에 저장하여 답안을 전송하시고, 이미지의 크기가 다른 경우 감점 처리됩니다.
• 배점은 총 100점으로 이루어지며, 점수는 각 문제별로 차등 배분됩니다.
• 각 문제는 주어진 〈조건〉에 따라 작성하고, 언급하지 않은 〈조건〉은 〈출력형태〉와 같이 작성합니다.
• 문제 〈조건〉과 〈출력형태〉에서 차이가 발생할 경우 **문제에서 지정한 〈조건〉에 따라 작업**해 주시기 바랍니다.
• 배치 등의 편의를 위해 주어진 눈금자의 단위는 '픽셀'입니다.
  그 외는 출력형태(효과, 이미지, 문자, 색상, 레이아웃, 규격 등)와 같이 작업하십시오.
• 문제 〈조건〉에 서체의 지정이 없을 경우 한글은 굴림이나 돋움, 영문은 Arial로 작업하십시오.
  (단, 그 외에 제시되지 않은 문자 속성을 기본값으로 작성하지 않은 경우는 감점 처리됩니다.)
• Image Mode(이미지 모드)는 별도의 처리조건이 없을 시 RGB(8비트)로 작업하십시오.
• 모든 답안 파일은 해상도 72 pixels/inch로 작업하십시오.
• Layer(레이어)는 각 기능별로 분할해야 하며, 임의로 합칠 경우나 각 기능에 대한 속성을 해지할 경우 해당 요소는 0점 처리됩니다.

한 국 생 산 성 본 부

다음의 〈조건〉에 따라 아래의 〈출력형태〉와 같이 작업하시오.

조건

원본 이미지	2급-1.jpg		
파일저장규칙	JPG	파일 이름	문서₩GTQ₩수험번호-성명-1.jpg
		크기	400×500pixels
	PSD	파일 이름	문서₩GTQ₩수험번호-성명-1.psd
		크기	40×50pixels

출력형태

1. 그림 효과
① 복제 및 변형 : 오렌지
② Shape Tool(모양 도구) 사용 :
　– 왕관 모양 (#cc3300, 레이어 스타일 – Inner Shadow(내부 그림자))
　– 나비 모양 (#ee8822, #888822, 레이어 스타일 – Outer Glow(외부 광선))

2. 문자 효과
① Organic Fruit (Arial, Bold, 48pt, 레이어 스타일 – 그라디언트 오버레이(#ff7700, #ffff66), Stroke(선/획)(2px, #333333))

다음의 〈조건〉에 따라 아래의 〈출력형태〉와 같이 작업하시오.

조건

원본 이미지	2급-2.jpg, 2급-3.jpg, 2급-4.jpg		
파일저장규칙	JPG	파일 이름	문서₩GTQ₩수험번호-성명-2.jpg
		크기	400×500pixels
	PSD	파일 이름	문서₩GTQ₩수험번호-성명-2.psd
		크기	40×50pixels

출력형태

1. 그림 효과
① 색상 보정 : 2급-3.jpg – 녹색 계열로 보정, 레이어 스타일 – Bevel & Emboss(경사와 엠보스)
② 액자 제작 :
　필터 – Graphic Pen(그래픽 펜), 안쪽 테두리(5px, #ff9900), 레이어 스타일 – Drop Shadow(그림자 효과)
③ 2급-4.jpg : 레이어 스타일– Outer Glow(외부 광선)

2. 문자 효과
① Healthy Natural Food (Time New Roman, Bold, 48pt, 30pt, #009900, 레이어 스타일 – Stroke(선/획)(2px, #ddffbb))

▶합격 강의

다음의 〈조건〉에 따라 아래의 〈출력형태〉와 같이 작업하시오.

조건

원본 이미지		2급—5.jpg, 2급—6.jpg, 2급—7.jpg, 2급—8.jpg	
파일저장규칙	JPG	파일 이름	문서₩GTQ₩수험번호—성명—3.jpg
		크기	600×400pixels
	PSD	파일 이름	문서₩GTQ₩수험번호—성명—3.psd
		크기	60×40pixels

1. 그림 효과
① 배경 : #99ffff
② 2급—5.jpg : 필터 – Water Paper(물 종이), 레이어 마스크 – 대각선 방향으로 흐릿하게
③ 2급—6.jpg : 레이어 스타일 – Bevel & Emboss(경사와 엠보스)
④ 2급—7.jpg : 레이어 스타일 – Inner Shadow(내부 그림자))
⑤ 2급—8.jpg : 레이어 스타일 – Drop Shadow(그림자 효과)
⑥ 그 외 〈출력형태〉 참조

2. 문자 효과
① 내 손으로 만드는 자연식 건강 요리 (굴림, 18pt, 레이어 스타일 – 그라디언트 오버레이(#6666ff, #00ffff), Stroke(선/
획)(2px, #333333))
② Healthy Cooking Recipes (Arial, Bold, 30pt, 48pt, #ffbb33, #ff3333, 레이어 스타일 – Stroke(선/획)(2px, #ffffff)),
Drop Shadow(그림자 효과))

출력형태

Shape Tool(모양 도구) 사용,
#ffbb88
Inner Shadow(내부 그림자)

Shape Tool(모양 도구)
그라디언트 오버레이(#66ff66, #004400)
Outer Glow(외부 광선)

다음의 〈조건〉에 따라 아래의 〈출력형태〉와 같이 작업하시오.

조건

원본 이미지		2급-9.jpg, 2급-10.jpg, 2급-11.jpg, 2급-12.jpg, 2급-13.jpg	
파일저장규칙	JPG	파일 이름	문서₩GTQ₩수험번호-성명-4.jpg
		크기	600×400pixels
	PSD	파일 이름	문서₩GTQ₩수험번호-성명-4.psd
		크기	60×40pixels

1. 그림 효과

① 2급-9.jpg : 필터 - UnderPainting(언더페인팅 효과)
② 2급-10.jpg : 레이어 스타일 - Bevel & Emboss(경사와 엠보스)
③ 2급-11.jpg : 레이어 스타일 - Outer Glow(외부 광선), Opacity(불투명도)(70%)
④ 2급-12.jpg : 필터 - Wind(바람)
⑤ 2급-13.jpg : 레이어 스타일 - Drop Shadow(그림자 효과)
⑥ 그 외 〈출력형태〉 참조

2. 문자 효과

① One Day Cooking Class (Time New Roman, Regular, 36pt, 레이어 스타일 - 그라디언트 오버레이(#660066, #ff66ff), Stroke(선/획)(2px, #ffddff), Drop Shadow(그림자 효과))
② 초보도 쉽게 따라하는 요리특강 (돋움, 16pt, #333333, 레이어 스타일 - Stroke(선/획)(2px, #ffffff), Drop Shadow(그림자 효과))
③ 토요일11시 / 쿠킹스튜디오 (굴림, 14pt, #ffff00, #ff7700, 레이어 스타일 - Stroke(선/획)(2px, #333333))

출력형태

Shape Tool(모양 도구) 사용
Inner Shadow(내부 그림자)
Stroke(선/획)(3px, #660000)

Shape Tool(모양 도구) 사용, #ffff99
Outer Glow(외부 광선)
Opacity(불투명도)(70%)

Shape Tool(모양 도구) 사용, #448822
Inner Shadow(내부 그림자)

작업순서 ① 새 작업 파일 만들기 ▶ ② 이미지 선택 후 복제 및 변형 ▶ ③ 사용자 정의 모양 배치 ▶ ④ 문자 입력
▶ ⑤ 파일 저장

01 새 작업 파일 만들기

《조건》
• Width(폭) : 400Pixels(픽셀)
• Height(높이) : 500Pixels(픽셀)
• Resolution(해상도) : 72Pixels/Inch(픽셀/인치)
• Color Mode(색상 모드) : RGB Color(RGB 색상), 8bit(비트)

01 새 작업 파일을 만들기 위하여 [File(파일)]–[New(새로 만들기)](Ctrl + N)를 선택하고 문제
지의 조건과 같이 설정하여 새 작업 파일을 만듭니다.

02 작업창의 환경 설정을 위하여 [Edit(편집)]–[Preference(환경 설정)](Ctrl + K)를 선택합니
다. [Guides, Grid & Slices(안내선, 격자와 슬라이스)]를 선택하여 Guides(안내선)의
'Canvas(캔버스) : Light Red(밝은 빨강)', Grid(격자)의 'Gridline every(격자 간격) :
100pixels(픽셀), Subdivisions(세분) : 1'로 설정합니다.

03 [View(보기)]–[Rulers(눈금자)](Ctrl + R)와 [View(보기)]–[Show(표시)]–[Grid(격자)]
(Ctrl + ')를 선택하여 눈금자와 격자를 표시합니다.

04 작업 파일을 저장하기 위하여 [File(파일)]–[Save As(다른 이름으로 저장)](Shift + Ctrl + S)
를 선택하고 답안폴더(내PC₩문서₩GTQ)에 '수험번호–성명–1.psd'로 저장합니다.

02 이미지 선택 후 복제 및 변형

《사용소스》

PART 04 〉 기출 유형 문제 09회 〉 2급-1.jpg

《조건》

복제 및 변형 : 오렌지

01 [File(파일)]-[Open(열기)]($\boxed{Ctrl}$+$\boxed{O}$)을 선택하여 2급-1.jpg를 불러옵니다. [Image(이미지)]-[Image Size(이미지 크기)]를 선택하여 'Width(폭) : 400Pixels(픽셀)'로 설정하여 크기를 줄여줍니다. $\boxed{Ctrl}$+$\boxed{A}$를 눌러서 전체 이미지를 선택하고 $\boxed{Ctrl}$+$\boxed{C}$를 눌러 복사한 후 작업 파일에 $\boxed{Ctrl}$+$\boxed{V}$로 붙여넣습니다. 출력형태를 참고하여 이미지를 배치합니다.

02 Object Selection Tool(개체 선택 도구, 🔲)을 클릭하고 상단 [Options Bar(옵션 바)]에서 'New Selection(새 선택 영역), Mode(모드) : Lasso(올가미)'를 선택하여 오렌지 형태를 따라 드래그합니다.

03 [Layer(레이어)]-[New(새로 만들기)]-[Layer Via Copy(복사한 레이어)]($\boxed{Ctrl}$+$\boxed{J}$)를 눌러서 오렌지를 복사합니다. [Edit(편집)]-[Free Transform(자유변형)]($\boxed{Ctrl}$+$\boxed{T}$)을 선택하여 이미지 크기를 출력형태와 같이 적절히 배치하고 $\boxed{Enter}$를 누릅니다.

03 사용자 정의 모양 배치

《조건》
- 왕관 모양 (#cc3300, 레이어 스타일 – Inner Shadow(내부 그림자))
- 나비 모양 (#ee8822, #888822, 레이어 스타일 – Outer Glow(외부 광선))

01 Custom Shape Tool(사용자 정의 모양 도구, 🐾)를 클릭하고 상단 [Options Bar(옵션 바)]
에서 'Shape(모양), Fill(칠) : #CC3300, Stroke(획) : No Color(색상 없음)'로 설정합니다.

02 나뭇잎 모양 도형을 선택하기 위하여 목록 단추를 클릭하고 [Legacy Shapes and More(레
거시 모양 및 기타)]–[All Legacy Default Shapes(모든 레거시 기본 모양)]–[Object(개
체)]–[Crown 1(왕관 1)]을 선택합니다.

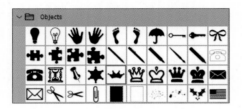

03 출력형태에 맞추어 도형을 그린 후 Layer(레이어) 패널 하단에서 Add a layer style(레이어
스타일 추가, fx.)을 클릭하여 [Inner Shadow(내부 그림자)]를 선택하고 'Opacity(불투명도)
: 75%, Angle(각도) : 125°, Distance(거리) : 5px, Size(크기) : 5px'로 설정합니다.

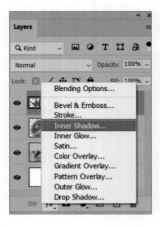

04 Custom Shape Tool(사용자 정의 모양 도구, )를 클릭하고 상단 [Options Bar(옵션 바)]
에서 목록 단추를 클릭하여 [Legacy Shapes and More(레거시 모양 및 기타)]–[All Legacy
Default Shapes(모든 레거시 기본 모양)]–[Nature(자연)]–[Butterfly(나비)]를 선택합니다.

05 출력형태에 맞추어 도형을 그린 후 `Ctrl`+`T`를 눌러서 크기와 위치를 출력형태와 같이 적절히
배치하고 `Enter`를 누릅니다. Layer(레이어) 패널에서 나비 모양 레이어의 Layer thumbnail
(레이어 축소판)을 더블 클릭하여 [Color Picker(색상 피커)] 창에 'Color(색상) : #ee8822'를
입력합니다.

06 Layer(레이어) 패널 하단 Add a layer style(레이어 스타일 추가, `fx.`)을 클릭하여 [Outer
Glow(외부 광선)]를 선택하고 'Opacity(불투명도) : 75%, Size(크기) : 5px'로 설정합니다.

07 완성한 나비 모양을 선택하고 `Ctrl`+`J`를 눌러서 복사한 다음 `Ctrl`+`T`를 눌러 크기와 위치를
출력형태와 같이 적절히 배치하고 `Enter`를 누릅니다. Layer(레이어) 패널에서 복제한 나뭇잎
모양 레이어의 Layer thumbnail(레이어 축소판)을 더블 클릭하여 [Color Picker(색상 피
커)] 창에 'Color(색상) : #888822'를 입력합니다.

04 문자 입력

《조건》

① Organic Fruit(Arial, Bold, 48pt, 레이어 스타일 – 그라디언트 오버레이(#ff7700, #ffff66), Stroke(선/획)(2px, #333333))

01 Horizontal Type Tool(수평 문자 도구, `T.`)를 선택하고 상단 [Options Bar(옵션 바)]에서
'Font(글꼴) : Arial, Font Style(폰트 스타일) : Bold, Size(크기) : 48pt, Set anti-alias-
ing method(안티 앨리어싱 방법 설정) : Sharp(선명하게)'로 설정합니다.

02 작업 이미지를 클릭하여 'Organic Fruit'를 입력한 후 출력형태와 같이 배치합니다. 텍스트
레이어를 선택하고 Layer(레이어) 패널 하단에서 Add a layer style(레이어 스타일 추가,
`fx.`)을 클릭하여 [Stroke(획)]를 선택하고 'Size(크기) : 2px, Position(위치) : Outside(바깥
쪽), Color(색상) : #333333'로 설정합니다.

03 Layer Style(레이어 스타일) 창에서 [Gradient Overlay(그레이디언트 오버레이)]를 선택하고 Click to edit the gradient(클릭하여 그레이디언트 편집)를 선택하면 Gradient Editor(그레이디언트 편집기)가 열립니다. 좌측 하단 [Color Stop(색상 정지점)]을 더블 클릭하여 '#ff7700', 우측 하단 [Color Stop(색상 정지점)]을 더블 클릭하여 '#ffff66'으로 입력하고 'Angle(각도) : 0°로 설정하여 [OK(확인)]를 클릭합니다.

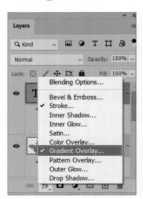
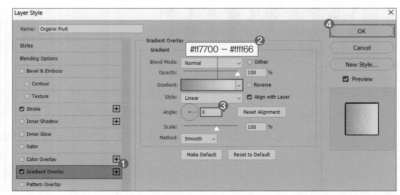

05 파일 저장

《조건》
- JPG 파일 : 문서\GTQ\수험번호–성명–1.jpg / 크기 : 400*500pixels
- PSD 파일 : 문서\GTQ\수험번호–성명–1.psd / 크기 : 40*50pixels

01 최종적으로 작업 파일의 이미지 위치, 레이어 순서, 레이어 스타일을 점검하고 [View(보기)]– [Show(표시)]–[Grid(격자)]((Ctrl)+('))를 선택하여 격자를 끕니다.

02 [File(파일)]–[Save As a Copy(다른 이름으로 저장)]([Alt]+[Ctrl]+[S])를 선택하여 '저장 위치 : 내PC₩문서₩GTQ, 파일 이름 : 수험번호–성명–1, 파일 형식 : JPEG'로 저장합니다. [JPEG Options(JPEG 옵션)] 창에서 'Quality(품질) : 12'를 설정합니다.

03 [Image(이미지)]–[Image Size(이미지 크기)]([Alt]+[Ctrl]+[I])를 선택하여 [Image Size(이미지 크기)] 창에서 'Width(폭) : 40Pixels(픽셀), Height(높이) : 50Pixels(픽셀)'을 입력하여 이미지 크기를 1/10로 축소합니다.

04 [File(파일)]–[Save As(다른 이름으로 저장)]([Shift]+[Ctrl]+[S])을 선택하여 '저장 위치 : 내 PC₩문서₩GTQ, 파일 이름 : 수험번호–성명–1, 파일 형식 : PSD'로 저장합니다. 답안 전송 프로그램에서 [답안 전송]을 선택하여 jpg, psd 파일을 감독관 컴퓨터로 전송합니다.

문제 2 **[기능평가] 사진 편집 기초**

> 작업순서   ① 새 작업 파일 만들기 ▶ ② 필터 적용 및 액자 제작 ▶ ③ 색상 보정 ▶ ④ 이미지 합성 ▶ ⑤ 문자 입력 ▶ ⑥ 파일 저장

01 새 작업 파일 만들기

《조건》
- Width(폭) : 400Pixels(픽셀)
- Height(높이) : 500Pixels(픽셀)
- Resolution(해상도) : 72Pixels/Inch(픽셀/인치)
- Color Mode(색상 모드) : RGB Color(RGB 색상), 8bit(비트)

01 새 작업 파일을 만들기 위하여 [File(파일)]–[New(새로 만들기)]([Ctrl]+[N])를 선택하고 문제 지의 조건과 같이 설정하여 새 작업 파일을 만듭니다.

02 [View(보기)]–[Rulers(눈금자)]([Ctrl]+[R])와 [View(보기)]–[Show(표시)]–[Grid(격자)] ([Ctrl]+['])를 선택하여 눈금자와 격자를 표시합니다.

03 작업 파일을 저장하기 위하여 [File(파일)]–[Save As(다른 이름으로 저장)]([Shift]+[Ctrl]+[S]) 를 선택하고 답안폴더(내PC₩문서₩GTQ)에 '수험번호–성명–2.psd'로 저장합니다.

02 필터 적용 및 액자 제작

《사용소스》

PART 04 〉 기출 유형 문제 09회 〉 2급-2.jpg

《조건》

- 필터 – Graphic Pen(그래픽 펜)
- 안쪽 테두리(5px, #ff9900)
- 레이어 스타일 – Drop Shadow(그림자 효과)

01 [File(파일)]-[Open(열기)]([Ctrl]+[O])을 선택하여 2급-2.jpg를 불러옵니다. [Image(이미지)]-[Image Size(이미지 크기)]를 선택하여 'Width(폭) : 400Pixels(픽셀)'로 설정하여 크기를 줄여줍니다. [Ctrl]+[A]를 눌러서 전체 이미지를 선택하고 [Ctrl]+[C]를 눌러 복사한 후 작업 파일에 [Ctrl]+[V]로 붙여넣습니다. 출력형태와 비슷하게 배치하고 액자를 제작하기 위하여 [Ctrl]+[J]를 눌러 이미지 레이어를 복제합니다.

02 필터를 적용하기 위하여 [Filter(필터)]-[Filter Gallery(필터 갤러리)]-[Sketch(스케치)]-[Graphic Pen(그래픽 펜)]를 선택합니다.

03 액자 프레임을 사각형으로 그려서 안쪽을 삭제하기 위하여 Rectangular Marquee Tool(사각형 선택 윤곽 도구, [⬚])을 선택하여 사각형을 그립니다. 사각형을 그릴 때 눈금자에서 상하좌우 50px 간격을 확인하면서 그립니다. [Select(선택)]-[Modify(수정)]-[Smooth(매끄럽게)]를 선택하고 'Sample Radius(샘플 반경) : 10pixels(픽셀)'을 설정합니다. 모서리가 둥글게 수정된 사각 선택 영역을 [Delete]을 눌러서 삭제합니다.

04 액자 프레임 안쪽에 테두리를 그리기 위하여 [Edit(편집)]-[Stroke(획)]를 선택하고 'Width(폭) : 5px, Color(색상) : #ff9900, Location(위치) : Center(중앙)'로 설정합니다.

05 액자 레이어를 선택하고 Layer(레이어) 패널 하단 Add a layer style(레이어 스타일 추가, [fx.])을 클릭하여 [Drop Shadow(그림자)]를 선택하고 'Opacity(불투명도) : 75%, Angle(각도) : 125°, Distance(거리) : 5px, Size(크기) : 5px'로 설정한 후 선택 영역을 해제하기 위하여 [Select(선택)]-[Deselect(선택 해제)]([Ctrl]+[D])를 선택합니다.

03 색상 보정

《사용소스》
PART 04 〉 기출 유형 문제 09회 〉 2급-3.jpg

《조건》
2급-3.jpg : 녹색 계열로 보정, 레이어 스타일 – Bevel & Emboss(경사와 엠보스)

01 [File(파일)]-[Open(열기)]([Ctrl]+[O])을 선택하여 2급-3.jpg를 불러옵니다. [Image(이미지)]-[Image Size(이미지 크기)]를 선택하여 'Width(폭) : 400Pixels(픽셀)'로 설정하여 크기를 줄여줍니다.

02 Object Selection Tool(개체 선택 도구, [📷])을 클릭하고 상단 [Options Bar(옵션 바)]에서 'New Selection(새 선택 영역), Mode(모드) : Lasso(올가미)'를 선택하여 찻잔 형태를 따라 드래그합니다.

03 선택한 찻잔 이미지는 Ctrl+C를 눌러서 복사하고 작업 파일에 Ctrl+V를 눌러 붙여 넣습니다. Ctrl+T를 눌러서 이미지 크기를 출력형태와 같이 조절한 후 마우스 오른쪽 버튼을 눌러 Flip Horizontal(가로로 뒤집기)을 선택하여 반전시킨 이미지를 적절히 배치하고 Enter를 누릅니다.

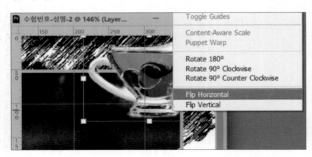 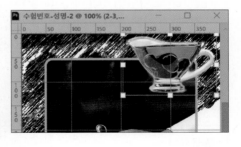

04 [Image(이미지)]-[Adjustment(조정)]-[Hue/Saturation(색조/채도)](Ctrl+U)를 선택하여 'Hue(색조) : +76, Saturation(채도) : 0, Lightness(밝기) : 0'로 설정하여 녹색 계열로 보정하고 [OK(확인)]를 클릭합니다.

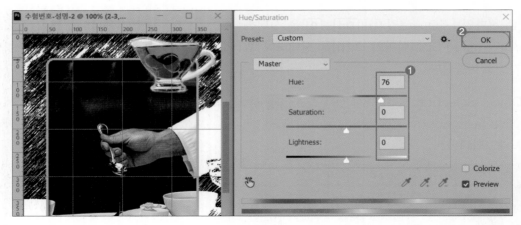

05 나뭇잎 레이어를 선택하고 Layer(레이어) 패널 하단 Add a layer style(레이어 스타일 추가, fx.)을 클릭하여 [Bevel & Emboss(경사와 엠보스)]를 선택합니다.

04 이미지 합성

《사용소스》

PART 04 〉 기출 유형 문제 09회 〉 2급-4.jpg

《조건》

2급-4.jpg : 레이어 스타일– Outer Glow(외부 광선)

01 [File(파일)]–[Open(열기)]([Ctrl]+[O])을 선택하여 2급-4.jpg를 불러옵니다. [Image(이미지)]–[Image Size(이미지 크기)]를 선택하여 'Width(폭) : 400Pixels(픽셀)'로 설정하여 크기를 줄여줍니다.

02 Object Selection Tool(개체 선택 도구, ▣)을 클릭하고 상단 [Options Bar(옵션 바)]에서 'New Selection(새 선택 영역), Mode(모드) : Lasso(올가미)'를 선택하여 샐러드 형태를 따라 드래그합니다.

03 선택한 샐러드 이미지는 [Ctrl]+[C]를 눌러서 복사하고 작업 파일에 [Ctrl]+[V]를 눌러 붙여 넣습니다. [Ctrl]+[T]를 눌러서 이미지 크기를 출력형태와 같이 조절한 후 마우스 오른쪽 버튼을 눌러 Flip Horizontal(가로로 뒤집기)을 선택하여 반전시킨 이미지를 적절히 배치하고 [Enter]를 누릅니다.

04 샐러드 레이어를 선택하고 Layer(레이어) 패널 하단 Add a layer style(레이어 스타일 추가, *fx.*)을 클릭하여 [Outer Glow(외부 광선)]를 선택하고 'Opacity(불투명도) : 75%, Size(크기) : 5px'로 설정합니다.

05 Layer(레이어) 패널에서 샐러드 레이어를 선택하고 액자 레이어 아래쪽으로 드래그하여 배치를 수정합니다.

05 문자 입력

《조건》

① Healthy Natural Food (Time New Roman, Bold, 48pt, 30pt, #009900, 레이어 스타일 - Stroke(선/획)(2px, #ddffbb))

01 Horizontal Type Tool(수평 문자 도구, 丅.)를 선택하고 상단 [Options Bar(옵션 바)]에서 'Font(글꼴) : Time New Roman, Font Style(폰트 스타일) : Bold, Size(크기) : 48pt, Set anti-aliasing method(안티 앨리어싱 방법 설정) : Sharp(선명하게), Center text(텍스트 중앙 정렬), Set text color(텍스트 색상 설정) : #009900'으로 설정합니다.

02 작업 이미지를 클릭하고 'Healthy Natural Food'를 입력한 후 출력형태와 같이 배치합니다. 입력한 텍스트 중에서 'Natural Food' 부분만 블록 선택하여 'Size(크기) : 30pt'로 설정합니다.

03 텍스트 레이어를 선택하고 상단 [Options Bar(옵션 바)]에서 Create Warp Text(뒤틀어진 텍스트 만들기, 丁)를 선택하여 [Warp Text(텍스트 뒤틀기)] 창에서 'Style(스타일) : Arch(아치), Bend(구부리기) : +30%'로 설정한 후 [OK(확인)]를 클릭합니다.

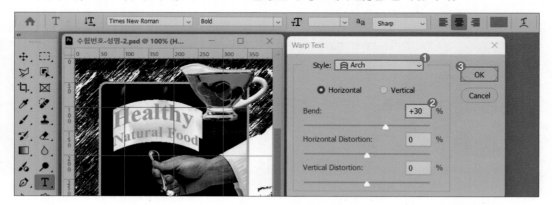

04 텍스트 레이어를 선택하고 Layer(레이어) 패널 하단 Add a layer style(레이어 스타일 추가, fx.)을 클릭하여 [Stroke(획)]를 선택하고 'Size(크기) : 2px, Position(위치) : Outside(바깥쪽), Color(색상) : #ddffbb'로 설정합니다.

06 파일 저장

01 최종적으로 작업 파일의 이미지 위치, 레이어 순서, 레이어 스타일을 점검하고 [View(보기)]-[Show(표시)]-[Grid(격자)]([Ctrl]+[']를 선택하여 격자를 끕니다.

02 [File(파일)]-[Save As a Copy(다른 이름으로 저장)]([Alt]+[Ctrl]+[S])를 선택하여 '저장 위치 : 내PC₩문서₩GTQ, 파일 이름 : 수험번호-성명-2, 파일 형식 : JPEG'로 저장합니다. [JPEG Options(JPEG 옵션)] 창에서 'Quality(품질) : 12'를 확인합니다.

03 [Image(이미지)]-[Image Size(이미지 크기)]([Alt]+[Ctrl]+[I])를 선택하여 [Image Size(이미지 크기)] 창에서 'Width(폭) : 40Pixels(픽셀), Height(높이) : 50Pixels(픽셀)'을 입력하여 이미지 크기를 1/10로 축소합니다.

04 [File(파일)]-[Save As(다른 이름으로 저장)]([Shift]+[Ctrl]+[S])을 선택하여 '저장 위치 : 내PC₩문서₩GTQ, 파일 이름 : 수험번호-성명-2, 파일 형식 : PSD'로 저장합니다. 답안 전송 프로그램에서 [답안 전송]을 선택하여 jpg, psd 파일을 감독관 컴퓨터로 전송합니다.

작업순서 ① 새 작업 파일 만들기 ▶ ② 배경색 적용 ▶ ③ 필터 적용 및 레이어 마스크 합성 ▶ ④ 이미지 합성 ▶
⑤ 사용자 정의 모양 배치 ▶ ⑥ 문자 입력 ▶ ⑦ 파일 저장

01 새 작업 파일 만들기

《조건》
- Width(폭) : 600Pixels(픽셀)
- Height(높이) : 400Pixels(픽셀)
- Resolution(해상도) : 72Pixels/Inch(픽셀/인치)
- Color Mode(색상 모드) : RGB Color(RGB 색상), 8bit(비트)

01 새 작업 파일을 만들기 위하여 [File(파일)]-[New(새로 만들기)]([Ctrl]+[N])를 선택하고 문제
지의 조건과 같이 설정하여 새 작업 파일을 만듭니다.

02 [View(보기)]-[Rulers(눈금자)]([Ctrl]+[R])와 [View(보기)]-[Show(표시)]-[Grid(격자)]
([Ctrl]+['])를 선택하여 눈금자와 격자를 표시합니다.

03 작업 파일을 저장하기 위하여 [File(파일)]-[Save As(다른 이름으로 저장)]([Shift]+[Ctrl]+[S])
를 선택하고 답안폴더(내PC₩문서₩GTQ)에 '수험번호-성명-3.psd'로 저장합니다.

02 배경색 적용

《조건》
배경색 : #99ffff

01 배경을 채울 색상을 선택하기 위하여 Tool Box(도구 상자) 하단의 [Background Color(배경
색)]을 클릭하고 '#99ffff'로 설정합니다.

02 설정한 색으로 채우기 위하여 [Ctrl]+[Delete]를 눌
러 배경색을 채웁니다.

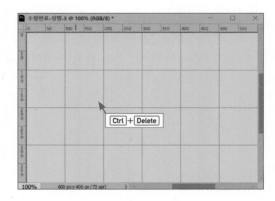

03 필터 적용 및 레이어 마스크 합성

《사용소스》

PART 04 〉기출 유형 문제 09회 〉2급-5.jpg

《조건》

2급-5.jpg : 필터 – Water Paper(물 종이), 레이어 마스크 – 대각선 방향으로 흐릿하게

01 [File(파일)]-[Open(열기)]([Ctrl]+[O])을 선택하여 2급-5.jpg를 불러옵니다. [Image(이미지)]-[Image Size(이미지 크기)]를 선택하여 'Width(폭) : 600Pixels(픽셀)'로 설정하여 크기를 줄여줍니다. [Ctrl]+[A]를 눌러서 전체 이미지를 선택하고 [Ctrl]+[C]를 눌러 복사한 후 작업 파일에 [Ctrl]+[V]로 붙여넣습니다. [Ctrl]+[T]를 누르고 이미지 마우스 오른쪽 버튼을 눌러 Flip Horizontal(가로로 뒤집기)을 선택하여 반전시킨 이미지를 적절히 배치한 후 [Enter]를 누릅니다.

02 필터를 적용하기 위하여 [Filter(필터)]-[Filter Gallery(필터 갤러리)]-[Sketch(스케치)]-[Water Paper(물 종이)]를 선택하고 [OK(확인)]를 클릭합니다.

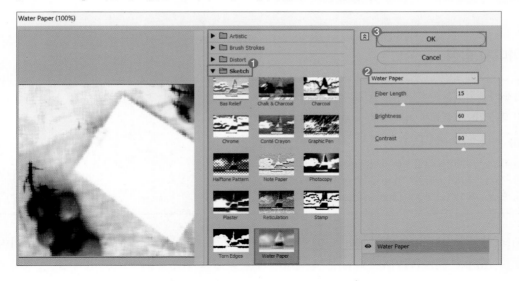

03 레이어 마스크를 적용하기 위하여 Layer(레이어) 패널 하단 [Add layer mask(레이어 마스크 추가, ▣)]를 클릭합니다.

04 레이어 마스크를 부드럽게 적용하기 위하여 Gradient Tool(그레이디언트 도구, ▣)를 선택하고 [Options Bar(옵션 바)]에서 Select and manage Gradient preset(그레이디언트 사전 설정 선택 및 관리)를 클릭하여 [Basics(기본 사항)]에서 'Black, White(검정, 흰색), Type(유형) : Linear Gradient(선형 그레이디언트), Mode(모드) : Normal(표준), Opacity(불투명도) : 100%'로 설정합니다. 계속해서 좌측 하단부터 클릭하여 우측 상단까지 드래그합니다.

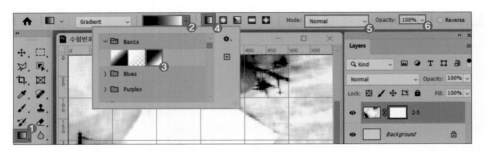

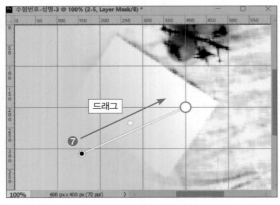

드래그

04 이미지 합성

《사용소스》

PART 04 〉 기출 유형 문제 09회 〉 2급-6.jpg/2급-7.jpg/2급-8.jpg

《조건》

· 2급-6.jpg : 레이어 스타일 – Bevel & Emboss(경사와 엠보스)
· 2급-7.jpg : 레이어 스타일 – Inner Shadow(내부 그림자))
· 2급-8.jpg : 레이어 스타일 – Drop Shadow(그림자 효과)

01 [File(파일)]–[Open(열기)]([Ctrl]+[O])을 선택하여 2급-6.jpg를 불러옵니다. [Image(이미지)]–[Image Size(이미지 크기)]를 선택하여 'Height(높이) : 400Pixels(픽셀)'로 설정하여 크기를 줄여줍니다. Object Selection Tool(개체 선택 도구, [■])을 클릭하고 상단 [Options Bar(옵션 바)]에서 'New Selection(새 선택 영역), Mode(모드) : Lasso(올가미)'를 선택하여 우유병 형태를 따라 드래그합니다.

02 선택한 우유병 이미지는 [Ctrl]+[C]를 눌러서 복사하고 작업 파일에 [Ctrl]+[V]를 눌러 붙여 넣습니다. [Ctrl]+[T]를 눌러서 이미지 크기를 출력형태처럼 조절한 후 마우스 오른쪽 버튼을 눌러 Flip Horizontal(가로로 뒤집기)을 선택하여 반전시킨 이미지를 배치하고 [Enter]를 누릅니다.

03 우유병 레이어를 선택하고 Layer(레이어) 패널 하단 [Add a layer style(레이어 스타일 추가, [fx.])]을 클릭하여 [Bevel & Emboss(경사와 엠보스)]를 선택합니다.

04 [File(파일)]–[Open(열기)]([Ctrl]+[O])을 선택하여 2급-7.jpg를 불러옵니다. Object Selec-tion Tool(개체 선택 도구, 🔲)을 클릭하고 상단 [Options Bar(옵션 바)]에서 'New Selection(새 선택 영역), Mode(모드) : Lasso(올가미)'를 선택하여 스푼 형태를 따라 드래그합니다.

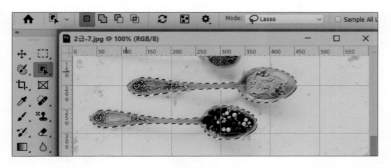

05 선택한 스푼 이미지는 [Ctrl]+[C]를 눌러서 복사하고 작업 파일에 [Ctrl]+[V]를 눌러 붙여 넣습니다. [Ctrl]+[T]를 눌러서 이미지 크기를 출력형태와 같이 조절하여 배치합니다.

06 스푼 레이어를 선택하고 Layer(레이어) 패널 하단 Add a layer style(레이어 스타일 추가, *fx*.)을 클릭하여 [Inner Shadow(내부 그림자)]를 선택하고 'Opacity(불투명도) : 75%, Angle(각도) : 125°, Distance(거리) : 5px, Size(크기) : 5px'로 설정합니다.

07 [File(파일)]–[Open(열기)]([Ctrl]+[O])을 선택하여 2급-8.jpg를 불러옵니다. [Image(이미지)]–[Image Size(이미지 크기)]를 선택하여 'Height(높이) : 400Pixels(픽셀)'로 설정하여 크기를 줄여줍니다.

08 Object Selection Tool(개체 선택 도구, 🔲)을 클릭하고 상단 [Options Bar(옵션 바)]에서 'New Selection(새 선택 영역), Mode(모드) : Lasso(올가미)'를 선택하여 요리사 형태를 따라 드래그합니다. Quick Selection Tool(빠른 선택 도구, 🖌️)과 Polygonal Lasso Tool(다각형 올가미 도구, 🔲)로 영역 추가 및 영역 삭제 작업을 추가합니다.

09 선택한 요리사 이미지는 Ctrl+C를 눌러서 복사하고 작업 파일에 Ctrl+V를 눌러 붙여 넣은 후 Ctrl+T를 눌러서 이미지 크기를 출력형태와 같이 조절합니다. 요리사 레이어를 우유병 레이어보다 아래쪽으로 배치하기 위하여 Layer(레이어) 패널에서 요리사 레이어를 선택하고 우유병 레이어 아래쪽으로 드래그합니다.

10 요리사 레이어를 선택하고 Layer(레이어) 패널 하단 Add a layer style(레이어 스타일 추가, fx.)을 클릭하여 [Drop Shadow(그림자)]를 선택하고 'Opacity(불투명도) : 75%, Angle (각도) : 125°, Distance(거리) : 5px, Size(크기) : 5px'을 확인합니다.

05 사용자 정의 모양 배치

《조건》
- 손바닥 모양 : #ffbb88, 레이어 스타일 – Inner Shadow(내부 그림자)
- 나선형 모양 : 레이어 스타일 – 그라디언트 오버레이(#66ff66, #004400), Outer Glow(외부 광선)

01 Custom Shape Tool(사용자 정의 모양 도구, 🎨)를 클릭하고 상단 [Options Bar(옵션 바)]에서 'Shape(모양), Fill(칠) : #ffbb88, Stroke(획) : No Color(색상 없음)'로 설정합니다.

02 손바닥 모양 도형을 선택하기 위하여 목록 단추를 클릭하고 [Legacy Shapes and More(레거시 모양 및 기타)]–[All Legacy Default Shapes(모든 레거시 기본 모양)]–[Objects(개체)]–[Right Hand(오른손)]을 선택합니다.

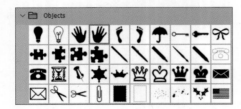

03 출력형태에 맞추어 도형을 그린 후 Layer(레이어) 패널 하단에서 Add a layer style(레이어 스타일 추가, fx.)을 클릭하여 [Inner Shadow(내부 그림자)]를 선택하고 'Opacity(불투명도) : 75%, Angle(각도) : 125°, Distance(거리) : 5px, Size(크기) : 5px'로 설정합니다.

04 Custom Shape Tool(사용자 정의 모양 도구, ⬠)를 클릭하고 상단 [Options Bar(옵션 바)] 에서 목록 단추를 클릭하여 [Legacy Shapes and More(레거시 모양 및 기타)]–[All Legacy Default Shapes(모든 레거시 기본 모양)]–[Ornament(장식)]–[Spiral(나선형)]을 선택합니다.

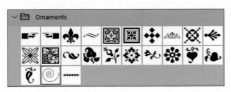

05 출력형태에 맞추어 도형을 그린 후 Layer(레이어) 패널 하단에서 Add a layer style(레이어 스타일 추가, fx.)을 클릭하여 [Outer Glow(외부 광선)]를 선택하고 'Opacity(불투명도) : 75%, Size(크기) : 5px'로 설정합니다.

06 Layer Style(레이어 스타일) 창에서 [Gradient Overlay(그레이디언트 오버레이)]를 선택하고 Click to edit the gradient(클릭하여 그레이디언트 편집)를 선택하면 Gradient Editor(그레이디언트 편집기)가 열립니다. 좌측 하단 [Color Stop(색상 정지점)]을 더블 클릭하여 '#66ff66', 우측 하단 [Color Stop(색상 정지점)]을 더블 클릭하여 '#004400'으로 입력하고 'Angle(각도) : 90°로 설정한 후 [OK(확인)]를 클릭합니다.

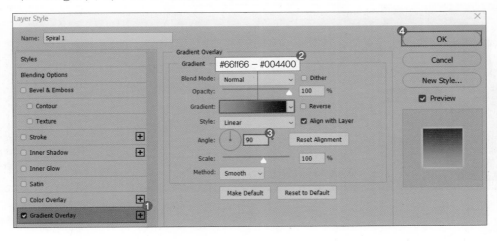

06 문자 입력

《조건》

① 내 손으로 만드는 자연식 건강 요리 (굴림, 18pt, 레이어 스타일 – 그라디언트 오버레이(#6666ff, #00ffff), Stroke(선/획) (2px, #333333))
② Healthy Cooking Recipes (Arial, Bold, 30pt, 48pt, #ffbb33, #ff3333, 레이어 스타일 – Stroke(선/획)(2px, #ffffff)), Drop Shadow(그림자 효과))

01 Horizontal Type Tool(수평 문자 도구, **T.**)를 선택하고 상단 [Options Bar(옵션 바)]에서 'Font(글꼴) : 굴림, Size(크기) : 18pt, Center text(텍스트 중앙 정렬)'로 설정합니다.

02 작업 이미지를 클릭하고 '내 손으로 만드는 자연식 건강 요리'를 입력한 후 출력형태와 같이 배치합니다. Layer(레이어) 패널 하단 Add a layer style(레이어 스타일 추가, **fx.**)을 클릭하여 [Stroke(획)]를 선택하고 'Size(크기) : 2px, Position(위치) : Outside(바깥쪽), Color(색상) : #333333'로 설정합니다.

03 Layer Style(레이어 스타일) 창에서 [Gradient Overlay(그레이디언트 오버레이)]를 선택하고 Click to edit the gradient(클릭하여 그레이디언트 편집)를 선택하면 Gradient Editor(그레이디언트 편집기)가 열립니다. 좌측 하단 [Color Stop(색상 정지점)]을 더블 클릭하여 '#6666ff', 우측 하단 [Color Stop(색상 정지점)]을 더블 클릭하여 '#00ffff'로 입력하고 'Angle(각도) : 0°'로 설정하고 [OK(확인)]를 클릭합니다.

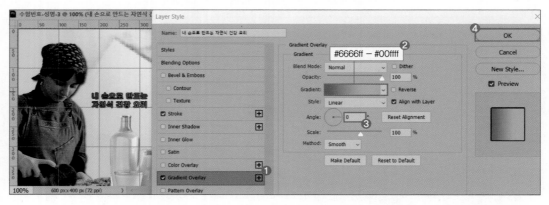

04 Horizontal Type Tool(수평 문자 도구, T.)를 선택하고 작업 이미지를 클릭하여 'Healthy Cooking Recipes'를 입력한 후 출력형태와 같이 배치합니다.

05 텍스트 레이어를 선택하고 상단 [Options Bar(옵션 바)]에서 'Font(글꼴) : Arial, Font Style(폰트 스타일) : Bold, Size(크기) : 30pt, Set text color(텍스트 색상 설정 : #ffbb33'로 설정합니다. 대문자 부분만 따로 블록 선택하여 'Size(크기) : 48pt, Set text color(텍스트 색상 설정 : #ff3333'으로 설정합니다.

06 텍스트 레이어를 선택하고 상단 [Options Bar(옵션 바)]에서 Create Warp Text(뒤틀어진 텍스트 만들기, I)를 선택하고 [Warp Text(텍스트 뒤틀기)] 창에서 'Style(스타일) : Rise(상승), Bend(구부리기) : −50%'로 설정한 후 [OK(확인)]를 클릭합니다.

07 텍스트 레이어를 선택하고 Layer(레이어) 패널 하단 Add a layer style(레이어 스타일 추가, fx.)을 클릭하여 [Drop Shadow(그림자)]를 선택하고 'Opacity(불투명도) : 75%, Angle(각도) : 125°, Distance(거리) : 5px, Size(크기) : 5px'로 설정합니다. 계속해서 [Stroke(획)]를 선택하고 'Size(크기) : 2px, Position(위치) : Outside(바깥쪽), Color(색상) : #ffffff'로 설정한 후 [OK(확인)]를 클릭합니다.

07 파일 저장

01 최종적으로 작업 파일의 이미지 위치, 레이어 순서, 레이어 스타일을 점검하고 [View(보기)]—
[Show(표시)]—[Grid(격자)]([Ctrl]+[']) 를 선택하여 격자를 끕니다.

02 [File(파일)]—[Save As a Copy(다른 이름으로 저장)]([Alt]+[Ctrl]+[S])를 선택하여 '저장 위치
: 내PC₩문서₩GTQ, 파일 이름 : 수험번호—성명—3, 파일 형식 : JPEG'로 저장합니다.
[JPEG Options(JPEG 옵션)] 창에서 'Quality(품질) : 12'를 확인합니다.

03 [Image(이미지)]—[Image Size(이미지 크기)]([Alt]+[Ctrl]+[I])를 선택하여 [Image Size(이
미지 크기)] 창에서 'Width(폭) : 60Pixels(픽셀), Height(높이) : 40Pixels(픽셀)'을 입력하
여 이미지 크기를 1/10로 축소합니다.

04 [File(파일)]—[Save As(다른 이름으로 저장)]([Shift]+[Ctrl]+[S])을 선택하여 '저장 위치 : 내
PC₩문서₩GTQ, 파일 이름 : 수험번호—성명—3, 파일 형식 : PSD'로 저장합니다. 답안 전송
프로그램에서 [답안 전송]을 선택하여 jpg, psd 파일을 감독관 컴퓨터로 전송합니다.

[실무응용] 이벤트 페이지 제작

작업순서   ① 새 작업 파일 만들기 ▶ ② 필터 적용 ▶ ③ 이미지 합성 및 불투명도 ▶ ④ 클리핑 마스크 ▶ ⑤ 사용자
정의 모양 배치 ▶ ⑥ 문자 입력 ▶ ⑦ 파일 저장

01 새 작업 파일 만들기

《조건》
- Width(폭) : 600Pixels(픽셀)
- Height(높이) : 400Pixels(픽셀)
- Resolution(해상도) : 72Pixels/Inch(픽셀/인치)
- Color Mode(색상 모드) : RGB Color(RGB 색상), 8bit(비트)

01 새 작업 파일을 만들기 위하여 [File(파일)]−[New(새로 만들기)]([Ctrl]+[N])를 선택하고 문제
지의 조건과 같이 설정하여 새 작업 파일을 만듭니다.

02 [View(보기)]−[Rulers(눈금자)]([Ctrl]+[R])와 [View(보기)]−[Show(표시)]−[Grid(격자)]
([Ctrl]+['])를 선택하여 눈금자와 격자를 표시합니다.

03 작업 파일을 저장하기 위하여 [File(파일)]−[Save As(다른 이름으로 저장)]([Shift]+[Ctrl]+[S])
를 선택하고 답안폴더(내PCW문서WGTQ)에 '수험번호−성명−4.psd'로 저장합니다.

02 필터 적용

《사용소스》
PART 04 〉 기출 유형 문제 09회 〉 2급−9.jpg

《조건》
2급−9.jpg : 필터 − UnderPainting(언더페인팅 효과)

01 [File(파일)]−[Open(열기)]([Ctrl]+[O])을 선택하여 2급−9.jpg를 불러옵니다. [Image(이미
지)]−[Image Size(이미지 크기)]를 선택하여 'Width(폭) : 600Pixels(픽셀)'로 설정하여 크
기를 줄여줍니다. [Ctrl]+[A]를 눌러서 전체 이미지를 선택하고 [Ctrl]+[C]를 눌러 복사한 후 작
업 파일에 [Ctrl]+[V]로 붙여넣습니다.

02 필터를 적용하기 위하여 [Filter(필터)]–[Filter Gallery(필터 갤러리)]–[Artistic(예술 효과)]–[UnderPainting(언더페인팅 효과)]을 선택하고 [OK(확인)]를 클릭합니다.

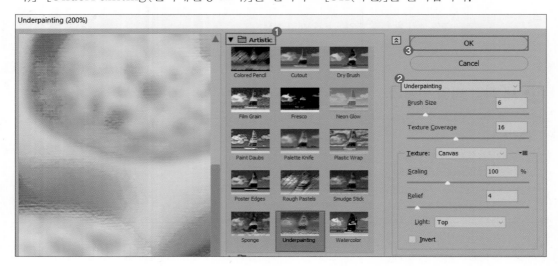

03 이미지 합성 및 불투명도

《사용소스》

PART 04 〉 기출 유형 문제 09회 〉 2급–10.jpg/2급–11.jpg/2급–13.jpg

《조건》

• 2급–10.jpg : 레이어 스타일 – Bevel & Emboss(경사와 엠보스)
• 2급–11.jpg : 레이어 스타일 – Outer Glow(외부 광선), Opacity(불투명도)(70%)
• 2급–13.jpg : 레이어 스타일 – Drop Shadow(그림자 효과)

---

01 [File(파일)]–[Open(열기)]([Ctrl]+[O])을 선택하여 2급–10.jpg를 불러옵니다. Object Selection Tool(개체 선택 도구, ⬚)을 클릭하고 상단 [Options Bar(옵션 바)]에서 'New Selection(새 선택 영역), Mode(모드) : Lasso(올가미)'를 선택하여 주전자 형태를 따라 드래그합니다. Quick Selection Tool(빠른 선택 도구, ⬚)과 Polygonal Lasso Tool(다각형 올가미 도구, ⬚)로 영역 추가 및 영역 삭제 작업을 추가합니다.

02 선택한 주전자 이미지는 [Ctrl]+[C]를 눌러서 복사하고 작업 파일에 [Ctrl]+[V]를 눌러 붙여 넣습니다. [Ctrl]+[T]를 눌러서 이미지 크기를 출력형태와 같이 배치하고 [Enter]를 누릅니다.

03 주전자 레이어를 선택하고 Layer(레이어) 패널 하단 [Add a layer style(레이어 스타일 추가, fx.)]을 클릭하여 [Bevel & Emboss(경사와 엠보스)]를 선택합니다.

04 [File(파일)]-[Open(열기)]([Ctrl]+[O])을 선택하여 2급-11.jpg를 불러옵니다. [Image(이미지)]-[Image Size(이미지 크기)]를 선택하여 'Width(폭) : 600Pixels(픽셀)'로 설정하여 크기를 줄여줍니다.

05 Object Selection Tool(개체 선택 도구, ▣)을 클릭하고 상단 [Options Bar(옵션 바)]에서 'New Selection(새 선택 영역), Mode(모드) : Lasso(올가미)'를 선택하여 도마와 채소 형태를 따라 드래그합니다. Quick Selection Tool(빠른 선택 도구, ✐)과 Polygonal Lasso Tool(다각형 올가미 도구, ▨)로 영역 추가 및 영역 삭제 작업을 추가합니다.

06 선택한 도마와 채소 이미지는 [Ctrl]+[C]를 눌러서 복사하고 작업 파일에 [Ctrl]+[V]를 눌러 붙여넣은 후 [Ctrl]+[T]를 눌러서 이미지 크기를 출력형태와 같이 배치하고 [Enter]를 누릅니다. Layer(레이어) 패널 하단에서 Add a layer style(레이어 스타일 추가, fx.)을 클릭하여 [Outer Glow(외부 광선)]를 선택하고 'Opacity(불투명도) : 75%, Size(크기) : 5px'로 설정합니다.

07 이미지의 불투명도를 설정하기 위하여 [Layer(레이어)] 패널의 우측 상단 'Opacity(불투명도) : 70%'로 입력합니다.

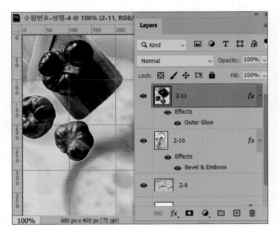 

08 [File(파일)]-[Open(열기)]([Ctrl]+[O])을 선택하여 2급-13.jpg를 불러옵니다. Object Selection Tool(개체 선택 도구, ▣)을 클릭하고 상단 [Options Bar(옵션 바)]에서 'New Selection(새 선택 영역), Mode(모드) : Lasso(올가미)'를 선택하여 달걀 형태를 따라 드래그합니다.

09 선택한 달걀 이미지는 [Ctrl]+[C]를 눌러서 복사하고 작업 파일에 [Ctrl]+[V]를 눌러 붙여 넣은 후 [Ctrl]+[T]를 눌러서 이미지 크기를 출력형태와 같이 적절히 배치하고 [Enter]를 누릅니다.

10 Layer(레이어) 패널 하단에서 Add a layer style(레이어 스타일 추가, fx.)을 클릭하여 [Drop Shadow(그림자)]를 선택하고 'Opacity(불투명도) : 75%, Angle(각도) : 125°, Distance(거리) : 5px, Size(크기) : 5px'로 설정한 후 [OK(확인)]를 클릭합니다.

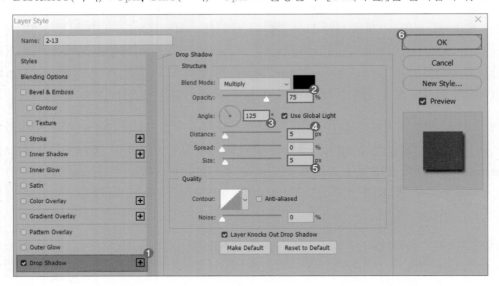

04 클리핑 마스크

《사용소스》

PART 04 〉 기출 유형 문제 09회 〉 2급-12.jpg

《조건》

• 2급-12.jpg : 필터 − Wind(바람)
• 꽃 모양 : 레이어 스타일 − Inner Shadow(내부 그림자), Stroke(선/획)(3px, 660000)

01 클리핑 마스크를 위한 도형을 제작하기 위하여 Custom Shape Tool(사용자 정의 모양 도구, ☆)를 클릭하고 상단 [Options Bar(옵션 바)]에서 'Shape(모양), Fill(칠) : #000000, Stroke (획) : No Color(색상 없음)'로 설정합니다.

02 꽃 모양 도형을 선택하기 위하여 목록 단추를 클릭하고 [Legacy Shapes and More(레거시 모양 및 기타)]−[All Legacy Default Shapes(모든 레거시 기본 모양)]−[Shapes(도형)]− [Flower 1(꽃 1)]을 선택하고 출력형태와 같이 배치합니다.

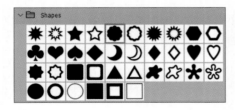

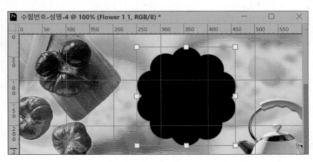

03 [File(파일)]-[Open(열기)]([Ctrl]+[O])을 선택하여 2급-12.jpg를 불러옵니다. [Image(이미지)]-[Image Size(이미지 크기)]를 선택하여 'Width(폭) : 400Pixels(픽셀)'로 설정하여 크기를 줄여줍니다. [Ctrl]+[A]를 눌러서 전체 이미지를 선택하고 [Ctrl]+[C]를 눌러 복사한 후 작업 파일에 [Ctrl]+[V]로 붙여넣습니다.

04 클리핑 마스크를 적용하기 위하여 이미지 레이어를 선택한 후 마우스 오른쪽 버튼을 누르고 Create Clipping Mask(클리핑 마스크 만들기)를 선택합니다. [Ctrl]+[T]를 눌러서 이미지 크기를 출력형태와 같이 적절히 배치하고 [Enter]를 누릅니다.

05 이미지에 필터를 적용하기 위하여 [Filter(필터)]-[Stylize(스타일화)]-[Wind(바람)]를 선택하고 [OK(확인)]를 클릭합니다.

06 꽃 모양 도형 레이어를 선택하고 Layer(레이어) 패널 하단에서 Add a layer style(레이어 스타일 추가, fx.)을 클릭하여 [Inner Shadow(내부 그림자)]를 선택하고 'Opacity(불투명도) : 75%, Angle(각도) : 125°, Distance(거리) : 5px, Size(크기) : 5px'을 설정합니다. 계속해서 [Stroke(획)]를 선택하고 'Size(크기) : 3px, Position(위치) : Outside(바깥쪽), Color(색상) : #660000'로 설정합니다.

05 사용자 정의 모양 배치

《조건》
- 쇼핑카트 모양 : #448822, 레이어 스타일 – Inner Shadow(내부 그림자)
- 과녁 모양 : #ffff99, 레이어 스타일 – Outer Glow(외부 광선), Opacity(불투명도)(70%)

01 Layer(레이어) 패널에서 가장 위쪽에 배치된 레이어를 선택한 후 Custom Shape Tool(사용자 정의 모양 도구, 🔲)를 클릭하고 상단 [Options Bar(옵션 바)]에서 'Shape(모양), Fill(칠) : #448822, Stroke(획) : No Color(색상 없음)'로 설정합니다.

02 쇼핑카트 모양 도형을 선택하기 위하여 목록 단추를 클릭하고 [Legacy Shapes and More(레거시 모양 및 기타)]–[All Legacy Default Shapes(모든 레거시 기본 모양)]–[Web(웹)]–[Shopping Cart(쇼핑 카트)]를 선택합니다.

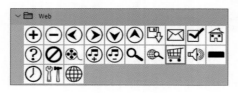

03 출력형태에 맞추어 도형을 그린 후 Layer(레이어) 패널 하단에서 Add a layer style(레이어 스타일 추가, 🔲)을 클릭하여 [Inner Shadow(내부 그림자)]를 선택하고 'Opacity(불투명도) : 75%, Angle(각도) : 125°, Distance(거리) : 5px, Size(크기) : 5px'로 설정합니다.

04 Custom Shape Tool(사용자 정의 모양 도구, 🔲)를 클릭하고 장식 모양 도형을 선택하기 위하여 목록 단추를 클릭하여 [Legacy Shapes and More(레거시 모양 및 기타)]–[All Legacy Default Shapes(모든 레거시 기본 모양)]–[Symbols(기호)]–[Bull's Eye(과녁)]를 선택합니다.

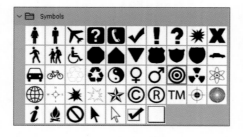

05 출력형태에 맞추어 도형을 그린 후 Layer(레이어) 패널 하단에서 Add a layer style(레이어 스타일 추가, 🔲)을 클릭하여 [Outer Glow(외부 광선)]를 선택하고 'Opacity(불투명도) : 75%, Size(크기) : 5px'로 설정합니다. 과녁 모형 레이어의 Thumbnail(레이어 축소판)을 더블 클릭하여 [Color Picker(색상 피커)] 창에 'Color(색상) : #ffff99'를 입력합니다.

06 도형의 불투명도를 설정하기 위하여 [Layer(레이어)] 패널의 우측 상단 'Opacity(불투명도) : 70%'로 입력합니다.

06 문자 입력

01 Horizontal Type Tool(수평 문자 도구, T.)를 선택하고 상단 [Options Bar(옵션 바)]에서 'Font(글꼴) : Time New Roman, Font Style(폰트 스타일) : Regular, Size(크기) : 36pt, Set anti-aliasing method(안티 앨리어싱 방법 설정) : Sharp(선명하게), Center text(텍스트 중앙 정렬)'로 설정합니다.

02 작업 이미지를 클릭하고 'One Day Cooking Class'를 입력한 후 출력형태와 같이 배치합니다.

03 텍스트 레이어를 선택하고 Layer(레이어) 패널 하단에서 Add a layer style(레이어 스타일 추가, fx.)을 클릭하여 [Drop Shadow(그림자)]를 선택하고 'Opacity(불투명도) : 75%, Angle(각도) : 125°, Distance(거리) : 5px, Size(크기) : 5px'로 설정합니다. 계속해서 [Stroke(획)]를 선택하고 'Size(크기) : 2px, Position(위치) : Outside(바깥쪽), Color(색상) : #ffddff'로 설정합니다.

04 Layer Style(레이어 스타일) 창에서 [Gradient Overlay(그레이디언트 오버레이)]를 선택하고 Click to edit the gradient(클릭하여 그레이디언트 편집)를 선택하면 Gradient Editor(그레이디언트 편집기)가 열립니다. 좌측 하단 [Color Stop(색상 정지점)]을 더블 클릭하여 '#660066', 우측 하단 [Color Stop(색상 정지점)]을 더블 클릭하여 '#ff66ff'로 입력하고 'Angle(각도) : 90°'로 설정한 후 [OK(확인)]를 클릭합니다.

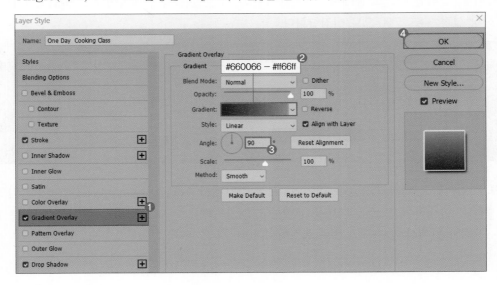

05 Horizontal Type Tool(수평 문자 도구, [T])를 선택하고 작업 이미지를 클릭하여 '초보도 쉽게 따라하는 요리특강'을 입력한 후 출력형태와 같이 배치합니다. 상단 [Options Bar(옵션 바)]에서 'Font(글꼴) : 돋움, Size(크기) : 16pt, Set text color(텍스트 색상 설정 : #333333'으로 설정합니다. 계속해서 Create Warp Text(뒤틀어진 텍스트 만들기, [工])를 선택하고 [Warp Text(텍스트 뒤틀기)] 창에서 'Style(스타일) : Arc(부채꼴), Bend(구부리기) : −50%'로 설정합니다.

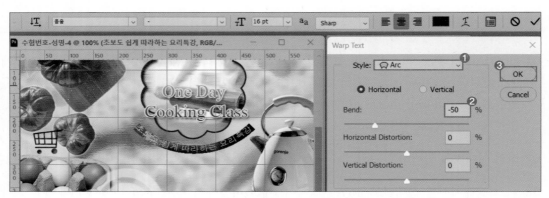

06 텍스트 레이어를 선택하고 Layer(레이어) 패널 하단에서 Add a layer style(레이어 스타일 추가, [fx.])을 클릭하여 [Drop Shadow(그림자)]를 선택하고 'Opacity(불투명도) : 75%, Angle(각도) : 125°, Distance(거리) : 5px, Size(크기) : 5px'을 설정합니다. 계속해서 [Stroke(획)]를 선택하고 'Size(크기) : 2px, Position(위치) : Outside(바깥쪽), Color(색상) : #ffffff'로 설정합니다.

07 Horizontal Type Tool(수평 문자 도구, [T])를 선택하고 작업 이미지를 클릭하여 '토요일11시 / 쿠킹스튜디오'를 입력한 후 출력형태와 같이 배치합니다. 상단 [Options Bar(옵션 바)]에서 'Font(글꼴) : 굴림, Size(크기) : 14pt, Set text color(텍스트 색상 설정) : #ffff00'으로 설정합니다. 입력한 텍스트 중에서 '/ 쿠킹스튜디오' 부분만 블록 선택하여 'Set text color(텍스트 색상 설정 : #ff7700'으로 설정합니다.

08 텍스트 레이어를 선택하고 Layer(레이어) 패널 하단에서 Add a layer style(레이어 스타일 추가, [fx.])을 클릭하여 [Stroke(획)]를 선택하고 'Size(크기) : 2px, Position(위치) : Outside (바깥쪽), Color(색상) : #333333'로 설정합니다.

07 파일 저장

《조건》
- JPG 파일 : 문서₩GTQ₩수험번호−성명−4.jpg / 크기 : 600*400pixels
- PSD 파일 : 문서₩GTQ₩수험번호−성명−4.psd / 크기 : 60*40pixels

01 최종적으로 작업 파일의 이미지 위치, 레이어 순서, 레이어 스타일을 점검하고 [View(보기)]−
[Show(표시)]−[Grid(격자)]([Ctrl]+[']))를 선택하여 격자를 끕니다.

02 [File(파일)]−[Save As a Copy(다른 이름으로 저장)]([Alt]+[Ctrl]+[S]))를 선택하여 '저장 위치
: 내PC₩문서₩GTQ, 파일 이름 : 수험번호−성명−4, 파일 형식 : JPEG'로 저장합니다.
[JPEG Options(JPEG 옵션)] 창에서 'Quality(품질) : 12'를 확인합니다.

03 [Image(이미지)]−[Image Size(이미지 크기)]([Alt]+[Ctrl]+[I]))를 선택하여 [Image Size(이
미지 크기)] 창에서 'Width(폭) : 60Pixels(픽셀), Height(높이) : 40Pixels(픽셀)'을 입력하
여 이미지 크기를 1/10로 축소합니다.

04 [File(파일)]−[Save As(다른 이름으로 저장)]([Shift]+[Ctrl]+[S]))을 선택하여 '저장 위치 : 내
PC₩문서₩GTQ, 파일 이름 : 수험번호−성명−4, 파일 형식 : PSD'로 저장합니다. 답안 전송
프로그램에서 [답안 전송]을 선택하여 jpg, psd 파일을 감독관 컴퓨터로 전송합니다.

10

기출 유형 문제 10회

급수	문제유형	시험시간	수험번호	성명
2급	A	90분	G220250010	

수험자 유의사항

- 수험자는 문제지를 받는 즉시 응시하고자 하는 **과목 및 급수가 맞는지 확인**한 후 수험번호와 성명을 작성합니다.
- 파일명은 본인의 '수험번호-성명-문제번호'로 공백 없이 정확히 입력하고 답안폴더(내 PC₩문서₩GTQ)에 jpg 파일과 psd 파일의 2가지 포맷으로 저장해야 하며, jpg 파일과 psd 파일의 내용이 상이할 경우 0점 처리됩니다.
- 답안문서 파일명이 '수험번호-성명-문제번호'와 일치하지 않거나, 답안 파일을 '전송'하지 않는 경우 **답안 파일 미제출**로 불합격 처리됩니다.
- 문제의 세부 조건은 '영문(한글)' 형식으로 표기되어 있으니 유의하시길 바랍니다.
- 수험자 정보와 저장한 파일명, 저장 위치가 다를 경우 전송이 되지 않으므로, 주의하시길 바랍니다.
- 답안 작성 중에도 **주기적으로 '저장'과 '답안 전송'**을 이용하여 감독위원 PC로 답안을 전송하셔야 합니다.
  (작업한 내용을 **저장하지 않고 답안을 전송할 경우** 이전의 저장 내용이 전송되오니 이점 반드시 유념하시기 바랍니다.)
- 모든 수험자는 동일한 환경에서 시험이 시작되며 **'작업환경 설정'은 시험 시간 내에 진행**합니다.
  (시험 시작 전 '작업환경 설정' 불가, 소프트웨어 이상 유무만 확인)
- 답안문서는 지정된 경로 외의 다른 보조기억장치에 저장하는 행위, 지정된 시험 시간 외에 작성된 파일을 활용한 행위, 기타 허용되지 않은 프로그램(이메일, 메신저, 게임, 네트워크, 윈도우계산기, 스톱워치 등) 이용 시 부정행위로 간주 되어 자격기본법 제32조에 의거 본 시험 및 국가공인 자격시험을 2년간 응시할 수 없습니다.
- 시험 중 부주의 또는 고의로 시스템을 파손한 경우와 (수험자 유의사항)에 기재된 방법대로 이행하지 않아 생기는 불이익은 수험자의 책임임을 알려 드립니다.
- 시험을 완료한 수험자는 최종적으로 저장한 답안파일이 전송되었는지 확인한 후 감독위원의 지시에 따라 문제지를 제출하고 퇴실합니다.

답안 작성요령

- 온라인 답안 작성 절차
  수험자 등록 ⇒ 시험 시작 ⇒ 답안파일 저장 ⇒ 답안 전송 ⇒ 시험 종료
- 내 PC₩문서₩GTQ₩image폴더에 있는 그림 원본파일을 사용하여 답안을 작성하시고 최종답안을 답안폴더(내 PC₩문서₩GTQ)에 저장하여 답안을 전송하시고, 이미지의 크기가 다른 경우 감점 처리됩니다.
- 배점은 총 100점으로 이루어지며, 점수는 각 문제별로 차등 배분됩니다.
- 각 문제는 주어진 〈조건〉에 따라 작성하고, 언급하지 않은 〈조건〉은 〈출력형태〉와 같이 작성합니다.
- 문제 〈조건〉과 〈출력형태〉에서 차이가 발생할 경우 **문제에서 지정한 〈조건〉에 따라 작업**해 주시기 바랍니다.
- 배치 등의 편의를 위해 주어진 눈금자의 단위는 '픽셀'입니다.
  그 외는 출력형태(효과, 이미지, 문자, 색상, 레이아웃, 규격 등)와 같이 작업하십시오.
- 문제 〈조건〉에 서체의 지정이 없을 경우 한글은 굴림이나 돋움, 영문은 Arial로 작업하십시오.
  (단, 그 외에 제시되지 않은 문자 속성을 기본값으로 작성하지 않은 경우는 감점 처리됩니다.)
- Image Mode(이미지 모드)는 별도의 처리조건이 없을 시 RGB(8비트)로 작업하십시오.
- 모든 답안 파일은 해상도 72 pixels/inch로 작업하십시오.
- Layer(레이어)는 각 기능별로 분할해야 하며, 임의로 합칠 경우나 각 기능에 대한 속성을 해지할 경우 해당 요소는 0점 처리됩니다.

한 국 생 산 성 본 부

문제 1 [기능평가] Tool(도구) 활용   20점

▶합격강의

다음의 〈조건〉에 따라 아래의 〈출력형태〉와 같이 작업하시오.

조건

원본 이미지	2급-1.jpg		
파일저장규칙	JPG	파일 이름	문서\GTQ\수험번호-성명-1.jpg
		크기	400×500pixels
	PSD	파일 이름	문서\GTQ\수험번호-성명-1.psd
		크기	40×50pixels

출력형태

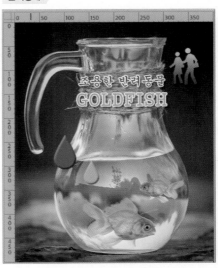

1. 그림 효과
① 복제 및 변형 : 금붕어
② Shape Tool(모양 도구) 사용 :
- 사람 모양 (레이어 스타일 – 그라디언트 오버레이(#770077, #ffbbff), Drop Shadow(그림자 효과))
- 물방울 모양 (#0066ff, #00ffff, 레이어 스타일 – Bevel & Emboss(경사와 엠보스))

2. 문자 효과
① 조용한 반려동물 GOLDFISH (궁서, 24pt, 36pt, #9900aa, #ff9900, 레이어 스타일 – Stroke(선/획)(2px, #ffffff), Drop Shadow(그림자 효과))

문제 2 [기능평가] 사진 편집 기초   20점

▶합격강의

다음의 〈조건〉에 따라 아래의 〈출력형태〉와 같이 작업하시오.

조건

원본 이미지	2급-2.jpg, 2급-3.jpg, 2급-4.jpg		
파일저장규칙	JPG	파일 이름	문서\GTQ\수험번호-성명-2.jpg
		크기	400×500pixels
	PSD	파일 이름	문서\GTQ\수험번호-성명-2.psd
		크기	40×50pixels

출력형태

1. 그림 효과
① 색상 보정 : 2급-3.jpg – 빨간색 계열로 보정, 레이어 스타일 – Outer Glow(외부 광선)
② 액자 제작 :
필터 – Sponge(스폰지 효과), 안쪽 테두리(5px, #553300), 레이어 스타일 – Drop Shadow(그림자 효과)
③ 2급-4.jpg : 레이어 스타일– Bevel & Emboss(경사와 엠보스)

2. 문자 효과
① Take a good care of pets (Arial, Bold, 36pt, #ffaa33, #553300, 레이어 스타일 – Stroke(선/획)(2px, #ffeedd), Drop Shadow(그림자 효과))

▶합격 강의

다음의 〈조건〉에 따라 아래의 〈출력형태〉와 같이 작업하시오.

조건

원본 이미지		2급-5.jpg, 2급-6.jpg, 2급-7.jpg, 2급-8.jpg	
파일저장규칙	JPG	파일 이름	문서₩GTQ₩수험번호-성명-3.jpg
		크기	600×400pixels
	PSD	파일 이름	문서₩GTQ₩수험번호-성명-3.psd
		크기	60×40pixels

1. 그림 효과

① 배경 : #ffddff
② 2급-5.jpg : 필터 – Diffuse Glow(광선 확산), 레이어 마스크 – 가로 방향으로 흐릿하게
③ 2급-6.jpg : 레이어 스타일 – Outer Glow(외부 광선)
④ 2급-7.jpg : 레이어 스타일 – Bevel & Emboss(경사와 엠보스)
⑤ 2급-8.jpg : 레이어 스타일 – Drop Shadow(그림자 효과)
⑥ 그 외 〈출력형태〉 참조

2. 문자 효과

① 가슴으로 안아주세요 (바탕, 18pt, #9966ff, #ff88ff, 레이어 스타일 – Stroke(선/획)(2px, #000000), Drop Shadow(그림자 효과))
② ADOPT DON'T SHOP (Arial, Bold, 60pt, 36pt, 레이어 스타일 – 그라디언트 오버레이(#220066, #6688ff), Stroke(선/획)(2px, #ffeedd), Drop Shadow(그림자 효과))

출력형태

Shape Tool(모양 도구) 사용.
#bbccff
Inner Glow(내부 광선)
Drop Shadow(그림자 효과)

Shape Tool(모양 도구) 사용
Inner Shadow(내부 그림자)
그라디언트 오버레이(#ffeedd, #ffbb33)
Opacity(불투명도)(70%)

다음의 〈조건〉에 따라 아래의 〈출력형태〉와 같이 작업하시오.

조건

원본 이미지	2급-9.jpg, 2급-10.jpg, 2급-11.jpg, 2급-12.jpg, 2급-13.jpg		
파일저장규칙	JPG	파일 이름	문서₩GTQ₩수험번호-성명-4.jpg
		크기	600×400pixels
	PSD	파일 이름	문서₩GTQ₩수험번호-성명-4.psd
		크기	60×40pixels

1. 그림 효과

① 2급-9.jpg : 필터 - Cutout(오려내기)
② 2급-10.jpg : 레이어 스타일 - Drop Shadow(그림자 효과)
③ 2급-11.jpg : 레이어 스타일 - Outer Glow(외부 광선), Opacity(불투명도)(80%)
④ 2급-12.jpg : 필터 - Texturizer(텍스처화)
⑤ 2급-13.jpg : 레이어 스타일 - Drop Shadow(그림자 효과)
⑥ 그 외 〈출력형태〉 참조

2. 문자 효과

① DIY Fat Accessories (Arial, Bold, 60pt, 40pt, #ff9911, #00ccff, 레이어 스타일 - Stroke(선/획)(2px, #000000), Drop Shadow(그림자 효과))
② 헌옷을 리폼하여 반려동물 소품 제작 (바탕, 16pt, 레이어 스타일 - 그라디언트 오버레이(#007700, #99ff99), Stroke(선/획)(2px, #ffffff))
③ 미싱초보도 쉽게 만드는 (돋움, 16pt, #333333, 레이어 스타일 - Stroke(선/획)(2px, #cccccc))

출력형태

Shape Tool(모양 도구) 사용
Inner Shadow(내부 그림자)
Stroke(선/획)(3px, #ff33ff)

Shape Tool(모양 도구) 사용
그라디언트 오버레이
(#660066, #ff66ff)
Drop Shadow(그림자 효과)
Opacity(불투명도)(70%)

Shape Tool(모양 도구) 사용, #ffbb33
Stroke(선/획)(2px, #ffffaa)

[기능평가] Tool(도구) 활용

① 새 작업 파일 만들기 ▶ ② 이미지 선택 후 복제 및 변형 ▶ ③ 사용자 정의 모양 배치 ▶ ④ 문자 입력
▶ ⑤ 파일 저장

01 새 작업 파일 만들기

《조건》
- Width(폭) : 400Pixels(픽셀)
- Height(높이) : 500Pixels(픽셀)
- Resolution(해상도) : 72Pixels/Inch(픽셀/인치)
- Color Mode(색상 모드) : RGB Color(RGB 색상), 8bit(비트)

01 새 작업 파일을 만들기 위하여 [File(파일)]-[New(새로 만들기)]([Ctrl]+[N])를 선택하고 문제
지의 조건과 같이 설정하여 새 작업 파일을 만듭니다.

02 작업창의 환경 설정을 위하여 [Edit(편집)]-[Preference(환경 설정)]([Ctrl]+[K])를 선택합니
다. [Guides, Grid & Slices(안내선, 격자와 슬라이스)]를 선택하여 Guides(안내선)의
'Canvas(캔버스) : Light Red(밝은 빨강)', Grid(격자)의 'Gridline every(격자 간격) :
100pixels(픽셀), Subdivisions(세분) : 1'로 설정합니다.

03 [View(보기)]-[Rulers(눈금자)]([Ctrl]+[R])와 [View(보기)]-[Show(표시)]-[Grid(격자)]
([Ctrl]+['])를 선택하여 눈금자와 격자를 표시합니다.

04 작업 파일을 저장하기 위하여 [File(파일)]-[Save As(다른 이름으로 저장)]([Shift]+[Ctrl]+[S])
를 선택하고 답안폴더(내PC₩문서₩GTQ)에 '수험번호-성명-1.psd'로 저장합니다.

02 이미지 선택 후 복제 및 변형

《사용소스》
PART 04 〉 기출 유형 문제 10회 〉 2급-1.jpg

《조건》
복제 및 변형 : 금붕어

01 [File(파일)]−[Open(열기)]([Ctrl]+[O]) 을 선택하여 2급−1.jpg를 불러옵니다. [Image(이미지)]−[Image Size (이미지 크기)]를 선택하여 'Width(폭) : 400Pixels(픽셀)'로 설정하여 크기를 줄여줍니다. [Ctrl]+[A]를 눌러서 전체 이미지를 선택하고 [Ctrl]+[C]를 눌러 복사한 후 작업 파일에 [Ctrl]+[V] 로 붙여넣습니다. 출력형태를 참고하여 이미지를 배치합니다.

02 Object Selection Tool(개체 선택 도구,)을 클릭하고 상단 [Options Bar(옵션 바)]에서 'New Selection(새 선택 영역), Mode(모드) : Lasso(올가미)'를 선택하여 금붕어 형태를 따라 드래그합니다. Quick Selection Tool(빠른 선택 도구,)과 Polygonal Lasso Tool(다각형 올가미 도구,)로 영역 추가 및 영역 삭제 작업을 추가합니다.

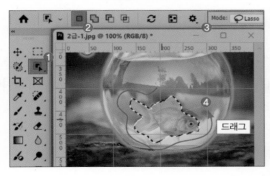 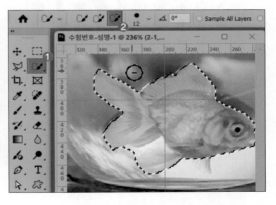

03 선택한 금붕어를 복사하기 위하여 [Layer(레이어)]− [New(새로 만들기)]−[Layer Via Copy(복사한 레이어)] ([Ctrl]+[J])를 선택하여 이미지 크기를 출력형태와 같이 조절한 후 방향을 좌우반전하기 위하여 마우스 오른쪽 버튼을 누릅니다. Flip Horizontal(가로로 뒤집기)을 선택하여 반전시킨 이미지를 적절히 배치하고 [Enter]를 누릅니다.

03 사용자 정의 모양 배치

《조건》

• 사람 모양 (레이어 스타일 – 그라디언트 오버레이(#770077, #ffbbff), Drop Shadow(그림자 효과))
• 물방울 모양 (#0066ff, #00ffff, 레이어 스타일 – Bevel & Emboss(경사와 엠보스))

01 Custom Shape Tool(사용자 정의 모양 도구, )를 클릭하고 상단 [Options Bar(옵션 바)]
에서 'Shape(모양), Fill(칠) : #0066ff, Stroke(획) : No Color(색상 없음)'로 설정합니다.

02 물방울 모양 도형을 선택하기 위하여 목록 단추를 클릭하고 [Legacy Shapes and More(레
거시 모양 및 기타)]-[All Legacy Default Shapes(모든 레거시 기본 모양)]-[Nature(자
연)]-[Raindrop(물방울)]을 선택합니다.

03 출력형태에 맞추어 도형을 그린 후 Layer(레이어) 패널 하단에서 Add a layer style(레이어
스타일 추가, fx.)을 클릭하여 [Bevel & Emboss(경사와 엠보스)]를 선택합니다.

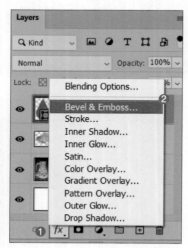

04 완성한 물방울 모양을 선택하고 Ctrl+J를 눌러서 복사한 다음 Ctrl+T를 눌러 크기와 위치
를 출력형태와 같이 배치하고 Enter를 누릅니다. Layer(레이어) 패널에서 복제한 물방울 모
양 레이어의 Layer thumbnail(레이어 축소판)을 더블 클릭하여 [Color Picker(색상 피커)]
창에 'Color(색상) : #00ffff'를 입력합니다.

05 Custom Shape Tool(사용자 정의 모양 도구, 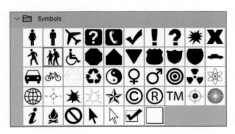)를 클릭하고 상단 [Options Bar(옵션 바)]에서 목록 단추를 클릭하여 [Legacy Shapes and More(레거시 모양 및 기타)]–[All Legacy Default Shapes(모든 레거시 기본 모양)]–[Symbols(기호)]–[School(학교)]을 선택합니다.

06 출력형태에 맞추어 도형을 그린 후 Ctrl+T를 눌러서 크기와 위치를 출력형태와 같이 배치한 후 마우스 오른쪽 버튼을 눌러 Flip Horizontal(가로로 뒤집기)을 선택하여 반전시킨 도형을 적절히 배치하고 Enter를 누릅니다.

07 Layer(레이어) 패널 하단에서 Add a layer style(레이어 스타일 추가, fx.)을 클릭하여 Inner [Gradient Overlay(그레이디언트 오버레이)]를 선택하고 Click to edit the gradient(클릭하여 그레이디언트 편집)를 선택하면 Gradient Editor(그레이디언트 편집기)가 열립니다. 좌측 하단 [Color Stop(색상 정지점)]을 더블 클릭하여 '#770077', 우측 하단 [Color Stop(색상 정지점)]을 더블 클릭하여 '#ffbbff'로 입력하고 'Angle(각도) : 90°'로 설정한 후 [OK(확인)]를 클릭합니다.

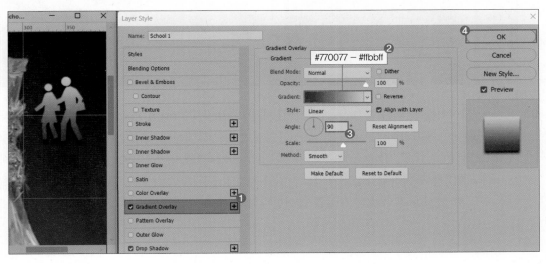

04 문자 입력

《조건》

① 조용한 반려동물 GOLDFISH (궁서, 24pt, 36pt, #9900aa, #ff9900, 레이어 스타일 – Stroke(선/획)(2px, #ffffff), Drop Shadow(그림자 효과))

01 Horizontal Type Tool(수평 문자 도구, [T.])를 선택하고 상단 [Options Bar(옵션 바)]에서 'Font(글꼴) : 궁서, Size(크기) : 24pt, Set anti-aliasing method(안티 앨리어싱 방법 설정) : Sharp(선명하게), Center text(텍스트 중앙 정렬), Set text color(텍스트 색상 설정) : #9900aa'로 설정합니다.

02 작업 이미지를 클릭하고 '조용한 반려동물 GOLDFISH'를 입력한 후 출력형태와 같이 배치합니다. 'GOLDFISH' 부분만 블록 선택하여 'Size(크기) : 36pt, Set text color(텍스트 색상 설정) : #ff9900'로 설정합니다.

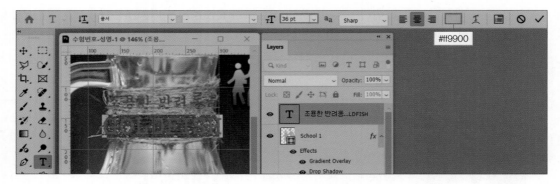

03 텍스트 레이어를 선택하고 Layer(레이어) 패널 하단에서 Add a layer style(레이어 스타일 추가, [fx.])을 클릭하여 [Drop Shadow(그림자)]를 선택하고 'Opacity(불투명도) : 75%, Angle(각도) : 125°, Distance(거리) : 5px, Size(크기) : 5px'로 설정합니다. 계속해서 [Stroke(획)]를 선택하고 'Size(크기) : 2px, Position(위치) : Outside(바깥쪽), Color(색상) : #ffffff'로 설정한 후 [OK(확인)]를 클릭합니다.

05 파일 저장

01 최종적으로 작업 파일의 이미지 위치, 레이어 순서, 레이어 스타일을 점검하고 [View(보기)]–[Show(표시)]–[Grid(격자)]([Ctrl]+[']를 선택하여 격자를 끕니다.

02 [File(파일)]–[Save As a Copy(다른 이름으로 저장)]([Alt]+[Ctrl]+[S])를 선택하여 '저장 위치 : 내PC₩문서₩GTQ, 파일 이름 : 수험번호-성명-1, 파일 형식 : JPEG'로 저장합니다. [JPEG Options(JPEG 옵션)] 창에서 'Quality(품질) : 12'를 설정합니다.

03 [Image(이미지)]–[Image Size(이미지 크기)]([Alt]+[Ctrl]+[I])를 선택하여 [Image Size(이미지 크기)] 창에서 'Width(폭) : 40Pixels(픽셀), Height(높이) : 50Pixels(픽셀)'을 입력하여 이미지 크기를 1/10로 축소합니다.

04 [File(파일)]–[Save As(다른 이름으로 저장)]([Shift]+[Ctrl]+[S])을 선택하여 '저장 위치 : 내 PC₩문서₩GTQ, 파일 이름 : 수험번호-성명-1, 파일 형식 : PSD'로 저장합니다. 답안 전송 프로그램에서 [답안 전송]을 선택하여 jpg, psd 파일을 감독관 컴퓨터로 전송합니다.

[기능평가] 사진 편집 기초

작업순서　① 새 작업 파일 만들기 ▶ ② 필터 적용 및 액자 제작 ▶ ③ 색상 보정 ▶ ④ 이미지 합성 ▶ ⑤ 문자 입력
　　　　　▶ ⑥ 파일 저장

01 새 작업 파일 만들기

《조건》

- Width(폭) : 400Pixels(픽셀)
- Height(높이) : 500Pixels(픽셀)
- Resolution(해상도) : 72Pixels/Inch(픽셀/인치)
- Color Mode(색상 모드) : RGB Color(RGB 색상), 8bit(비트)

01 새 작업 파일을 만들기 위하여 [File(파일)]-[New(새로 만들기)]([Ctrl]+[N])를 선택하고 문제
지의 조건과 같이 설정하여 새 작업 파일을 만듭니다.

02 [View(보기)]-[Rulers(눈금자)]([Ctrl]+[R])와 [View(보기)]-[Show(표시)]-[Grid(격자)]
([Ctrl]+['])를 선택하여 눈금자와 격자를 표시합니다.

03 작업 파일을 저장하기 위하여 [File(파일)]-[Save As(다른 이름으로 저장)]([Shift]+[Ctrl]+[S])
를 선택하고 답안폴더(내PC₩문서₩GTQ)에 '수험번호-성명-2.psd'로 저장합니다.

02 필터 적용 및 액자 제작

《사용소스》

PART 04 〉 기출 유형 문제 10회 〉 2급-2.jpg

《조건》

- 필터 – Sponge(스폰지)
- 안쪽 테두리(5px, #553300)
- 레이어 스타일 – Drop Shadow(그림자 효과)

01 [File(파일)]-[Open(열기)]([Ctrl]+[O])을 선택하여 2급-2.jpg를 불러옵니다. [Image(이미
지)]-[Image Size(이미지 크기)]를 선택하여 'Width(폭) : 400Pixels(픽셀)'로 설정하여 크
기를 줄여줍니다.

02 [Ctrl]+[A]를 눌러서 전체 이미지를 선택하고 [Ctrl]+[C]를 눌러 복사한 후 작업 파일에 [Ctrl]
+[V]로 붙여넣습니다. [Ctrl]+[T]를 눌러서 마우스 오른쪽 버튼을 눌러 Flip Horizontal(가로
로 뒤집기)을 선택하여 반전시킨 이미지를 적절히 배치하고 [Enter]를 누릅니다. 출력형태와 같
이 배치하고 액자를 제작하기 위하여 [Ctrl]+[J]를 눌러서 이미지 레이어를 복제합니다.

03 필터를 적용하기 위하여 [Filter(필터)]-[Filter Gallery(필터 갤러리)]-[Artistic(예술 효과)]-[Sponge(스폰지)]를 선택하고 [OK(확인)]를 클릭합니다.

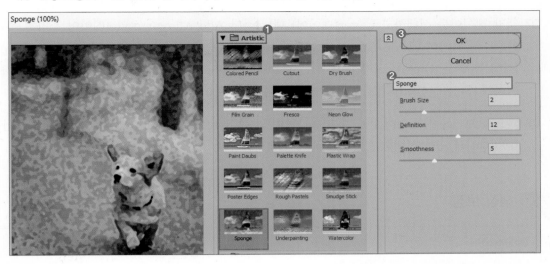

04 액자 프레임의 범위를 표시하기 위하여 눈금자의 숫자 부분에서부터 클릭 드래그하여 Guide Line(안내선)을 제작합니다.

05 액자 프레임을 사각형으로 그려서 안쪽을 삭제하기 위하여 Rectangular Marquee Tool(사각형 선택 윤곽 도구, [::])을 선택하여 사각형을 그립니다. 사각형을 그릴 때 눈금자에서 상하좌우 50px 간격을 확인하면서 그립니다. [Select(선택)]-[Modify(수정)]-[Smooth(매끄럽게)]를 선택하고 'Sample Radius(샘플 반경) : 5pixels(픽셀)'을 설정합니다. 모서리가 둥글게 수정된 사각 선택 영역을 [Delete]을 눌러서 삭제합니다.

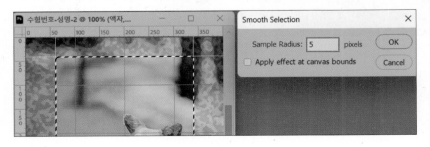

06 액자 프레임 안쪽에 테두리를 그리기 위하여 [Edit(편집)]-[Stroke(획)]를 선택하고 'Width (폭) : 5px, Color(색상) : #553300, Location(위치) : Center(중앙)'로 설정합니다.

07 액자 레이어를 선택하고 Layer(레이어) 패널 하단 Add a layer style(레이어 스타일 추가, fx.)을 클릭하여 [Drop Shadow(그림자)]를 선택하고 'Opacity(불투명도) : 75%, Angle (각도) : 125°, Distance(거리) : 5px, Size(크기) : 5px'를 확인한 후 선택 영역을 해제하기 위하여 [Select(선택)]-[Deselect(선택 해제)]([Ctrl]+[D])를 선택합니다.

08 [View(보기)]-[Rulers(눈금자)]([Ctrl]+[R])와 [View(보기)]-[Show(표시)]-[Guides(안내 선)]([Ctrl]+[;])를 선택하여 안내선을 표시 해제합니다.

03 색상 보정

《사용소스》
PART 04 〉 기출 유형 문제 10회 〉 2급-3.jpg

《조건》
2급-3.jpg : 빨간색 계열로 보정, 레이어 스타일 – Outer Glow(외부 광선)

01 [File(파일)]-[Open(열기)]([Ctrl]+[O])을 선택하여 2급-3.jpg를 불러옵니다. [Image(이미지)]-[Image Size(이미지 크기)]를 선택하여 'Width(폭) : 400Pixels(픽셀)'로 설정하여 크기를 줄여줍니다.

02 Object Selection Tool(개체 선택 도구, ▣.)을 클릭하고 상단 [Options Bar(옵션 바)]에서 'New Selection(새 선택 영역), Mode(모드) : Lasso(올가미)'를 선택하여 개껌 형태를 따라 드래그합니다.

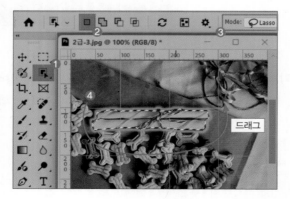

03 선택한 개껌 이미지는 Ctrl + C를 눌러서 복사하고 작업 파일에 Ctrl + V를 눌러 붙여 넣습니다. Ctrl + T를 눌러서 이미지 크기와 위치를 적절히 배치하고 Enter를 누릅니다.

04 이미지를 빨간색으로 보정하기 위하여 [Image(이미지)]-[Adjustment(조정)]-[Hue/Saturation(색조/채도)](Ctrl + U)를 선택하여 'Colorize(색상화) : 체크, Hue(색조) : 0, Saturation(채도) : 72, Lightness(밝기) : 0'으로 설정하여 빨간색 계열로 보정하고 [OK(확인)]를 클릭합니다.

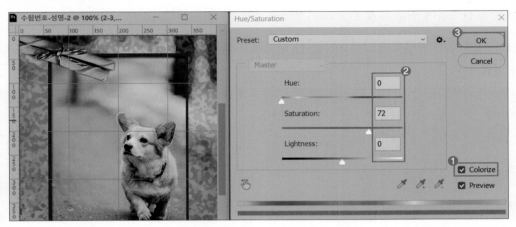

05 개껌 레이어를 선택하고 Layer(레이어) 패널 하단 Add a layer style(레이어 스타일 추가, fx.)을 클릭하여 [Outer Glow(외부 광선)]를 선택하고 'Opacity(불투명도) : 75%, Size(크기) : 5px'로 설정합니다.

04 이미지 합성

《사용소스》

PART 04 〉 기출 유형 문제 10회 〉 2급-4.jpg

《조건》

2급-4.jpg : 레이어 스타일- Bevel & Emboss(경사와 엠보스)

01 [File(파일)]-[Open(열기)](Ctrl + O)을 선택하여 2급-4.jpg를 불러옵니다. [Image(이미지)]-[Image Size(이미지 크기)]를 선택하여 'Width(폭) : 400Pixels(픽셀)'로 설정하여 크기를 줄여줍니다.

02 Object Selection Tool(개체 선택 도구, )을 클릭하고 상단 [Options Bar(옵션 바)]에서 'New Selection(새 선택 영역), Mode(모드) : Lasso(올가미)'를 선택하여 그릇 형태를 따라 드래그합니다. 선택한 그릇 이미지는 Ctrl + C 를 눌러서 복사하고 작업 파일에 Ctrl + V 를 눌러 붙여 넣습니다. Ctrl + T 를 눌러서 이미지 크기를 출력형태와 같이 적절히 배치하고 Enter 를 누릅니다.

03 그릇 레이어를 선택하고 Layer(레이어) 패널 하단 [Add a layer style(레이어 스타일 추가, *fx.*)]을 클릭하여 [Bevel & Emboss(경사와 엠보스)]를 선택합니다.

04 Layer(레이어) 패널에서 그릇 레이어를 선택하고 액자 레이어 아래쪽으로 드래그하여 배치를 수정합니다.

05 문자 입력

《조건》

① Take a good care of pets (Arial, Bold, 36pt, #ffaa33, #553300, 레이어 스타일 – Stroke(선/획)(2px, #ffeedd), Drop Shadow(그림자 효과))

01 Horizontal Type Tool(수평 문자 도구, T.)를 선택하고 상단 [Options Bar(옵션 바)]에서 'Font(글꼴) : Arial, Font Style(폰트 스타일) : Bold, Size(크기) : 36pt, Set anti-aliasing method(안티 앨리어싱 방법 설정) : Sharp(선명하게), Set text color(텍스트 색상 설정) : #ffaa33'로 설정합니다.

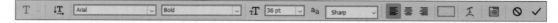

02 작업 이미지를 클릭하고 'Take a good care of pets'를 입력한 후 출력형태와 같이 배치합니다. 입력한 텍스트 중에서 'care of pets' 부분만 블록 선택하여 'Set text color(텍스트 색상 설정) : #553300'로 설정합니다.

03 상단 [Options Bar(옵션 바)]에서 Create Warp Text(뒤틀어진 텍스트 만들기, ![T])를 선택하고 [Warp Text(텍스트 뒤틀기)] 창에서 'Style(스타일) : Wave(파형), Bend(구부리기) : +50%'로 설정하고 [OK(확인)]를 클릭합니다.

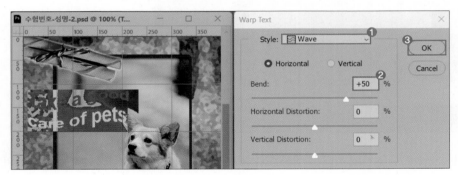

04 텍스트 레이어를 선택하고 Layer(레이어) 패널 하단 Add a layer style(레이어 스타일 추가, ![fx])을 클릭하여 [Stroke(획)]를 선택하고 'Size(크기) : 2px, Position(위치) : Outside(바깥쪽), Color(색상) : #ffeedd'로 설정합니다. 계속해서 [Drop Shadow(드롭 섀도)]를 선택하고 'Opacity(불투명도) : 75%, Angle(각도) : 125°, Distance(거리) : 5px, Size(크기) : 5px'로 설정하고 [OK(확인)]를 클릭합니다.

06 파일 저장

01 최종적으로 작업 파일의 이미지 위치, 레이어 순서, 레이어 스타일을 점검하고 [View(보기)]– [Show(표시)]–[Grid(격자)]([Ctrl]+[`])를 선택하여 격자를 끕니다.

02 [File(파일)]–[Save As a Copy(다른 이름으로 저장)]([Alt]+[Ctrl]+[S])를 선택하여 '저장 위치 : 내PC₩문서₩GTQ, 파일 이름 : 수험번호–성명–2, 파일 형식 : JPEG'로 저장합니다. [JPEG Options(JPEG 옵션)] 창에서 'Quality(품질) : 12'를 확인합니다.

03 [Image(이미지)]–[Image Size(이미지 크기)]([Alt]+[Ctrl]+[I])를 선택하여 [Image Size(이미지 크기)] 창에서 'Width(폭) : 40Pixels(픽셀), Height(높이) : 50Pixels(픽셀)'을 입력하여 이미지 크기를 1/10로 축소합니다.

04 [File(파일)]–[Save As(다른 이름으로 저장)]([Shift]+[Ctrl]+[S])을 선택하여 '저장 위치 : 내 PC₩문서₩GTQ, 파일 이름 : 수험번호–성명–2, 파일 형식 : PSD'로 저장합니다. 답안 전송 프로그램에서 [답안 전송]을 선택하여 jpg, psd 파일을 감독관 컴퓨터로 전송합니다.

작업순서 ① 새 작업 파일 만들기 ▶ ② 배경색 적용 ▶ ③ 필터 적용 및 레이어 마스크 합성 ▶ ④ 이미지 합성
▶ ⑤ 사용자 정의 모양 배치 ▶ ⑥ 문자 입력 ▶ ⑦ 파일 저장

01 새 작업 파일 만들기

《조건》
- Width(폭) : 600Pixels(픽셀)
- Height(높이) : 400Pixels(픽셀)
- Resolution(해상도) : 72Pixels/Inch(픽셀/인치)
- Color Mode(색상 모드) : RGB Color(RGB 색상), 8bit(비트)

01 새 작업 파일을 만들기 위하여 [File(파일)]−[New(새로 만들기)]([Ctrl]+[N])를 선택하고 문제
지의 조건과 같이 설정하여 새 작업 파일을 만듭니다.

02 [View(보기)]−[Rulers(눈금자)]([Ctrl]+[R])와 [View(보기)]−[Show(표시)]−[Grid(격자)]
([Ctrl]+['])를 선택하여 눈금자와 격자를 표시합니다.

03 작업 파일을 저장하기 위하여 [File(파일)]−[Save As(다른 이름으로 저장)]([Shift]+[Ctrl]+[S])
를 선택하고 답안폴더(내PC₩문서₩GTQ)에 '수험번호−성명−3.psd'로 저장합니다.

02 배경색 적용

《조건》
배경색 : #ffddff

01 배경을 채울 색상을 선택하기 위하여 Tool Box(도구 상자) 하단의 [Background Color(배경
색)]을 클릭하고 '#ffddff'로 설정합니다.

02 설정한 색으로 채우기 위하여 [Ctrl]+[Delete]를 눌
러 배경색을 채웁니다.

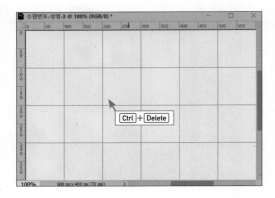

03 필터 적용 및 레이어 마스크 합성

《사용소스》

PART 04 〉 기출 유형 문제 10회 〉 2급-5.jpg

《조건》

2급-5.jpg : 필터 – Diffuse Glow(광선 확산), 레이어 마스크 – 가로 방향으로 흐릿하게

01 [File(파일)]-[Open(열기)]([Ctrl]+[O])을 선택하여 2급-5.jpg를 불러옵니다. [Image(이미지)]-[Image Size(이미지 크기)]를 선택하여 'Width(폭) : 600Pixels(픽셀)'로 설정하고 크기를 줄여줍니다. [Ctrl]+[A]를 눌러서 전체 이미지를 선택하고 [Ctrl]+[C]를 눌러 복사한 후 작업 파일에 [Ctrl]+[V]로 붙여넣습니다.

02 필터를 적용하기 위하여 [Filter(필터)]-[Filter Gallery(필터 갤러리)]-[Distort(왜곡 효과)]-[Diffuse Glow(광선 확산)]를 선택하고 [OK(확인)]를 클릭합니다.

03 레이어 마스크를 적용하기 위하여 Layer(레이어) 패널 하단 [Add layer mask(레이어 마스크 추가, ◻)]를 클릭합니다.

04 레이어 마스크를 부드럽게 적용하기 위하여 Gradient Tool(그레이디언트 도구, ◼)를 선택하고 Options Bar(옵션 바)에서 Select and manage Gradient preset(그레이디언트 사전 설정 선택 및 관리)를 클릭하여 [Basics(기본 사항)]에서 'Black, White(검정, 흰색), Type(유형) : Linear Gradient(선형 그레이디언트), Mode(모드) : Normal(표준), Opacity (불투명도) : 100%'를 설정합니다.

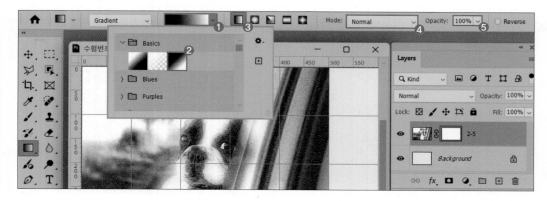

05 작업 파일에서 우측에서 좌측까지 드래그합니다.

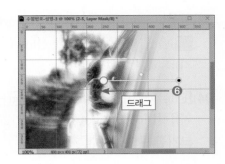

04 이미지 합성

《사용소스》

PART 04 〉 기출 유형 문제 10회 〉 2급-6.jpg/2급-7.jpg/2급-8.jpg

《조건》

- 2급-6.jpg : 레이어 스타일 – Outer Glow(외부 광선)
- 2급-7.jpg : 레이어 스타일 – Bevel & Emboss(경사와 엠보스)
- 2급-8.jpg : 레이어 스타일 – Drop Shadow(그림자 효과)

01 [File(파일)]–[Open(열기)]([Ctrl]+[O])을 선택하여 2급-6.jpg를 불러옵니다. Object Selection Tool(개체 선택 도구, 🔳)을 클릭하고 상단 [Options Bar(옵션 바)]에서 'New Selection(새 선택 영역), Mode(모드) : Lasso(올가미)'를 선택하여 고양이 형태를 따라 드래그합니다. Quick Selection Tool(빠른 선택 도구, 🖌)과 Polygonal Lasso Tool(다각형 올가미 도구, 🔲)로 영역 추가 및 영역 삭제 작업을 추가합니다.

02 선택한 고양이 이미지는 [Ctrl]+[C]를 눌러서 복사하고 작업 파일에 [Ctrl]+[V]를 눌러 붙여 넣습니다. [Ctrl]+[T]를 눌러서 이미지 크기를 출력형태와 같이 조절한 후 마우스 오른쪽 버튼을 눌러 Flip Horizontal(가로로 뒤집기)을 선택하여 반전시킨 이미지를 적절히 배치하고 [Enter]를 누릅니다.

03 고양이 레이어를 선택하고 Layer(레이어) 패널 하단 Add a layer style(레이어 스타일 추가, [fx.])을 클릭하여 [Outer Glow(외부 광선)]를 선택하고 'Opacity(불투명도) : 75%, Size(크기) : 5px'로 설정합니다.

04 [File(파일)]-[Open(열기)]([Ctrl]+[O])을 선택하여 2급-7.jpg를 불러옵니다. [Image(이미지)]-[Image Size(이미지 크기)]를 선택하여 'Height(높이) : 400Pixels(픽셀)'로 설정하여 크기를 줄여줍니다.

05 Object Selection Tool(개체 선택 도구, [🖫])을 클릭하고 상단 [Options Bar(옵션 바)]에서 'New Selection(새 선택 영역), Mode(모드) : Lasso(올가미)'를 선택하여 강아지 형태를 따라 드래그합니다. Quick Selection Tool(빠른 선택 도구, [🖌️])과 Polygonal Lasso Tool(다각형 올가미 도구, [🔽])로 영역 추가 및 영역 삭제 작업을 추가합니다.

06 선택한 강아지 이미지는 [Ctrl]+[C]를 눌러서 복사하고 작업 파일에 [Ctrl]+[V]를 눌러 붙여 넣습니다. [Ctrl]+[T]를 눌러서 이미지 크기를 출력형태와 같이 조절하고 [Enter]를 누릅니다.

07 강아지 레이어를 선택하고 Layer(레이어) 패널 하단 [Add a layer style(레이어 스타일 추가, [fx.])]을 클릭하여 [Bevel & Emboss(경사와 엠보스)]를 선택합니다.

08 [File(파일)]-[Open(열기)]([Ctrl]+[O])을 선택하여 2급-8.jpg를 불러옵니다. [Image(이미지)]-[Image Size(이미지 크기)]를 선택하여 'Height(높이) : 400Pixels(픽셀)'로 설정하여 크기를 줄여줍니다.

09 Object Selection Tool(개체 선택 도구, [🖫])을 클릭하고 상단 [Options Bar(옵션 바)]에서 'New Selection(새 선택 영역), Mode(모드) : Lasso(올가미)'를 선택하여 고양이집 형태를 따라 드래그합니다. Quick Selection Tool(빠른 선택 도구, [🖌️])과 Polygonal Lasso Tool(다각형 올가미 도구, [🔽])로 영역 추가 및 영역 삭제 작업을 추가합니다.

10 선택한 고양이집 이미지는 [Ctrl]+[C]를 눌러서 복사하고 작업 파일에 [Ctrl]+[V]를 눌러 붙여 넣습니다. [Ctrl]+[T]를 눌러서 이미지 크기를 출력형태와 같이 조절하고 [Enter]를 누릅니다.

11 고양이집 레이어를 선택하고 Layer(레이어) 패널 하단 Add a layer style(레이어 스타일 추가, [fx.])을 클릭하여 [Drop Shadow(그림자)]를 선택하고 'Opacity(불투명도) : 75%, Angle(각도) : 125°, Distance(거리) : 5px, Size(크기) : 5px'로 설정하여 [OK(확인)]를 클릭합니다.

05 사용자 정의 모양 배치

01 Custom Shape Tool(사용자 정의 모양 도구, 💥)를 클릭하고 상단 [Options Bar(옵션 바)]
에서 'Shape(모양), Fill(칠) : #bbccff, Stroke(획) : No Color(색상 없음)'로 설정합니다.

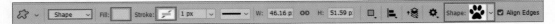

02 고양이 발자국 모양 도형을 선택하기 위하여 목록 단추를 클릭하고 [Legacy Shapes and
More(레거시 모양 및 기타)]–[All Legacy Default Shapes(모든 레거시 기본 모양)]–
[Animals(동물)]–[Cat Print(고양이 발자국)]을 선택합니다.

03 출력형태에 맞추어 도형을 그린 후 Layer(레이어) 패널 하단에서 Add a layer style(레이어
스타일 추가, *fx.*)을 클릭하여 [Inner Glow(내부 광선)]를 선택하고 'Opacity(불투명도) :
75%, Size(크기) : 5px'로 설정합니다. 계속해서 [Drop Shadow(드롭 섀도)]를 선택하고
'Opacity(불투명도) : 75%, Angle(각도) : 125°, Distance(거리) : 5px, Size(크기) : 5px'로
설정한 후 [OK(확인)]를 클릭합니다.

04 Custom Shape Tool(사용자 정의 모양 도구, 💥)를 클릭하고 상단 [Options Bar(옵션 바)]
에서 목록 단추를 클릭하여 [Legacy Shapes and More(레거시 모양 및 기타)]–[All Legacy
Default Shapes(모든 레거시 기본 모양)]–[Talk Bubbles(말 풍선)]–[Thought 2(생각 2)]
를 선택합니다.

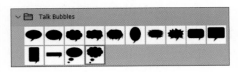

05 출력형태에 맞추어 도형을 그린 후 Layer(레이어) 패널 하단에서 Add a layer style(레이어
스타일 추가, *fx.*)을 클릭하여 [Inner Shadow(내부 그림자)]를 선택하고 'Opacity(불투명도)
: 75%, Angle(각도) : 125°, Distance(거리) : 5px, Size(크기) : 5px'로 설정합니다.

06 Layer Style(레이어 스타일) 창에서 [Gradient Overlay(그레이디언트 오버레이)]를 선택하고 Click to edit the gradient(클릭하여 그레이디언트 편집)를 선택하면 Gradient Editor(그레이디언트 편집기)가 열립니다. 좌측 하단 [Color Stop(색상 정지점)]을 더블 클릭하여 '#ffeedd', 우측 하단 [Color Stop(색상 정지점)]을 더블 클릭하여 '#ffbb33'으로 입력하고 'Angle(각도) : 0˚'로 설정합니다.

07 말풍선 도형의 불투명도를 설정하기 위하여 [Layer(레이어)] 패널의 우측 상단 'Opacity(불투명도) : 70%'로 입력합니다.

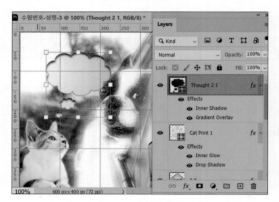 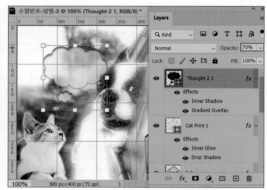

06 문자 입력

《조건》

① 가슴으로 안아주세요 (바탕, 18pt, #9966ff, #ff88ff, 레이어 스타일 – Stroke(선/획)(2px, #000000), Drop Shadow(그림자 효과))

② ADOPT DON'T SHOP (Arial, Bold, 60pt, 36pt, 레이어 스타일 – 그라디언트 오버레이(#220066, #6688ff), Stroke(선/획) (2px, #ffeedd), Drop Shadow(그림자 효과))

01 Horizontal Type Tool(수평 문자 도구, T.)를 선택하고 상단 [Options Bar(옵션 바)]에서 'Font(글꼴) : 바탕, Size(크기) : 18pt, Set anti-aliasing method(안티 앨리어싱 방법 설정) : Sharp(선명하게), Set text color(텍스트 색상 설정) : #9966ff'로 설정합니다.

02 작업 이미지를 클릭하고 '가슴으로 안아주세요'를 입력한 후 출력형태와 같이 배치합니다. 입력한 텍스트 중에서 '안아주세요' 부분만 블록 선택하여 'Set text color(텍스트 색상 설정) : #ff88ff'로 설정합니다.

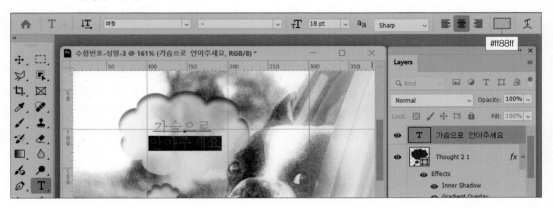

03 텍스트 레이어를 선택하고 Layer(레이어) 패널 하단에서 Add a layer style(레이어 스타일 추가, fx.)을 클릭하여 [Drop Shadow(그림자)]를 선택하고 'Opacity(불투명도) : 75%, Angle(각도) : 125°, Distance(거리) : 5px, Size(크기) : 5px'로 설정합니다. 계속해서 [Stroke(획)]를 선택하고 'Size(크기) : 2px, Position(위치) : Outside(바깥쪽), Color(색상) : #000000'로 설정하여 [OK(확인)]를 클릭합니다.

04 Horizontal Type Tool(수평 문자 도구, T.)를 선택하고 작업 이미지를 클릭하여 'ADOPT DON'T SHOP'을 입력한 후 출력형태와 같이 배치합니다. 상단 [Options Bar(옵션 바)]에서 'Font(글꼴) : Arial, Font Style(폰트 스타일) : Bold, Size(크기) : 60pt'로 설정합니다. 입력한 텍스트 중에서 'DON'T SHOP' 부분만 블록 선택하여 'Size(크기) : 36pt'로 설정합니다.

05 상단 [Options Bar(옵션 바)]에서 Create Warp Text(뒤틀어진 텍스트 만들기, ⊥)를 선택하고 [Warp Text(텍스트 뒤틀기)] 창에서 'Style(스타일) : Squeeze(양쪽 누르기), Bend(구부리기) : +50%'로 설정하고 [OK(확인)]를 클릭합니다.

06 텍스트 레이어를 선택하고 Layer(레이어) 패널 하단에서 Add a layer style(레이어 스타일 추가, [fx.])을 클릭하여 [Drop Shadow(그림자)]를 선택하고 'Opacity(불투명도) : 75%, Angle(각도) : 125°, Distance(거리) : 5px, Size(크기) : 5px'로 설정합니다. 계속해서 [Stroke(획)]를 선택하고 'Size(크기) : 2px, Position(위치) : Outside(바깥쪽), Color(색상) : #ffeedd'로 설정합니다.

07 Layer Style(레이어 스타일) 창에서 [Gradient Overlay(그레이디언트 오버레이)]를 선택하고 Click to edit the gradient(클릭하여 그레이디언트 편집)를 선택하면 Gradient Editor(그레이디언트 편집기)가 열립니다. 좌측 하단 [Color Stop(색상 정지점)]을 더블 클릭하여 '#220066', 우측 하단 [Color Stop(색상 정지점)]을 더블 클릭하여 '#6688ff'로 입력하고 'Angle(각도) : 90°'로 설정합니다.

07 📁 **파일 저장**

《조건》
- JPG 파일 : 문서₩GTQ₩수험번호-성명-3.jpg / 크기 : 600*400pixels
- PSD 파일 : 문서₩GTQ₩수험번호-성명-3.psd / 크기 : 60*40pixels

01 최종적으로 작업 파일의 이미지 위치, 레이어 순서, 레이어 스타일을 점검하고 [View(보기)]-[Show(표시)]-[Grid(격자)]([Ctrl]+['])를 선택하여 격자를 끕니다.

02 [File(파일)]−[Save As a Copy(다른 이름으로 저장)](Alt+Ctrl+S)를 선택하여 '저장 위치 : 내PC₩문서₩GTQ, 파일 이름 : 수험번호−성명−3, 파일 형식 : JPEG'로 저장합니다. [JPEG Options(JPEG 옵션)] 창에서 'Quality(품질) : 12'를 확인합니다.

03 [Image(이미지)]−[Image Size(이미지 크기)](Alt+Ctrl+I)를 선택하여 [Image Size(이미지 크기)] 창에서 'Width(폭) : 60Pixels(픽셀), Height(높이) : 40Pixels(픽셀)'을 입력하여 이미지 크기를 1/10로 축소합니다.

04 [File(파일)]−[Save As(다른 이름으로 저장)](Shift+Ctrl+S)을 선택하여 '저장 위치 : 내PC₩문서₩GTQ, 파일 이름 : 수험번호−성명−3, 파일 형식 : PSD'로 저장합니다. 답안 전송 프로그램에서 [답안 전송]을 선택하여 jpg, psd 파일을 감독관 컴퓨터로 전송합니다.

문제 4 **[실무응용] 이벤트 페이지 제작**

작업순서 ① 새 작업 파일 만들기 ▶ ② 필터 적용 ▶ ③ 이미지 합성 및 불투명도 ▶ ④ 클리핑 마스크 ▶ ⑤ 사용자 정의 모양 배치 ▶ ⑥ 문자 입력 ▶ ⑦ 파일 저장

ⓞ1 새 작업 파일 만들기

《조건》
- Width(폭) : 600Pixels(픽셀)
- Height(높이) : 400Pixels(픽셀)
- Resolution(해상도) : 72Pixels/Inch(픽셀/인치)
- Color Mode(색상 모드) : RGB Color(RGB 색상), 8bit(비트)

01 새 작업 파일을 만들기 위하여 [File(파일)]−[New(새로 만들기)](Ctrl+N)를 선택하고 문제지의 조건과 같이 설정하여 새 작업 파일을 만듭니다.

02 [View(보기)]−[Rulers(눈금자)](Ctrl+R)와 [View(보기)]−[Show(표시)]−[Grid(격자)] (Ctrl+')를 선택하여 눈금자와 격자를 표시합니다.

03 작업 파일을 저장하기 위하여 [File(파일)]−[Save As(다른 이름으로 저장)](Shift+Ctrl+S)를 선택하고 답안폴더(내PC₩문서₩GTQ)에 '수험번호−성명−4.psd'로 저장합니다.

02 필터 적용

《사용소스》

PART 04 〉 기출 유형 문제 10회 〉 2급-9.jpg

《조건》

2급-9.jpg : 필터 – Cutout(오려내기)

01 [File(파일)]-[Open(열기)]([Ctrl]+[O])을 선택하여 2급-9.jpg를 불러옵니다. [Image(이미지)]-[Image Size(이미지 크기)]를 선택하여 'Width(폭) : 600Pixels(픽셀)'로 설정하여 크기를 줄여줍니다. [Ctrl]+[A]를 눌러서 전체 이미지를 선택하고 [Ctrl]+[C]를 눌러 복사한 후 작업 파일에 [Ctrl]+[V]로 붙여넣습니다. [Ctrl]+[T]를 누르고 마우스 오른쪽 버튼을 눌러 Flip Horizontal(가로로 뒤집기)을 선택하여 반전시킨 이미지를 적절히 배치하고 [Enter]를 누릅니다.

02 필터를 적용하기 위하여 [Filter(필터)]-[Filter Gallery(필터 갤러리)]-[Artistic(예술 효과)]-[Cutout(오려내기)]를 선택하고 [OK(확인)]를 클릭합니다.

03 이미지 합성 및 불투명도

《사용소스》

PART 04 〉 기출 유형 문제 10회 〉 2급-10.jpg/2급-11.jpg/2급-13.jpg

《조건》

• 2급-10.jpg : 레이어 스타일 – Drop Shadow(그림자 효과)
• 2급-11.jpg : 레이어 스타일 – Outer Glow(외부 광선), Opacity(불투명도)(80%)
• 2급-13.jpg : 레이어 스타일 – Drop Shadow(그림자 효과)

01 [File(파일)]-[Open(열기)]([Ctrl]+[O])을 선택하여 2급-10.jpg를 불러옵니다. [Image(이미지)]-[Image Size(이미지 크기)]를 선택하여 'Width(폭) : 600Pixels(픽셀)'로 설정하여 크기를 줄여줍니다.

02 Object Selection Tool(개체 선택 도구, ▣)을 클릭하고 상단 [Options Bar(옵션 바)]에서 'New Selection(새 선택 영역), Mode(모드) : Lasso(올가미)'를 선택하여 줄자 형태를 따라 드래그합니다. Quick Selection Tool(빠른 선택 도구, ☑)과 Polygonal Lasso Tool(다각형 올가미 도구, ☑)로 영역 추가 및 영역 삭제 작업을 추가합니다.

03 선택한 줄자 이미지는 [Ctrl]+[C]를 눌러서 복사하고 작업 파일에 [Ctrl]+[V]를 눌러 붙여 넣습니다. [Ctrl]+[T]를 누르고 마우스 오른쪽 버튼을 눌러 Flip Vertical(세로로 뒤집기)을 선택하여 반전시킨 이미지를 적절히 배치하고 [Enter]를 누릅니다.

04 줄자 레이어를 선택하고 Layer(레이어) 패널 하단 Add a layer style(레이어 스타일 추가, fx.)을 클릭하여 [Drop Shadow(그림자)]를 선택하고 'Opacity(불투명도) : 75%, Angle(각도) : 125°, Distance(거리) : 5px, Size(크기) : 5px'로 설정합니다.

05 [File(파일)]-[Open(열기)]([Ctrl]+[O])을 선택하여 2급-11.jpg를 불러옵니다. [Image(이미지)]-[Image Size(이미지 크기)]를 선택하여 'Width(폭) : 600Pixels(픽셀)'로 설정하여 크기를 줄여줍니다.

06 Object Selection Tool(개체 선택 도구, ▣)을 클릭하고 상단 [Options Bar(옵션 바)]에서 'New Selection(새 선택 영역), Mode(모드) : Lasso(올가미)'를 선택하여 강아지 형태를 따라 드래그합니다. Quick Selection Tool(빠른 선택 도구, ☑)과 Polygonal Lasso Tool(다각형 올가미 도구, ☑)로 영역 추가 및 영역 삭제 작업을 추가합니다.

07 선택한 강아지 이미지는 [Ctrl]+[C]를 눌러서 복사하고 작업 파일에 [Ctrl]+[V]를 눌러 붙여 넣습니다. [Ctrl]+[T]를 눌러서 이미지 크기를 출력형태와 같이 조절하고 [Enter]를 누릅니다.

08 강아지 레이어를 선택하고 Layer(레이어) 패널 하단 Add a layer style(레이어 스타일 추가, fx.)을 클릭하여 [Outer Glow(외부 광선)]를 선택하고 'Opacity(불투명도) : 75%, Size(크기) : 5px'를 확인합니다.

09 이미지의 불투명도를 설정하기 위하여 [Layer(레이어)] 패널의 우측 상단 'Opacity(불투명도) : 80%'로 입력합니다.

10 [File(파일)]–[Open(열기)]([Ctrl]+[O])을 선택하여 2급–13.jpg를 불러옵니다. Object Selection Tool(개체 선택 도구, [🔳])을 클릭하고 상단 [Options Bar(옵션 바)]에서 'New Selection(새 선택 영역), Mode(모드) : Lasso(올가미)'를 선택하여 가위 형태를 따라 드래그 합니다.

11 선택한 가위 이미지는 [Ctrl]+[C]를 눌러서 복사하고 작업 파일에 [Ctrl]+[V]를 눌러 붙여 넣습니다. [Ctrl]+[T]를 눌러서 이미지 크기를 출력형태와 같이 조절하고 [Enter]를 누릅니다.

12 가위 레이어를 선택하고 Layer(레이어) 패널 하단 Add a layer style(레이어 스타일 추가, [fx.])을 클릭하여 [Drop Shadow(그림자)]를 선택하고 'Opacity(불투명도) : 75%, Angle(각도) : 125°, Distance(거리) : 5px, Size(크기) : 5px'로 설정합니다.

04 클리핑 마스크

《사용소스》

PART 04 〉 기출 유형 문제 10회 〉 2급–12.jpg

《조건》

• 2급–12.jpg : 필터 – Texturizer(텍스처화)
• 방패 모양 : 레이어 스타일 – Inner Shadow(내부 그림자), Stroke(선/획)(3px, #ff33ff)

01 클리핑 마스크를 위한 도형을 제작하기 위하여 Custom Shape Tool(사용자 정의 모양 도구, [🔁])를 클릭하고 상단 [Options Bar(옵션 바)]에서 'Shape(모양), Fill(칠) : #000000, Stroke(획) : No Color(색상 없음)'로 설정합니다.

02 방패 모양 도형을 선택하기 위하여 목록 단추를 클릭하고 [Legacy Shapes and More(레거시 모양 및 기타)]–[All Legacy Default Shapes(모든 레거시 기본 모양)]–[Symbols(기호)]–[Sign 4(기호 4)]을 선택하고 출력형태와 같이 배치합니다.

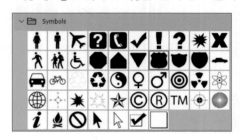
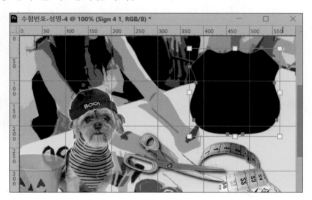

03 [File(파일)]−[Open(열기)]([Ctrl]+[O])을 선택하여 2급−12.jpg를 불러옵니다. [Image(이미지)]−[Image Size(이미지 크기)]를 선택하여 'Height(높이) : 400Pixels(픽셀)'로 설정하여 크기를 줄여줍니다. [Ctrl]+[A]를 눌러서 전체 이미지를 선택하고 [Ctrl]+[C]를 눌러 복사한 후 작업 파일에 [Ctrl]+[V]로 붙여넣습니다.

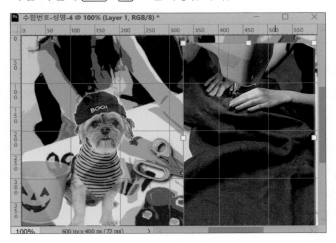

04 클리핑 마스크를 적용하기 위하여 이미지 레이어를 선택한 후 마우스 오른쪽 버튼을 누르고 Create Clipping Mask(클리핑 마스크 만들기)를 선택합니다. [Ctrl]+[T]를 눌러서 이미지 크기를 출력형태와 같이 적절히 배치하고 [Enter]를 누릅니다.

05 이미지에 필터를 적용하기 위하여 [Filter(필터)]−[Filter Gallery(필터 갤러리)]−[Texture (텍스처)]−[Texturizer(텍스처화)]를 선택하고 [OK(확인)]를 클릭합니다.

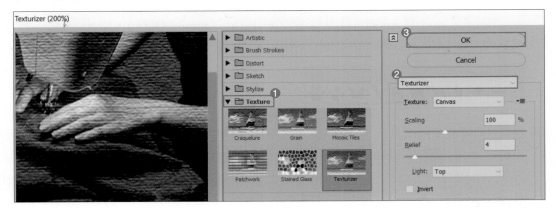

06 방패 모양 도형 레이어를 선택하고 Layer(레이어) 패널 하단에서 Add a layer style(레이어 스타일 추가, *fx.*)을 클릭하여 [Inner Shadow(내부 그림자)]를 선택하고 'Opacity(불투명도) : 75%, Angle(각도) : 125°, Distance(거리) : 5px, Size(크기) : 5px'로 설정합니다. 계속해서 [Stroke(획)]를 선택하고 'Size(크기) : 3px, Position(위치) : Outside(바깥쪽), Color(색상) : #ff33ff'로 설정한 후 [OK(확인)]를 클릭합니다.

05 사용자 정의 모양 배치

《조건》

- 배너 모양 : #ffbb33, 레이어 스타일 – Stroke(선/획)(2px, #ffffaa)
- 고양이 모양 : 레이어 스타일 – 그라디언트 오버레이(#660066, #ff66ff), Drop Shadow(그림자 효과), Opacity(불투명도)(70%)

01 Layer(레이어) 패널에서 가장 위쪽에 배치된 레이어를 선택한 후 Custom Shape Tool(사용자 정의 모양 도구,)을 클릭하고 상단 [Options Bar(옵션 바)]에서 'Shape(모양), Fill(칠) : #ffbb33, Stroke(획) : No Color(색상 없음)'로 설정합니다.

02 배너 모양 도형을 선택하기 위하여 목록 단추를 클릭하고 [Legacy Shapes and More(레거시 모양 및 기타)]–[All Legacy Default Shapes(모든 레거시 기본 모양)]–[Banners and Awards(배너 및 상장)]–[Tapestry(벽걸이 융단)]를 선택합니다.

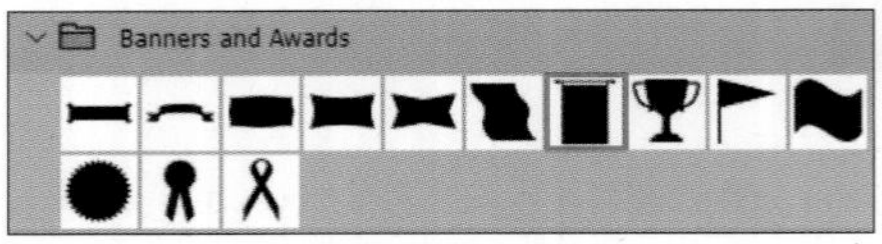

03 출력형태에 맞추어 도형을 그린 후 Layer(레이어) 패널 하단에서 Add a layer style(레이어 스타일 추가, fx)을 클릭하여 [Stroke(획)]를 선택하고 'Size(크기) : 2px, Position(위치) : Outside(바깥쪽), Color(색상) : #ffffaa'로 설정합니다.

04 Custom Shape Tool(사용자 정의 모양 도구,)를 클릭하고 목록 단추를 클릭하여 [Legacy Shapes and More(레거시 모양 및 기타)]–[All Legacy Default Shapes(모든 레거시 기본 모양)]–[Animals(동물)]–[Cat(고양이)]을 선택합니다.

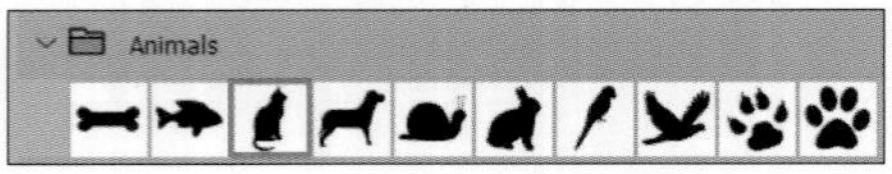

05 출력형태에 맞추어 도형을 그린 후 Layer(레이어) 패널 하단에서 Add a layer style(레이어 스타일 추가, fx)을 클릭하여 [Drop Shadow(그림자)]를 선택하고 'Opacity(불투명도) : 75%, Angle(각도) : 125°, Distance(거리) : 5px, Size(크기) : 5px'로 설정한 후 [OK(확인)]를 클릭합니다.

06 Layer Style(레이어 스타일) 창에서 [Gradient Overlay(그레이디언트 오버레이)]를 선택하고 Click to edit the gradient(클릭하여 그레이디언트 편집)를 선택하면 Gradient Editor(그레이디언트 편집기)가 열립니다. 좌측 하단 [Color Stop(색상 정지점)]을 더블 클릭하여 '#660066', 우측 하단 [Color Stop(색상 정지점)]을 더블 클릭하여 '#ff66ff'로 입력하고 'Angle(각도) : 90°'로 설정한 후 [OK(확인)]를 클릭합니다.

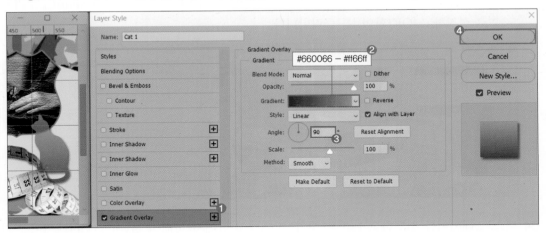

07 도형의 불투명도를 설정하기 위하여 [Layer(레이어)] 패널의 우측 상단 'Opacity(불투명도) : 70%'로 입력합니다.

06 문자 입력

《조건》

① DIY Fat Accessories (Arial, Bold, 60pt, 40pt, #ff9911, #00ccff, 레이어 스타일 – Stroke(선/획)(2px, #000000), Drop Shadow(그림자 효과))
② 헌옷을 리폼하여 반려동물 소품 제작 (바탕, 16pt, 레이어 스타일 – 그라디언트 오버레이(#007700, #99ff99), Stroke(선/획)(2px, #ffffff))
③ 미싱초보도 쉽게 만드는 (돋움, 16pt, #333333, 레이어 스타일 – Stroke(선/획)(2px, #cccccc))

01 Horizontal Type Tool(수평 문자 도구, 🔲)를 선택하고 상단 [Options Bar(옵션 바)]에서 'Font(글꼴) : Arial, Font Style(폰트 스타일) : Bold, Size(크기) : 40pt, Set anti-aliasing method(안티 앨리어싱 방법 설정) : Sharp(선명하게), Set text color(텍스트 색상 설정) : #ff9911'로 설정합니다.

02 작업 이미지를 클릭하고 'DIY Fat Accessories'를 입력한 후 출력형태와 같이 배치합니다. 입력한 텍스트 중에서 'DIY' 부분만 블록 선택하여 'Size(크기) : 60pt'으로 설정하고 'Accessories' 부분만 블록 선택하여 'Set text color(텍스트 색상 설정) : #00ccff'로 설정합니다.

03 상단 [Options Bar(옵션 바)]에서 Create Warp Text(뒤틀어진 텍스트 만들기,)를 선택하고 [Warp Text(텍스트 뒤틀기)] 창에서 'Style(스타일) : Flag(깃발), Bend(구부리기) : 50%'로 설정하고 [OK(확인)]를 클릭합니다.

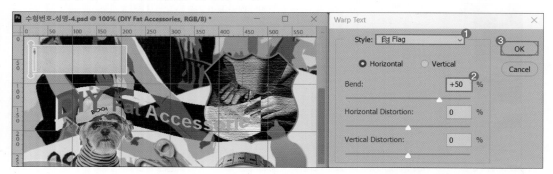

04 텍스트 레이어를 선택하고 Layer(레이어) 패널 하단에서 Add a layer style(레이어 스타일 추가,)을 클릭하여 [Drop Shadow(그림자)]를 선택하고 'Opacity(불투명도) : 75%, Angle(각도) : 125°, Distance(거리) : 5px, Size(크기) : 5px'로 설정합니다. 계속해서 [Stroke(획)]를 선택하고 'Size(크기) : 2px, Position(위치) : Outside(바깥쪽), Color(색상) : #000000'로 설정합니다.

05 Horizontal Type Tool(수평 문자 도구,)를 선택하고 작업 이미지를 클릭하여 '헌옷을 리폼하여 반려동물 소품 제작'을 입력한 후 출력형태와 같이 배치합니다. 상단 [Options Bar(옵션 바)]에서 'Font(글꼴) : 바탕, Size(크기) : 16pt'로 설정합니다.

06 텍스트 레이어를 선택하고 Layer(레이어) 패널 하단에서 Add a layer style(레이어 스타일 추가,)을 클릭하여 [Stroke(획)]를 선택하고 'Size(크기) : 2px, Position(위치) : Outside(바깥쪽), Color(색상) : #ffffff'로 설정합니다.

07 Layer Style(레이어 스타일) 창에서 [Gradient Overlay(그레이디언트 오버레이)]를 선택하고 Click to edit the gradient(클릭하여 그레이디언트 편집)를 선택하면 Gradient Editor(그레이디언트 편집기)가 열립니다. 좌측 하단 [Color Stop(색상 정지점)]을 더블 클릭하여 '#007700', 우측 하단 [Color Stop(색상 정지점)]을 더블 클릭하여 '#99ff99'로 입력하고 'Angle(각도) : 0°로 설정한 후 [OK(확인)]를 클릭합니다.

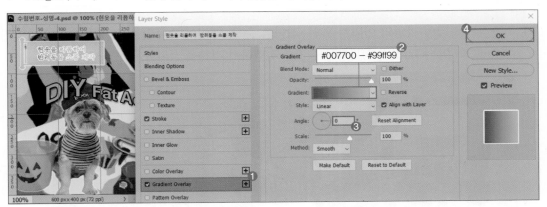

08 Horizontal Type Tool(수평 문자 도구, **T.**)를 선택하고 작업 이미지를 클릭하여 '미싱초보도 쉽게 만드는'을 입력한 후 출력형태와 같이 배치합니다. 상단 [Options Bar(옵션 바)]에서 'Font(글꼴) : 돋움, Size(크기) : 16pt, Set text color(텍스트 색상 설정) : #333333'로 설정합니다. 계속해서 Create Warp Text(뒤틀어진 텍스트 만들기, **エ**)를 선택하고 [Warp Text(텍스트 뒤틀기)] 창에서 'Style(스타일) : Arc(부채꼴), Bend(구부리기) : −30%'로 설정합니다.

09 텍스트 레이어를 선택하고 Layer(레이어) 패널 하단에서 Add a layer style(레이어 스타일 추가, **fx.**)을 클릭하여 [Stroke(획)]를 선택하고 'Size(크기) : 2px, Position(위치) : Outside(바깥쪽), Color(색상) : #cccccc'로 설정합니다.

07 파일 저장

01 최종적으로 작업 파일의 이미지 위치, 레이어 순서, 레이어 스타일을 점검하고 [View(보기)]−[Show(표시)]−[Grid(격자)]([Ctrl]+[`])를 선택하여 격자를 끕니다.

02 [File(파일)]−[Save As a Copy(다른 이름으로 저장)]([Alt]+[Ctrl]+[S])를 선택하여 '저장 위치 : 내PC₩문서₩GTQ, 파일 이름 : 수험번호−성명−4, 파일 형식 : JPEG'로 저장합니다. [JPEG Options(JPEG 옵션)] 창에서 'Quality(품질) : 12'를 확인합니다.

03 [Image(이미지)]−[Image Size(이미지 크기)]([Alt]+[Ctrl]+[I])를 선택하여 [Image Size(이미지 크기)] 창에서 'Width(폭) : 60Pixels(픽셀), Height(높이) : 40Pixels(픽셀)'을 입력하여 이미지 크기를 1/10로 축소합니다.

04 [File(파일)]−[Save As(다른 이름으로 저장)]([Shift]+[Ctrl]+[S])을 선택하여 '저장 위치 : 내PC₩문서₩GTQ, 파일 이름 : 수험번호−성명−4, 파일 형식 : PSD'로 저장합니다. 답안 전송 프로그램에서 [답안 전송]을 선택하여 jpg, psd 파일을 감독관 컴퓨터로 전송합니다.